東大法・蒲島郁夫ゼミ編

現代日本の政治家像

第Ⅰ巻

尾野嘉邦（代表）

飯間敏弘	菅原　琢
石高晴奈	田村一郎
今井亮祐	長岡紘史
Wood, Ian	中條美和
梅田道生	野澤泰志
沖本尚紀	馬場俊宏
小澤京子	原田朱美
木村　敬	日高孝一
小宮　京	御園生敦
下村哲也	吉田慎一
	（客員教授）

木鐸社刊

はしがき

　政党が溶けている．1993年に自民党一党優位体制が崩壊して以来，新党の登場と連立政権の成立，政治家の離合集散，首班選挙における造反行動などが繰り返し行われてきた．これまで政治学においては，政党を固定的な分析単位として扱ってきたが，その有効性が著しく弱まってきている．そこで現代日本政治を深く理解するためには，政党という単位を超えて，政治家個人まで還元して分析する必要が生じてきた．東大法学部における98年度蒲島ゼミのテーマを「現代日本の政治家像」とした理由は，この政党の融解現象にある．

　政党を政治家個人のレベルまで分解して分析することはそれほど容易なことではない．まず，政治家の意識と行動に関する膨大なデータを収集し，それを分析可能な形でデータベース化しなければならない．自民党一党優位体制下とそれ以降の政治家の行動を比較するために，1990年を基準にし，98年まで衆参両院に在籍した議員を取り上げると，その数は1300人に上る．当ゼミでは議員一人一人について，約5000件の個人データ（変数）を収集し，分析可能な形でCD-ROMに収集した．東大法学部のゼミは一学期しかないので，その作業が終わった段階で，公式のゼミの期間は終了してしまった．

　ゼミ生たちが本当の研究の苦しみを味わったのはそれ以後のことである．それぞれのゼミ生が分析の枠組みを考え，枠組みに沿って分析を進め，結果を論文にまとめようとすると，自分たちが如何に無知であったかに気づく．その時初めて，真剣に統計の勉強をし，政治学の文献を精読し，論文の書き方を熱心に学ぶのである．また，論文の第1稿が終了する頃になると，データの正確性について不安が募ってくる．そこで，もう一度原資料に当たりデータベースを作り直し再分析する．知的に誠実であろうとすればするほど，この繰り返しが何回も続くのである．

　その結果が第Ⅰ巻の分析篇・証言篇である．オリジナル・データを用い，

知的に誠実な分析を行なった結果，現代日本政治の分野に新しい知見を提供している．第II巻は資料解題である．多くの重要な資料が研究者に利用しやすい形で編集されており，変動期の日本政治の研究にはなくてなならない資料集となっている．また，当初はIII巻として出版する予定であった各政治家別の生のデータは，あまりにも膨大な量になったためにCD-ROM版として別途公表する．こちらも，日本政治の分析や政治家評価にとって重要なデータベースとなろう．

　本書は，法学部における第2回蒲島ゼミの研究成果である．第1回ゼミの研究成果である，『「新党」全記録』（全3巻，木鐸社刊）は専門家の評価も高く，事実，すでに多くの研究に引用されている．今回のゼミでも，学生たちが困難な「知的創造」に積極的に参加することによって，それに勝るとも劣らない素晴らしい成果を上げることができた．この快挙を成し遂げた20人のゼミ生たちには，本書を完成させる過程で身につけた「知的勤勉性」と「知的誠実さ」を生涯忘れないで欲しいと思う．

　最後になったが，ゼミを全面的に支援していただいた吉田慎一客員教授（現，朝日新聞編集委員）には心からお礼を申し上げたい．また，ゼミ生のインタビューに快く応じて下さった竹下登元首相，大嶽秀夫京都大学法学部教授とそのゼミ生の励ましにも謝意を表したい．今回もゼミ生の夢の成就のため，採算を度外視して本書を出版された木鐸社の能島豊社長と坂口節子編集長に心から感謝したい．

1999年12月1日

すでに第3回ゼミ「日本的投票行動モデルの探究」が始まった研究室にて

蒲島郁夫

第Ⅰ巻　総目次

〔第Ⅰ巻〕

　はしがき …………………………………………………蒲島郁夫
　本書の目的と構成 ………………………………………尾野嘉邦
第1部　分析篇
　　第1章　全国会議員のイデオロギー調査 …………………蒲島郁夫
　　第2章　政治家の離合集散 …………………………………中條美和
　　第3章　再選戦略としての自民党入党行動 ………………今井亮佑
　　第4章　連立政権の成立と社会党のジレンマ・路線対立 ………下村哲也
　　第5章　自民党の役職人事と政策決定 ……………………石高晴奈
　　第6章　連合野党の役職人事 ………………………………田村一郎
　　第7章　変革期の争点と政治家 ……………………………原田朱美
　　第8章　政治変動期における議員立法 ……………………尾野嘉邦
　　第9章　臓器移植法案における国会議員の投票行動 ……日高孝一
　　第10章　政治変動期における造反行動 ……………………菅原　琢
　　第11章　政治資金の研究 ……………………………………梅田道生
　　第12章　政治家の資産と所得 ………………………………飯間敏弘
第2部　証言篇
　　戦後政治と私 ………………………………………………竹下登（元総理）
附録
　　政治年表
　　国会会期日程表
　　出典一覧
　　国会議員データ（衆議院・参議院）

〔第Ⅱ巻〕

第3部　資料解題篇
　　第1章　政党・会派の変遷
　　第2章　政党組織構造
　　第3章　公職
　　第4章　政党役職1
　　第5章　政党役職2
　　第6章　連立政権役職
　　第7章　自民党派閥
　　第8章　国会審議
　　第9章　資産・所得
　　第10章　社会的属性・政治資金

附録
　　国会会期日程表
　　出典一覧

第Ⅰ巻 細目次

はしがき　　　　　　　　　　　　　　　　　　　　　　　　蒲島郁夫

本書の目的と構成　　　　　　　　　　　　　　　　　　　　尾野嘉邦

用語解説

第1部　分析篇

第1章　全国会議員のイデオロギー調査
―――連立時代の議員と政党―――　　　　　　　　　　　　蒲島郁夫

1．はじめに……25
2．国会議員のイデオロギー……26
3．国会議員の政治的態度……29
4．連立政治の素地……39
5．自自連立と日本の政治……42

第2章　政治家の離合集散
―――民主党を中心に―――　　　　　　　　　　　　　　　中條美和

1．はじめに……47
2．民主党の形成過程と分析の枠組み……50
3．旧民主党議員と自社さ議員の比較分析……53
4．新民主党と自民党の比較分析……57
5．党内対立構造の分析と検証……61
6．結論と含意……63

第3章　再選戦略としての自民党入党行動
―――96年総選挙前後の自民党入党議員を題材に―――　　　今井亮佑

1．はじめに……71
2．従来の議論と分析視角……73
3．分析方法……75
4．実証分析……76

5．結論と含意……91

第4章　連立政権の成立と社会党議員のジレンマ・路線対立
　　　　　　　　　　　　　　　　　　　　　　　　　　　　下村哲也

1．はじめに……103
2．連立積極派と連立慎重・主体性重視派の政策への態度における特徴
　　　　　　　　　　　　　　　　　　　　　　　　　　　……107
3．政界再編戦略における連立慎重・主体性重視派と連立積極派の特徴
　　　　　　　　　　　　　　　　　　　　　　　　　　　……115
4．終わりに……121

第5章　自民党の役職人事と政策決定
　　　　――自民党長期政権崩壊前後の変化について――　　石高晴奈

1．はじめに……131
2．これまでの議論とそれをもとにした検証可能な予測……133
3．調査方法……135
4．分析方法と結果……136
5．結論と含意……145

第6章　連合野党の役職人事
　　　　――新進党と民主党を素材に――　　　　　　　　　田村一郎

1．はじめに……153
2．93年以降の政党の変遷……155
3．実証分析……158
4．結論と含意……171

第7章　変革期の争点と政治家
　　　　――特別委員会における議員の特徴――　　　　　　原田朱美

1．はじめに……181
2．分析方法……184
3．特別委員会に携わる議員の特徴……188
4．審議の内容と委員会人事……194
5．結論と含意……206

第8章　政治変動期における議員立法　　　　　　　　　尾野嘉邦

1．はじめに……211
2．議員立法の提出状況……213
3．調査方法……214
4．分析結果……215
5．結論と含意……235

第9章　臓器移植法案における国会議員の投票行動　　　日高孝一

1．はじめに……247
2．背景……248
3．分析方法……251
4．分析と結果……252
5．結論と含意……258

第10章　政治変動期における造反行動　　　　　　　　　菅原　琢

1．はじめに……263
2．政治状況……266
3．分析手法……275
4．分析……281
5．結論……288

第11章　政治資金の研究
　　　　　——政治システムへの入力経路の分析——　　　　梅田道生

1．はじめに……299
2．政治資金に関する先行研究……303
3．分析枠組……305
4．分析結果の予測……309
5．結果……310
6．結論と含意……316

第12章　政治家の資産と所得
―― 国会議員の資産・所得と政治権力との間の相関関係 ――　飯間敏弘

1．はじめに……325
2．分析の方法……326
3．資産・所得の計量分析……327
4．相関モデルの構築……335
5．結語……348

第2部　証言篇

戦後政治と私（竹下登・元総理）　　　（テープ起し）尾野嘉邦・小宮京

附録

政治年表……386

国会会期日程表……406

出典一覧……407

国会議員データ（衆議院・参議院）……410

第Ⅰ巻　あとがき……505

本書の目的と構成

尾野　嘉邦

1．はじめに

　1989年11月のベルリンの壁崩壊に始まり，第2次世界大戦後の国際秩序を形成する枠組みは瞬く間にその姿を大きく変え，かつて東側諸国を代表していた社会主義国ソ連もいまや歴史上の存在となってしまった．新たなミレニアムに歩みを進めようとしている今日からそれらを振り返れば，この冷戦終結後の90年代はまさに激動期といえるだろう．

　90年代の日本もまたこの激流のなかにあって，幾たびかの政治的激変に襲われた．88年の『朝日新聞』の報道をきっかけにリクルート事件が政界を賑わし，政治改革が重要課題となった．この政治改革の動きが55年から脈々と続いていた自民党単独政権の終焉を導くことになろうとはいったい誰が予想していたであろうか．

　93年7月に非自民・非共産の8党派からなる細川連立政権が誕生し，人々に驚きと期待をもって迎え入れられた．ところが戦後の歴代内閣最高の支持率を持つ細川内閣は，わずか8ヶ月で退陣表明し，羽田内閣が誕生する．少数与党のもとで発足する羽田内閣も2ヶ月あまりで退陣し，94年6月に社会党の委員長を首班とする自社さ連立政権が発足する．55年体制下において相対峙してきた自民党と社会党が手を結ぶという状況は，人々をあっといわせたが，社会党はこの村山政権のもとで，日米安保を容認すると共に基本政策を転換し，さらに人々を驚かせた．95年1月に自社さの枠組みのもとで村山政権から橋本政権へと禅譲が行われ，薬害エイズ問題で後に民主党の代表と

なる菅直人厚相に注目が集まる．96年10月の総選挙では，初めて小選挙区比例代表並立制による選挙が行われ，有権者は政治改革の成果を実感することとなる．この選挙では，小選挙区での当選者，重複立候補による比例代表での復活当選者，比例代表のみによる当選者の3つのパターンからなる政治家が誕生し，「金バッジ」「銀バッジ」「銅バッジ」との表現も登場する．その後政権は，自民党単独政権から自自連立・自自公連立政権へと目まぐるしく変わり，今なお激動は続いている．

　本書はこうした時代背景のもとで作成され，次の2つの目的を持っている．
1．90年代の政治変動期における日本の政治家像を記録すること
2．選挙に際して政治家を選ぶもしくはすでに選んだ政治家を評価するためのデータを提供すること

　本書では，90年の118回国会から98年の143回国会までに在職経験のある衆参両院議員（該当者は衆議院で814名，参議院で487名）を対象として，年齢や学歴，所属政党，役職など様々な政治家自身のデータを提示すると共に，それをもとに政治家像を分析している．ここまで多くの情報を集めた政治家のデータベースの作成は，日本で初めての試みであろう．政党レベルではなく政治家レベルでの議論を行うという今回の作業は，江崎玲於奈氏の言葉を借りれば，科学の進歩を導いた「還元論」の手法，つまり「まず小さな基本的な構成要素に分解し，そのものの性質を基本構成要素の性質に還元して説明する手法」（『読売新聞』99年2月15日付より）を政治学に応用してみようという試みでもある．本書においては各政治家について膨大なデータベースを構築し，多面的に政治家の姿をとらえようとした．今後の日本政治研究に本書が何らかの貢献ができたとすれば，個々の政治家の姿から日本政治を説明しようとしたという点であろう．この試みが成功したかどうかについては，賢明な読者の皆さんに判断をゆだねるほかない．また従来，日本政治の研究においてあまり重視されてこなかった参議院のデータも収録してある点は，本書の「売り」の一つでもある．参議院の議席数というのが政権の枠組みにも影響を及ぼしている自自公連立政権に見られるように，多数派の形成においては参議院の存在を見逃すことはできない．今後ますます研究が進むので

はないかと考えられる．本書の2つ目の目的である政治家の評価に関しては，本書では客観的なデータの提供にとどめ，読者の判断にお任せする．投票などの際に参考にしていただければ幸いである．

　本書は98年度東京大学法学部・蒲島郁夫ゼミの成果をもとにしたものであり，ここで本書の背景である蒲島ゼミについて説明しておく．このゼミは，98年10月から半年の予定で開講されたもので，蒲島郁夫教授，吉田慎一客員教授の指導のもと，当時法学部の3年生・4年生であった学生20人が集まり，データの収集を行った．分析枠組みと手法の勉強会を開くとともに，官報や政党機関紙などにあたってデータの所在を調査し，その収集がほぼ終わったのが98年の12月で，どのようなデータを集めたらよいか議論し，データの収集を行うまでに約2ヶ月かかったことになる．その後データのコードを決めて，データの入力を行うと共に，300頁を越えるコードブックを作成するのだが，それが終わるのは翌99年3月で，それからデータベースの構築と整備が行われた．数回にわたる確認作業には膨大な手間がかかり，データベースが完成したのは99年の10月である．結局冬休み・春休み・夏休みがデータの確認・訂正作業に費やされた計算になる．もちろんこの間データを扱って分析も行い，各自が論文を書いたり，資料解題を作成したりしており，多くの時間を蒲島ゼミに割くことになった．

　データの収集や入力作業については，ゼミ生を3つのグループに分け，それぞれのグループの班長（尾野・小宮・石高）が進行状況を確認すると共に，グループ内の調整を行った．データベースの整備については，法学部の試験の時期と重なる99年3月までは4年生の尾野・日高・馬場の3名が行い，4月以降は新4年生の今井・田村が中心となる．分析篇については尾野・菅原が，資料解題篇については小宮が調整を行い，全体の調整と統括を尾野が担当した．

　データの収集に際しては，数多くの苦労を味わった．ここでいくつかのエピソードを紹介しよう．作業は大量のコピーをとることから始まったが，使用した紙の枚数は膨大で全部を積み上げると1メートルの高さをゆうに超える．データの入力に際しては，たとえば委員会の出席者については五十音順

に並んで記載されていないために，データ入力とその確認に手間取った．個人名を挙げて恐縮だが，90年代には衆議院において「田中昭一」という同姓同名の議員が2人おり，入力作業の際にどちらの「田中昭一」さんのデータであるのか区別できず混乱が生じた．その他，国会関係者の間で頻繁に使用される『国会便覧』（日本政経新聞社）に一度も登場しない政治家，つまり繰り上げ当選したもののすぐに辞職あるいは死去した政治家が，参議院において見られた．また，衆議院においては本会議の出席者が公表されていないという意外な事実が判明した．このようなことも膨大な作業の成果の一つ（副産物？）である．さらに東京大学の中に学生が集まって作業できるようなスペースが限られていることも今回実感させられた．特に休日などはロビーの一角で作業をすることになった．関係者各位には今後こうした点について配慮いただければ幸いである．

2．本書の展開

本書は分析篇，証言篇，資料解題篇の3部と附録部からなる．

第1部（分析篇）――90年代の政治家について，そのイデオロギーや所属政党，人事，国会活動，政治資金などから分析を行ったものである．

第2部（証言篇）――元首相の竹下登氏に「戦後政治と私」というテーマでゼミ生に語っていただいたものをそのまま収録してある．

第3部（資料解題篇）――政党や会派，役職，国会活動などについて，構築したデータベースをもとに，図や表に加工したものである．基礎的な資料の他に，ランキングや女性議員の活動指数など，本書独自の資料も提供している．

附録部――90年代の政治年表や国会会期日程表，出典一覧等と共にデータベースの一部を掲載した．データベース部は，学歴や経歴をはじめ国会における投票行動や，委員会出席数，議員立法の提出数など基本的なデータを，衆参併せて約1300人の各政治家について記したものであり，いわば政治家を調べるハンドブックのようになっている．

なお本書は全2巻で構成されており，第1部（分析篇）と第2部（証言篇）と附録（政治年表，国会会期日程表，出典一覧，国会議員データ）を第Ⅰ巻に，第3部（資料解題篇）と附録（国会会期日程表，出典一覧）を第Ⅱ巻に収めた．

3．収集したデータについて

先に述べたように90年の118回国会から98年の143回国会までに在職経験のある各衆参両院議員（該当者は衆議院で814名，参議院で487名）について，以下のデータからなるデータベースを構築した．データベースの構築にあたっては，佐藤誠三郎・松崎哲久『自民党政権』，中央公論社，1986を参考にさせていただき，それを引き継ぐ形でデータを収集した．

〈政治家プロフィール・データ〉
性別，生年月日，出身地，学歴，卒業大学名，卒業学部，文系理系の別，職歴，議員年数，当選回数，落選回数，血縁・世襲，所得資産

〈政党・会派データ〉
所属会派，会期別所属政党，離党・入党行動，所属派閥（自民党）

〈役職関連データ〉
政府役職（大臣・政務次官など），国会役職（委員長・委員会理事など），政党役職（党首・幹事長など）

〈国会関連データ〉
会期別在職，投票行動（首班指名・法律案・予算・内閣不信任案），議員立法提出数，委員会出席数，本会議出欠（参議院のみ）

〈選挙関連データ〉
選挙区，公認政党，得票数，比例順位，重複立候補の有無，相対得票数，絶

対得票数，MK指数，RS指数，DS指数

　各データの出典については，附録の出典一覧を参照されたい．なお本書の限られたスペースを有効利用するために，収集したデータのすべてを収録してあるわけではない．理事名一覧等は多大な労力を費やして作成したが紙幅の関係でCD-ROMに収録せざるを得なくなった．データベースについては，全データを完全に収録したCD-ROMおよびコードブックを，エル・デー・ビーを通じて別途配布する予定である．またホームページ上でもゼミの動向とあわせて一部公開する予定である（http://politics.j.u-tokyo.ac.jp/を参照）．

4．謝辞

　最後になったが，本書の執筆に当たっては多くの方にお世話になった．ここにお名前を挙げて心から謝意を表したい．

　竹下登氏（元首相・衆議院議員）には貴重な証言をしていただいた．本書への掲載をお許しいただき，心より感謝申し上げる．

　またデータ収集に際しては多くの方にお力添えいただいた．お名前を記し謝意を表する．佐々木毅教授（東京大学）をはじめ，谷口将紀助教授（同），山本修嗣氏（朝日新聞社）らからは政治資金のデータ（『代議士とカネ』，朝日新聞社，1999年を参照）をいただいた．福元健太郎講師（学習院大学）からは政治改革に関する議員グループのデータをいただいた（佐々木毅編『政治改革1800日の真実』，講談社，1999年に掲載）．水崎節文教授（椙山女学園大学），森裕城氏（筑波大学大学院生）からは選挙関連データをいただき，特に森氏には加工までしていただいたうえ，本書を作成するに際して貴重なコメントをお寄せいただいた．井上和雄氏（衆議院議員川内博事務所），荻野あおい氏（同），山田理平氏（新党さきがけ院内事務局），芳賀大輔氏（民主党事務局），蒲島ゼミOGの藤原貴子氏（参議院事務局）にはデータを収集する際にご協力いただいた．

　分析を行うにあたりお力添えをいただいた方のお名前を記し，謝意を表する．加藤淳子助教授（東京大学）には，ゼミに足を運んでいただくと共に，

APSR（アメリカ政治学評論）に発表された論文について説明していただき，われわれが分析枠組みを考える上で非常に有益であった．武田興欣氏（プリンストン大学大学院生）には，ゼミ生が行った分析に対し，貴重なコメントを寄せていただいた．曽我豪氏（朝日新聞記者）・木之本敬介氏（同）には，ゼミの取材とそれに基づく記事（『朝日新聞』99年5月29日付，『週刊朝日』99年7月9日号，99年8月20・27日合併号を参照）を通じて，データベースの可能性と活用法について示していただいた．

　蒲島ゼミでは2度の合宿を行ったが，99年3月には京都大学の大嶽ゼミと合同で合宿を行い，双方のゼミ成果を報告するとともに，コンパなどを通じて交流を深めることができた．筑波大学で行った9月の合宿では，森裕城氏の他に今井尚義氏（筑波大学大学院生）にもお世話になった．また蒲島ゼミではたびたびコンパを開きゼミ生の交流を深めたが，99年6月には大嶽秀夫教授（京都大学）にもお越しいただき，貴重なお話を聞かせていただいた．

　本書の出版に当たっては，なかなか原稿がそろわずに何度も締め切りを延ばしていただき（どうもすみません），たびたび大学まで足を運んでいただくと共に，これほど図や表が多い編集者泣かせの本を引き受けてくださった木鐸社の能島豊氏と坂口節子氏に大変お世話になった．

　ゼミ開講以来様々なアドバイスをいただき，ご協力いただいた吉田慎一客員教授（東京大学，朝日新聞編集委員）には，ゼミ生一同心から謝意を表する．

　前回同様に，データベースの処理に始まり本書の編集には蒲島研究室をフルに活用させていただいた．秘書の竹内朝子氏，西川弘子氏をはじめ，とくにパソコン関係をはじめとする設備面では，山崎陽一氏（東京国立博物館資料部情報管理研究室），相沢星樹氏（東京大学法学部3年）にお世話になった．研究室のお隣の樋口範雄教授には，昨年に引き続き静かな研究環境をわれわれゼミ生が壊してしまい，非常に申し訳なく，いまさらながら反省することしきりである．

　最後に蒲島郁夫教授には，感謝しきれないほどお世話になった．自らの貴重な研究時間を割いてここまでゼミ生につきあっていただき，心から感謝申

し上げる．また御自宅にゼミ生が大挙して押し掛けた際に，多大なもてなしで歓迎していただいた御家族のみなさまにも感謝申し上げる．

　このデータの提供を通じて本書が日本政治とその研究になにがしかのインパクトを与えることができれば幸いである．今回のゼミでは前回のノウハウが非常に役に立った．そのうち『「蒲島ゼミ」全記録』ができればなどと考えている次第である．

　　　　　　　　　　　　　　　　　　1999年11月　東京大学蒲島研究室にて

用語説明

【MK指数】

　候補者の選挙区における強さを表す指標．松原望・蒲島郁夫の両教授が，「日本が定数の異なる中選挙区制をとっているために選挙区を横断して候補者に対する支持の強さを統一的な指標で測ることができなかった」隘路を打開するために開発した指標で，候補者の得票数を各選挙区の法定得票数で割ったものである．つまり，各候補者が法定得票数の何倍の票を獲得したかを示しており，選挙区の異なる候補者間の比較も可能である．

> MK＝候補者得票数／選挙区法定得票数
> 　法定得票数＝選挙区有効得票数／定数／4

　96年総選挙から小選挙区比例代表並立制を導入したが，この制度では各選挙区の定数が1であり，法定得票数の算出方法が変わった．すなわち，

> 　法定得票数＝選挙区有効得票数／6

となる．

　松原望・蒲島郁夫「田中派圧勝自民党大敗の構図」，『中央公論』，1984年3月号参照．

【RS指数】

　水崎節文教授が開発した「ある候補者がどの程度地域的に偏って得票しているかを計量的に示した」指標である．候補者の各市区町村における得票率と選挙区全体の得票率の差の絶対値を，各市区町村の有効投票構成比の重みをかけて平均し，それをさらに候補者の得票率の2倍で割って相対化したものである．0と1の間の値をとり，その値が大きいほど，得票の地域偏重度が高いことになる．

「RS指数」は，以下の数式で表される．
　n：当該選挙区における市町村数
　m：当該選挙区における候補者数
　P_j：j番目の候補者の選挙区全体の得票率

Pij：i 番目の市区町村における j 番目の候補者の得票率
　Qi：i 番目の市区町村の選挙区内有効投票構成比

① : $Dv = \sum_{j=1}^{m} \overline{Pj}^2$ （選挙区トータルの候補者得票の偏重度）

② : $dvi = \sum_{j=1}^{m} Pij^2$ （各市区町村毎の候補者得票の偏重度）

③ : $\overline{dv} = \sum_{i=1}^{n} Qi \cdot dvi$ （②の偏重度と各市区町村の有効得票数の重みを付けて平均）

この①－③の式を基に，

$$RS = \frac{\sum_{i=1}^{n} Qi \mid Pij - \overline{Pj} \mid}{2\overline{Pj}}$$

（ $0 \leq RS < 1$ ）

　　水崎節文・森裕城「中選挙区における候補者の選挙行動と得票の地域的分布」
　　『選挙研究』参照．

【DS 指数】

　RS 指数と同じく水崎教授が開発した指標で，得票の地域偏重度を選挙区特性として示したものである．RS 指数が同じ選挙区内の候補者間の地域偏重得票を表すのに対し，DS 指数はその選挙区自体に地域偏重得票の傾向があることを示している．

$$DS = \frac{\overline{dv} - Dv}{dv}$$

　　水崎・森，前掲論文参照．

【DID】

　DID 人口とは，人口集中地区に住む人口のことをいい，国勢調査区のうち，原則として人口密度が1平方キロメートルにつき，約4000人以上のもの

で，市区町村の中でそれらが互いに隣接して，その人口が合計して5000人以上になる国勢調査区の集まりをいう．（厚生省監修『平成10年度厚生白書』，ぎょうせい，1998年，125頁による．）なお，現在その正確性については問題点も指摘されている．

【計量分析について】

本書では一部において将来政治家になる潜在層も含めて議論するために統計的推定の手法を用いている．全数調査ではあるが，潜在的政治家も含めて政治家の母集団を想定し，現在存在している政治家は，母集団ではなく潜在的政治家も含めた母集団からとり出した標本と捉えた．以下では，回帰分析・ロジスティック回帰分析，t検定について簡単に説明する．

【回帰分析・ロジスティック回帰分析】

　ある変数の値に基づいて他の変数を説明したり予測したりするための手法を回帰分析といい，その中でも独立変数が複数の場合を重回帰分析という．xを独立変数，Yを従属変数とし，k個の独立変数xの値を用いてYの値を予測することを考えると，xとYの関係が近似的に $Y = a + b_1 x_1 + b_2 x_2 + \cdots + b_k x_k$ とおける．この1次式を回帰式といい，回帰式の右辺によってYの値を予測することが可能になる．回帰式によって予測されたYの値を予測値といい，実際のデータから得られる実測値yとの差ができる限り小さくなるよう定数項及び係数を定めて回帰式を作る．aは定数項，$b_1, \cdots, b_k$ は係数であり，b_k は "他の独立変数の値を固定して x_k のみを1単位増加させたときにYが平均的に何単位増加するか" を表している．

　回帰式はあくまでYの値を予測する式であるため，その予測式がどの程度実際の観測値に当てはまっているかを測る必要がある．この当てはまりの良さを示す値として決定係数（R^2）がある．R^2 は0と1の間の範囲の値をとり，1に近いほどその回帰式の当てはまりが良いということを示している．

　本書では回帰分析を行う際，ロジスティック回帰分析と呼ばれる手法を用いた．ロジスティック回帰分析とは以下のような方法である．従属変数が比

率（0<p<1）になっている時,従属変数pを一度,次のようなロジスティック変換$\log\frac{p}{1-p}$をしてから,線型モデル$\log\frac{p}{1-p} = b_0 + b_1X_1 + b_2X_2 + \cdots + b_kX_k$で表した時,このモデルをロジスティック回帰モデルという．Wald はワルド統計量のことで，その独立変数の単位にかかわらず従属変数の予測にどの程度役立つかの検定をしている．値が大きければ大きいほどその変数の従属変数に与える影響が大きいことを示している．

【t 検定】

　母集団から抽出した標本の検定統計量が t 分布＊に従う場合の検定方法．あらかじめたてた母集団に関する仮説である帰無仮説（母集団の平均値は μ である等）において，標本の検定統計量が t 分布の棄却域に入るか否かで，その仮説が棄却できるかどうかを判断する検定．母平均や母比率の検定，2 つの母集団の母平均や母比率の差の検定などがある．また，母集団の分布が正規分布でない場合は，検定統計量を順位に置き換えて2つの母集団の中央値に差があるかどうかを検定するウィルコクスン検定,マン・ホイットニ検定などのノン・パラメトリック検定がある．なお，帰無仮説に対して対立仮説をたてるとき，両方向に差が現れると考えるときは両側検定を，一方向に差が現れることにしか関心のない場合は片側検定をおこなう．

　＊ t 分布…母集団の分散が未知のときに，その推定値を用いて，標本の大きさ n のみに依存する標本分布を考え，母集団の平均値を推測するのに使う分布．

データについて，MK 指数，RS 指数，DS 指数は，水崎節文教授（椙山女学園大学）が作成したデータ・ベース（JED-M と JED-M, Ver.2.0）を森裕城氏（筑波大学大学院生）が加工したものを使用した．データを提供していただいた両氏に心から謝意を表する．

（今井亮佑・石高晴奈）

第1部

分析篇

第1章

绪论

第1章

全国会議員のイデオロギー調査
――連立時代の議員と政党――

蒲島郁夫

1. はじめに

　連立時代の政治は混沌として分かりにくい．長い間敵対していた自民党と社会党が，ある日突如として手を結んだり，自民党を飛び出して以来，ひたすら自民党への対抗勢力を築こうとしてきた自由党の小沢一郎氏が，自自連立に踏み切ったりと．

　本章の目的は，連立時代の政党を，その基本的な構成要素である1人1人の国会議員の政治信念やイデオロギーまで還元して考察することにある．政党システムの最小単位は議員であり，彼らが結集して政党を形成し，政策を作り，また分裂や連立を繰りひろげる．議員の行動が，政治信念やイデオロギーによって律せられていると仮定すると，彼らが何を考え，どのような政治的態度やイデオロギーを持っているかを分析することは，日本政治を理解する上で避けて通れない研究課題である．

　たとえば，自自連立政権は日本をどのように導こうとしているのか．政権を担当する自民党と自由党の議員の政治信条やイデオロギーを考察することによって，彼らがいかなる政策を目指しているのかを予測することができよう．また，参議院で過半数を制していない自自連立政権にとって，公明党の協力が必要であり，当然，政策の帰趨は公明党議員の政治的態度にも左右される．国会議員の深層意識まで分解して，政党とは何か，政党はなぜこのように行動するのかを考察するのが本章の目的である．

　ところで，一口に議員の深層心理といっても，それを知ることは容易なこ

とではない．読売新聞政治部と東京大学法学部の蒲島研究室は，1998年11月から12月にかけて衆参両院全議員（752人）を対象にした，政治意識調査を実施した．同年11月19日に自民党と自由党との連立合意が発表されたが，調査はちょうどその時期に当たっている．回収率は約60％で，衆議院議員297人，参議院議員150名の計447人が回答した．日本政治の基本に関わる政策や政治信条について，これほど大規模な議員調査はかつて行われたことはなく，連立時代の議員と政党を分析する上で理想的なデータを提供してくれる．多忙にかかわらず，協力していただいた議員の方々に心からお礼を申し上げたい[1]．

2．国会議員のイデオロギー

まず，わが国の衆参両議員のイデオロギーを見てみよう．その前に，イデオロギーとは何か，について簡単に触れておきたい[2]．

(1) イデオロギーとは何か

イデオロギーという言葉が多用されるわりには，それを理解している人は少ない．また，イデオロギーを理解していると称する人々の間でも，その定義は異なる．イデオロギーという言葉は「思考」の意味を表す ideo- と，「学説」の意味を表す -logy とから成る．つまり，イデオロギーとは本来，「観念学」を意味しており，それが転じて観念の体系となった．アメリカの政治学者であるＰ．コンヴァースはイデオロギーを「信念の体系」と表現しており，言いえて妙である．言い換えれば，イデオロギーとは，比較的首尾一貫した信念や態度のまとまりであり，人間の心の奥で，社会や政治の状況に対する認知，評価，政治意識，政治的態度，政治行動などを規定する要因の1つである．

イデオロギーには，通常，「主義」と呼ばれるものが多い．自由主義，保守主義，社会主義，共産主義などが，その類型である．イデオロギーには，①現状認識と将来のビジョンがあること，②目標に到達するための方向性・段階を提示していること，③大衆動員をするために普通の人にでも理解できる単純な言葉で表現されること，などの共通点がある．マルクス主義をイデオ

ロギーのモデルと考えればよく理解できる．

　ところで，さまざまなイデオロギーを，ある基準によって位置づけるにはどのような方法があるだろうか．よく使われるものは左翼—右翼という尺度である．1789年の三部会で，貴族は，名誉ある席である国王の右側に，「第3身分」と言われた平民などは，国王の左側に陣取った．それにならって，1792年のフランス国民公会で，議長席から見て右側にジロンド派，左側にジャコバン派が坐った．ここから，左翼—右翼という対比が生まれた．このときの「左翼」は共和政に対する賛成を，「右翼」は王政復古を求めるもので，フランス革命に対する賛否を意味していた．一般的には，「左」は既存の制度の変革を指向し，「右」は現在の支配的な体制・制度を維持しようとするものである．

　左翼—右翼という尺度は，時代状況の変化や国によって異なる意味を持つようになる．社会主義から右翼まで，政治勢力の違いの大きな西欧では，「左」と「右」の一直線上に政党や有権者を位置づける．一方，社会主義が国内にほとんどなく，相対的にイデオロギー的一体性の強いアメリカでは「リベラル—保守」の尺度を使う．日本では，通常，「革新」と「保守」とを両端とする直線上に政党や有権者を並べている．革新という言葉は，通常，保守と対比され，左翼や社会主義，あるいはそれに近い勢力，主義，政策を指す概念だと捉えられている．

　われわれの調査では，議員に「保守—革新」の1次元尺度上に自己の立場を位置づけてもらった．正確な質問文は「政治の立場はよく保守—革新の言葉で表現されてきました．現在の政治をみるうえで，この対立軸は有効でないとの意見もありますが，これまでのものさしであなたの立場を示されるとしたらいかがですか．1が革新的で，10が保守的です」である．

　問題は，「革新」という言葉の本来の意味が，現状を改革することであり，どの方向に変えるかということはこの語に含まれていない．そのため右翼的「革新」もありうる．事実，今回の議員調査でも，防衛力増強や改憲に強く賛成しつつも，自己のイデオロギーを「最も革新的」とした議員も何人か存在する．ただ，ほとんどは一般的な保守—革新の定義に従って回答している．

(2) **議員のイデオロギー**

　図Ⅰ-1-1は所属政党別に議員のイデオロギーの分布を描いたものである．自民党議員の分布はかなり保守方向に偏っている．しかしよく見ると，保守派と中間層に2つの山がある．具体的なイメージとしては，自民党保守派と自民党リベラル派に分かれていると思えばよいだろう．自民党にはイデオロギー的凝集性は欠如しているが，その多元性ゆえに，右の自由党とも，左に位置する公明党とも弾力的に連立しうることを示している．また，この弾力性ゆえに，長い間敵対関係にあった社会党との連立政権も可能であったのである．

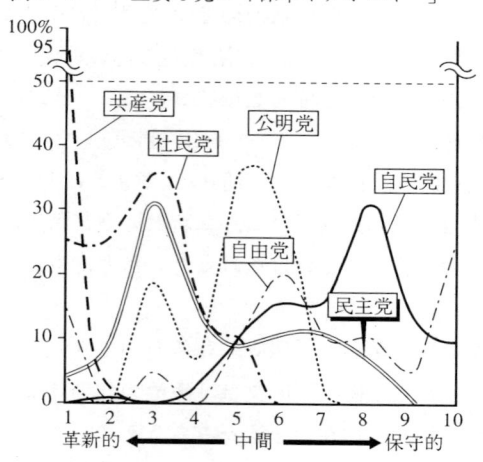

図Ⅰ-1-1　主要6党の「保革イデオロギー」

　自由党の場合，小沢一郎党首自身は極めて原理原則に忠実だといわれているが，所属議員のイデオロギーの分布の広がりは大きい．全体的に，議員のイデオロギーでは自民党議員と重なり合う部分が多く，自自連立はそれほど無理のない連立といえる．

　公明党は中間に位置し，自民党からも民主党からも連立の相手として歓迎される存在である．中位政党として今後の連立時代に大きな交渉力を持つこ

とが予想される．しかし，交渉力の増大は，状況次第で自民党に寄ったり民主党に寄ったりすることであり，どっちつかずの「コウモリ」と皮肉られるように，支持者や一般有権者から理解されない状況も覚悟しなければならないだろう．

民主党のイデオロギーは自民党よりも分散が大きく凝集性に欠ける．保守から革新までのさまざまな政党の寄合所帯であることを反映している．この多元性をまとめあげるには，政党幹部の相当なリーダーシップが求められよう．同時に，このイデオロギー的柔軟性によって，公明党のみならず社民党や共産党との連立も可能にする．

共産党のイデオロギー的凝集性は特筆に値する．回答者44人のうち42人が最も革新を示す1と答え，2人が2と回答している．もっとも，イデオロギー的凝集性は組織の結束を高めるが，連立時代においては交渉の余地を狭めるという弱点もある．

3．国会議員の政治的態度

安全保障，憲法問題，福祉政策など，国家の基本政策についての議員の考え方の調査項目は14項目あり，それには天皇制から国連安保理常任理事会入りの問題まで，すでに風化した歴史的争点から現代的な争点まで含まれる．

(1) 安全保障をめぐる争点

分析の前に，戦後日本の保革対立の源流を簡単に振り返っておこう[3]．

安全保障政策においては，一般的に保守主義者は国家の自律性と，それに伴う防衛力の増強志向，そのための憲法改正を志向する傾向がある．復古的保守主義者（右翼）にいたれば，戦前型体制への復帰の願望と天皇への敬愛に到達する．その対極にあるのが，平和憲法の絶対的擁護と非武装中立の考えかたである．

アメリカの占領の下，1946年に公布された日本国憲法は，一連の占領改革の中で重要な位置を占めるものである．この憲法で，主権者は天皇から国民に移り，前文及び第9条によって，戦争の放棄・戦力の不保持・交戦権の否

認が定められた．ところが，米ソ冷戦が激化すると，アメリカ政府は，日本の非軍事化・民主化政策が行き過ぎだとして方針を転換する．1951年に結ばれたサンフランシスコ講和条約と前後して，公職追放が解除され，旧体制の政治家や官僚，軍人，経済人などが徐々に政財界に復帰した．同時に，共産党員あるいはその同調者と目される者の「レッド・パージ」が始まっていく．

アメリカという強力な擁護者を得た旧エリート層は，アメリカが占領初期に行った改革の修正，いわゆる「逆コース」を図っていく．自治体警察や教育委員会公選制は廃止され，国家公務員や公営企業職員のストライキ，教員の政治活動は規制された．また1952年の皇居前広場で起こった血のメーデー事件を契機に，暴力的破壊活動を行う団体を取り締まる破壊活動防止法，いわゆる破防法が制定された．

1952年4月に鳩山一郎氏が追放を解除され政界に復帰した．鳩山一郎氏らは，吉田茂政権のなし崩し的再軍備では不十分と批判し，軍備規定を盛り込んだ憲法改正を唱えていく．この改憲論は，天皇の元首化なども含む復古的なものであった．こうした動きに激しく対立したのが，社会党・共産党をはじめとする革新陣営である．ちなみに，鳩山一郎氏は，現民主党の鳩山由紀夫・邦夫兄弟の祖父である．

このように戦後日本の「保守―革新」の対立の原型は，資本主義対社会主義という対立と重なりながら，実はそれ以上に，占領期の改革に対する是非として生まれてきた．こうして保守政権と革新陣営との対立は，第1に，戦前体制への回帰を目指すか，戦後民主主義に執着するかをめぐって，第2に，安保・再軍備という安全保障をめぐって激しく展開された．また安保・再軍備にとって憲法（とくに第9条）は大きな障害であったため，憲法に対する賛否も，安全保障をめぐる保革対立と重なり合っていた．その意味で，社会党が1994年7月，自社さ連立政権の成立を受けて，自衛隊，日米安保条約，日の丸・君が代を容認したのは画期的な事件である．

これらの歴史を踏まえつつ図Ⅰ-1-2をみると興味深い．図はさまざまな争点に対する国会議員の賛否を5段階に分け，その平均を政党別に示したものである．図から，①政党を超えて議員の間にほぼ合意が形成されている，い

わゆる合意争点，②前者ほど合意されていないが賛成意見が多い争点，③政党間に大きな開きがある分裂争点の3つがあることが分かる．

　天皇の発言権や核兵器保有の問題については，政党を超えて国会議員の間に合意がある．天皇の発言権強化や核兵器の保有に対してほぼ全員が反対している．具体的な数字で示すと，431人の回答者の中で，天皇の発言権強化に「賛成」もしくは「どちらかといえば賛成」と答えた議員はわずか5人（1％），核兵器の保有については17人（4％）である．

　政党間に大きな開きがあるのは防衛力，日米安保，国連常任安保理事入り，憲法問題である．防衛力の強化に関する政党の配置図は，自由党議員がもっとも積極的で，自民党議員がそれに続いている．反面，社民党と共産党議員は強く反対している．その中間に民主党と公明党議員が位置し，どちらかと言えば反対意見に近い．実際の数字でみると，防衛力の強化に「賛成」もしくは「どちらかといえば賛成」と答えた議員は，全体の46％である．

　日米安保体制の強化に関する政党の配置図も防衛力のそれに似ている．自由党議員に次いで自民党議員が積極的である．社民党と共産党議員は強く反対している．その中間に民主党と公明党議員が位置している．日米安保体制の強化に「賛成」もしくは「どちらかといえば賛成」と答えた議員は，全体の37％である．

　同じように，憲法改正についても自由党議員が最も積極的である．次に自民党議員がきている．一方，社民党と共産党議員は強い反対意見を表明し，民主，公明両党の議員はその中間に位置している．憲法改正に「賛成」もしくは「どちらかといえば賛成」と答えた議員は，53％であり，改正に必要な3分の2には達していない．

　国連安全保障理事会の常任理事国就任に関しては，やや様相が異なっている．ここでも自由党が最も積極的であり，自民党と公明党がそれに続いて積極的である．民主党も賛成意見に傾いている．社民党と共産党は反対である．具体的な数字で示すと，428人の回答者の中で，常任理事国就任に「賛成」もしくは「どちらかといえば賛成」と答えた議員は71％と大多数である．常任理事国就任に関しては，ある程度議員の間で合意が形成されているようだ．

図Ⅰ-1-2　政党別に見た議員の政策位置

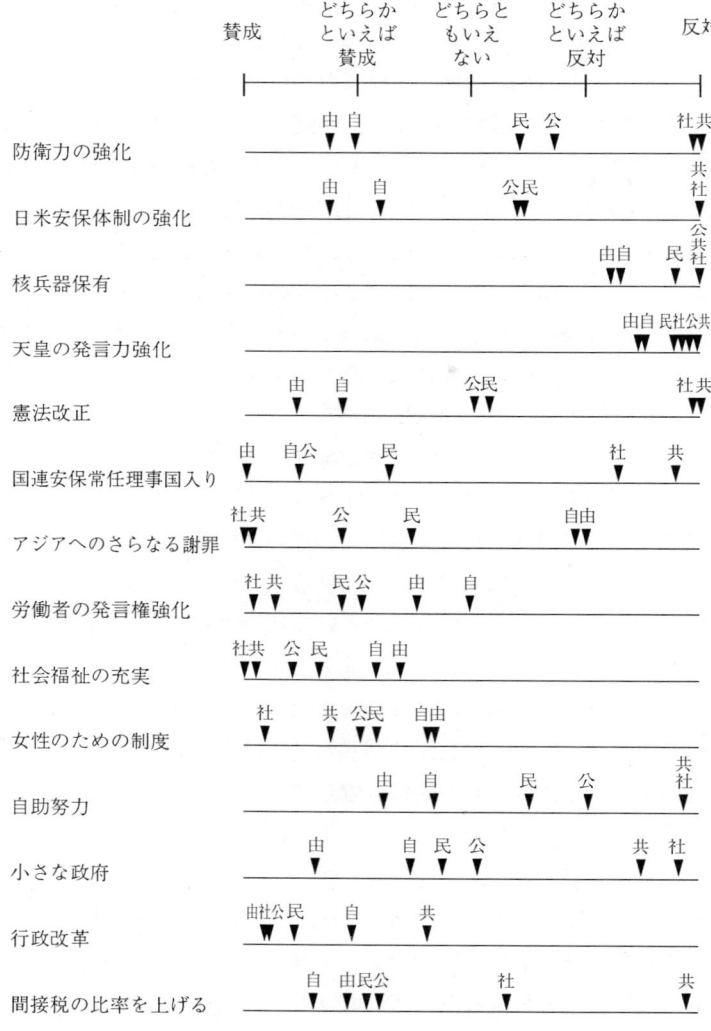

日本が戦前アジアの国々に与えた被害に対する「反省」の程度はしばしば国際問題を引き起こす．第50回終戦記念日の1995年8月15日，村山富市首相（当時）は「痛切な反省とおわび」を表明した．われわれの調査では，「日本が過去にアジアの人々に与えた被害に対する反省と謝罪がまだ足りない」という意見に対する議員の賛否を聞いた．政党の賛否の配置図は他の安全保障の争点によく似ている．社民党と共産党議員が強く賛成，公明党議員はどちらかといえば賛成である．民主党議員は賛成意見に傾いている．自民党議員と自由党議員はどちらかいえば反対である．

以上，安全保障に関する政党配置は，最右翼に自由党，続いて自民党が並んでいる．反面，最も左翼に共産党が位置し，社民党が続いている．そして，その中間に公明党と民主党が位置している．

(2) 福祉国家観と新保守主義

敗戦直後から1960年までの日本における保守―革新の対立が最高潮に達したのが60年安保をめぐる対立である．60年安保をめぐる激しい保革の対立は，自民党政権にとって大きな教訓となり，岸内閣を引き継いだ池田内閣は，改憲や軍事的自立など，イデオロギー色の濃い課題をひとまず棚上げして，国民の合意の得やすい「所得倍増計画」を打ち出した．そのことによって，60年代の後半には，安全保障に関わる保守―革新の対立軸が次第に希薄化していった．

1960年代後半から70年代にかけては，政治参加が高揚するとともに，高度経済成長の「影」が露呈した時代でもある．公害や消費者運動など，既成の権威に対する挑戦，地方分権の要求などがこの時代に現れた特徴である．高度経済成長を優先する自民党の政策に対して，野党は社会福祉や公害の問題を掲げて対峙した．新たな保革の対立軸の登場である．

一方，1970年代から81年代にかけては，新保守主義が台頭した．1970年代，先進工業諸国では福祉国家化が進む一方，福祉の増大は財政赤字の増大を招き，石油危機が状況をさらに悪化させた．こうした中，イギリス・アメリカ・西ドイツに「小さな政府」を指向する新保守主義政権が次々と誕生した．日

本も，財政赤字から赤字国債を発行し，その償還の利払いのためにさらに国債を発行するという悪循環に陥っていた．財政再建のため，一般消費税の導入を打ち出した大平正芳内閣は，79年衆院選で惨敗．後継の鈴木善幸内閣は増税なき財政再建を掲げた．鈴木内閣の行政管理庁長官を務めた中曽根康弘氏が，1982年，組閣し，小さな政府論を臨調＝行革路線と称して掲げたのである．そして，実際に消費税導入が決定したのは1989年，竹下登内閣の時である．橋本龍太郎内閣もこの新保守主義路線の流れにあるといえる．

　これらの歴史を踏まえた上で，議員の福祉国家観をみてみよう．社会福祉の充実，女性の地位向上のための制度改革には，緩やかながら議員の間で合意が形成されている．すべての政党が賛成方向に傾いている．また，政党の配置も，社民党，共産党，公明党，民主党，自民党，自由党の順でこれらの争点に積極的である．「社会福祉は財政が苦しくても極力充実するべきだ」という意見には議員の77％が賛成．自民党議員でも66％が賛成している．「より高い地位や職業につく女性をふやすため，政府は特別な制度を設けるべきだ」という意見に賛成する議員は61％（自民党50％）である．

　労働者の発言権強化に関しては与野党の分裂度は大きい．「労働者は重要な決定に関してもっと発言権を持つべきだ」という意見に対しては，議員の53％が賛成している．この意見に対して「もうすでに持っている」と自民党議員から自由意見が出されたが，自民党議員の賛成度は23％と低い．ちなみに，他の政党の賛成度は，自由党48％，公明党71％，民主党75％，共産党93％，社民党100％である．

　小さな政府，行政改革，自助意識は，福祉国家とは逆の指向を持つ争点である．潤沢な財政状況が展開している間は，これらの争点はさほど重視されなかった．けれども低成長時代を迎え，行政改革，小さな政府，に関する争点が重要化したとき，この争点に対しては，イデオロギー対立を超えて国民の合意が形成された．

　行政改革については議員の間でも合意が成立している．つまり，どの政党も賛成意見である．ただ，政党によって濃淡があり，自民党議員と比べると，自由党，社民党，公明党，民主党議員がより積極的である．共産党議員はあ

まり積極的ではない．

　小さな政府に関する議員の意見は分裂している．「政府のサービスが悪くなっても金のかからない小さな政府のほうがよい」という意見に賛成するのは回答者の42％である．自由党議員の賛成度が最も高く(82％)，自民党議員がそれに次いで高い(52％)．民主党と公明党は中間的だが，平均すると前者の賛成度がやや高い．共産党と社民党は強く反対している．

　次に自助努力に関する議員に意識をみてみよう．具体的な質問は，「お年寄りや身体の不自由なひとは別として，すべての人は社会福祉をあてにしないで生活しなければならない」という意見に対する賛否である．この質問は，政府がひとびとの最低水準の生活を保障すべきかどうかという，伝統的な福祉国家観を聞くものである．国際比較的に見て，わが国の有権者は他の国の有権者よりも自助意識が強く，この質問に対して賛成意見を表明する率が高い．[4]　だが，国会議員レベルでは意見の分裂がある．社民党と共産党議員が強く反対している．公明党議員と民主党議員は反対意見に傾いている．自民党議員と自由党議員はどちらかいえば賛成である．

　消費税などの間接税の比率の引上げをめぐる争点も，その源流は，1979年の大平内閣による，財政再建のための一般消費税の導入の試みにある．その意味で新保守主義路線に連なるものであろう．「日本の税制はまだ直接税の比率が高いので，もっと間接税の比率を上げるべきだ」という意見に対しては，議員の70％が賛成している．政党別にみると，自民党の88％，自由党の81％，民主党の73％，公明党の64％が賛成している．社民党は賛成が14％．共産党は絶対反対である．

　以上，60年代以降に顕在化した参加や平等に関する次元では，政党間の政策距離はそれほど大きくない．社会福祉の充実，女性の地位向上のための制度改革，行政改革に関しては，すべての政党が賛成方向に傾いている．しかし，小さな政府，自助意識，間接税の比率引上げなどの新保守主義については，自由党が一番積極的で，自民党，民主党，公明党，社民党，共産党の順で並んでいる．これらの分析から，自自連立の特徴を一言でいえば，安全保障と新保守主義的政策の分野で，自由党が自民党を引っ張っている構図であ

る．

(3) 安全保障をめぐる世代間対立

ところで，これらの政治的態度にどの程度世代間の対立があるのだろう．菅直人氏と松沢成文氏が争った民主党の党首選挙でも，安全保障観の違いが明確になった．図Ⅰ-1-3は，防衛力と憲法改正に関して，自民党と民主党の議員の間でどの程度世代間対立があるかを分析したものである．一見してわかることは，民主党における世代間対立の大きさである．若手議員が憲法改正に積極的であり，防衛力強化も自民党若手議員の意識に近い．とりわけ39歳未満と50～60代の議員の意識の違いが大きい．この対立がさらなる政界再編に結びつくのか，それとも将来的に保守による二大政党制に結びつくのか，注目されるポイントである．

(4) 政治的態度を結ぶもの

政治的争点に対する人々の意見は，相互に無関係に存在しているわけではない．コンヴァースは，信念の体系という概念を使用しているが，信念体系とは，個人の政治的意見や態度がある種の規定因によって結び合わされてい

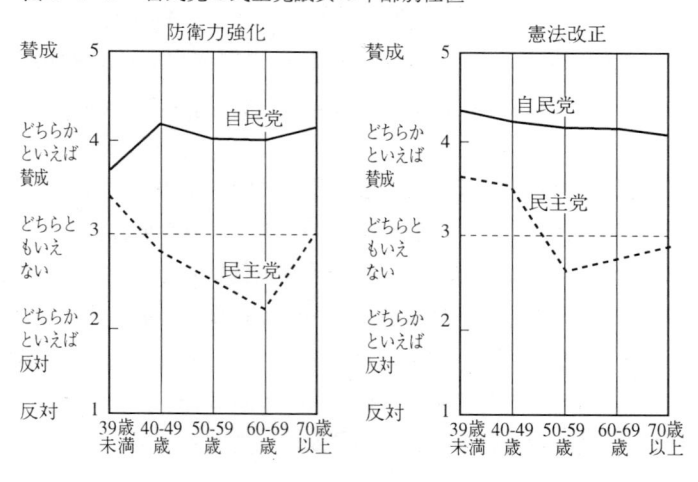

図Ⅰ-1-3　自民党と民主党議員の年齢別位置

る状態，あるいは構図である．言い換えれば，信念体系とは，さまざまな政治的態度間に存在する一貫性のことである．

今回の調査でも次のような例がある．A議員は，防衛力増強，核兵器保有，天皇の発言権，改憲，安保理常任理事国入り，すべてに賛成である．しかし，アジアの人々へのさらなる謝罪，日米安保体制の強化には反対している．国家の自律性と，それに伴う防衛力の増強志向，戦前型体制への復帰の願望と天皇への敬愛をもつ復古的保守主義者のケースであろう．その意味で，A議員の信念体系は一貫している．

一方，革新主義者のB議員は，防衛力増強，核兵器保有，日米安保体制の強化，天皇の発言権，改憲，安保理常任理事国入り，すべてに反対であるが，アジアの人々へのさらなる謝罪には賛成である．B議員の安全保障次元における信念体系も一貫している．しかも，福祉国家次元や新保守主義でも，福祉の充実に賛成，女性の地位向上に賛成，労働者の発言権強化に賛成，行政改革に無回答，小さな政府に反対，自助努力に反対，間接税の比率を上げるに反対，とイデオロギー的一貫性は高い．

では，これらの争点間の繋がりは何によって結びつけられているのだろうか．章末の付表は国会議員の政策態度間の相関関係を示している．それから保革イデオロギーが議員の信念体系の中心部分をなすことが分かる．図Ⅰ-1-4は保革イデオロギーで結びついた議員の信念体系を示している．保革イデオロギーと最も関連が強いのは，防衛力，日米安保，アジアへの謝罪，憲法改正，安保常任理事入りなど，安全保障関連の争点である．それと比べると，新保守主義や福祉国家関連の争点との間の結びつきは弱い．核兵器や天皇の発言権の問題と保革イデオロギーにはほとんど関係がない．行政改革に至ってはまったくない．これらの争点に関しては，イデオロギーを超えて議員が合意しているからである．

(5) **政党と派閥**

右で分析した14の政治的争点から，合意争点である天皇の発言権と核兵器の保有を除いて，因子分析という統計的手法を用いて議員の信念の体系をさらに分析してみた．複雑になるので結果だけを報告すると，これまで保守—

図 I-1-4　国会議員の信念体系図

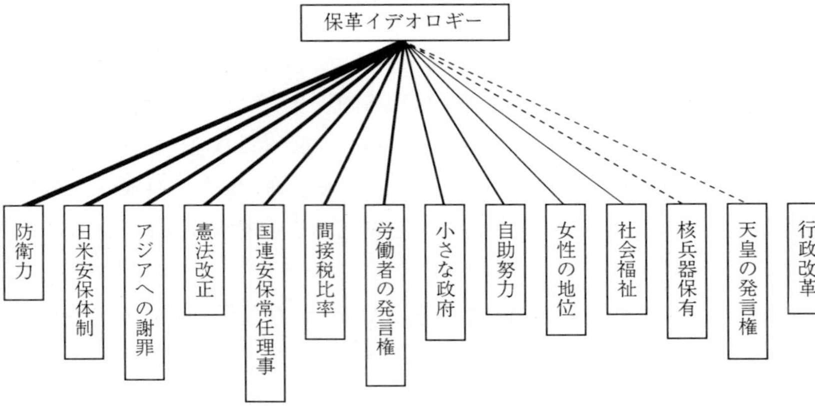

保革イデオロギー — 防衛力／日米安保体制／アジアへの謝罪／憲法改正／国連安保常任理事／間接税比率／労働者の発言権／小さな政府／自助努力／女性の地位／社会福祉／核兵器保有／天皇の発言権／行政改革

革新という1次元上に配置してきた種々の争点が，いわば，安全保障など伝統的保守—革新の軸と，参加や平等に対する保守—革新の軸との，2次平面上に分散していることが分かった．この2つの軸を用いて，政党と自民党の派閥の立場を配置したのが図 I-1-5である．

　第1の安全保障の保守—革新の次元では，政党間距離はかなり大きい．自由党議員が最も保守的な立場にある．自民党もそれに近い．公明党と民主党が中道位置にあり，社民党と共産党が革新的である．

　第2の平等次元における政党間距離は第1の次元より小さい．ただ，詳しくみてみると，自民党が相対的に消極的で社民党が最も積極的である．社民党に次いで積極的なのは公明党である．以下，共産党，民主党と続いている．自由党の立場は自民党に近い．

　興味深いのは派閥の位置である．明らかになったことは，派閥の政策距離は政党間距離と比べて圧倒的に小さい．強いていえば，亀井グループ（合併前）がやや自由党に近く，自民党と自由党の合流の触媒の役割を果たす可能性がある．加藤派と山崎派の議員の間には政策距離はない．いずれにしても，政策を基に自民党が割れる可能性は少なく，また派閥が政党の代替をするこ

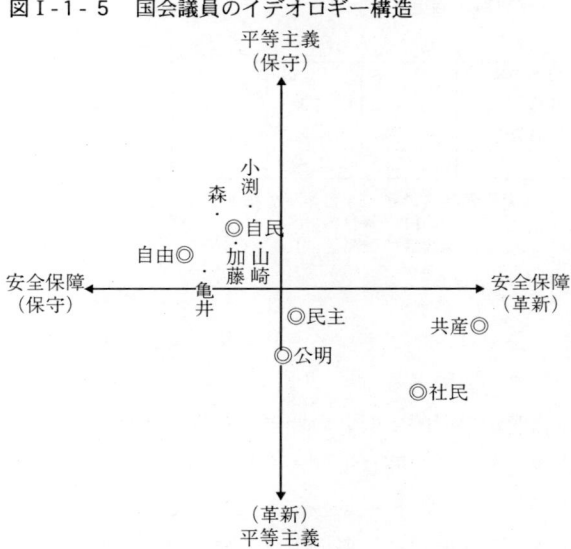

図 I-1-5 国会議員のイデオロギー構造

```
             平等主義
             （保守）
                ↑
         小
         渕
       森  ・
        ・ ◎自民
   自由◎    山
         加 崎
安全保障   藤・              安全保障
（保守）←  亀 ─────────→  （革新）
          井
              ◎民主
                       共産◎
              ◎公明
                       ◎社民

             （革新）
             平等主義
```

ともできないだろう．

4．連立政治の素地

(1) 政党の結束力

　政党がその本来の目的である権力の獲得のみならず，連立で交渉力を高めるためには，政党メンバーの結束がきわめて重要である．われわれは，所属議員のイデオロギー的凝集性，自党への帰属意識，自党への感情，党首への感情の4つの側面から政党の結束力を測った．その結果が表 I-1-1に示されている．

　イデオロギー的凝集性でみた結束力は共産党が最も高い．社民党のイデオロギー的凝集性も高いが，これは，民主党の結成によって一部がそちらに流れ，社民党に残った議員の凝集性が高くなったためであろう．いわばイデオロギー的に先祖返りした状況である．反対に，自由党のイデオロギー的凝集性が最も低く，小沢党首と共に一丸となって行動する自由党のイメージとは

表Ⅰ-1-1　政党組織の凝集性

項目	自民党	民主党	公明党	自由党	共産党	社民党
保革イデオロギー＊	1.6	1.9	1.4	3.0	0.2	1.2
自党への好感度	89.8	90.1	96.3	94.0	97.7	93.3
自党への帰属意識	88.7	82.3	95.2	93.2	99.8	86.0
党首の好感度	74.3	82.3	91.2	95.9	100	87.4

＊ それぞれの政党所属議員のイデオロギーの標準偏差を示している．
　数字が小さければ小さいほど意見の散らばりが少なく凝集性が高い．
　政党への好感度や帰属意識の最高値は100度である．

異なっている．民主党のイデオロギー的凝集性も低いが，これは多元的な集団を包括しているためである．

　自党への好感度が相対的に低いのは自民党議員と民主党議員，逆に高いのは共産党と公明党である．同じように自党への帰属意識をみると，民主党が最も低く，以下，社民党，自民党と続く．ここでも共産党と公明党の帰属意識は高い．党首の好感度が最も低いのは自民党で，小渕首相への好感度は74度に過ぎない．次に低いのは民主党で，党内での菅人気もほどほどである．その点，共産党は飛び抜けており，不破委員長に対する好感度は100度である．

　以上，イデオロギー的凝集性，自党への帰属意識，自党への感情，党首への感情の4つで測ってみると，政党の結束力が高いのは共産党と公明党である．自由党もイデオロギー的凝集性を除くと結束力はある．大政党である自民党はさまざまな意見が混在しており，組織としての凝集性は低いが，数がそれをカヴァーしている．民主党は自民党ほど大きくないが，凝集性は低い．社民党は小政党でありながらイデオロギー的凝集性を除いて結束力はそれほど高くない．

(2)　政党間好感度

　政党間連合は政策距離やイデオロギー距離のみによって決まるわけではない．相手の政党に対する好き嫌いも大きく影響する．思想的に近くても，近親憎悪という関係もある．われわれは，各議員にそれぞれの政党に対しての

好感度を聞いた．具体的には，政党に対する好感度を 0 から100までの数値で答えてもらったが，その結果が表Ⅰ-1-2に示されている．表の数字を横にみればそれぞれの政党が各党にどのような感情を持っているか分かる．たとえば，自由党議員の自党への好感度は93度と最も高いのは当然であるが，それ以外で一番好感を持っている政党は自民党である（60度）．自民党は自由党（47度）と公明党（46度）の同じくらい好感を持っている．政策やイデオロギー距離のみならず，感情的にも自自連立の素地はあったようである．公明党は民主党（61度）と自由党（56度）に好感を持っている．民主党も公明党（59度）に好感を持ち，感情的には民主・公明は相思相愛の関係である．興味深いのは共産党で，自由党（51度）に最も好感をもっている．自由党の原理政党的なイメージが気に入ったのか，政策とイデオロギー的距離は最も離れているにかかわらず自由党への好感度が高い．

表Ⅰ-1-2　政党間の感情距離

	自由党	自民党	公明党	民主党	社民党	共産党
自由党	93度	60度	54度	49度	33度	33度
自民党	47	90	46	31	34	9
公明党	56	38	96	61	25	8
民主党	45	32	59	89	33	20
社民党	26	33	52	51	92	41
共産党	51	12	35	48	45	99

数字を縦にみれば，その政党が各党からどれだけ好感を持たれているか分かる．共産党を除く各政党から万遍なく好感を持たれているのは公明党である．公明党が，感情的にも連立に最も有利な立場にあることが分かる．共産党は各党から最も嫌われており，政策とイデオロギー的距離のみならず感情的にも連立の舞台で孤立している．革新的な政策距離が最も近い社民党と共産党同士も冷やかである．

図Ⅰ-1-6は，自民党からみた，各党に対する保革イデオロギーと感情的距離を図示したものである[5]．自民党からみて，自由党がイデオロギー距離も感情距離も最も近い．公明党はイデオロギー距離はやや離れているが感情距離は自由党とおなじ程度である．かつて連立の相手であった社民党はイデオロ

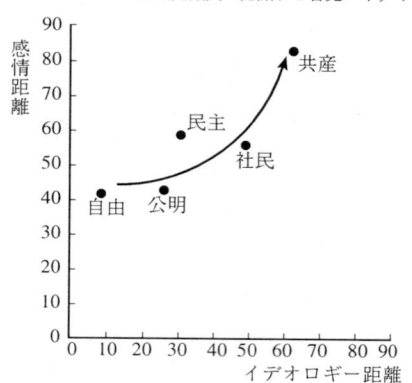

図 I-1-6　自民党議員の認識する各党のイデオロギーと感情距離

ギー距離も感情距離も遠いところにある．

5．自自連立と日本の政治

　最後に日本政治における自自連立の意味について考察し，本稿を終えることにしよう．連立政権にはさまざまなパターンがある．単なる数合わせといわれようが，野合といわれようが，権力を獲得するために，イデオロギーや政策を無視してでも，たとえ悪魔とでも手を結ぶ，権力追求型が１つ．もう１つは，イデオロギーや思想的に近接している政党間の連立である．すでに，議員のイデオロギーや政治的態度の分析で明らかなように，自自連立は後者のパターンである．事実，自由党と自民党の政策位置はほとんどの分野で隣接しており，イデオロギー的にも両党は重なり合う部分が多い．その意味で無理のない連立である．

　ただ，自自連立の基本的な構造は脆弱である．衆議院では自民党が単独過半数を握っているので，政権形成や予算の通過には自由党との連立は必要がない．その意味で，少なくとも衆院では自由党は余分な政党である（これを政治学者は過大規模連合政権と呼ぶ）．今後，小沢党首や彼とイデオロギーを共有する議員が，安全保障や新保守の政策の分野で尖鋭化すればするほど，「余分な政党」の構造的脆弱性から，自民党から見切りをつけられる可能性が

ある.

　自自連立のもう1つの問題点は，参議院で過半数に達していないことである（このように連立しても過半数に達しない政権は，過小規模連合政権と呼ばれている）．自自連立政権の政策実現には，参議院でもう1つの勢力を味方に引き入れる必要がある．表Ⅰ-1-3は参議院における連立の可能性をパターン化したものであるが，自自連合で116議席があり，過半数が127議席なので11議席足りない．権力追求型モデルを仮定すれば，自自連合は，すべての政党と連立しうる．しかし，残りの主要政党の中で最もイデオロギー的に近接し，好感が持たれているのは公明党である．民主党は政権ライバルであるし，かつての連立相手，社民党はイデオロギー的にも政策的にも先祖返りしている.

表Ⅰ-1-3　参議院における連立のパターン

自民党+自由党 (104)　(12)	民主党 (56)	公明党 (24)	共産党 (23)	社民党 (14)	その他 (19)	計	可能性
パターン1	○	×	×	×	×	172	×
パターン2	×	○	×	×	×	140	?
パターン3	×	×	○	×	×	139	×
パターン4	×	×	×	○	×	130	×
パターン5	×	×	×	×	○	?	?

　ただ，公明党との連立が成功すれば，自民党にとって自由党はさらに余分な政党となり，自由党の立場をもっと脆弱にする．その上，政策上の軋轢もある．これまで明らかになったように，自自両党の安全保障政策と公明党のそれは余りにも政策距離がある．自民党が自自の関係を重視し，政策が右傾化すれば，公明党との政策距離がさらに開く．自公の関係を重視すれば，自由党の望む保守的政策が実現できなくなる．自民党にとって頭の痛いところである.

　自自連合を守りつつ，参議院で過半数を制するためには，表Ⅰ-1-3の「その他」に属する19人から，一本釣りで調達する方法をとるのかもしれない．そのカテゴリーには，参議院クラブ，改革クラブ，さきがけ，第二院クラブ，自由連合，無所属のさまざまなグループが混在している．今回の調査でも，

このグループから14名の回答があったが，その中には保守派も多い[6]．現在あまり注目されていないが，「その他」に分類されている議員は，グループの結束力が弱いがゆえに，1人1人の連立交渉力が格段に高い．彼らの行動が政策の帰趨を決める場面がくるかもしれない．

ところで，これまでは有権者の保革イデオロギーを無視して日本の政党システムを論じてきた．しかし，民主主義体制下では有権者が主権者である．では，有権者のイデオロギーを考慮すると，どのような見取り図を描くことができるだろうか．

図Ⅰ-1-7は1996年にわれわれが行った全国調査の結果を基に，有権者の保革イデオロギーの分布を描いたものである．有権者の保革自己イメージは中央にピークのある分布をしている．このようなイデオロギーの分布のもとで，政党がダウンズ流の政党立地論に基づいて行動すると仮定すると，有権者の最も多い中央に立地するのが最適である．

しかし，自由党が自民党の右に位置し，右から自民党を脅かせば，自民党は中央に立地できなくなる[7]．自民党が中央に寄れば，自由党も自民党の真横に移動し，より多くの保守層を獲得しうるからである．それゆえ，自自連立（将来的には自自合同）によって，自由党を吸収してしまえば，保守層の奪い

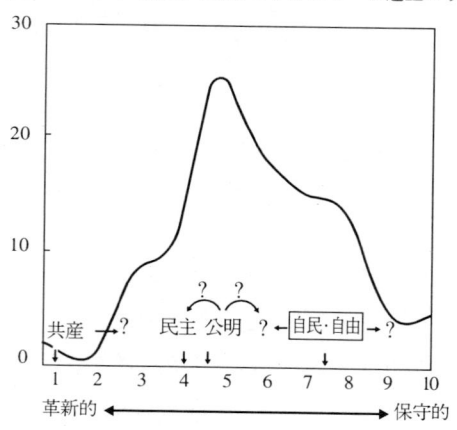

図Ⅰ-1-7　有権者の保革イデオロギーと連立のゆくえ

合いを阻止できる利点がある．

　その一方で，自自合同を進めれば，自民党があらゆる政権形成の場面で卓越した交渉力を発揮しうる（いつも政権に参加できる）「中位政党」の立場を失うことになる．つまり，右端に位置するゆえに，全野党による反保守連合が容易に形成され，政権を簡単に失う可能性も高くなるわけである．とりわけ小選挙区制では，与党の政策運営の失敗は地滑り的な敗北をもたらす場合があるので，その可能性は高い．

　自民党にとってさらに頭が痛いのは，自自連立によって，党のイメージが右傾化することである．本章で分析したように，自由党は安全保障政策の推進や改憲に積極的である．自由党が安全保障政策の分野で尖鋭化すればするほど，有権者の選好からは乖離していく．その場合，自民党は中央に移動してくる民主党に支持者を奪われることになる．また，安全保障政策の推進や改憲志向は，公明党との政策距離を大きくし，民主・公明協力を加速しよう．

　最後に，民主党の立場に触れておこう．自自連立は一時的に民主党の勢いを削ぐが，長期的には悪いことではない．まず，右傾化した自民党のイメージを作りだすことによって中道─革新票を結集できること，それに関連して公明党との連立がやりやすくなること，より中央に立地して自民党陣営を脅かすことができることなど，有利な面も多い．

　先ほども述べたように，小選挙区制では与党の政策運営の失敗はたちまち政権交代をもたらす．民主党のすべきことは，降板した先発投手に代わって立派にマウンドをこなす救援投手のように，政権交代の受皿として研鑽と人材育成に励むことだ．イデオロギー的凝集性と結束力の弱い民主党が団結するには，政権交代の緊張感が必要だ．

　（1）　実際の調査は読売新聞政治部の大角昌宏・佐藤直也両氏が行った．両氏の御苦労に心から謝意を表したい．なお，本章は，もと『中央公論』（1999年5月号）に掲載されたものである．最小限の表現を改めた以外は元の論文のままである．

　（2）　より詳細なイデオロギーの定義については，蒲島郁夫・竹中佳彦『現代日本人のイデオロギー』，東京大学出版会，1996年を参照されたい．

(3) 本項と次項の戦後史の叙述は前掲書をダイジェストしたものである．詳細については，前掲書を参照されたい．
(4) 蒲島郁夫「有権者の保革イデオロギーと中曽根政治」『レヴァイアサン』第2号，木鐸社，1988年．
(5) 自民党議員の自身のイデオロギー認識と好感度から他党のそれを引いて計算した．
(6) 14人のうち，10人が保革イデオロギー尺度で5以上である．
(7) 政党の位置は各政党の議員のイデオロギー尺度の平均値による．実際は自由党は自民党よりやや左に位置するが，分析から明らかなように，ほぼすべての争点領域で自由党は自民党の右にきている．保守的「革新」主義者の存在が，自由党のイデオロギー尺度の平均を下げている．なお，説明を簡潔にするために社民党を除いた．

付表 国会議員の政策態度間の相関の大きさ

		1	2	3	4	5	6	7	8	9	10	11	12	13	14
1	防衛力	1	.80	.39	.34	.75	.64	.69	.46	.35	.36	.50	.50	.05	.56
2	日米安保体制		1	.31	.30	.68	.68	.66	.44	.31	.30	.52	.52	.04	.58
3	核兵器保有			1	.27	.33	.15	.42	.20	.32	.24	.28	.15	-.07	.20
4	天皇の発言権				1	.32	.20	.21	.18	.17	.12	.27	.17	.00	.14
5	憲法改定					1	.68	.65	.51	.40	.34	.50	.52	.10	.63
6	国連安保常任理						1	.53	.40	.24	.22	.43	.53	.19	.64
7	アジアへの謝罪							1	.53	.45	.49	.51	.46	-.07	.56
8	労働者の発言権								1	.40	.41	.42	.39	-.12	.41
9	社会福祉									1	.33	.40	.34	-.05	.31
10	女性の地位										1	.31	.17	-.23	.25
11	自助努力											1	.47	.00	.45
12	小さな政府												1	.14	.50
13	行政改革													1	.19
14	間接税比率														1
保革イデオロギー		.74	.67	.31	.25	.65	.65	.67	.53	.35	.39	.47	.47	-.02	.59

第2章

政治家の離合集散
――民主党を中心に――

中條美和

1．はじめに

　1993年の自民党分裂とそれに伴う新党結成以来，政治家の離合集散が繰り広げられた．それ以前の離党・入党者は1年に数人程度であり，しかもほとんどが不祥事により一時的に党籍離脱したというものである．つまり，ある党から別の党へという政党移動はなかった．しかし，93年の新生党・新党さきがけの結成を境に新党が次々と生まれ，以前は皆無に近かった議員の政党移動が日常化した．

　98年11月に公明党が再結集して以降現在まで，政治家の動きは沈静化したかのようである．93年から98年という期間を振り返ると，この離合集散は何だったのであろうか．党の分裂によって自民党は野に下り，55年体制は崩壊したというものの，結局自民党は与党に戻り一党優位の状況が再現している．一方，野党の構図は55年体制下とは決定的に違い，野党第一党＝社会党はいまや存在しない．社会党は社民党と名を変え，その規模も小さくなり，代わって民主党が野党第一党の地位を担っている．

　民主党は党自体が93年以来の政治変動の所産であると言える．93年総選挙において新生党，新党さきがけ，日本新党のいわゆる三新党から当選した衆議院議員の98年末の所属政党は民主党，自民党，自由党に大別される．また，55年体制崩壊のもう一つの現象である社会党の分裂は民主党結成によってもたらされた．まさに55年体制の崩壊の2現象を体現する民主党は興味深い研究対象であると言えよう．

本稿ではこの民主党に焦点を当てて，93年から98年における政治家の離合集散の一面を分析することを目的とする．従来見られなかった政党移動が頻繁に見られるようになった93年から98年という期間において，離党・入党をくりかえした議員の集合である民主党はどのような党なのか．

　政党とはバークの定義によれば，「特定の原理に基づき」「国民的利益を増進」するために統合しているものとされる．しかし，政党の歴史の中でこの定義に100％あてはまる政党はむしろ稀である．サルトーリを引用すれば「政党とは，選挙に際して提出される公式のラベルによって身元が確認され，選挙を通じて候補者を公職に就けさせることができるすべての政治集団」(3)となる．55年体制下で見られた伝統的な保革イデオロギー対立軸もあいまいになりつつあり，ますます「原理」の側面が薄れてゆくようにみえる．すなわち，民主党議員はイデオロギーによる結集というよりも，利害による結集の側面が強い．言いかえると，民主党は「原理」から「ラベル」へと政党の性格が変わったことを顕著にあらわす一例ではないか．

　これまで政治家の離党・入党を直接扱った論文としては，大嶽や谷(4)(5)といったものがあるが，それらは「政界再編」や「政党配置の変化」のように政党レベルでのアプローチをとっている．河野は政治家個人に着目して93年の政治変動を分析し，「合理的選択パラダイムに根ざした視点から，当事者たちの意思決定を，『再選』と『昇進』という2つのインセンティヴと，彼等が直面する所与の状況的，制度的拘束を分析の基本に据えて説明すること」(6)を試みている．一方，大嶽も個々の議員に着目し，インタビューを重ねて政界変動を個々人の行動から説明している．(7)

　木村(8)，加藤(9)も同様のテーマを政治家個人に着目して分析をしている．前者は政治家の支持基盤の状況・次期選挙に対する選挙戦略の観点から，選挙区での獲得票の偏りをあらわすRS指数・その選挙区の全投票の偏りを示すDS指数，選挙区での強さをあらわすMK指数を用い，93年総選挙前後の離党行動について分析している．後者はハーシュマンのExit and Voiceモデルをもとにして個人的要因と組織要因をいくつかあげ，自民党分裂と社会党分裂について分析している．

本稿は以上の2論文の方法論を援用し，民主党を政治家の離合集散の一面ととらえ，どのような政党であるのか，その特徴を明確にすることを試みる．具体的には，以下の点を明らかにすることで政治家の離合集散を見極め，そこから政党の意義を検証したい．第一に，民主党と自民党の比較から，民主党議員にはどのような特徴があり，それは若手議員と中堅議員に一様の特徴であるのか．第二に，寄合所帯である民主党は出身政党による亀裂よりもむしろ党内の世代間対立という亀裂が大きいのではないか．

　分析手法は，民主党議員か自民党議員であるかを従属変数にとり，ロジスティック回帰を用いて分析するという方法をとる．他の政党を離党してきた民主党議員は，"離党のしやすさ"という特性を持っていたのではないかという観点から，自律性をあらわすものとして，世襲の有無，選挙区の都市度，資産，当選回数，年齢，選挙区での支持の強さをあらわすMK指数を独立変数に用いる[10]．これらの変数は政治家の客観的状況・行動の基礎となる要因としてあげたものであり，分析においては政治家の主観的な理由，例えばリーダーへの親近感や義理・個人的アドヴァイス等は考慮しない．分析はこれら変数をもとにして進める．

　先述したように，本稿では民主党の分析のみで93年以来の政治変動を見極めようとすることに第一の限界がある．政党移動をした他の議員，93年以前の所属政党に復党した議員や現在自由党に所属する議員については対象としていない．これは，民主党が数十人というある程度の規模の集団であることから，分析において対象としやすいことにある．第二に，対象を衆議院議員のみに絞り，参議院議員には一切触れていない．参議院は任期が6年と定まっていることや衆議院と選挙制度が違うことから，その行動要因において衆議院議員と統一的な説明をすることはできないと考えたためである．また96年の旧民主党に参加した参議院議員は4名であり，規模の小ささからも分析を省いた．第三に衆議院での選挙制度改革により，96年総選挙が小選挙区比例代表並立制で行われたことからくる限界がある．本稿では一括しているが，厳密には小選挙区選出議員と比例区選出議員では行動要因に違いが見られることが十分ありうる．この点は現行選挙制度が続く限り，今後の研究課題で

あると思われる．

2．民主党の形成過程と分析の枠組み

(1) 民主党形成過程と分析の展開

　96年，旧民主党は新党さきがけと社民党の離党者を中心に結成された．これは94年の選挙制度改革で，中選挙区制から小選挙区比例代表並立制に変更されたことにより，社会党内で社民・リベラルの結集で対応しようとしたことに始まる．しかし，当初の山花貞夫らの新党構想が95年1月の阪神大震災により断念され，また96年1月に社会党は党内改革まで及ばず社民党と名称変更するにとどまったため，構想の主導権は新党さきがけ側に渡った．このような経緯を経て，96年8月にさきがけを離党した鳩山由紀夫と同調者は9月に旧民主党を結成した．この時，社民党・さきがけの丸ごと合併案は鳩山により否定され，また社民党においては党内での左右対立と地方組織の反対から，議員個人の判断で参加することとなった．

　結成時の参加議員50名の出身政党は社民党，新党さきがけ，市民リーグが主である（図Ⅰ-2-1）．鳩山由紀夫と菅直人の二人が党代表となり，旧民主党は自民党，新進党に続く第三極の形成を目指した．図Ⅰ-2-1のように，旧民主党議員の出身は社民党とさきがけが主であるが，93年以前の所属政党にさかのぼれば，社会党，自民党がほとんどである．[11]　そこで第3節においては旧民主党議員とその出身母体である「自社さ」に所属する議員の特性を比較する．

　旧民主党は結成の翌10月の総選挙に党組織がほとんど未整備のまま臨み，したがって比例区中心に選挙を戦い，改選前52・改選後52（小選挙区17・比例区35）の現状維持となった．もちろん落選した議員もいれば初当選の議員もいる上での現状維持である．「現有52人を上回れば勝利」「50人以上が勝敗ラインの目安」とする以上，[12]　負けたわけでもないが，勝利とも言えない結果である．

　98年4月に新民主党が結成される．これは97年末の新進党解散を受けて翌年1月に民主党が新党友愛，太陽党，国民の声，フロムファイブ，民主改革

連合（民改連）とともに結成した院内統一会派「民主友愛太陽国民連合」に由来する．4月には新党友愛，民政党（太陽党，国民の声，フロムファイブが1月下旬結成），民改連とともに，4党合流の形であらためて民主党を結成し，衆議院93名，参議院38名の野党第一党となった（図Ⅰ-2-1）．第4節ではこの新民主党と自民党の議員の特性を比較し，さらに第5節では新民主党の党内構造を分析する．

図Ⅰ-2-1　新旧民主党の構成

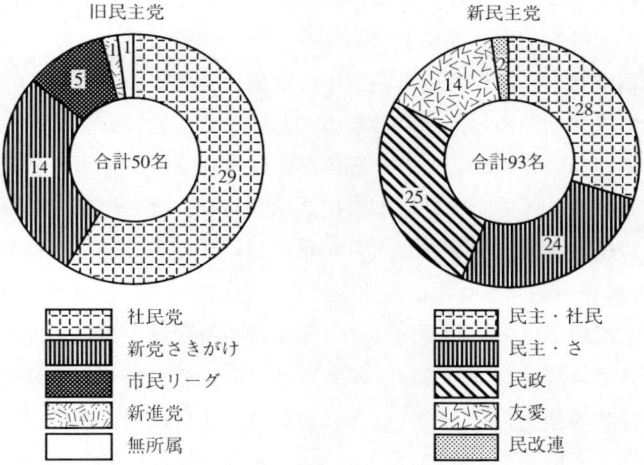
旧民主党
合計50名
29
14
5
1
1
社民党
新党さきがけ
市民リーグ
新進党
無所属
新民主党
合計93名
28
24
25
14
2
民主・社民
民主・さ
民政
友愛
民改連

(2)　分析の枠組みと仮説

民主党を離党議員集団としてとらえるため，民主党所属議員とその母体となった政党の議員を比較する．その2つの議員集団の比較には相関分析とロジスティック回帰分析を主に用いる．ここでの従属変数Yは，民主党を1，比較される政党を0とし，それを様々な要因で説明する．

従属変数を説明する要因である独立変数を以下にあげる．離党しやすい議員とは党からの自律性の高い，自由に動ける議員であると予測しうる．これが民主党議員の特性に結びつくと仮定する．

世襲議員—世襲議員は堅固な後援会を持ち，選挙に苦労しない．一般に，このような強力な支持基盤は議員を拘束することが多い．(13) 野中は「自民党議

員は個々の強固な権力基盤に支えられ，党から自律的であるはずなのに，離党するのは稀」であることを問題提起し，その答えの一つとして「後援会が党の地方組織の外縁化し，陳情―利益誘致回路が党パイプによる」ことをあげている．しかし，世襲議員の後援会は，もともと自らの後援会ではなく，後援会幹部と先代ほどの親密さがないので，後援会自体にあまりしがらみを感じない[14]．すなわち，強力な支持基盤を持ち，かつ自由であると言える．加えて言えば，「選挙区と家庭の事情で出てくる」[15]二世議員は労せずして当選し，なりたくてなったわけではない部分もあることから，国会議員であることに価値を比較的見出さないと言われる[16]．

都市型選挙区――都市型選挙区選出の議員は時勢にのって動く傾向があり，その意味で自律的である．それは都市においては，後援会がイメージ戦略に基づくものが多いということと，都市部では政党支持が極めて流動的であるということによる．そして都市型後援会は議員をさほど拘束しない．神奈川9区選出の松沢成文はインタビュー記事において自身の後援会組織の弱さをあげ，「後援会が弱いがゆえに政治家として動きやすい」と述べている[17]．これに対して，農村部に多い利益団体による支持や系列地方議員・地方ボスによる支持に基づく後援会は，見返りが要求される支持であり，議員を拘束する．旧来の利益誘導型と言えるこの構造において，議員は「従来の党にとどまるべし」[18]という支持者の声を無視しえない．まさに松原・蒲島[19]が述べる通り，政治が「ファッション」である都市部に対し，農村部は政治が「生活」なのである．

資産の多さ――資産が多いと選挙において党資金に頼る必要がない．また強固な地盤・後援会の維持には多くの資金が必要である．

若手議員――若手議員はスキャンダルに敏感であることから，党がスキャンダルを抱えた場合に党から離反していく可能性が高い．また，若手議員の後援会は結成してから時間も浅く，ゆえに緩やかでさほど議員を拘束しない．たとえそれが世襲議員であっても，後援会自体は先代から長年存在しているが，彼自身の後援会という意味では結成して間もないと言え，拘束は緩やかであると考えられる．ゆえに，若手であるということは2つの意味で自律性

を高めると言える．分析においては，当選回数と年齢の2つの変数を用いる．

　選挙基盤の強さ——選挙基盤の強固な議員は再選可能性を党による集票に依存する必要がない．選挙区における支持の強さをはかるものとしてMK指数がある．選挙で強い，つまりMK指数の高い議員は選挙に際して党から自律的であると予測しうる．

　この他，前職経験とイデオロギーも議員の行動を律するものとして分析に用いる[20]．

　　Y　　（民主党＝1，比較される政党＝0）
　　X_1　世襲（ダミー変数として扱う．世襲議員を1，非世襲議員を0とする．）
　　X_2　都市度（人口集中地区人口／選挙区総人口）
　　X_3　資産（資産計，単位は万円）
　　X_4　当選回数
　　X_5　年齢（分析時の年から生年を一律にひいたもの．）
　　X_6　MK指数（得票数／法定得票数）
　　X_7　前職（ダミー変数として扱う．経験ありを1なしを0とする．）
　　X_8　イデオロギー[21]

　以上の要因を独立変数として，民主党所属を従属変数とするロジスティック回帰分析を行う．

3．旧民主党議員と自社さ議員の比較分析

　96年民主党結成時の旧民主党議員と，その主な出身政党である「自社さ」所属の議員を比較しよう．まず，各集団の都市度・当選回数・MK指数の分布を視覚的に確認してみる（図Ⅰ-2-2）．

　都市度に関しては，旧民主党議員は都市型選挙区選出者が多く，平均値も中央値も0.3ポイント高い．グラフでも明らかに民主党の中心が右にずれており都市度が高いことが分かる．正規分布に従わないのでノンパラメトリック検定のマン・ホイットニの検定を用いると，有意水準5％以下の値を示し，旧民主党議員と「自社さ」議員の都市度の分布は同じであるという帰無仮説

図I-2-2　都市度・当選回数・93年MK指数の分布（旧民主党）

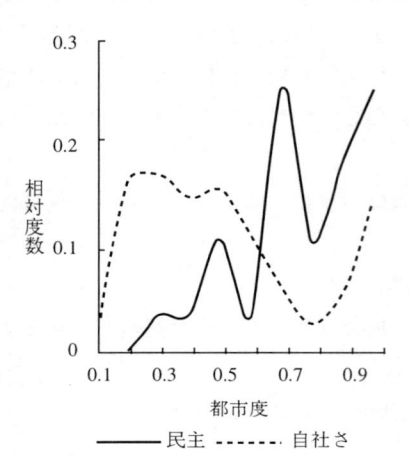

都市度		
	民主	自社さ
平均値	0.72	0.47
中央値	0.71	0.41

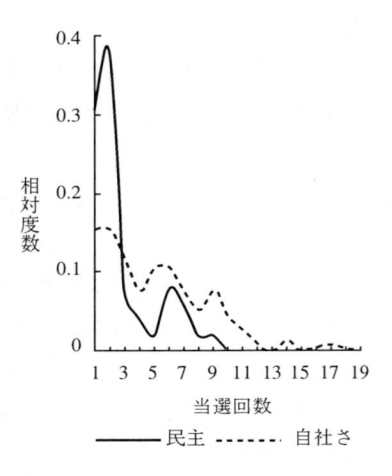

当選回数		
	民主	自社さ
平均値	2.8	5.21
中央値	2	5

93年MK指数		
	民主	自社さ
平均値	2.87	3.01
中央値	2.77	2.9

は棄却され，分布に違いがあることが統計的に確認できる．

　当選回数は自民党が長老議員を多く有するため，旧民主党議員は平均値も中央値も3ポイントほど低い．グラフでも「自社さ」は右にすそ広がりで尖度も小さいのに対し，民主党は当選9回までの範囲で尖度は大きい．同様にマン・ホイットニの検定では，有意水準5％以下の値を示し分布に違いがあることが統計的に言える．

　MK指数はどうか．旧民主党の方が0.2ポイントほど平均値も中央値も低く，グラフでも微妙に中心がずれているように見える．しかしマン・ホイットニの検定において，有意水準5％の確率では，分布が同じであるという帰無仮説を棄却できない．すなわち，旧民主党議員と「自社さ」議員の93年MK指数においては差が見出せない．93年MK指数である93年選挙での強さは，その後の選挙制度改革もあり，個々の議員が行動を選択する際に考慮する順位がさほど高くない要因であるということだろうか．

　世襲に関しては，2つの集団の世襲議員と非世襲議員とでカイ二乗検定を行った．P値は0.03を示し，5％水準では独立性の仮説は棄却され，民主・「自社さ」は世襲と関係があるという結果になった．すなわち「自社さ」の方が，世襲議員が多い．

　さらに，統計的により厳密に分析する．旧民主党議員をY=1（50名）とし，「自社さ」議員をY=0（216名）として，これと各独立変数との相関を見た（表I-2-1）．前職は官僚経験と労組役員経験を用いた．正規性があるのは年齢のみであるため，正規性がない変数に関してはノンパラメトリックの相関係数であるスピアマンの同順位補正相関係数を表において右に示す．[22]

　比較的相関係数の高い統計的に有意な変数について言えば，世襲議員の少ないところ，選挙区の都市度が高いところに民主党議員が多い．また，当選回数が少なく，年が若いところに民主党議員は多い．官僚経験者が少なく，労働組合役員経験者が多い点もあげられる．

　相関はあるものの，これらの要因がどれほど従属変数に影響を与えているかを見るために，ロジスティック回帰分析をした．まず，全ての独立変数をロジスティック回帰分析に投入し，変数減少法により変数選択をした結果，

表Ⅰ-2-1　旧民主党（=1）と自社さ（=0）の比較

	相関係数(有意確率p)		ロジスティック回帰結果		
	ピアソン	スピアマン	係数	wald	有意確率p
定数			-0.45	0.8	(0.38)
世襲	-0.19	-0.13 (0.00)	-0.26	0.9	(0.34)
都市度	0.33	0.32 (0.00)	0.89	12.9	(0.00)
資産	0.08	-0.08 (0.07)			
当選回数	-0.28	-0.28 (0.00)	-0.34	8.7	(0.00)
年齢	-0.20 (0.00)				
93年MK指数	-0.08	-0.07 (0.12)			
官僚経験	-0.19	-0.16 (0.00)	-1.01	1.4	(0.23)
労組役員経験	0.48	0.24 (0.00)	1.63	5.8	(0.02)

N=298（都市度のみN=188）

-2 Log Likelihood　114.75
Cox & Snell 擬似R^2　0.21
的中率　85.5%
N=187

　最も当てはまりのよいロジスティック回帰分析は以下の表Ⅰ-2-1のように抽出された．有意水準1％の確率で統計的に有意な影響を持つ独立変数は都市度，当選回数，労組である．労組については，「民主党」と「自社さ」という規模の違う2つの集団の両方にほぼ同数の旧社会党議員がおり，集団規模の小さい民主党内の労組比率が相対的に高くなるためだろう．

　以上の分析において，若手・都市型議員には旧民主党議員が「自社さ」議員に比べて多いことが分かる．それは当選回数と都市度の2変数が，全ての分析において統計的有意が確認されることから言える．しかし，資産・MK指数はあまり関係がないようである．この2つの変数は旧民主党議員であることと相関もなく，回帰分析に投入できなかった．MK指数は図Ⅰ-2-2に示し

たように，2つの集団の分布にも違いがない．世襲に関しては，やや影響があるが，世襲議員には旧民主党議員が少ないという結果を示し，自律性の仮説と逆の結果となった．すなわち，民主党議員の特徴として「若手・都市型・非世襲議員」というパターンが形成されていると言える．[23]

4．新民主党と自民党の比較分析

ここでは，98年4月に再結成された新民主党議員とその時の自民党所属議員の比較をする．[24] まず，第3節の分析と同様に都市度，当選回数，MK指数の違いを視覚的に確認する（図Ⅰ-2-3）．都市度に関しては，民主党が全体的に都市度の高い右にずれている．実際，民主党は平均値が0.2ポイント，中央値が0.4ポイント高い．正規分布ではないのでマン・ホイットニの検定をした結果，有意水準5％では分布が同じであるという帰無仮説は棄却される．都市度の分布の違いは統計的にも確認される．

当選回数については民主党の分布は左よりで，当選回数の少ないことが一目瞭然であり，平均値は1ポイント，中央値は1.5ポイント低い．マン・ホイットニ検定では有意水準5％の確率で，統計的に2つの分布は違いがあると言える．

96年のMK指数をグラフで見ると，民主党の山が左にずれ，MK指数が全体的に低いことが分かる．平均値も中央値も0.05ポイントぐらいしか違わないが，マン・ホイットニの検定では有意水準5％で統計的に96年MK指数の分布は民主党と自民党で違いがあると言える．第3節の分析では2つの集団のMK指数に統計的な違いはなかったが，93年と96年では選挙制度の違いから単純に比較することはできない．

世襲はについては，そのカイ二乗検定において有意確率0.001であり，2つのグループと世襲が独立であるという帰無仮説は棄却される．すなわち民主党議員の世襲割合は低いと統計的に確認できる．

98年4月結党時の民主党議員を$Y=1$（93名），自民党議員を$Y=0$（264名）とした時の各変数との相関は以下の表Ⅰ-2-2のようになり，その相関係数は前節における旧民主党と「自社さ」議員の比較とほぼ同様の値を示す．

図 I-2-3 都市度・当選回数・96年MK指数の分布（新民主党）

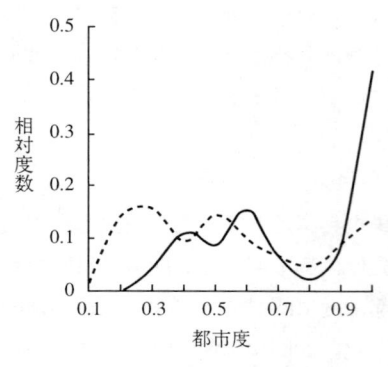

	都市度	
	民主	自民
平均値	0.73	0.50
中央値	0.86	0.45

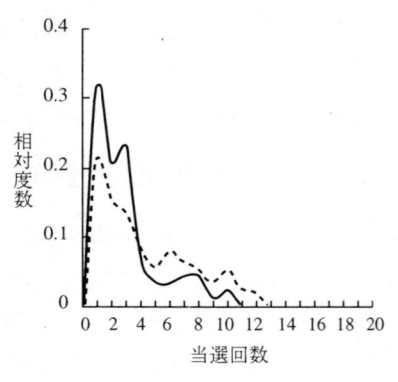

	当選回数	
	民主	自民
平均値	3.00	4.56
中央値	2	3

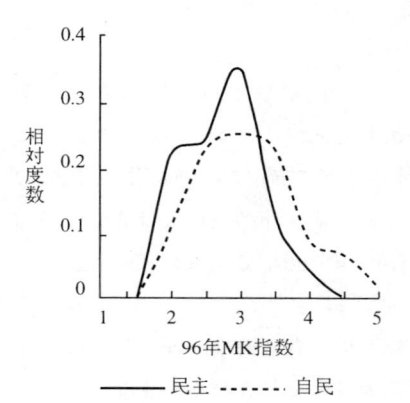

	96年MK指数	
	民主	自民
平均値	2.55	2.88
中央値	2.67	2.87

政治家の離合集散　　　　　　　　　　　59

表 I-2-2　新民主党（=1）と自民党（=0）の比較

	相関係数 （有意確率p）	ロジスティック回帰結果		
		係数	wald	有意確率（p）
定数		-111.62	5.5	(0.17)
世襲	-0.19 (0.00)	-0.40	3.2	(0.07)
都市度	0.30 (0.00)	2.72	17.7	(0.00)
資産	-0.20 (0.00)			
当選回数	-0.18 (0.00)	0.10	1.4	(0.23)
年齢	-0.19 (0.00)	0.06	5.3	(0.02)
93年MK指数	-0.05 (0.00)			
96年MK指数	-0.20 (0.00)			

N=356

-2 Log Likelihood　　201.17
Cox & Snell 擬似R^2　0.13
的中率　　　　　　　81.09%
N=238

　正規性のある変数はなかったため，スピアマンの同順位補正相関係数のみ示した．非世襲で，都市度が高く，資産が少ないところに民主党議員は多い．また，当選回数が少なく若い．96年MK指数は低い．

　これら相関係数の高い世襲，都市度，当選回数，年齢を独立変数としてロジスティック回帰分析をすると，有意水準5％の確率で統計的に意味のある変数は年齢であり，1％の確率で統計的に意味のある変数は都市度である．

　第3節と同様に，ここでも「若手・都市型・非世襲議員」が浮き彫りになった．当選回数と都市型の2変数はどの検定でも有意な影響を与える強い要因であり，非世襲は回帰分析で有意とならないものの，相関係数検定とカイ二乗検定で有意となり特徴的な要因である．また，96年MK指数は民主党議員全体として低く，マン・ホイットニの検定でも有意であったが，ロジステ

ィック回帰分析ではほとんど影響を与えないゆえに排除されたことから，さほど強い要因ではない．

さらに，上と同じような方法を用いて若手議員と中堅議員別に新民主党と自民党の比較を行ってみる．ここでの若手議員とは当選回数3回以下とする．通常，当選回数4回以下を若手と言うことが多いが，民主党の場合は全体的に当選回数が少ないことと，幹事長代理の鳩山由紀夫（執筆当時）が当選4回であることから，3回以下を若手とした．

当選回数3回以下の民主党議員を1 (29名)，同じく自民党議員を0 (94名)とし，一方当選回数4〜10回の民主党議員を1 (17名)，同じく自民党議員を0 (86名)として，年齢，都市度，世襲の有無，96年MK指数を独立変数にとり，ロジスティック回帰分析をした（表Ⅰ-2-3）．

表Ⅰ-2-3　ロジスティック回帰結果（民主党=1，自民党=0）

	係数		wald		有意確率（p）	
	若手	中堅	若手	中堅	若手	中堅
定数	-106.08	-162.96	3.2	4.0	(0.07)	(0.05)
世襲	-0.37	-0.37	1.2	1.4	(0.28)	(0.24)
都市度	5.58	0.89	14.3	0.5	(0.00)	(0.47)
年齢	-0.05	-0.08	2.8	3.8	(0.09)	(0.05)
96年MK指数	1.88	-1.18	4.8	1.6	(0.03)	(0.20)
-2 Log Likelihood			若手107.00		中堅83.10	
Cox & Snell 擬似R^2			若手0.20		中堅0.08	
的中率			若手76.4%		中堅84.5%	
N			若手=123		中堅=103	

当選回数1〜3回の若手議員では有意水準5％の確率で統計的に意味のある変数はMK指数であり，1％の確率では都市度である．MK指数の回帰係数は正の値を示している．民主党若手議員は都市型議員であり，MK指数にあらわれるように若手の中では選挙に強い．また世襲は統計的有意ではないが，回帰係数が負の値を示している．この分析においては民主党議員の「若手・都市型・非世襲議員」というパターンがよくあらわれている．

一方，当選回数4〜10回の中堅議員では96年MK指数が統計的有意な影響を与えておらず，しかも負の相関である．これは与党経験が長く，大臣経験

者を多く有する自民党中堅議員にMK指数の高い議員が多いことによると思われる．すなわち，民主党中堅議員と自民党中堅議員は，これらの独立変数の違いがないことが分かる．民主党若手議員は，都市度・MK指数において自民党議員と統計的有意な違いが見出せる．民主党全体の特徴としてみられた「若手・都市型議員」という特徴は若手議員のものであり，中堅議員はそのような特徴をもっているわけではないことが分かる．

5．党内対立構造の分析と検証

ここでは民主党の構造を探る．民主党という党の構造を，寄合集団という観点から分析し，出身政党の違いからくる民主党内の4グループに特性の違いがあるのかを検討する．

96年の民主党結成時においては社民党とさきがけが主な出身政党であり，98年の再結成においてはこの旧民主党に民政党と新党友愛が加わった．民主党はその出身政党別に大別して4グループの合流である寄合集団と言われる．ここで，民主党を以下の4グループに分けた時，各グループ間で特性の違いが見出せるかを検討する．96年総選挙で初当選の議員は，それ以前の民主党議員のデータを用いて判別式を作成し[25]，旧社会党系と旧さきがけ系にふりわけた[26]．この判別式を使ってシミュレーションした結果，旧社会党系は28名，旧さきがけ系は24名，旧新党友愛系は16名，旧民政党系は25名となった．

各グループの指標の平均は以下の通りである（表Ⅰ-2-4）．都市度に関しては，旧民政党系が一番低く旧社会党系が一番高い．その差は0.1ポイント近くある．当選回数と都市度の分布図をみると（図Ⅰ-2-4），都市度の低いところに旧民政党議員が目立つ．また，図から当選回数の少ない若手議員が都市度の高いところに集中していることがうかがえる．資産の平均に関しては，旧さきがけ系が最も多く，旧民政党系が最も少ない．旧さきがけ系に関しては，鳩山兄弟がけたはずれの資産を保有しており，それが強くあらわれたものと思われる．当選回数は旧民政党系が最も多く，旧さきがけ系が少ない．その差は1.2ポイントある．しかし，年齢となると旧社会党系が最も高い．最も若い旧さきがけ系との差は，22ポイントもある．96年総選挙のMK指数は旧民

表 I-2-4　民主党内各グループの平均値

	旧社会党系	旧さきがけ系	旧新党友愛系	旧民政党系
都市度	0.78	0.77	0.76	0.70
資産	-997.03	10857.17	384.68	-2369.44
当選回数	2.89	2.38	3.19	3.56
年齢	66.83	44.79	54.31	54.60
96年MK指数	2.39	2.51	2.45	2.64

図 I-2-4　当選回数と都市度

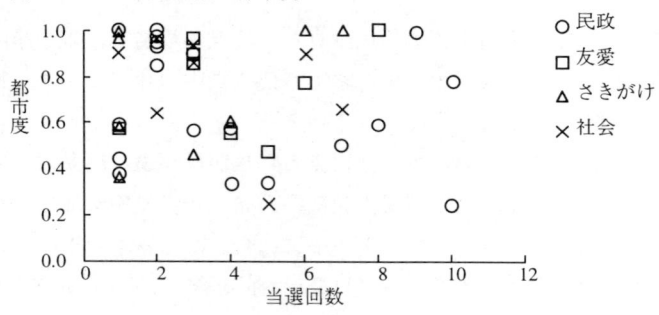

図 I-2-5　イデオロギー分布

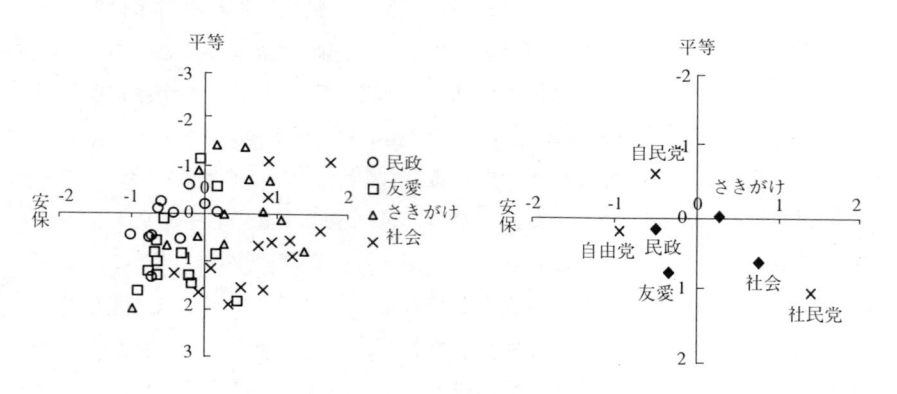

政党系が最も高く，旧社会党系が最も低い．その差は0.2ポイント近くになる．

では第1章で明らかになった議員のイデオロギーに関して，各グループ間でイデオロギーに違いはあるかどうか見てみよう．イデオロギー分布を図Ⅰ-2-5にあげる．各グループ間に違いが見られる．各グループの平均を見ると，安保軸に関して言えば，旧社会党系，旧さきがけ系，旧新党友愛系，旧民政党系の順に低くなり，平等軸に関して言えば，旧新党友愛系，旧社会党系，旧民政党系，旧さきがけ系の順に低くなる．各グループはその出身政党の内側，他の政党よりは一番近接するところに位置する．つまり，民政党と出身母体が同じである自由党のすぐ右に旧民政党系が，社民党のすぐ左に旧社会党系グループが位置する．[27]民主党全体の平均は安保0.05，平等0.41と限りなく0に近づき，中道政党であると言えそうである．

民主党内4グループはかつての所属政党が違うことに由来するイデオロギーの違いがあることが確認された．民主党としてのイデオロギー分布は広く，各グループは分布があまり重ならない．しかし，民主党の特性とした要因については若干の差はあるものの，目立った偏りはない．ゆえに各グループの対立は特性においてではなく，イデオロギー的なものにあり，それが政策の違い結びつくようである．

6．結論と含意

本稿の目的は，93年から98年の政治変動を民主党の特性から見極め，そこから政党の性格を明らかにすることにあった．そこで主に民主党議員と自民党議員の比較をし，以下の結果を得ることができた．

①旧民主党は「自社さ」に比べて若手・都市型というパターンが抽出される．当選回数と都市度の2変数が，全ての分析において統計的有意と確認されることから分かる．世襲に関しては，世襲議員の中には民主党議員が少ないという結果を得た．すなわち，民主党議員の特徴として「若手・都市型・非世襲議員」というパターンが形成されていると言える．

②新民主党と自民党の比較でも「若手・都市型・非世襲議員」が浮き彫

りになった．当選回数と都市型の2変数は強い要因であり，非世襲は特徴的な要因である．しかし，若手議員と中堅議員別の新民主党と自民党の比較から，「若手・都市型・非世襲」のパターンを形成するのは若手議員のみであり，中堅議員はそのような特徴を持っているわけではないことが分かる．

③寄合集団である民主党の出身政党別比較では，イデオロギーに違いが見られた．民主党全体としてはイデオロギー分布が放射状に広がり，まとまりがない．

以上の結果から言えることは，民主党は若手・都市型という特徴を持ち，その構造は出身に由来する寄合集団という面に加え，中堅と若手という構造もあることである．当選回数の多い中堅議員は，自民党議員と比べて特性が見られない．これは，中堅議員の自由は，当選回数が多いというただそれだけの理由で再選可能性が高く安定していることにあるということを示している．ゆえに，中堅議員の政党移動は客観的要因では説明しえない．イデオロギーとはまた違った意味で，長年政治家をつとめてきたことによる一種の信念や理念によるのであろう．それは個々人様々であろうが，民主党に入党した中堅議員の場合は，自民一党優位ではなく与野党伯仲する二大政党制を目指すということがその理念の一つとしてあげられる．一方，当選回数の少ない若手議員は都市型が多く，その意味で拘束がなく自律的であり，自由に動くことのできる状況にあった．逆に言うと若手議員は都市型でなければ離党できない．しかし，彼等が中堅議員と決定的に違うのは再選可能性である．若手議員は一般に地盤を世襲でもしない限り，再選可能性は比較的低い．若手・都市型議員はやはり新たに入党した党に再選可能性を託さねばならないのである．すなわち，民主党若手議員は離党に際しては自律性があっても，入党にはやはり再選インセンティヴが働くのである．中堅議員が再選可能性を託して入党したわけではなく，理念で動いたのに対し，若手議員は再選可能性を高めるために入党した．

ハーシュマン風に言えば議員たちは党の改善を求めて voice を行う．しかし，exit は容易でない．通常，党への loyalty が exit を遅らせるが，民主党

の場合 loyalty ゆえではなく単に選挙制度のためであると思われる．民主党議員たちの自党への好感・党首への好感は相対的に低い[28]．96年総選挙で無所属議員の当選の困難さと新党ブームに対する有権者の「飽き」を「学習」した彼らは，しばらくは党内で voice をとりつづけるであろう．

このように民主党は4グループの合流という構造とは別にもう一つ若手議員と中堅議員の利害一致という構造がある．選挙制度の都合上，若手・都市型議員は再選のために民主党ラベルを求めた．まさにサルトーリの定義した「公式のラベル」を求めたのである．中堅議員の行動には客観的説明ができない．中堅議員は，自らのなんらかの理念に基づき政党を必要とし，若手・都市型議員の人数によりある程度の規模を見込むことができた．ここに両者の利害一致構造がある．このような民主党はイデオロギーによる結集というよりも，選挙制度による産物であり，かつての中選挙区制では数ある新党のように消えていったかもしれない．裏を返せば，政党システムとは選挙制度次第であるということになる．かつての中選挙区制が多用なイデオロギー・理念ごとにまとまりを形成して政党を作り，有権者も分かりやすかったのに比し，小選挙区比例代表並立制の少なくとも小選挙区制の部分に関しては，二大政党化への圧力が多少働いた結果，イデオロギー的にわかりにくい政党となった．

このように，93年以来の政治家の離合集散は，イデオロギーとはかけ離れたところにある．民主党は政党の「原理」性が薄まり，「ラベル」性が強まったことを顕著にあらわす一例であると言えよう．

（1） 新自由クラブを除く．新自由クラブは76年自民党を離脱した議員により結成され，86年に所属議員の自民党復党により解散となった．
（2） 93年選挙直後の第127回国会で三新党に所属した議員105人のうち，98年末に在職している議員は62人である．その所属政党は，民主党23人，自民党18人，自由党13人，改革クラブ2人，さきがけ1人，無所属5人である．
（3） G・サルトーリ著，岡沢憲芙訳『現代政党学Ⅰ』，早稲田大学出版会，1980年，111頁．

(4) 大嶽秀夫「政界再編と政策対立」『レヴァイアサン』臨時増刊号, 木鐸社, 1998年.
(5) 谷聖美「新選挙制度下の総選挙と政党配置の変化」『岡山大学法学会雑誌』第47巻第3号, 1999年.
(6) 河野勝「93年の政治変動」『レヴァイアサン』第17号, 木鐸社, 1995年.
(7) 大嶽秀夫「自民党若手改革派と小沢グループ」『レヴァイアサン』第17号, 木鐸社, 1995年.
(8) 木村敬「93年総選挙前後における『離党行動』の合理性についての一考察」東大法・蒲島郁夫ゼミ編『「新党」全記録』第III巻, 木鐸社, 1998年.
(9) Junko Kato "When the Party Breaks Up: Exit and Voice among Japanese Legislators." *American Political Science Review,* Vol.92, No.4, 1998.
(10) MK指数とはある候補者の選挙区での得票数を法定得票数で割ったものである. これにより, 選挙区によって定数が違うことからくる得票数の比較の困難を回避できる. 詳しくは本書用語説明のMK指数の項参照.
(11) 50人のうち, 93年総選挙以前に在職した議員は35人であり, 社会党29人, 自民党5人, 社民連1人である.
(12) 『朝日新聞』1996年10月20日付. 党代表の1人である菅直人の発言.
(13) 野中尚人『自民党政権下の政治エリート』, 東京大学出版会, 1995年, 10頁, 287頁.
(14) 大嶽秀夫「政治改革を目指した二つの政治勢力」大嶽秀夫編『政界再編の研究』, 有斐閣, 1997年, 15頁.
(15) 田中秀征元代議士の言葉.『朝日新聞』1998年8月8日付.
(16) 大嶽, 前掲書, 12頁.
(17) 『朝日新聞』1998年8月6日付. 彼は都市型選挙区について「八割が無党派層で残り二割が農協や労組などの組織票という都会なら, 可能性は無限」と述べ, 後援会について「僕は新生・新進・国民の声・民政・民主と五つの政党を変わった. その都度, 後援会や支持団体の顔色をうかがうことなく, 自分で決断できた」と述べている.
(18) 池田省三地方自治総合研究所政策研究部長は自治労と社会党に関係について「個々の議員を100%統制することはできない」としつつも, 「地元の利害とか当選のことを考えると自治労に反抗しない方がいいですからね. 自治労に反抗すれば, その人の応援をやりませんから, 落選する可能性は高い」と述べている.(大嶽秀夫によるインタビュー『レヴァイアサン』臨時増刊号, 木鐸社, 1998年.)
(19) 松原望・蒲島郁夫「田中派圧勝自民党大敗の構図」『中央公論』1984年3

月号．
(20)　但し，イデオロギーについてはサンプル数が少ないのでロジスティック回帰分析には用いなかった．
(21)　データの詳細は「政治家のイデオロギー」(本書第Ⅰ部第1章参照)．
(22)　正規分布に従わない変数についてはスピアマンの順位相関係数検定を行い，ピアソンの相関係数検定はしていない．正規分布に従う変数についてはピアソンの相関係数検定を行い，スピアマンの同順位補正相関係数を示していない．
(23)　旧民主党は社民党出身者と新党さきがけ出身者が大勢を占める．この2つの政党に関して，社民党から民主党に入党した者と社民党に残留した者，新党さきがけから民主党に入党した者と新党さきがけに残留した者を比較すると以下のような結果になる．

まず，93年8月の第127回国会で社会党であった者のうち，96年総選挙立候補政党が民主党である者を Y＝1 (29名)，社民党で立候補した者を Y＝0 (14名) として各変数の相関係数検定とロジスティック回帰分析を行った．

民主党を選んだ議員は世襲議員の割合が多く，都市型で資産が多い．以上3つの要因は相関係数検定で p 値0.05以下を示した．また，若手議員が多く，93年 MK 指数は比較的低い．労組役員経験の有無はあまり関係ない．ロジスティック回帰分析では的中率81.8％・擬似 R^2 0.30となるが，有意水準5％の確率で統計的に意味がある変数は都市度のみである．社民党から，民主党に入党した議員は残留した議員に比べて「都市型で，93年選挙で MK 指数が低かった世襲議員」と言えそうである．MK 指数が低いということは，選挙における集票を党に依存するはずであるが，党自体の有権者評価が低いと MK 指数の低さは逆に離党要因となる．また，都市型議員は党評価が左右されやすい地盤であり，党評価に左右されて自身の再選可能性も左右される若手議員は社民党を離党して新党に参加したようである．

次に，第137回国会 (96年9月) の前にさきがけに所属していた議員のうち，96年総選挙立候補政党が民主党である者を Y＝1 (15名)，さきがけから立候補した者を Y＝0 (9名) とする．その各変数との相関係数検定とロジスティック回帰分析を行った．

民主党を選んだ議員は世襲議員の割合が低く，都市度が高く，資産が多い．以上の3要素は相関係数検定において P 値0.05以下を示した．統計的な影響は弱いものの，「都市型・若手」の傾向はある．しかし，ロジスティック回帰分析では的中率82.4％・擬似 R^2 0.50であるものの，どの変数も統計的有意とはならない．さきがけ議員は社民党議員ほど明確に二分されたわけではないことがうかがえる．社民党が古くからある伝統的な党であるのに対し，さき

がけは93年にできた新党であることに関連すると思われる．さきがけは母集団全てが「動いた議員」であり，「一度動いた議員」と「二度以上動いた議員」にそれほど差はないということだろう．

世襲の相関係数は社民党で正，さきがけで負と符号も違い，両方とも回帰分析において統計的に意味のある影響を与えないことから，統一的に説明する要因としては弱いようである．

最後に，社民党議員とさきがけ議員の「残留か民主党入党か」の選択について，その結果である96年総選挙における当落からカイ二乗検定を行う．

　　　帰無仮説：選択と当落は関係ない．
　　　対立仮説：選択は当落に影響した．

社民党では残留した14名中当選11名・落選3名であり，民主党に入党した29名中当選16名・落選13名であるが，カイ二乗検定のp値は0.14で，5％の有意水準をクリアできないため，帰無仮説は棄却されない．すなわち，社民党議員の選択と当落は関係がない．

さきがけでは残留した9名中当選2名・落選7名，民主党に入党した15名中当選11名・落選4名であり，カイ二乗検定のp値は0.01で有意水準1％以下となり，帰無仮説は棄却された．さきがけ議員の選択には当落が関係したということになる．これはさきがけが新党かつ小政党であることから，小選挙区比例代表並立制では不利であることによると思われる．社民党は新党ではなく地方組織もあることから，民主党と比べる限り制度上は有利である．ただ，社民党の評価が下降気味であるのに対し，民主党にはそれがなかった．社民党の選択に関する限り，社民党残留と民主党入党の選択はイーブンな結果なのであるが，一般的な評価は，社民党は「後退」，民主党は「維持」であった．

(24)　参考までに以下，新民主党と自由党の比較について述べる．自由党と民主党に自律性要因としてあげた変数に差はなく，ほとんど一様である．自由党$Y=0$，民主党$Y=1$とした相関係数をみたところ，相関係数は0.02以上を示さず，有意確率（p値）は年齢を除き全てが10％水準もクリアできない．注23における社民党議員の選択において相関係数がほとんど0.02以上を示したことから，「老舗政党への残留か離党か」の選択は「新党Aか新党Bか」の選択よりもその個人的要因が大きく影響することを示している．

(25)　旧社会党系を$Y=1$，旧さきがけ系を$Y=0$とした重回帰式を判別式に用いた．

$Y=1.76-0.18X$（比例区当選）$+0.02X$（当選回数）$+0.02X$（年齢）$-0.07X$（世襲）$+0.00X$（資産）$-0.07X$（松下政経塾出身）$+0.44X$（労組役員経験）
（修正R^2：0.43, $N=30$，誤判別率：0.1）

(26) グループ名は『朝日新聞』1999年6月12日付の記事における呼称にならった．記事の描くところでは，各グループのリーダーは旧さきがけ系が鳩山由紀夫幹事長代理，旧民政党系が羽田孜幹事長，旧社会党系が横路孝弘総務会長，旧新党友愛系が中野寛成政調会長となっており，それを取りまとめる形で菅直人代表となっている（全て当時の役職）．
(27) 旧社会党は分裂の際，左右対立が言われた．社会党出身の民主党議員と社民党議員のイデオロギー分布をみると，イデオロギーの違いはかなりはっきりしている．社民党議員は二軸において革新的な立場を示す一方で，社会党出身民主党議員はその左に位置し，「やや革新」程度である．

この2つのイデオロギー軸を独立変数とし，社会党出身の民主党議員を$Y=1$，社民党議員を$Y=0$としたロジスティック回帰分析では当てはまりのよさを示す擬似R^2が0.58と高く，的中率は94.7%である．都市度やMK指数といった客観的な離党要因よりもイデオロギーによる選択の方が明快となる例であろう．
(28) 蒲島（本書第Ⅰ部1章）によれば，民主党議員の自党への好感度は自民党についで低く，党首への好感度も自民党についで低い．また，自党への帰属意識は民主党が最も低い．

第3章

再選戦略としての自民党入党行動
──96年総選挙前後の自民党入党議員を題材に──

今井亮佑

1. はじめに

　1993年6月の宮澤内閣不信任案可決，衆議院解散，新党さきがけ・新生党の結成と続く一連の政治変動によって自民党は政権党の座から転落した．だがわずか1年で社会党・新党さきがけとの連立政権の一員として政権に復帰し，96年10月の解散・総選挙後には，衆参両院ともに過半数の議席を持たないものの，自民党単独少数政権を成立させた．さらに選挙後，保守系無所属議員や新進党離党議員に入党を働きかけるといういわゆる一本釣り戦略をとって議席数を増加させ，99年の145通常国会開会時には衆議院の過半数をこえる265議席を有するに至った．こうして現在では，少なくとも衆議院においては，93年以前と同様に自民党が過半数議席を有する一党優位の状況が生まれている．

　このように，自民党はわずか4年3ヶ月という短い期間に下野から衆議院の単独過半数議席の回復までを経験したわけであるが，そもそもこの自民党の下野は選挙での敗北によるものではなかった．93年総選挙前に新党さきがけに10人，新生党に36人が移り，2人が無所属になっていたため，公示前には227まで議席数は減少していた．そして選挙では223議席を獲得しているわけで，選挙で敗北を喫して過半数割れに追い込まれたということではない．[1]

　自民党の政権復帰においてもこれと同じことが言える．社会党・新党さきがけと連立政権を成立させた時はもちろん，96年総選挙の結果によっても，自民党は，選挙前より28議席増加させているものの，依然として衆議院の過

半数に達していなかった．すなわち，自民党が衆議院で過半数議席を有する優位政党の地位に戻る過程において，96年総選挙の結果も無視しえないものではあるが，より重要な役割を果たしたのは，自民党への入党行動をとった各議員であった．自民党の政権与党からの転落も，与党への復帰も，議員個人がとった離党・入党行動によってもたらされたと言える．

つまり，自民党の下野とその後の政権復帰・衆議院の単独過半数回復という大変動を理解する上では，議員の離党・入党行動という90年代の新しい現象をミクロにとらえて分析することが必要不可欠である．にもかかわらず，現在のところ，そのような議員個人の離党・入党行動の観点から96年総選挙前後の自民党の勢力回復過程を分析した研究は存在しない．そこで本稿は，自民党一党優位体制への復帰の過程における入党議員の重要性に着目し，「なぜ自民党に入党するという選択肢を選んだのか」について，94年12月の新進党結成以降の入党議員を対象として分析を行い，その行動の解明を試みることを目的とする．

分析は以下のように行う．政治家は議員であってはじめて政治家としての様々な活動を行うことができるため，何よりもまず「再選されることを目指してあらゆる努力を傾ける」[2]．そこで，入党行動も再選戦略としての行動の一環ととらえ，「議員は自らの再選可能性を高めるために自民党に入党した」という検証可能な仮説を提示する．そして，「前回総選挙における苦戦が，議員に次期総選挙での再選に対する危機感を生じさせる」という前提の下に，選挙区における強さを示す指標を用いて，入党行動をとった議員は選挙で苦戦したのかしていないのか，入党行動を再選戦略上の行動として位置付けることができるのかできないのかを分析する．分析の際にはt検定・ロジスティック回帰分析といった統計的手法を用い，これによって統計的な厳密性を確保する．このような形で分析を行うことによって，入党議員の選挙基盤の特徴を明らかにすることができ，実際に行われた入党行動の要因を解明できると同時に，今後も自民党への入党議員が現れるのか，現れるとしたらどのような性格の議員なのかについての一定の予測が可能となる点に本稿の存在意義があると言える．

だが，本稿の分析にもいくつかの限界がある．まず，分析対象を衆議院議員のみとした点である．これは，参議院においては本稿執筆の99年7月現在で自民党が単独過半数の議席に達しておらず，自民党一党優位体制への復帰の過程にはないと考えたためである．今後，もしも参議院において自民党への入党議員が増加し，自民党が選挙によらず過半数を獲得するという事態になれば，稿を改めて分析することにしたい．次にサンプル数の少なさの問題がある．本稿の分析対象となる入党議員は40人程度であるが，それをさらに入党時期や入党前の所属政党によって細分化して分析している．回帰分析を行った際，モデルの的中率がさほど高くならなかったのはこのためである．

以上のような限界を認識しつつ，自民党への入党行動の分析を行う．次節では93年6月の自民党下野以降の政治変動に関する研究に触れ，それらと本稿との関連について述べる．その上で実証分析を行う．

2．従来の議論と分析視角

90年代の政治変動，特に96年総選挙前後の自民党の復権に関する議論には次のようなものがある．

メアと阪野は，90年代の政界再編は「政治的価値や争点の変化，国際的文脈の変化（＝冷戦の終焉・社会主義体制の崩壊）が重要な背景要因を成していたことは疑いえないが，これだけでは不十分」であるとし，「マクロな要因に説明を求めるよりも，政党や政治家の戦略といった政治過程そのものに焦点を当てた分析のほうが有効である」と考えた．そして，政党システムの観点から，自民党政権の崩壊が一時的な現象にとどまった要因を，①93年総選挙における自民党の敗北は，有権者の支持を失ったというよりも，むしろ選挙直前における自民党自体の分裂に起因するところが大きいこと，②新選挙制度の下で総選挙が行われる以前に自民党が政権復帰していたこと，に求め，「一連の政治変動は日本における政党システムの根本的な転換を必ずしも示しているわけではなく，根本的な変化よりも再生のほうが将来の方向性として可能性が高い」と結論づけている．[3]

また，加藤とレイヴァーは，「政党の相対的政策位置において好位置を占め

る政党」は,「他党からの離党者が加わり過半数ラインを超えることを期待して少数政権を形成する」という研究を元に,日本においても「1996年総選挙の結果,自民党は他の政党からの離党により利益を得ることが期待できる過半数に迫る政党として好位置につき,自民党が実際にそのような離党を予想して少数政権を形成した」こと,「他の政党から自民党,とりわけ新進党から自民党への離党は,自民党を過半数の地位に近づける」ことを述べている[4].

上記2つの研究は,なぜ自民党の下野が短期間で終わり自民党が再び単独政権を担う地位に戻ることになったのかを明快に説明すると同時に,新たな1つの問題意識を提供してくれる.それは,自民党の勢力回復過程の研究における「個々の政治家の行動への着目の必要性」である.メアと阪野は「政治家の戦略」に焦点を当てることの重要性を述べているし,加藤とレイヴァーは,自民党が単独少数政権という不安定な政権を形成した背景には,他党から自民党への離党という議員個人の行動に対する予測があったとの分析を行っている.本稿では,これら研究から示唆を受け,個々の議員の行動に着目して96年総選挙前後の自民党復権の研究を行うことにした.

本稿の研究対象は93年から97年の約4年の政界再編の中ではその後半部分,つまり自民党が政権党に復帰し,過半数議席を有する優位政党の地位に戻る過程における議員個人の行動であるが,前半部分,つまり自民党下野の過程における議員個人の行動に着目した研究はすでに存在する.

河野は,93年に自民党が政権の座から滑り落ちた原因を,「有権者の意思が直接反映された総選挙そのもの」ではなく「自民党がすでに選挙の前に分裂していたこと」に求めた.そして,93年の政治変動の分析視角として合理的選択パラダイムに準拠した解釈を提示し,政治家は自らのおかれている現実の政治的状況によりシステマティックに拘束されていること,政治家は「再選」と「昇進」という2つのインセンティヴを持ち,その中でも「再選」インセンティヴを第一義的に持って行動するということを分析の基本に据えて,各政治アクターの行動に着目した説明を試みた.そして,竹下派の分裂,衆議院の解散と新党さきがけの誕生,選挙における新党の善戦,細川政権の成立,という4つの段階に分け,90年代初頭の自民党下野の過程が個々の政治

アクターの合理的選択に基づく行動の観点から整合性をもって説明することが可能であることを示した。(5)

木村は，河野の分析が「再選戦略上の合理性の観点に立ちつつ，政治家（エリートレベル）の行動を有権者の動きと合わせた形で分析することを可能にした点で有意義な枠組を提示している」と評価する一方で，次のような反論を提起している．①そもそも自民党からの離党行動を竹下派の分裂と離党の2次元に分ける見方は，最終的な説明変数を「自民党からの離党」とする場合には余りにも不適切である．なぜなら，自民党からの離党者は竹下派分裂後の小沢グループの議員だけに限られないからである．②河野が，政治的脆弱性の強い若手には「再選インセンティヴ」が強くあると考えていることには同感だが，「竹下派議員」の「当選回数」のみで脆弱性を判別している点，物足りない．以上2つの反論を示した上で，自民党からの離党を可能にした理由を，彼らの支持基盤（地盤）の状況や次期選挙に対する選挙戦略の観点から，選挙区内での得票の地域的な偏重度を見る水崎節文のRS指数と，定数の異なる選挙区の得票を一律の指標で計測する松原望・蒲島郁夫のMK指数の両指標を用いて分析した．(6)

河野及び木村の分析は，対象を93年6月以降の自民党からの離党者としているが，議員個人の行動に着目しているという点では本稿の問題意識と共通性を持っている．そこで本稿において自民党への入党行動を分析する上でも，合理的選択パラダイムを基調とし，「自民党への入党議員は次期総選挙での再選可能性を高めるために入党行動を選択した」という検証可能な仮説を提示し，それに基づいて分析を進めていくこととする．つまり，本稿と河野論文・木村論文によって，93年の自民党下野から96年の単独政権復帰，及びその後の衆議院過半数議席の獲得に至るまでを合理的選択パラダイムに基づく議員個人の行動の観点から一貫してとらえることが可能となり，そこに本稿の存在価値があると言える．

3．分析方法

次節で実証分析を行うが，本節ではその方法の概略を説明する．前述のと

おり,「前回総選挙における苦戦が,次期総選挙での再選に対する危機感を生じさせる」という前提の下に,「議員は自らの再選可能性を高めるために自民党に入党した」という検証可能な仮説を提示して分析を行う.その際,前回総選挙の結果が議員のその後の行動に重要な影響を与えるため,入党行動の直前の総選挙が93年か96年かで,96年総選挙前の入党行動と96年総選挙後の入党行動の2つに分けて考える.さらに,96年総選挙前の入党行動については,93年総選挙を自民党から出馬して戦った議員と非自民勢力から出馬して戦った議員とがいるため,それを区別して考えることにする.整理すると,(1)96年総選挙前の入党行動——93年総選挙時自民党の議員,(2)96年総選挙前の入党行動——93年総選挙時非自民勢力の議員,(3)96年総選挙後の入党行動,の3つに分けて分析を進めるということになる.

分析には,選挙区の強さを表す指標である当選回数・世襲の有無[7]・都市度[8]・MK指数[9]・RS指数[10]を用いる.そして,入党議員の平均を他議員と比較する形で選挙区の強さを明らかにし,選挙で苦戦したと言えるのかを測る.その際,単に平均を比較するだけではうわべの差が見えるに過ぎないため,t検定を用いて分析し,統計的に検証する.また,入党行動を従属変数としてその説明要因を明らかにするロジスティック回帰分析[11]も行う.

4. 実証分析

(1) 96年総選挙前の入党行動——93年総選挙時自民党の議員

93年総選挙を自民党で戦い,総選挙後離党し,96年総選挙前に復党した議員が本項での分析対象であり,今津寛・太田誠一・柿澤弘治・佐藤静雄・津島雄二・保岡興治の6人がこれにあたる.本項では,まずMK指数・RS指数を用いることで選挙区での強さをどのように考えることができるかを説明する.それから,その6人をはじめとする27人が行った93年総選挙後の自民党離党について検証し,それを踏まえて復党行動の分析を行うこととする.

a. MK指数・RS指数から見る選挙区の強さ

候補者の得票数を選挙区横断的に比較できるMK指数と,得票の地域偏重を表すRS指数を組み合わせることで,選挙区の強さは次の4類型に分類で

きる．

　第1類型は，MK指数・RS指数ともに高いというものである．これは，ある地域を確固たる地盤として持ち，しかもその地域を中心に大量に票を獲得しているというものである．選挙においては最も強い．

　第2類型は，MK指数が高く，RS指数が低いというものである．これは，得票に地域偏重がなく，選挙区内全域で万遍なく得票するという形である．得票が多く選挙では強さを見せるが，固定地盤がない分だけ第1類型よりも若干弱い．

　第3類型は，MK指数が低く，RS指数が高いというものである．これは，ある地域からの得票がその候補者の得票の大部分を占めており，それに依存してぎりぎり当選圏内に滑り込むという，中選挙区制ならではの選挙戦略である．第1類型同様，地域偏重的な得票をしているが，得票自体は多くないわけであり，他候補者が得票を増加させると当選圏外に落ちるという不安定性をはらんでいる．

　第4類型は，MK指数・RS指数ともに低いというものである．つまり，固定地盤を持っているわけでも，多くの票を得ているわけでもなく，選挙基盤としては非常に脆弱である．

　候補者の選挙基盤は以上4つに分けることができる．第1・第2類型が強い，第3類型が比較的弱い，第4類型が弱い選挙基盤である．この第3・第4類型にあたる候補者が，選挙基盤の脆弱性ゆえに，再選可能性を高める行動として離党・入党行動を選択することがあると考えられる．

b．93年総選挙後の離党行動

　93年総選挙後，全部で27人の議員が自民党を離党した．離党した議員は，山岡賢次を除く26人が90年総選挙にも出馬している．そこで，山岡以外の26人について，90年・93年の2回の総選挙において，自民党残留議員と比較してどのように戦ったかを見てみることにする．[12]

　表Ⅰ-3-1は，93年総選挙後の離党議員および自民党残留議員の90年・93年総選挙のMK指数・RS指数の平均である．この表から90年総選挙と93年総選挙の間の変化について考えると，次のように整理することができる．

表Ⅰ-3-1　90年・93年総選挙結果

	N	90年MK指数	93年MK指数	90年RS指数	93年RS指数
残留議員	181	2.98	3.02	0.20	0.20
離党議員	26	2.86	3.25	0.18	0.18

表Ⅰ-3-2　93年総選挙後の自民党離党要因

	係数	wald	有意確率(p)
定数	-2.35	2.7	(0.10)
90年総選挙当落	1.48	3.1	(0.08)
当選回数	-0.14	2.8	(0.09)
世襲	-0.48	1.0	(0.31)
都市度	0.30	1.0	(0.32)
90年RS指数	-5.69	1.2	(0.27)
90年MK指数	-1.30	4.8	(0.03)
93年RS指数	4.96	0.9	(0.35)
93年MK指数	1.29	8.2	(0.00)

-2 Log Likelihood　140.65
Cox & Snell擬似R^2　0.07
的中率　88.4%
N=207

　自民党に残留した議員は，90年・93年の間でMK指数・RS指数ともに統計的に有意な差がない[13]．

　93年総選挙後に離党した議員は，90年に比べて93年にはMK指数は有意に高くなったが，RS指数には差がない[14]．

　換言すれば，93年総選挙後に離党した議員は，93年総選挙では，90年総選挙時と同程度の地域偏重的な得票を維持し，しかもその地域を中心に得票をさらに伸ばすことに成功した．これに対して自民党残留議員は，90年と93年ではMK指数・RS指数ともに差がない．93年総選挙では90年と同様に地盤からの固定票を中心に得票したにとどまり，得票を伸ばすということはできなかった．

　これは表Ⅰ-3-2の回帰分析の結果からも言える．この回帰分析は，表Ⅰ-3-1の2つのカテゴリーを比較したもので，93年総選挙後自民党に残留した議

員を0，離党した議員を1としている．分析の結果5％の有意水準で統計的に有意になったのは90年MK指数・93年MK指数の2変数であり，93年総選挙後に離党した議員は自民党に残留した議員と比べて，90年のMK指数は低かったが93年のMK指数は高くなった，ということを表している．

つまり，93年総選挙後の離党議員は90年総選挙では他の自民党議員と比較して相対的に苦戦したが，93年総選挙では逆に，自民党に残留した議員より多くの票を獲得することに成功した．だが，ここで1つ考えておかなくてはならないことがある．それは，93年総選挙での得票の増大が，自民党から出馬したことによりもたらされたということである[15]．自民党の名の下で93年には得票を伸ばしているわけであるから，次期総選挙も自民党から出馬したほうが有利であるのは間違いない．にもかかわらずあえて離党したわけで，「93年総選挙後自民党を離党するという行動は，再選戦略の観点からは説明することはできない」と結論できる．

c．96年総選挙前の復党行動

先のb．で，93年総選挙後の離党行動は再選戦略の観点からは説明できないという結論を導いたが，このことから96年総選挙前の復党行動について説明することができる．すなわち，前述のとおり93年総選挙での得票の増大をもたらしたのは自民党からの出馬という事実であったのだから，再選戦略としては自民党に復党して自民党から出馬するのが最も望ましいということになる．

だが，一度離党した議員が復党するということはそう簡単にはできない．なぜなら，次期総選挙からは小選挙区制が導入されることになっていたが，この新選挙制度では同じ選挙区に2人以上の公認候補を擁立することができず，候補者の調整が難しい問題になるからである．もしも復党を希望したとしても，自民党側がすでに自分の出馬予定の選挙区の公認候補を決定してしまっていたら，復党も簡単にはできない．つまり，「選挙区の事情等の復党条件が満たされ，復党が可能であった議員については，自民党に復党するのが再選戦略上合理的な選択であった」と言える．

96年総選挙の実際の結果を見てみる．選挙には，復党した6人が自民党か

ら，17人の議員が新進党から，2人が無所属から出馬した．無所属から出馬した新井将敬・石破茂の選挙戦略については(3)で取り上げるため，ここでは復党議員および新進党からの出馬議員のみ対象とする．

　復党した6人の議員のうち5人は小選挙区で当選し，今津寛のみが北海道6区で民主党の佐々木秀典に敗れ，惜敗率も低かった（60.9％）ため，復活当選も阻まれてしまった．一方，新進党から出馬した17人のうち，比例区で米田建三・古賀一成の2人が当選した．小選挙区には15人が立候補し，8人が当選したが，大石正光・田名部匡省・野呂昭彦・増子輝彦・山岡賢次・山本拓の6人が落選，岡山4区で橋本龍太郎に敗れた加藤六月が辛うじて復活当選という結果に終わった．加藤も小選挙区では敗れたということで，小選挙区において純粋に当選したのは8人のみであった．このように，96年総選挙に新進党公認で小選挙区から出馬した15人のうち7人が敗れたこと，当選した11人の議員の中からさらに4人が選挙後自民党に復党していることを考え合わせると，新進党に残留した議員の中で自民党に復党する条件がそろっていた議員がいたとすれば，「96年総選挙前に復党するのが彼らにとっての最も合理的な選択であった」と言うことができるのではなかろうか．つまり，条件がそろっていたために自民党に復党することができた6人の議員は，選びうる選択肢の中で再選戦略上最も有効なものを選んだと言える．

d．結果

　93年総選挙に自民党から出馬し，総選挙後離党した議員は，90年に比べ93年に得票を増大させており，93年総選挙の結果からは次期総選挙での再選に対する危機感は生じない．つまり，93年総選挙後の離党行動は再選戦略の観点からは説明できない．だが，93年総選挙における得票の増大は「自民党」から出馬してもたらされたものであるため，次期総選挙においても自民党から出馬する，つまり総選挙前に復党するのが再選戦略上最も合理的な選択であり，6人の議員の96年総選挙前の復党行動は再選戦略上合理的な選択としてとらえることができる．ただ，復党には自民党側の選挙区の調整等の条件が満たされる必要があるため，93年総選挙後の離党議員全員について96年総選挙前に復党するのが合理的な選択であったと言うことはできない．復党でき

る状況にあった議員は復党するのが望ましかったということである．

(2)　**96年総選挙前の入党行動**──93年総選挙時非自民勢力の議員

　96年総選挙前に復党した議員は井奥貞雄・杉山憲夫・高橋一郎の3人，新規入党した議員は遠藤利明・大内啓伍・栗本慎一郎・茂木敏充・糸山英太郎・谷畑孝の6人である．だが，糸山は96年総選挙に出馬しておらず，谷畑は参議院からの鞍替えで93年総選挙に出馬していないため，分析から除くことにする．よって，分析対象は復党議員3人，新規入党議員4人の合計7人ということになる．

　ここではまず7人の議員がどのような経緯で入党することになったのかを概説する．

　井奥・杉山・高橋の3人は，93年6月の新生党結成時に自民党を離党し，94年12月の新進党結成時にはそのまま参加した．そして，96年総選挙のまさに直前の9月17日に新進党を離党し，10月1日に自民党に復党した．総選挙では井奥が南関東，杉山が東海，高橋が東京の各比例ブロックに3位という高順位で記載され，見事再選を果たした．

　遠藤は93年総選挙に無所属から出馬，当選し，選挙後日本新党に入党した．茂木は93年日本新党から当選した．この2人は新進党結成時に同党には参加せず無所属となり，茂木は95年3月1日，遠藤は12月15日に自民党に入党した．96年総選挙には茂木が栃木5区，遠藤が山形1区から出馬し，茂木は当選したが遠藤は新進党の鹿野道彦に敗れ，比例区で復活当選した．

　栗本は93年総選挙に無所属で出馬して初当選し，選挙後新生党に入党した．大内は民社党から出馬，当選したが，2人とも新進党には入党せず，同様に新進党に入らなかった柿澤弘治らと94年12月，自由連合を結成した．そしてその後95年11月20日に柿澤，佐藤静雄とともに自民党に移った．96年総選挙には栗本が東京3区，大内が東京4区から出馬し，栗本は当選したが，大内は無所属の新井将敬に敗れ，さらに惜敗率が低かったため復活当選もできず，落選してしまった．

　以上のような経緯で7人は入党した．本項では，7人の議員を1つのグル

ープとして分析するのではなく，無所属・自由連合からの4人の新規入党議員と，新進党からの3人の復党議員の2つに分けて考えることにする．

a．無所属・自由連合からの新規入党行動

4人の議員が96年総選挙前に新規入党しているわけであるが，この4人の93年総選挙結果はどのようなものか．4人のRS指数・MK指数を示すとともに，それが当選者の中でどの程度の位置にあるかがわかるように，偏差値を算出する（表Ⅰ-3-3）．[18]

表Ⅰ-3-3　93年総選挙MK指数・RS指数，偏差値

	MK指数	MK偏差値	RS指数	RS偏差値
遠藤利明	2.92	48.65	0.18	53.46
茂木敏充	2.75	46.27	0.18	52.70
大内啓伍	3.02	49.96	0.04	39.45
栗本慎一郎	2.43	41.81	0.02	38.04

茂木・遠藤の2人は，RS指数が平均を上回るもののMK指数は平均より低い．地域偏重型の得票だが獲得票は少なく，選挙基盤としては強いとは言えない第3類型である．栗本・大内の2人は，MK指数・RS指数ともに平均より低く，選挙基盤としては脆弱な第4類型である．つまり，93年総選挙において，弱い選挙基盤で戦い辛うじて当選を果たした4人の議員は，再選可能性を高めるための行動をとる必要があり，再選戦略として自民党への入党を選択した．

4人の入党行動の背景には選挙制度改革もあった．93年総選挙後細川政権の下で選挙制度改革が行われ，小選挙区比例代表並立制が導入された．この選挙制度では，少なくとも小選挙区では大政党に有利で二大政党制に向かうと考えられていた．また，この選挙制度改革とあわせて成立した改正公職選挙法では，いわゆる政党本位の選挙の実現を目指したために，無所属の候補者は不利な扱いを受けることになった．[19] このことから，無所属・自由連合の4人の議員は，次期総選挙に向けての再選戦略としては，当時の二大政党，つまり自民党か新進党に入党することが最も合理的であった．このように，自民党と新進党の2つに1つを選択することになるわけだが，その中で自民

党を選んだのは,彼ら4人全員が新進党結成時に参加しなかったためであった.遠藤・茂木は日本新党,大内は民社党,栗本は新生党と,普通なら新進党に合流する政党に所属していたにもかかわらず,あえて参加しなかった.このような経緯があったために,もう一方の大政党の自民党に入党したのである.

b.新進党からの復党行動

新進党からの3人の復党議員についても,93年総選挙のMK指数・RS指数,偏差値を見る.そして,この3人は90年総選挙にも当選しているため,90年と比較してどのように変化したかを明らかにする(表Ⅰ-3-4).

表Ⅰ-3-4 90年・93年総選挙MK指数・RS指数,偏差値

	90年 MK指数	93年 MK指数	90年 RS指数	93年 RS指数
井奥貞雄	3.03	3.85	0.14	0.10
	49.33	61.53	48.86	45.75
杉山憲夫	2.75	4.20	0.13	0.12
	44.62	66.30	48.32	47.16
髙橋一郎	2.70	2.61	0.10	0.05
	43.83	44.32	45.43	41.24

(上段:実数,下段:偏差値)

井奥・杉山の2人は,自民党から出馬した90年総選挙では,MK指数・RS指数ともに当選者の平均より低いという第4類型の候補者であった.それが,新生党に移った93年総選挙では,RS指数を若干下げたものの,MK指数は当選者の中でもかなり高い部類に入るようになった.新生党から出馬することによって,脱地域的に高い得票をする第2類型の候補者に変わったのである.

髙橋は,90年総選挙時のMK指数・RS指数は井奥・杉山とさほど差がないのだが,93年総選挙では,井奥・杉山が第2類型の候補者に変わったのに対して,相変わらずMK指数・RS指数ともに低いという第4類型のままであった.つまり,新党ブームが起こった中でも得票を伸ばすことはできず,選挙基盤は非常に脆弱であったわけである.

このように,選挙基盤の脆弱な髙橋は,次期総選挙における再選可能性を

高める行動をとる必要があったが、そのような折に自民党から比例東京ブロック3位を提示され、復党を誘われたのは、彼にとってはまさに渡りに舟であったと言えよう。

では、井奥・杉山の2人はどうであろうか。93年総選挙でRS指数は低かったもののMK指数がかなり高かった2人は、小選挙区に変わっても再選可能性が低いということは決してない。しかも、復党するに際して、井奥は「千葉6区で自民党が公認した渡辺博道とコスタリカ方式をとること」、杉山は「今後は衆議院の任期2期または5年間は小選挙区（静岡6区）から立候補しないこと」を、自民党との間の復党の条件としていた。[20] 小選挙区は現職有利と言われ、1度当選すると再選される可能性は高い。その点だけを考えると、新進党に残って小選挙区から出馬した方が有利である。にもかかわらずあえて自民党に復党し、比例区から再選を果たしたわけであり、この復党行動は、「96年総選挙での比例区からの確実な再選」を考えての行動であったと言えるのではないだろうか。

c．結果

93年総選挙時非自民勢力から出馬し、96年総選挙前に入党した議員の行動は、ひとくくりにして説明するのはふさわしくない。無所属・自由連合から入党した4人の議員は、93年総選挙で強さを見せたわけではなく、再選可能性は高くはない。しかも、新選挙制度の性格上、小選挙区では無所属や小政党の議員は候補者の個人的人気を持たない限り当選は難しい。このことから、大政党に入党することが再選可能性を高める行動となり、そのために彼らは自民党に入党することとなった。新進党ではなく自民党に入党したのは、4人が新進党結成時に、同党に合流するのが自然であったにもかかわらずあえて参加していなかったためである。一方、新進党から入党した議員のうち、高橋一郎については、選挙基盤の脆弱性に伴う再選戦略上の行動と言え、井奥貞雄・杉山憲夫の復党行動は、96年という目先の選挙での再選可能性を求めた行動と言える。

(3) 96年総選挙後の入党行動

　96年10月の総選挙後，自民党には26人の議員が入党した．時期的には，総選挙後97年末までに12人が復党，10人が新規入党しており，これによって自民党執行部の「97年夏までに単独過半数」という目論見は達成され，9月の141臨時国会開会時には単独過半数の議席に達した．また，入党議員の96年総選挙時の所属政党は，新進党が20人，無所属が6人であった．このように，入党議員を募る立場の自民党側としても，明確な目標をもっていわゆる一本釣りを行っていた．すなわち，新進党内の旧公明・民社勢力以外の出身者，及び無所属議員を対象とし，97年夏までに単独過半数を得ることを狙って入党を持ちかけたのである．

　以上，入党議員を受け入れる側の自民党の立場から96年総選挙後の入党行動について概観したが，本項の分析目的は入党議員側から見た入党行動の説明要因を解明することである．その際，選挙区における強さをもとに分析を行うため，この総選挙から導入された比例代表での単独立候補により当選し，総選挙後に入党した萩野浩基・米田建三の2人は分析対象から除外することとする．よって，この2人を除いた24人について分析を進めていく．

　本項ではまず，選挙制度の変更に伴う選挙区における戦い方の変化について述べた上で，入党議員を出身政党によって2つに分け，新進党からの入党行動と，無所属からの入党行動について分析する．

a．小選挙区における選挙戦略

　中選挙区制では，通常3～5の議席が各選挙区に割り当てられていたため，各選挙区の1位にならなくても，確実に当選圏内に食い込む集票活動を行うことで再選を果たすことが可能であった．これが，選挙区内の特定地域を地盤とする戦略――MK指数が低くRS指数が高い第3類型の候補者――を生み出す要因となった．

　しかし，新しく導入された小選挙区制では，選挙区の区域が狭くなり，定数が1人となった．これでは中選挙区制時のような特定地盤からの得票を中心に当選を目指すという戦略は成り立たない．もちろん，一定の地域を集票活動の中心基盤として築き上げるということも重要であるが，それ以上に選

挙区内全域に脱地域的に集票活動を行うことが容易かつ重要となった．換言すれば，RS指数を下げてMK指数をできる限り上げる戦略，つまり第2類型の選挙基盤を形成する戦略が，小選挙区での有効な戦い方となったということである．

このように，選挙制度が変わったことに伴い，RS指数はあまり意味を持たなくなった．よって，96年総選挙における強さを測る指標としてはMK指数のみを用いることにした．[22]

b．新進党からの入党行動

前述のとおり，96年総選挙を新進党公認で小選挙区から出馬して戦い当選した18人の議員が選挙後自民党に入党した．新進党の小選挙区当選者は96人であり，その6分の1以上が自民党に入党したことになる．

新進党からの入党議員18人は93年総選挙にも当選している．ということは，96年総選挙前にも自民党に入党する可能性があったわけであり，あえて入党を96年総選挙後にしたという背景には何らかの要因が働いているものと考えられる．そこで，なぜ入党を96年総選挙前ではなく後にしたのかを明らかにする必要がある．

表Ⅰ-3-5は，96年総選挙後に自民党に入党した議員を1，新進党に残留した議員を0として比較し，どのような特徴を持つのかを明らかにするために

表Ⅰ-3-5　96年総選挙後の新進党からの入党要因

	係数	wald	有意確率(p)
定数	0.94	0.2	(0.70)
93年総選挙時自民(1)／非自民(0)	-0.50	0.2	(0.65)
当選回数	-0.28	2.5	(0.11)
世襲	1.54	2.1	(0.14)
都市度	-0.83	2.1	(0.14)
93年RS指数	9.81	3.9	(0.05)
93年MK指数	0.91	4.2	(0.04)
96年MK指数	-2.00	3.0	(0.08)

-2 Log Likelihood　64.95
Cox & Snell擬似R^2　0.20
的中率　80.6%
N=72

行った回帰分析の結果である．有意水準10%をクリアする変数は93年 RS 指数・93年 MK 指数・96年 MK 指数の3つであり，他の4変数は統計的に有意な影響を持っていない．つまり，96年総選挙後に新進党から自民党に入党した議員は，入党しなかった議員と比較して，93年 RS 指数・MK 指数が高く，96年 MK 指数が低い．

有意な影響を持つ MK 指数・RS 指数からは次のように言える．93年 RS 指数・MK 指数がともに正の相関を示していることから，入党議員は（後の）新進党所属議員よりも選挙で強さを見せ，93年総選挙後にはその選挙結果をもとに次期総選挙における再選の危機を感じるということはなかった．だが，96年総選挙では，入党議員の方が MK 指数が低くなり，小選挙区で苦戦の末再選された．このことから，次期総選挙での再選可能性を高めたいという心理が働き，自民党への入党行動を選択することで再選インセンティヴを満たそうと考えた．まさにこの93年総選挙と96年総選挙との間での MK 指数の符号の逆転が，入党議員にそのような行動をとらせたのである．

また，96年総選挙で導入された重複立候補制度も入党行動に影響を与えていると考えられる．96年総選挙後に新進党から入党した18人の中で重複立候補したのは宮本一三ただ1人である[23]．自民党は小選挙区立候補者の9割以上にあたる261人が重複立候補し，32人が復活当選した．入党議員は，実際に新制度下での初の総選挙を戦ってみて，得票が伸びず苦戦したこと，自民党から立候補すれば重複立候補によっても再選可能性が高まることを身をもって感じ，選挙後自民党への入党を決意したと考えられるのである．

c．無所属からの入党行動

無所属からは6人の議員が入党している．6人の議員のうち，新井将敬・石破茂・船田元の3人は現職，遠藤武彦は元職，望月義夫・岩永峯一の2人は新人として96年総選挙に臨み，当選した．

このうち，新井・石破については，(1)で触れたように，93年総選挙後の自民党離党議員である．「93年総選挙後の離党行動は再選戦略の観点からは説明できない．離党した議員も，復党する条件が満たされているならば，復党する方が再選可能性を高めるためには望ましかった」というように(1)において

結論づけたが，新井・石破は新進党を離党したものの自民党に復党せずに96年総選挙を迎えた．同様に新進党を離党して無所属から出馬した議員には船田元もいるが，この3人はなぜ自民党に復党せずにあえて無所属からの立候補を選んだのであろうか．

新井は新進党を96年6月に離党したが，それ以前の95年11月に自由連合から大内啓伍が自民党に入党しており，その大内と次期総選挙での出馬予定の選挙区がぶつかる．復党にはこの選挙区の調整の問題を伴うため，自民党には復党せずに無所属で戦った．

石破は，同一選挙区内に自民党公認候補が存在しないため，選挙区の調整の観点だけから見れば，復党することに支障はない．だが，93年総選挙でRS指数0.09，MK指数6.46という，MK指数が非常に高くRS指数が低い第2類型の得票をした．この圧倒的な得票の多さ，選挙基盤の強さゆえに，再選戦略として党に依存する必要がなく，したがって無所属で戦うという選択をした．

船田は総選挙直前の96年9月6日に新進党を離党した．この離党行動は，地元後援会の「新進党では（選挙を）戦いにくい」という強い声が背景にあって行われた[24]．だが，船田の選挙区である栃木1区も自民党の空白区であったにもかかわらず新進党を離党したのみで復党はしなかった．これは，地元後援会の声があったから新進党を離党したに過ぎず，とにかく新進党以外であれば自民党であろうと無所属であろうと選挙で勝てる自信があったためと考えられる．93年総選挙のRS指数は0.11，MK指数は4.52であり，石破同様強い選挙基盤を持ち，選挙戦略として党から自律的な行動をとりえたのである．

つまり，あえて無所属からの出馬を選んだ3人の議員にとっては，無所属から出馬するということに再選戦略上の合理性があったのである．

では，前述の3人も含めて6人はなぜ96年総選挙後に入党するという行動を選択したのであろうか．96年総選挙での戦いぶりを見てみる．

96年総選挙での強さを示すMK指数の平均は，無所属からの入党議員が3.07，新進党からの入党議員が2.48，それ以外の小選挙区当選議員が2.77であった．無所属からの入党議員の平均MK指数は，先のb．において再選戦略

上の入党行動を行ったと位置付けた新進党からの入党議員の平均よりも，統計的に有意に高い(25)．これは表Ⅰ-3-6の回帰分析の結果からも言える．分析の結果96年MK指数のみが5％の有意水準をクリアし，正の相関を示した．つまり，無所属からの入党議員は新進党からの入党議員よりも高い得票を得ており，強い選挙基盤を持っていたと言える．したがって，無所属からの入党行動の説明要因は新進党からの入党行動の説明要因とは異なるということになる．無所属からの6人の入党議員は，その強い選挙基盤ゆえに次期総選挙での再選可能性は高く，したがって第二義的な昇進インセンティヴを満たすことを求めて与党自民党に入党したのである．

表Ⅰ-3-6 96年総選挙後の無所属からの入党要因

	係数	wald	有意確率(p)
定数	-10.17	6.0	(0.01)
当選回数	-0.78	1.2	(0.27)
世襲	-0.08	0.0	(0.97)
都市度	1.17	1.4	(0.24)
96年MK指数	4.36	4.6	(0.03)

-2 Log Likelihood　　　　　18.01
Cox & Snell擬似R^2　　　　0.31
的中率　　　　　　　　　　83.3%
N=24

d．96年総選挙後入党議員共通の特徴

以上のように，96年総選挙の結果に大きな違いがあるため，新進党からの入党行動と無所属からの入党行動をともに再選インセンティヴに基づく行動として統一的に結論づけることはできなかったが，96年総選挙の結果以外の要因で，無所属からの入党議員と新進党からの入党議員に共通するものはあるのであろうか．新進党・無所属の議員で入党しなかった議員を0，入党した議員を1として回帰分析を行う（表Ⅰ-3-7）．

分析の結果，都市度と世襲を除く3つの独立変数が5％の有意水準で統計的に有意な値を示した．つまり，自民党所属経験があること，同一選挙区選出の自民党議員が存在しない（つまり復活当選していない）こと，当選回数

表Ⅰ-3-7　新進党・無所属からの入党議員共通の特徴

	係数	wald	有意確率(p)
定数	-2.52	7.8	(0.01)
当選回数	-0.37	6.1	(0.01)
世襲	0.70	0.9	(0.35)
自民党所属経験	2.28	9.1	(0.00)
同一選挙区選出自民党議員の有無	1.91	4.5	(0.03)
都市度	-0.34	1.1	(0.29)

-2 Log Likelihood　93.59
Cox & Snell擬似R^2　0.17
的中率　79.1%
N=105

が少ないこと，が入党議員24人について言える傾向である．中でも，同一選挙区選出の自民党議員が存在しないというのは非常に興味深い．入党議員は当然次期総選挙においては自民党から出馬することになるわけであるが，その選挙区から出馬し小選挙区では敗れたが比例区で復活当選した自民党の現職議員が存在する場合には，候補者の調整が非常に難しくなる．そこで自民党は，96年総選挙後，自民党現職議員のいない選挙区の次期総選挙に向けての公認候補を決めないで空白区としておき，それを用いて新進党もしくは無所属の議員を対象に一本釣りを行うという戦略をとった．[26] 入党議員のこの傾向は，このような自民党側の事情を反映したものと言えるのである．

e．結果

96年総選挙後新進党から入党した議員は，93年総選挙では得票も多く余裕を持った選挙戦を戦うことができたが，96年には苦戦を強いられた．この，93年と96年のギャップが，入党議員に再選に対する危機感を生じさせた．つまり，次期総選挙に向けての再選戦略としての入党行動である．一方無所属から入党した議員は，選挙制度上不利な無所属で当選したことからもわかるように，選挙区における強さを持っており，その強さ故に再選インセンティヴは満たされており，昇進インセンティヴに基づいて与党自民党に入党した．この入党議員24人について共通して言えることに，「同一選挙区内の自民党候補者が復活当選していないこと」というものがあるが，これは受け入れ側で

ある自民党の事情を反映している．次期総選挙に向けての選挙区調整で問題が生じないよう，自民党現職議員のいない空白区選出の新進党もしくは無所属の議員に対して自民党は一本釣りを行ったのである．

5．結論と含意

　93年の自民党下野から始まる一連の政治変動の主役は議員個々人であった．なぜなら新党結成や離党・入党といった議員個々人の行動なくしては政界再編は起こり得なかったからである．そこで本稿では，自民党が単独政権に復帰し衆議院の過半数議席を回復するという政界再編の後半部分における議員個々人の自民党入党という行動に着目し，「なぜ自民党に入党するという選択肢を選んだのか」を明らかにすることを目的とした．その際，合理的選択パラダイムに基づき，「議員は自らの再選可能性を高めるために自民党に入党した」という検証可能な仮説を提示し，それにしたがって96年総選挙前と総選挙後の入党行動について分析を行った．その結果，まとめると以下の2点を結論として得ることができた．

- 96年総選挙に無所属で当選した6人の議員は選挙において強さを見せており，再選戦略上の行動として自民党入党を位置付けることはできない．
- 上記6人以外の入党行動は仮説で提示したように「自らの次期総選挙での再選可能性を高めるための行動」と言える．すなわち，96年総選挙前に入党した議員は93年総選挙で，96年総選挙後に入党した議員は96年総選挙でそれぞれ苦戦を強いられたために，再選戦略上何らかの行動をとる必要があり，自民党入党という行動を選択した．

　つまり，93年以降特に顕著に見られるようになった議員の離党・入党行動を説明する一要因が再選戦略であることが，本稿の分析から証明されたと言える．このような行動をとる議員は，表面上は政策や理念といった言葉を用いて自らの政党移動を正当化しようとしているが，[27] 政策の実現や理念の追求といったことも議員であってはじめて可能なことである．その根底にはやはり「再選可能性の極大化」というものがあり，統計的手法を用いた分析結果

によってそれが裏付けられた．

　本稿の分析対象は自民党入党行動であるが，それは離党・入党行動という現象の中では一部分に過ぎない．とすれば，本稿の分析結果を元に離党・入党行動全体をとらえることが重要な意味を持つ．自民党入党は再選戦略としてほぼ説明できるという結論を得たが，この場合における再選戦略をより抽象的に言うと，政権党に所属することによりその恩恵に与ることである．そこで，政権という語を鍵に離党・入党行動を整理してみることにする．

　表Ⅰ-3-8の「移動前」「移動後」は，それぞれ離党・入党する前と後の所属政党を表している．また，「与党」「野党」は，その所属政党が政権を握っているか否かを示している．90年代の離党・入党行動は以下の3類型に分類できる．

表Ⅰ-3-8　離党・入党行動の類型化

	移動後 野党	移動後 与党
移動前 野党	イ	ア
移動前 与党	ウ	―

【類型ア】「野党から与党への離党・入党行動」．何よりも与党に属することで受ける恩恵を求め政権党に入党する．本稿で分析した自民党への入党議員は，与党に属することで再選可能性を高めることを求めているから，この類型に当てはまる．93年総選挙後新進党の結成までに自民党を離党した議員もこの類型である．与党から野党の地位に転落しない限りはその党に属し続けることになる．

【類型イ】「野党から野党への離党・入党行動」．権力にない政党，すなわち野党に属している議員が新党を結成する場合である．野党が合同して大政党を作る場合と，既存の野党から分裂して小政党を作る場合とがある．前者は，

与党（自民党）に代わる政権担当政党となることを目指して結成されるが，与党に代わる勢力にまで成長することができない，つまり政権奪取ができないことが判明すると，所詮は寄せ集めであるため内部に矛盾をきたして崩壊し，いくつかの党に分裂することになる．新進党がその典型例である．後者は，特に新進党結成以降見られるようになった数人によって作られる政党であるが，これは現行選挙制度が小政党に不利であることからも，結局他党と合流して大きな政党を作ることになり，長く続くものではない．

【類型ウ】「与党から野党への離党・入党行動」．政権を握る与党からあえて飛び出すということで，非常に稀な行動であるが，その分及ぼす影響は大きい[28]．政権党を分裂させることから，その規模によっては与党と野党の地位を交代させる可能性を持つ．93年6月の新党さきがけ・新生党の結成がこれにあたる．

この3パターンの離党・入党行動が組み合わさることで93年以降の政界再編は進められた．93年6月の自民党分裂【類型ウ】直後は55年体制下の既存の野党に三新党が加わって政党が分立するという状態であった．それが94年12月の新進党結成【類型イ】により収束し，二大政党制の道筋が開かれた．その後も政界再編が進み，96年10月に民主党が結成される【類型ウ】が，それでも二大政党制の方向は維持されていた．それが決定的に瓦解したのが97年12月の新進党の解散【類型イ】であり，その後の民主党の再編【類型イ】を経て，自民・民主・公明・自由・共産・社民という体制が形成されるに至っている．

このように93年以来の約5年の動きは，政党制の観点からは「自民党一党優位体制から二大政党制的方向に進んだが，二大政党間での政権交代を経験することなく再び自民党一党優位の体制に戻っている」とまとめることができる．この過程で重要な役割を果たしたのが自民党入党議員，特に新進党からの入党議員である．二大政党の第二党から飛び出し第一党に入る議員が出現することで，議会における数のバランスを変え，最終的には求心力を失った第二党が分裂するに至った．入党議員は再選戦略のような個々人の利益を最優先に追求する行動を取ったわけであるが，その結果として彼らは日本の

政党システムのあり方に非常に重要な影響を与えたのである．

　離党・入党行動は93年6月に自民党が分裂して以降堰を切ったように見られるようになったが，これが与えた影響は前述のように政界再編を押し進めたということにとどまらない．離党・入党行動は政党というものの意義を改めて考えさせるのである．55年体制下でもその後半は脱イデオロギー化が言われていたが，それが鮮明な形となって現れたのが90年代である．自民党出身者と社会党出身者の両方を含む民主党の存在がまさにその典型例である．つまり，共産党や公明党などの組織政党を除いて，政党が理念でできているというよりも他の何かによって結びついているのではないかと考える契機を離党・入党行動は与えたのである．その代表的な党は自民党と民主党であるが，民主党については本書第Ⅰ部第2章に譲るとして，ここでは自民党について述べることにする．自民党は55年体制下では政権交代に対する危機感をあまり感じてこなかったため，党内での権力闘争は派閥政治という形で存在したが，党外に対しては権力追求の姿勢を見せることはあまりなかった．それが下野とその後の政権復帰を通じて，権力追求のためにはなりふり構わないという姿勢を明らかにすることになった．本稿の分析対象である一本釣り戦略がまさに格好の例であると言える．確かに，ダウンズも政党を「政権担当という共通の目的を持った人々の連合体で，そのメンバーの政治活動の動機は市民の厚生を高めることではなく，政権に就くことによって得られる自己の所得・名声・及び権力を高めることにある」[29]と定義しており，政党が権力追求のために結びつくのが悪いということではない．55年体制下でも目に見える形ではなかっただけで自民党は権力を追求していた．ここで問題になるのはその手段である．自民党の場合一本釣りによって政権の安定を目指したが，これは明らかに民意に反している．なぜなら民意を忠実に反映すべきである議会のパワーバランスを，選挙によらずして変化させているからである．このような形で行われる離党・入党行動に対する評価は様々あろうが，その是非の判断は最終的には有権者に委ねられている．その意味で今後の選挙結果を注意深く見守る必要があると言えよう．

　有権者にとって望ましい・望ましくないは別として，今後も離党・入党行

動は行われるであろう．しかし，自民党が過半数議席を有する状況では，いかに【類型イ】の離党・入党行動が起こっても大勢に影響はない．今後再び政界再編の嵐が吹き荒れるとすれば，それは自民党からの離党議員が再び現れた時である．そのような状況が生まれない限り，自民党一党優位の体制が続くことになるのではないだろうか．[30]

（1） 同様の見解に立つ研究には次のようなものがある．蒲島郁夫，森裕城，三輪博樹「93年総選挙——新党の登場のインパクト」『選挙』1994年12月号，都道府県選挙管理委員会連合会．蒲島郁夫「新党の登場と自民党一党優位体制の崩壊」『レヴァイアサン』第15号，木鐸社，1994年．河野勝「93年の政治変動——もう1つの解釈」『レヴァイアサン』第17号，木鐸社，1995年．ピーター・メア，阪野智一「日本における政界再編の方向」『レヴァイアサン』第22号，木鐸社，1998年．木村敬「93年総選挙前後における『離党行動』の合理性についての一考察」東京大学法学部蒲島ゼミ編『「新党」全記録』第Ⅲ巻，木鐸社，1999年．
（2） 蒲島郁夫『政治参加』，東京大学出版会，1988年，8頁．
（3） メア，阪野，前掲論文．
（4） 加藤淳子，マイケル・レイヴァー「政権形成の理論と96年日本の総選挙」『レヴァイアサン』第22号，木鐸社，1998年．
（5） 河野，前掲論文．
（6） 木村，前掲論文．
（7） 父母・兄弟・祖父母・叔父叔母・舅姑・義兄弟・配偶者・その他親族から地盤を継承したものを世襲議員としている．
（8） 都市度の算出には，各議員の選出選挙区の人口総数に占める壮年（20～64歳）人口・老年（65歳以上）人口・人口集中地区（DID）人口・核家族人口の割合，及び就業者数に占める専門職・管理職・事務職・第1～3次産業・卸小売業の各従事者の割合を算出し，それを主成分分析にかけるという方法をとった．なお，選挙制度が変わったため都市度を表す指標も2つ算出し，適宜使い分けることとした．このような主成分分析により都市度を算出するという方法は，細野の論文に着想を得ている（細野助博「総選挙結果の制度的特性と地域的特性の計量分析」『公共選択の研究』第28号）．
（9） 本書用語説明のMK指数の項参照．
（10） 本書用語説明のRS指数の項参照．

(11) 本書用語説明の回帰分析の項参照．

(12) 26人の離党議員のうち，佐藤静雄・保岡興治・米田建三の3人は90年総選挙で落選している．そこで，整合性を持たせるために，93年総選挙後自民党残留議員の方にも90年総選挙で落選した27人を入れてMK指数・RS指数の平均を算出した．ロジスティック回帰分析（表Ⅰ-3-2）において，独立変数に90年総選挙当落というダミー変数（当選＝1，落選＝0）を入れたのもこの点をコントロールするためである．

(13) RS指数・MK指数ともに対応のあるt検定を用いて検定．対応のあるt検定では次のように判定する．境界値による判定は，両側検定ではt値の絶対値が境界値以上の時，上側検定ではt値が境界値以上の時，また下側検定ではt値が境界値以下の時t値は棄却域に入り，帰無仮説は棄却される．p値による判定では，p値が目的とする危険率以下の時，帰無仮説は棄却される．

　　RS指数：帰無仮説＝「90年RS指数と93年RS指数には差がない」
　　　　　　対立仮説＝「90年RS指数の方が93年RS指数より高い」（上側検定）
　　p値＝0.23　t値＝0.73，境界値t (0.975) ＝1.65
　　よって帰無仮説は棄却されない．

　　MK指数：帰無仮説＝「90年MK指数と93年MK指数には差がない」
　　　　　　対立仮説＝「90年MK指数より93年MK指数の方が高い」（下側検定）
　　p値＝0.22　t値＝-0.76，境界値t (0.05) ＝-1.65
　　よって帰無仮説は棄却されない．

(14) RS指数・MK指数ともにウィルコクソン符号付順位和検定を用いて検定．ウィルコクソン符号付順位和検定では次のように判定する．境界値による判定は，両側検定では同順位補正Z値の絶対値が境界値以上の時，上側検定では同順位補正Z値が境界値以上の時，また下側検定では同順位補正Z値が境界値以下の時同順位補正Z値は棄却域に入り，帰無仮説は棄却される．p値による判定では，同順位補正p値が目的とする危険率以下の時，帰無仮説は棄却される．

　　RS指数：帰無仮説＝「90年RS指数と93年RS指数には差がない」
　　　　　　対立仮説＝「90年RS指数の方が93年RS指数より高い」（上側検定）
　　同順位補正p値＝0.84　同順位補正Z値＝-0.99，境界値Z (0.95) ＝1.64
　　よって帰無仮説は棄却されない．

　　MK指数：帰無仮説＝「90年RS指数と93年RS指数には差がない」
　　　　　　対立仮説＝「90年MK指数より93年MK指数の方が高い」（下側検定）

同順位補正 p 値＝0.00　　同順位補正 Z 値＝−3.21，境界値 Z(0.05)＝−1.64
　　　よって帰無仮説は棄却され，対立仮説が採用される．
(15)　石破茂・笹川堯は自民党公認をもらえなかったため，吹田愰は公認を辞退したため無所属として93年総選挙に出馬し，選挙後追加公認を受けているためこの3人は例外である．
(16)　吹田愰・北川正恭の2人は選挙前に議員辞職しているため96年総選挙には出馬していない．なお，96年総選挙の結果を見るにあたっては，先程93年総選挙後の離党行動の分析において除外した山岡賢次も考慮に入れている．
(17)　ただ，フィッシャーの直接確率計算法で検定した結果，フィッシャーの直接確率 p 値＝0.22となり，「93年総選挙後の離党議員の96年総選挙における出馬政党（自民か新進か）と，96年総選挙の小選挙区における当落には関係がない」という帰無仮説は危険率5％では棄却されなかった．
(18)　93年総選挙に当選した511人の RS 指数・MK 指数の平均と標準偏差を求め，それから偏差値を算出した．
(19)　無所属からの候補者は，政見放送に出られない・ビラやはがきなどの枚数は半分・選挙事務所も少ない・政党交付金ももらえない，ということで，かなり不利な扱いを受けた（『朝日新聞』1996年9月30日付）．
(20)　『朝日新聞』1996年10月1日付．
(21)　加藤紘一幹事長（当時）が5月下旬，「後2, 3ヶ月以内に単独過半数」と期限を区切って目標を定めた（『朝日新聞』1997年7月2日付）．
(22)　MK 指数は，中選挙区制時と算出方法が変わっている．中選挙区制時の法定得票数は有効投票総数を定数で割って，それをさらに「4」で割って算出していた．これに対して小選挙区制では，各選挙区の定数が1であるため，有効投票総数を「6」で割ったものが法定得票数となる．
(23)　新進党は，小沢一郎党首の方針から，橋本龍太郎自民党総裁と対決した加藤六月をはじめ7人にしか重複立候補を認めなかった（鹿毛利枝子「制度認識と政党システム再編」大嶽秀夫編『政界再編の研究』，有斐閣，1997年，322-324頁）．
(24)　『朝日新聞』1996年9月5日付．
(25)　正規分布・等分散とみなせるのでスチューデントの t 検定を行う．
　　　スチューデントの t 検定の判定法は次のとおりである．境界値による判定では，両側検定では t 値の絶対値が境界値以上の時，上側検定では t 値が境界値以上の時，また下側検定では t 値が境界値以下の時 t 値は棄却域に入り，帰無仮説は棄却される．p 値による判定では，p 値が目的とする危険率 (0.05) 以下の時帰無仮説は棄却される．
　　　帰無仮説＝「無所属からの入党議員の96年 MK 指数の母平均と新進党から

の入党議員の96年MK指数の母平均は等しい」

対立仮説＝「無所属からの入党議員の96年MK指数の母平均と新進党からの入党議員の96年MK指数の母平均は等しくない」（両側検定）

p値＝0.02　t値＝2.61，境界値t（0.975）＝2.07

よって帰無仮説は棄却され，対立仮説が採用される．

(26)　『朝日新聞』1997年7月2日付．

(27)　96年総選挙後に新規入党した高市早苗は，新進党の18兆円減税の公約が自らの理念に合わないということで新進党を離党し，一刻も早く発言できる場がほしかったから自民党に入党した，と述べているが，自民党は「現職優先」を理由に次回公認を意味する小選挙区支部長に高市を任命しており，次期総選挙の影がちらついている（『朝日新聞』1997年7月31日付）．

96年総選挙前に復党した柿澤弘治は，「新進党は政策合意も不十分な寄せ集め．自民党に対抗できる永続する政党になり得ないと認識した．小政党で我慢して生き残り，小選挙区選挙が実施されるときに，どちらにつくか判断しようと考えました」と述べ，選挙にむけて所属政党を変える可能性があったことを示唆している．ただ，自民党への復党について「自民党の中で私の信念である新しい保守の結集を目指す努力をしようと考えた」として，選挙目当ての復党ではないことも強調している（『朝日新聞』1997年7月25日付）．

96年総選挙後に新規入党した実川幸夫は，地元の首長や議員ら後援者から「陳情先を一本化したい」といわれ，陳情政治では政権党にいることが重要であるから入党した，と述べている（朝日新聞』1997年8月1日付）．

96年総選挙後に復党した愛知和男は，新進党の改革の方向性が不透明であること，自民党の中心人物の1人であった父揆一の後を受けて政治家になったために，自民党を離党したときから後援会に批判があったこと，を復党の理由としてあげている（『朝日新聞』1997年7月29日付）．

このように，真正面から「再選インセンティヴ」に基づく入党行動であると述べる者はおらず，政策や後援者といったものを口に出しているが，実際には再選インセンティヴが働いていると思われるということは，分析結果が示している．

ただ，船田元は，「活動の場を広げようと」復党したこと，「新進党では抽象論で終わっていた自分の努力が，現実に政策に反映する」ようになったことを述べているが，船田の場合選挙区の地盤が強く再選戦略としての入党行動ではないとの実証分析の結果が出ていることから，これは本音と見て間違いないであろう（『朝日新聞』1997年7月30日付）．

(28)　96年9月の社民党分裂とそれを中心とした民主党の結成もこの類型にあたるが，社民党は連立政権の一翼を担っていたに過ぎず，その意味で与党に

与える影響はさほど大きくなかったと考えられる．
(29) 蒲島，前掲書，50頁．
(30) 佐藤誠三郎は，①自民党が96年総選挙で他の全ての党よりもはるかに多くの議席を占め，しかも野党第１党の新進党は選挙後分裂傾向を強めていること，②小選挙区は現職優位に働くため，ひとたび自民党の優位が確立した場合，それが長期にわたって存続する可能性が極めて高いこと，等をあげ，96年総選挙後，55年体制とは性格を異にするものの，自民党一党優位の体制が成立する可能性があるとしている（佐藤誠三郎「選挙制度改革論者は敗北した」『諸君！』，読売新聞社，1997年１月号．佐藤「新・一党優位制の開幕」『中央公論』1997年４月号）．

蒲島郁夫は，小選挙区において，得票率が40～50％の範囲に入った政党が最も有利な議席配分を受けられることを示し，もしその範囲にただ１つの政党しか入らなかったら，1党だけが極端に有利な議席配分を受け，他の政党が淘汰されるという一党優位状態が生まれることを指摘している（蒲島郁夫・松田葉子「選挙制度改革のインパクト」『選挙』1997年９月号，都道府県選挙管理委員会連合会）．

【付表】自民党離党議員一覧

年	月	日	名前	移動先	備考
1990	12	26	稲村利幸	無所属	脱税引責
	12	30	福島譲二	無所属	熊本県知事選出馬
1991	1	31	工藤巌	無所属	岩手県知事選出馬
1992	1	13	阿部文男	無所属	共和汚職事件
1993	6	18	鳩山邦夫	無所属	
	6	18	＜新党さきがけ結成＞ 井出正一，岩屋毅，佐藤謙一郎，園田博之，武村正義，田中秀征，渡海紀三郎，鳩山由紀夫，三原朝彦，簗瀬進（10人）．		
	6	22	＜新生党結成＞ 羽田孜，小沢辰男，小沢一郎，奥田敬和，左藤恵，佐藤守良，渡部恒三，愛野興一郎，石井一，愛知和男，中島衛，中西啓介，畑英次郎，船田元，熊谷弘，木村守男，二階俊博，粟屋敏信，井上喜一，魚住汎英，岡島正之，北村直人，古賀正浩，杉山憲夫，高橋一郎，仲村正治，前田武志，松田岩夫，村井仁，藤井裕久，井奥貞雄，岡田克也，金子徳之介，星野行男，増田敏男，松浦昭（36人）．		

年	月	日	名前		移動元	備考
1993	7	3	山口敏夫		無所属	
	7	18	笹山登生		新生党	元職．選挙に際し．
	7	28	加藤六月		無所属	94年4月11日新生党入党．
	7	28	吹田愰		無所属	94年4月11日新生党入党．
	7	28	古賀一成		無所属	94年4月11日新生党入党．
	8	4	田名部匡省		無所属	94年4月11日新生党入党．
	11	4	山岡賢次		無所属	94年4月11日新生党入党．
	12	22	西岡武夫		無所属	
	12	22	石破茂		無所属	94年4月19日新生党入党．
	12	22	笹川堯		無所属	
	12	22	大石正光		無所属	
1994	3	9	中村喜四郎		無所属	あっせん収賄
	4	15	＜新党みらい結成＞ 鹿野道彦，北川正恭，佐藤敬夫，坂本剛二，増子輝彦（5人）．			
	4	18	＜自由党結成＞ 太田誠一，新井将敬，佐藤静雄，山本拓，柿澤弘治，（5人）．			
	4	18	小坂憲次		無所属	94年4月21日新生党入党．
	4	19	米田建三		自由党	
	6	30	海部俊樹		無所属	
	6	30	野呂昭彦		無所属	
	6	30	今津寛		無所属	
	7	6	野田毅		無所属	
	7	6	津島雄二		無所属	
	7	13	保岡興治		無所属	
1996	10	20	前田正		新進党	元職．選挙に際し．
	10	20	遠藤武彦		無所属	元職．選挙に際し．
1997	10	30	菊地福治郎		無所属	除名．連座対象選挙違反．
1998	1	16	金子原二郎		無所属	長崎県知事選出馬
	10	29	中島洋次郎		無所属	政党助成法・公職選挙法違反．

自民党入党議員一覧

年	月	日	名前	移動元	備考
1991	4	26	中曽根康弘	無所属	復党．リクルート事件引責離党．
	8	2	亀井久興	無所属	復党．元参議院自民党．
1994	9	28	竹下登	無所属	復党．
1995	3	1	茂木敏充	無所属	元日本新党．新進党に参加せず．
	3	2	津島雄二	無所属	復党．
	8	21	保岡興治	無所属	復党．95年7月24日新進党離党．
	8	29	太田誠一	無所属	復党．95年5月9日新進党離党．
	9	8	糸山英太郎	無所属	

年	月	日	氏名	所属	備考
1995	11	20	大内啓伍	自由連合	元民社党．新進党に参加せず．
	11	20	柿澤弘治	自由連合	復党．
	11	20	佐藤静雄	自由連合	復党．
	11	20	栗本慎一郎	自由連合	元新生党．新進党に参加せず．
	12	15	遠藤利明	無所属	元日本新党．新進党に参加せず．
1996	9	30	今津寛	新進党	復党．
	10	1	杉山憲夫	新進党	復党．96年9月17日新進党離党．
	10	1	井奥貞雄	新進党	復党．96年9月17日新進党離党．
	10	1	高橋一郎	新進党	復党．96年9月17日新進党離党．
	10	20	藤波孝生	無所属	元職．選挙に際して復党．
	10	20	谷畑孝	社民党	参議院からの鞍替え出馬に際して．
	12	27	高市早苗	無所属	96年11月5日新進党離党．
1997	1	9	船田元	無所属	復党．96年9月6日新進党離党．
	2	4	実川幸夫	無所属	97年1月21日新進党除名．
	3	21	石破茂	無所属	復党．96年9月27日新進党離党．
	3	21	笹川堯	無所属	復党．96年11月6日新進党離党．
	3	24	岩永峯一	無所属	
	5	28	米田建三	無所属	復党．96年11月19日新進党除名．
	7	7	望月義夫	無所属	
	7	8	遠藤武彦	自由の会	復党．
	7	14	新井将敬	無所属	復党．96年6月11日新進党離党．
	7	26	愛知和男	無所属	復党．97年7月7日新進党離党．
	9	5	北村直人	無所属	復党．97年5月19日新進党離党．
	10	3	仲村正治	無所属	復党．97年9月24日新進党離党．
	10	3	増田敏男	無所属	復党．97年8月26日新進党離党．
	12	10	今井宏	無所属	97年8月26日新進党離党．
	12	25	鴨下一郎	無所属	97年7月15日新進党離党．
	12	26	矢上雅義	無所属	97年12月19日新進党離党．
	12	29	萩野浩基	新進党	
	12	30	宮本一三	新進党	
	12	30	山本幸三	無所属	97年9月18日新進党離党．
	12	30	村井仁	無所属	復党．97年12月19日新進党離党．
	12	30	古賀正浩	無所属	復党．97年12月24日新進党離党．
1998	6	23	小坂憲次	無所属	復党．
	7	8	伊藤達也	無所属	
	12	24	左藤恵	無所属	復党．
	12	24	坂本剛二	無所属	復党．

第4章

連立政権の成立と社会党のジレンマ・路線対立

下村哲也

1．はじめに

　戦後日本政治を形作ってきた「55年体制」は1993年の細川連立政権成立による自由民主党の野党転落により大きな転換を迎えた．しかしその転換は自民党の野党転落だけによるものではなく，55年体制を自民党とともに支えたもう一つの極，日本社会党の崩壊・消滅によるところも大きい．細川・羽田連立政権後，自民党が政権与党に復帰し大きな勢力を保っている現状においては，55年体制の崩壊イコール社会党の消滅であったと特徴づけることもできる．日本社会党の崩壊過程は細川連立政権参加に始まり，96年の社会民主党改名，その後の民主党結成により終わった．その崩壊過程において，細川連立政権期の社会党の動揺・混乱が決定的であったといえよう．本稿は，細川連立政権期の社会党内部の動揺・変化，つまりなぜ連立政権参加によって社会党は大きく動揺し，崩壊の道を進んだのかを考察する．

　本稿は，日本社会党機関誌『社会新報』94年1月1日号の新年特集「社会党会派議員アンケート調査」を考察の基本資料とし，細川連立政権期の社会党の動向を当時の社会党所属国会議員の意識に着目して考察する．同年12月14日にコメの国内市場開放が決定され，11月18日に衆議院を通過した政治改革四法案の審議が参議院で大詰めを迎えていたが，調査はそのような時期に行われている．回収率は64.2%（112人回答）であった．質問内容は以下の9点である．

　　Ⅰ．連立政権のここまでの仕事ぶりをどう評価していますか．

Ⅱ．社会党が連立与党になっての4ヶ月間をどう評価しますか．

Ⅲ．党出身閣僚の「自衛隊違憲」答弁についてどう思いますか．

Ⅳ．連立政権の今後の運営についてどう思いますか．

Ⅴ．今後予想される政界再編の分水嶺となる基本理念，路線の分岐についてどうあるべきだと思いますか．

Ⅵ．来るべき再編の政党組み合わせで，あなたはどこと組むべきだと思いますか．

Ⅶ．次期総選挙，社会党の取り組みをどうしますか．

Ⅷ．消費税についてどう思いますか．

Ⅸ．PKOなど国連安全保障にどう取り組みますか．

　質問Ⅰ，Ⅱ，Ⅳは社会党議員の連立政権の評価，質問Ⅲ，Ⅴ，Ⅷ，Ⅸは社会党の基本政策について，質問Ⅳ，Ⅵ，Ⅶは社会党議員の政界再編への意識・方向性を質問している．この回答内容を調査することにより，連立政権への評価，基本政策への考え，政界再編への指向性の関連性を探る．アンケートの詳細は参考として付録に示したので参照されたい．

　まず，細川連立政権に至る日本社会党の動向を概説する．いわゆる「55年体制」は，東西対立という国際関係を濃厚に反映し，反共・親米・経済発展志向の自由民主党と憲法擁護・非武装中立・社会主義を目指す日本社会党の対立を基本とする体制のことである．(2)同時にこの55年体制は政党システムとしては自由民主党の一党優位の体制であり，日本社会党は万年野党の座にあった．政権党たる自民党は利益政治に邁進することによって票と利益との交換関係を基本とするパトロン・クライエント関係を拡充し，優位政党の地位を再生産していった．一方，政治的リソースに乏しい野党は政権党を補完する役割に傾斜し，抵抗政党もしくは政権党の協力政党という周辺的存在にとどまった．(3)このように自由民主党の一党優位体制が続く中，野党第一党であった日本社会党は60年代の右派西尾派の離党・民社党結成，江田三郎の構造改革路線の挫折で左派主導が確立し，批判・抵抗政党の性格を強めていく．(4)憲法擁護・平和主義などの原則論的主張は一定の支持を得られたものの，高度成長下国民の積極的な支持を得られることなく，党勢の長期低落をたどる．

この状況を挽回するため，日本社会党は80年代後半から「現実化」路線を進めるようになった．86年に採択された「新宣言」でこれまで党の綱領的文書であった「日本における社会主義への道」を「役割を終えた」としてマルクス・レーニン主義から決別した(5)．また，93年に採択された「93年宣言」では過渡的エネルギーとして原発を容認し，自衛隊・日米安保も条件付きで容認するなど「現実化路線」を進めた(6)．さらに，シャドーキャビネット委員会(「影の内閣」)発足，公明・民社との連合政権協議など，政権・政策構想力の強化の努力を続けていた．

　その現実化路線の途上，93年に自民党が分裂し，非自民非共産8会派による細川連立政権が成立，社会党は与党第一党として政権に参画することになる．しかし，現実化路線を進めていたとはいえ保守系や中道の他の連立与党と社会党との政策距離は大きく，連立政権の政策を巡って社会党は妥協を余儀なくされた．細川連立政権で課題となった主な政策課題は，選挙制度改革を中心とする政治改革，自衛隊を巡る問題（海外邦人救出のために自衛隊機の海外派遣を認める自衛隊法改正，AWACS導入など），ガット・ウルグアイラウンド交渉(コメ市場開放問題)，税制改革等であったが，この政策課題を巡って社会党と他の連立与党との間で対立が頻発，社会党は動揺を繰り返すことになる．政治改革については，総選挙直前，連立政権参画のために従来の小選挙区比例代表併用制から転換し，小選挙区比例代表並立制を容認した．しかし，この決定には党内の根強い反発があった．自衛隊問題では，社会党は従来自衛隊の海外派遣，AWACS導入のいずれも「海外派兵」，「自衛隊の拡張」として反対し，連立政権に入ったあとも，「党の立場としては現状の自衛隊は違憲状態」(7)としてきた．しかし，他の連立与党の主張に妥協し，自衛隊法改正，AWACS導入に同意した．コメ市場開放については従来「コメ市場開放絶対反対」の立場であり部分開放にも激しく抵抗したが，これも他の連立与党との妥協の結果，容認となった．税制改革についても，税率7％の「国民福祉税」構想を発表した細川首相に対し社会党は激しく反発してこれを撤回させたが，将来の消費税率アップについて容認派と反対派に党内が割れ，紛糾した(8)．

このように，政権に参画したにもかかわらず，自衛隊，政治改革，消費税，コメといった基本政策に関わる問題について，有効な対抗政策を打ち出せず次々と妥協を強いられる厳しい状況に社会党は陥った．そして，社会党の与党参加は，社会党内に新しい対立を発生させる．いわゆる「連立積極派」と「連立慎重・主体性重視派」の対立である．これは従来の単純な左右対立ではなかった．連立積極派，連立慎重・主体性重視派双方とも従来の右派，左派の議員が混在していた．両者はまず細川連立政権の最重要課題，政治改革関連法案の方針を巡って対立する．右派の水曜会(9)や社会党改革連合(10)は小選挙区比例代表並立制を積極的に受け入れる姿勢をとり，山花委員長辞任後の後継委員長に際し久保亘委員長代行を擁立した(11)．一方，並立制に慎重的な「真の政治改革を進める会」(12)や「社会党を再生する行動グループ」(13)などは村山富市国会対策委員長(14)を擁立した．この山花後継問題は村山委員長―久保書記長で収束したが，その後久保支持グループ・若手議員らが中心となって政策集団「デモクラッツ」を結成，連立政権への積極的支持・並立制支持を打ち出した．連立慎重・主体性重視派も護憲を掲げた「護憲リベラルの会」などを結成して連立積極派に対する対抗を強め，与党が推進した政治改革関連法案は連立慎重・主体性重視派の党議拘束違反により参議院で否決された．

このように，社会党の動揺は連立政権の政策を巡って連立維持派――連立政権を維持するために妥協し，場合によっては社会党の基本政策も変更する――と連立慎重・主体性維持派――社会党の基本政策を堅持し，基本政策において大幅な妥協を強いられる場合には連立離脱も辞さない――の対立が大きな背景だったと言える．しかし，連立維持派・主体性重視派双方はどのような政策構想やイデオロギー，政界再編への思惑を持っていたのかこれまであまり分析されてこなかった．本稿は個々の社会党議員の意識を分析することによって，社会党内の対立軸を分析し，社会党内にはいかなるグループが存在し，何を目指していたのか，背景はなにか，基本政策について次々と後退を重ねる中どのように対応しようとしていたのかを解明し，その分析に基づいてその後の村山内閣成立に至る過程の解明を試みる．

この両派の違いは，連立政権へ社会党が参加したことに対する評価に直結

していると推測される．連立政権参加によって，社会党が次々と譲歩を迫られる中，連立に積極的であると言うことは，何らかの展望・メリットを感じ，連立参加に高い評価を与えることが推測できるからである．一方，この譲歩に大きな不満を持っていたとすれば，当然連立政権に対する評価は低いであろう．このような観点から，本稿は前述の基礎資料，社会党国会議員アンケートのⅡ，「社会党が連立与党になっての4ヶ月間をどう評価しますか．」と，他の質問項目との関係を中心に分析する．これは，アンケートに示された社会党議員の政策に対する態度，イデオロギー性，政界再編に対する態度が連立政権への評価とどのように結びついているのかを探ることを意味するものである．

Ⅱの回答選択肢は，基本的に a「連立政権の政治改革を高く評価」，b「連立政権において党の政策が反映されたことを評価」が連立政権参加に対する肯定的評価，e「連立政権参加が有権者に理解されていない」，f「政治改革で党の政策が反映されず不満」，g「連立与党で党が埋没」が連立参加に対し否定的評価である．本稿ではⅡの質問において，a「連立政権の政治改革を高く評価」または b「連立政権において党の政策が反映されたことを評価」と回答した議員を連立積極派，e「連立政権参加が有権者に理解されていない」，f「政治改革で党の政策が反映されず不満」，g「連立与党で党が埋没」のいずれかの回答をした議員を連立慎重・主体性維持派と定義し，この2つのグループの間にはどのような差があるかを分析することとする．[15]

まず，自衛隊，PKO，消費税等の社会党の基本政策についての意識と両グループの関連性を分析し，その後，政界再編に関する両グループの意識の差を分析する．

2．連立積極派と連立慎重・主体性重視派の政策への態度における特徴

(1) 連立政権参加の評価と自衛隊・PKO政策への態度との関連性

自衛隊は60年安保闘争以来社会党のシンボル的なテーマであり，同党は非武装中立論を唱え自衛隊については違憲の存在としてきた．しかし，80年代

に入り同党は自衛隊に対する態度を徐々に軟化させていた．石橋政嗣委員長は社会党が政権を取った場合，ただちに自衛隊・日米安保条約の解消を行うわけではないとし，84年には自衛隊の「違憲・合法論」を展開して，84年運動方針に盛り込んだ．86年には山口鶴男書記長が「党の基本政策に関して」を発表，自衛隊の存在を認め，当面は「専守防衛」「防衛費対ＧＮＰ比１％枠」の範囲に抑制するという私的見解を示した．連合政権樹立を目指した89年の土井構想の政策文書「新しい政治への挑戦」では，連合政権参加の際には自衛隊は存続させるとした．さらに92年，綱領的文書「93年宣言」草案では現状の自衛隊は自衛力を越えているが，自衛隊の規模が自衛権の範囲内に収まった場合は「憲法の許容するものとなる」となった．自衛隊違憲・非武装中立の基本政策に関し，基本的に右派は自衛隊容認・合憲への路線転換を主張し，左派は基本政策の堅持を主張，両者は激しく対立，路線論争を繰り返していた．

　ＰＫＯへの自衛隊参加に対しても社会党は反対の立場をとった．91年，ＰＫＯに自衛隊を参加させることを内容とするＰＫＯ協力法案に対し，社会党は「非軍事・民生・文民」による国際協力を主張，自衛隊のＰＫＯ参加については海外派兵であり違憲として強く反対し，採決阻止を狙って本会議での採決では牛歩戦術を採用した．さらに，社会党議員の全衆議院議員辞職願いを提出するなど強力な抵抗を行った．

　このように自衛隊に関係する政策に関して，社会党は非常にナイーブな反応を見せていた．そして，結局「自衛隊違憲」の基本政策は転換されることなく細川連立政権参加を迎える．93年６月に非自民６党がまとめた「連立政権樹立に関する合意事項」では，「外交・防衛など国の基本政策はこれまでの政策を継承する」となっていた．これは細川連立政権は従来の政府方針すなわち自衛隊合憲の方針を維持するということであり，連立与党第一党である社会党の基本政策「自衛隊違憲」とは明らかに異なっていた．これに対し社会党は「社会党としては自衛隊の実態は違憲であるが，連立政権の基本合意の中でこれまでの国の政策を継承することを明確にしている」とし，政権参加と自衛隊違憲論との立場に矛盾はないと主張した．このような経緯の中，

社会党議員の意識はどのようなものであったのだろうか．

図I-4-1は連立積極派，慎重派とアンケートのIII「党出身閣僚の『自衛隊違憲』答弁についてどう思いますか．」の回答と関連性を表したものである．全体としては「b．連立政権だから党固有の政策に違いがあって当然で，問題ない．」という現状維持の回答をした議員が55.4%と半数を占めた．しかし，連立積極派と慎重派では回答に大きな違いが生じている．連立積極派議員で

図I-4-1 自衛隊に対する態度と連立政権に対する評価の関連性

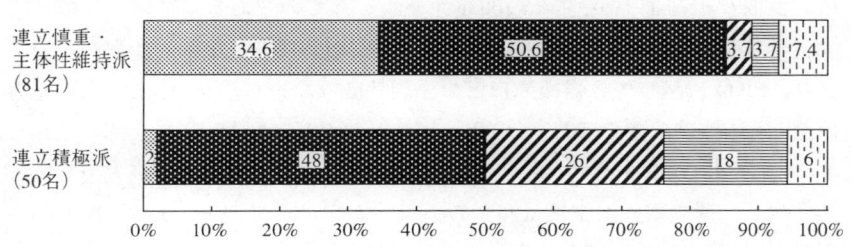

連立慎重・主体性維持派（81名）: 34.6 | 50.6 | 3.7 | 3.7 | 7.4
連立積極派（50名）: 2 | 48 | 26 | 18 | 6

a. 党と政権の政策の使い分けは分かりにくいので，党の主張を貫くべき．
b. 連立政権だから党固有の政策に違いがあって当然で，問題ない．
c. 党の基本政策を見直すべきだが，現状ではあの答弁でやむをえない．
d. 党の「自衛隊違憲」の基本政策を見直すべき，答弁はおかしい．
e. その他

図I-4-2 PKOに対する態度と連立政権に対する評価の関連性

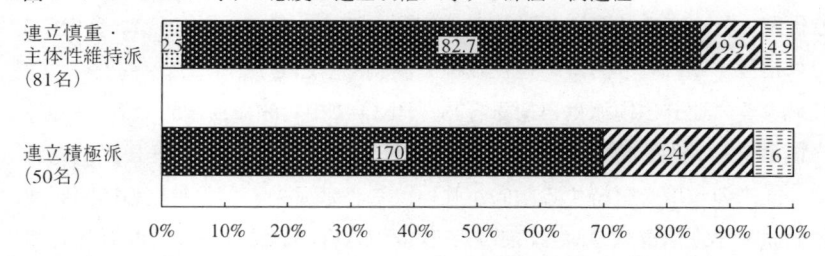

連立慎重・主体性維持派（81名）: 2.5 | 82.7 | 9.9 | 4.9
連立積極派（50名）: — | 70 | 24 | 6

a. 取り組む必要はない．
b. 非軍事・文民・民政の原則で取り組む．
c. 民政中心だが，カンボジア型PKO程度なら軍事もやむを得ない．
d. 軍事も含めて積極的に取り組む．
e. その他

は，自衛隊に関し「自衛隊違憲」の社会党基本政策を見直すべきというc，dの回答が比較的大きな割合を占めている（連立積極派議員のうち44％の議員がc，d回答）。連立慎重派・主体性維持議員ではc，dの自衛隊政策転換，自衛隊容認を求めている議員はほとんどいない反面，a「（自衛隊違憲の）党の主張を貫くべき」という回答をした議員が多い（連立慎重派議員のうち34.5％の議員がaと回答）。

図Ⅰ-4-2は連立積極派，慎重派とアンケートのⅨ「PKOなど国連安全保障にどう取り組みますか．」との関連性を表したものである．全体としては，「b．非軍事・文民・民生の原則で取り組む．」が69.5％と圧倒的多数を占めており，PKOに関しては自衛隊ほどの分裂状態は認められない[21]．しかし，連立慎重・主体性重視派では9.9％の議員しかカンボジア型PKOを容認しておらず，「非軍事・文民・民生」という従来の原則堅持を求める議員が大半であるのに対し，連立積極派議員は24％の議員がカンボジア型PKOレベルの国際貢献を容認しており，PKOに対する積極性は相対的に強い．

連立積極派の自衛隊・PKOに対する柔軟姿勢は，他の連立与党との政策距離が従来の社会党の政策より近い．93年12月21日に右派・中間派が中心になって結成された政策集団「デモクラッツ」は，並立制推進，細川連立政権支持を求める一方，自衛隊に関しては「最小限度自衛力」に至る過程の自衛隊を合憲と判断し，当面はPKO五原則の範囲内でPKO協力を積極推進するという従来の社会党の政策より踏み込んだ基本政策を掲げ，カンボジア型PKOまでは遂行するという方針の連立政権と歩調を合わせた[22]．

このように連立積極派は自衛隊容認，PKOに相対的に積極的である一方，連立慎重・主体性重視派は自衛隊違憲，PKOの「非軍事・文民・民生」方針という従来の政策を堅持する傾向が強い．これは従来の左右対立の構図が連立積極派・連立慎重派の対立にもある程度引き継がれていることを意味している．連立政権参加は従来の左右対立を越えた新たな対立を生んだが，従来の左右対立が全く反映されなかったというわけではなく，連立推進派は従来の右派的な考えが主流である一方，連立慎重派・主体性重視派は左派的な考えが主流であることがうかがえる．

(2) 連立政権参加の評価と消費税への態度との関連性

　自衛隊・安保政策と並び，消費税も社会党の重要な基本政策であった．70年代末から始まる自民党の大型間接税導入に対し，社会党は基本的に反対の立場を採った．大型間接税は79年大平首相が「一般消費税」導入に熱意を示したのが端緒であるが，社会党はこの構想に反対してこれを撤回させた．86年「死んだふり解散」による衆参同日選挙で大勝した中曽根政権は「税制改革」に着手，86年新型間接税「売上税」導入を盛り込んだ税制改革法案を提出した．しかし，社会党を中心とする野党は世論を追い風に反対運動を強め，売上税構想は挫折した．[23] 大型間接税導入を悲願とする自民党は88年，竹下政権が[24]「消費税」導入を図り，税制改革関連6法案を提出した．社会党は強く抵抗し，参議院本会議で牛歩戦術を採るなどしたが，自民党の野党工作や各種の政策により，88年12月24日可決成立した．[25][26] 社会党は強く反発し，89年6月の参院選挙では「反消費税」をスローガンに戦い，リクルート疑惑，宇野首相の女性問題，そして土井たか子委員長の人気も相まって大勝，自民党を参院で過半数割れに追い込んだ．89年総選挙でも議席を86から139へと大きく伸ばした．89年11月，社会党は公明，民社，連合参議院の4会派で「消費税廃止関連9法案」を与野党逆転の参議院に提出，12月参議院本会議で可決した．[27] このように，消費税に関しては「廃止」という基本政策を維持したまま細川連立政権に参加する．細川連立政権合意では，社会党は公明，民社とともに「消費税引き上げ反対」を主張したが新生党などの新党側が抵抗したため合意文書には盛り込まれず，「来年度予算では税率を引き上げない」ということが党首会談において口頭で決められたのにとどまった．[28]

　この時期における社会党議員の消費税に対する意識はどうなのであろうか，そして，連立参加への態度との関連性はどうだろうか．

　図Ⅰ-4-3は連立積極・慎重派とアンケートのⅧ「消費税についてどう思いますか．（複数回答可）」の回答の関連性を表したものである．連立積極派と連立慎重派との間には，自衛隊に関する態度との関連（図Ⅰ-4-1）ほど顕著な差異は認められない．連立慎重派の方に消費税廃止を主張する議員が若干

図 I-4-3　消費税に対する態度と連立政権に対する評価の関連性

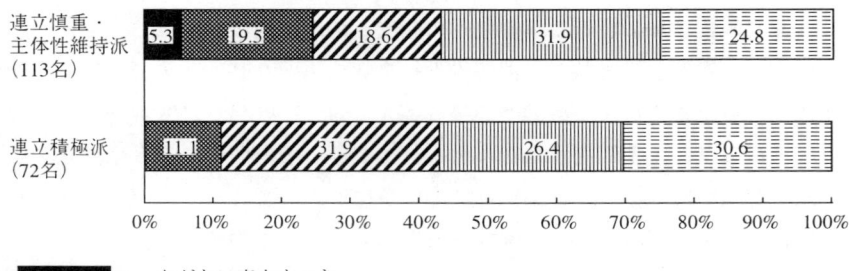

連立慎重・主体性維持派（113名）： 5.3 | 19.5 | 18.6 | 31.9 | 24.8

連立積極派（72名）： 11.1 | 31.9 | 26.4 | 30.6

a. ただちに廃止すべき．
b. 当面，欠陥を是正し，廃止を目指す．
c. 欠陥を是正した上で福祉などの目的税化して，名称を変える．
d. 食料品の非課税化や益税などの欠陥を是正すれば容認する．
e. 不公平税制を是正した上で必要なら容認する．
d. 現行のままでいい．

多い程度である．連立積極派，慎重派とも多数は消費税に関しては制度改革の上での容認を許容していると見ることができる．全体的に見ても「d. 食料品の非課税化や益税などの欠陥を是正すれば容認する．」(38.4%)，「e. 不公平税制を是正した上で必要なら容認する．」(33.0%) の容認派が全回答議員の58%を占めている．現行の消費税制度と消費税率引き上げは認められないが，欠陥・不公平税制の是正，目的税化を図り，その上でなら消費税を容認しようとする態度が多数を占めているといえよう．93年11月にまとめられた「94—95年度運動方針案」では「消費税率引き上げは現行制度を前提とする限り，認められない」「消費税改廃を含む税制の抜本的見直しを向こう1年程度で結論を出す」[29]という税制改革に対する方針が盛り込まれたが，これは連立積極，慎重派によらず社会党議員全体の多数意見を代表したものであると思われる．

94年3月に政治改革関連法案が成立すると，税制改革が連立政権の大きな政治課題となった．94年2月3日，細川首相は消費税廃止と一般財源として税率7%の「国民福祉税」の導入を記者会見で発表した．社会党はこれを「事実上の消費税の引き上げ」として強く反発，政権離脱の構えを見せ，これを

白紙撤回させた．これは決定が新生党，公明党主導で社会党には全く知らされていなかったという要因もあるが，「現状での消費税引き上げは認められない」という連立積極派，慎重派に共通の態度に反した決定であったという要因が大きいように思われる．よって，「国民福祉税」構想に対しては全党一致した対応が可能であった．しかし，「国民福祉税」構想撤回後の社会党の展開は連立積極派と連立慎重・主体性維持派の間で消費税に対する態度は大きく分かれる．94年4月，社会党税制調査会は「不公平是正」の条件付きながら事実上消費税の引き上げを容認する方向を打ち出した．これは連立積極派が税制問題が連立政権の致命傷とならないよう，妥協路線を推進したことによるものであった．これに対し，連立慎重派から「税率アップに道を開くもの」として強い反発が起きた．同月の細川首相辞任，羽田政権樹立に向けた連立与党間での基本政策協議では「間接税率引き上げ」を主張する新生党と社会党が対立，社会党は一時連立離脱まで検討したが，新生党に譲歩する形で決着した．これには連立維持派の政策集団「デモクラッツ」が「政策合意で譲歩して連立を維持すべき」と主張したのに加え，社会党の有力支持母体である連合が，連立を離脱すれば連立積極派が離党して社会党が分裂することを危惧，社会党分裂回避を求めて執行部に譲歩を働きかけたことが影響した．

上記のように党内の多数は連立参加評価，慎重を問わず消費税については制度改革の上での存続を容認している．「絶対廃止」という妥協が不可能な強硬論でない以上，他党及び連立政権との妥協は可能であることをこれは意味する．その妥協の許容範囲は連立政権に対する積極的支持の度合いによったことがこの経緯とアンケート分析から推測できよう．

(3) 連立維持派と主体性維持派における基本政策に対する態度の相違

(1)，(2)では自衛隊・PKO，消費税という社会党の基本政策への態度と連立政権評価との関連を分析した．では，それらを含めた基本政策全体に対する態度と連立政権の評価との関連はどうなのであろうか．

図Ⅰ-4-4は連立積極派，慎重派とアンケートのⅣ「連立政権の今後の運営についてどう思いますか．（一つだけ回答）」の回答との関連性を表したものである．連立積極派では，「a．党の基本政策をいっそう転換し，より強力に

図 I-4-4 基本政策全体に対する態度と連立政権に対する評価の関連性

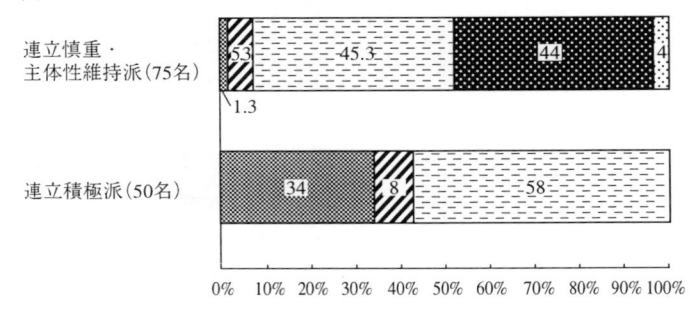

連立慎重・主体性維持派（75名）: 5.3 | 45.3 | 44 | 4
1.3
連立積極派（50名）: 34 | 8 | 58

a. 党の基本政策を転換し，連立を強力に支える．
b. 与党第一党として妥協し，まとめ役に徹する．
c. 連立政権をまとめつつ，徐々に党の政策を実現すべき．
d. 閣外協力にとどめ，党の主張に基づき是々非々．
e. 連立政権から離脱し，党の政策を強く打ち出す．

連立を支えるべき．」，「b. 与党第一党として妥協し，まとめ役に徹するべきだ．」の割合が高い．連立積極派議員のうち，a，bの基本政策転換推進を回答した議員が42％を占める一方，d，eの閣外協力・連立離脱の回答を行った議員はゼロである．これに対し，連立慎重・主体性維持派では「d. 閣外協力にとどめ，党の主張に基づき是々非々で行くべきだ．」の割合が非常に高い．連立慎重・主体性維持派のうち，d，eの閣外協力，連立離脱の回答を行った議員は49％を占める．一方，連立慎重・主体性維持派議員で基本政策転換を推進と回答した議員はわずか5％である．連立参加積極派が党の基本政策の転換・妥協による連立維持を志向しているのに対し，連立慎重・主体性維持派が基本政策を堅持し，それができない場合には連立離脱を辞さないという傾向を持っていることが分かる．2(1)における結論と同様，連立積極派は右派的な考えが主流であり，連立慎重・主体性重視派は左派的な考えが中心であることがこの分析でも明瞭になっている．

　右派が連立維持に積極的であるのは左派に比べ他の連立与党との政策距離が小さいことに加え，連立政権参加をテコに党の基本政策を転換していこうという背景があると思われる．前述したように社会党は80年代以降，右派主

導で「現実化路線」を進めていた．それは党勢の長期低落傾向という事態に対し，基本政策を転換して「現実化路線」を進め，党勢を回復し，なおかつ「現実化路線」によって他の野党との政策距離を縮めて将来の野党連合による政権獲得を目指そうとする右派の方針に基づいていた．右派は自衛隊・安保については合憲・維持，原発についても容認という方向であったが，左派の反発・抵抗でこの「現実化路線」はなかなか進まず，結局「現状の自衛隊は違憲」「原発は将来的には廃棄」という形で連立政権に参加する．右派は連立政権参加を機に党の「現実化路線」の一層の推進を図ろうとした．社会党が連立を離脱し，野党に戻った場合，連立参加をテコに進めてきた「現実化路線」が崩れ，「反対野党」に戻る可能性は高かった．右派はそれを防ぐために連立を維持し，連立与党と妥協することによって党の基本方針の「現実化路線」を進めようとしていたと思われる．実際，右派・中間派・若手議員を中心として結成された連立政権維持派の政策集団「デモクラッツ」はその基本政策で自衛隊合憲，原子力発電の容認を打ち出しているが，これはアンケートIVの回答a「党の基本政策をいっそう転換し，より強力に連立を支えるべき」と合致している．

3. 政界再編戦略における連立慎重・主体性重視派と連立積極派の特徴

　細川連立政権において社会党は，自衛隊や消費税などシンボル的な基本政策において次々と妥協を強いられた．これは当然社会党内に不満といらだちを生んだ．このような不満やいらだちを抱えつつ，社会党は連立政権に参加し続けた．特に連立積極派は連立政権維持を強く主張し，基本政策の変更・連立政権との妥協に積極的であった．この背景には何があるのだろうか．第一には2で述べたような社会党内の基本政策を巡る対立である．他の連立与党との政策距離が比較的近く，連立参加を機に「現実化路線」を進めようとする連立維持派とそれに抵抗する連立慎重・主体性維持派の対立が，連立参加に対する態度の分裂に投影していた．

　第二に，社会党消滅の危機感である．社会党は60年代以降，党勢の長期低

落傾向をたどっていたが，90年代に入りその傾向は一層顕著になった．従来社会党は野党第一党として自民党への批判票を吸収していた．これが党勢の長期低落傾向に一定の歯止めとなり，自民党がスキャンダルや失政などの際には自民党批判票が増え，党勢回復の原動力となった．89年参議院選挙における社会党の大勝はその顕著な例であった．しかし，93年の総選挙では日本新党や新党さきがけなど自民党への批判票を吸収する新党ができたこともあって社会党は惨敗，特に都市部での衰退は著しかった．

さらに政治改革関連法案成立に伴う選挙制度の変更があった．アンケート当時，連立与党が国会に提出していた政治改革関連法案が参議院で審議の大詰めを迎えていた．この政治改革法案は小選挙区比例代表並立制の導入を中心とする法案であった．小選挙区比例代表並立制は小選挙区300，比例代表200という小選挙区制を中心とする選挙制度であり，この制度が施行された場合，当時の社会党の党勢からして単独で選挙を戦い，現在の勢力を獲得することは不可能であった．このような背景があったからこそ，党の基本政策の堅持を求める連立慎重・主体性維持派の一部は小選挙区比例代表並立制を「社会党が消滅する」として強く反対，その結果，連立与党案は94年1月21日の参議院本会議において一部の社会党議員の反対により否決されるのである．一方，この社会党の低落傾向に対し，並立制を敢えて受け入れることで積極的に政界再編の一翼を担い，それを通じて党の変革を図り，ひいては日本の政治を変革しようとするグループも存在した．この路線は当初山花貞夫委員長が推進し，その後久保亘書記長が中心となった．この両者の対立は山花委員長後継を巡る久保亘支持派と村山富市支持派の対立を端緒に，その後の社会党内の対立の大きな要因となる．このような状況の中，政界再編に対し連立積極派と連立慎重・主体性維持派はどのような意識を抱いていたのであろうか．

図Ⅰ-4-5は連立積極派，慎重派とアンケートのⅦ「次期総選挙，社会党の取り組みをどうしますか．(一つだけ回答)」の回答との関連性を表したものである．連立積極派では「a．単なる選挙協力では勝てない．一つの政党に近い形に結集して戦う．」と「b．比例代表は独自に戦い，小選挙区は連立与党

図Ⅰ-4-5　政界再編に対する考えと連立政権に対する評価の関連性

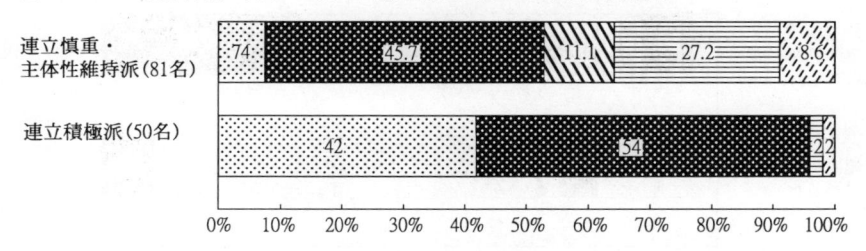

| 連立慎重・主体性維持派(81名) | 7.4 | 45.7 | 11.1 | 27.2 | 8.6 |
| 連立積極派(50名) | 42 | 54 | | | 2,2 |

a. 一つの政党に近い形で結集して戦う．
b. 比例代表は独自で戦い，小選挙区は連立与党で選挙協力．
c. 党の主体性を守るため，選挙協力は最小限．
d. 全選挙区で独自候補．
e. その他

間で選挙協力して戦う．」の割合が非常に高い．連立積極派の実に96％がa，bの連立与党間での選挙協力を目指すべきと回答している．社会党消滅の危機感と連立政権を積極的に支えることで政界再編の主導権を取り，同時にそれを通じて党の変革を図ろうとする連立積極派の意図が読みとれる．一方，連立慎重・主体性維持派では，「c．党の主体性を守るため，選挙協力は最小限にとどめる．」，「d．全小選挙区で独自候補を立てるよう努力する．」という政界再編に慎重な態度を取る議員の割合が高い．連立慎重派議員のうち38％の議員がc〜dと回答している．ちなみにの連立積極派議員でcまたはdと回答した議員はわずが2％，1名である．連立政権における社会党の苦闘ぶりを経験する中で他党との政策距離が大きいことを感じ，社会党の伝統的な基本政策・主体性を維持するためには容易に他党と提携できないという連立慎重・主体性維持派の考えが読みとれる．このことから，連立積極派は政界再編に積極的で連立与党との選挙協力を目指しているのに対し，連立慎重・主体性重視派は政界再編に慎重で，社会党単独の存続を志向していることが分かる．

では，社会党議員は来るべき政界再編ついて何を再編の基準とし，どの政党を提携先として意識していたのであろうか．

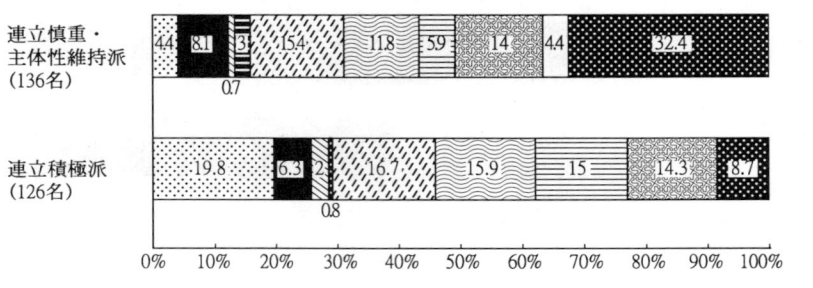

図Ⅰ-4-6　政界再編における好ましい提携相手と連立政権に対する評価の関連性

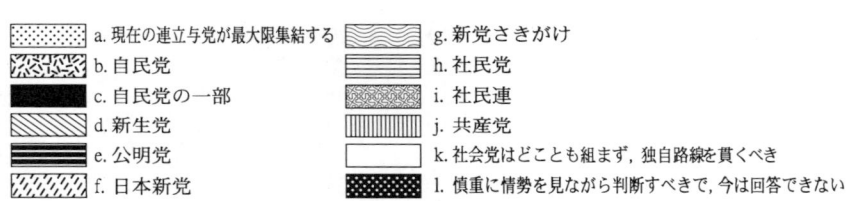

連立慎重・主体性維持派 (136名): 4.4 | 8.1 | .3 | 15.4 | 11.8 | 5.9 | 14 | 4.4 | 32.4　（0.7）

連立積極派 (126名): 19.8 | 6.3 | .2 | 16.7 | 15.9 | 15 | 14.3 | 8.7　（0.8）

凡例:
- a. 現在の連立与党が最大限集結する
- b. 自民党
- c. 自民党の一部
- d. 新生党
- e. 公明党
- f. 日本新党
- g. 新党さきがけ
- h. 社民党
- i. 社民連
- j. 共産党
- k. 社会党はどことも組まず，独自路線を貫くべき
- l. 慎重に情勢を見ながら判断すべきで，今は回答できない

　図Ⅰ-4-6は連立積極・慎重派と「Ⅵ．来るべき再編の政党組み合わせで，あなたはどこと組むべきだと思いますか．（複数回答可）」の回答との関連性を示したものである．連立積極派では「a．現在の連立与党が最大限集結する．」が比較的大きな割合を占めている（連立積極派議員の22％がaと回答）．また，民社党に対する期待が比較的大きい（連立積極派議員の22％がhと回答）．連立慎重・主体性維持派では「a．現在の連立与党が最大限集結する．」と回答した議員がわずか4％である一方，「l．慎重に情勢を見ながら判断すべきで，今は回答できない．」が32％と大きな割合を占めており，他党との提携や政界再編に慎重な態度がここでも見て取れる．また，民社党に対し比較的冷淡である（連立慎重派議員の5.8％がhと回答）．連立積極派，連立慎重派いずれのグループでも共通なのは，日本新党，新党さきがけに対し強い期待を抱いている一方，新生党，公明党に対しては連立与党の一員でありながら非常に冷淡である点である．60年代から80年代にかけての保革伯仲時代以来，社会党は連合政権構想において常に公明党を連合政権のパートナーとして想定し，交渉を重ねてきたが，この時点ではその社公路線は完全に破

綻していることが伺える．共産党を提携先と考えている社会党議員は皆無である．70年代の革新自治体などに代表される社共共闘は完全になくなっているといえよう．自民党に対しては，自民党丸ごととの提携への支持は両派ともゼロであるが，自民党の一部との提携に関しては両派の違いを問わず一定の支持がある．注目すべき点は自民党の一部を提携相手に想定している議員の割合が，連立積極派より連立慎重・主体性維持派の方が大きいということである（連立積極派が6.3％に対し，連立慎重・主体性維持派が8.1％）．連立積極派が右派的，連立慎重・主体性維持派が左派的というこれまでの分析に基づくと，左派的な議員の方が自民党の一部との連携に対する許容度が高いということになる．これは従来の社会党の左右対立の枠組みからは考えられないことである．94年の村山内閣成立は，左派的な連立慎重・主体性維持派の結集と自民党の提携という従来のイデオロギー枠組みからすると「不可解」な事態であったが，このアンケートの時点でその提携の萌芽が見られるといえよう．

図Ⅰ-4-7は連立積極派，慎重派と「Ⅴ．今後予想される政界再編の分水嶺

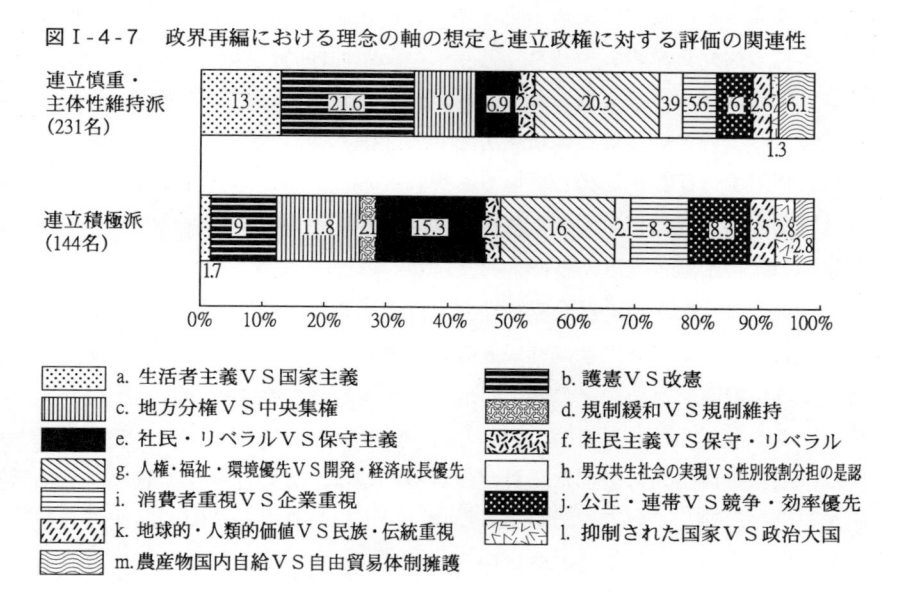

図Ⅰ-4-7　政界再編における理念の軸の想定と連立政権に対する評価の関連性

連立慎重・主体性維持派（231名）：13　21.6　10　6.9　2.6　20.3　3.9　5.6　6　2.6　6.1　1.3

連立積極派（144名）：1.7　9　11.8　2.1　15.3　2.1　16　2.1　8.3　8.3　3.5　2.8　2.8

a. 生活者主義ＶＳ国家主義
b. 護憲ＶＳ改憲
c. 地方分権ＶＳ中央集権
d. 規制緩和ＶＳ規制維持
e. 社民・リベラルＶＳ保守主義
f. 社民主義ＶＳ保守・リベラル
g. 人権・福祉・環境優先ＶＳ開発・経済成長優先
h. 男女共生社会の実現ＶＳ性別役割分担の是認
i. 消費者重視ＶＳ企業重視
j. 公正・連帯ＶＳ競争・効率優先
k. 地球的・人類的価値ＶＳ民族・伝統重視
l. 抑制された国家ＶＳ政治大国
m. 農産物国内自給ＶＳ自由貿易体制擁護

となる基本理念，路線の分岐についてどうあるべきだと思いますか．(三つまで複数回答可)」の回答との関連性を示すものである．全体的に「g．人権・福祉・環境優先 VS 開発・経済成長優先」と「a．生活者主権 VS 国家主権」の割合が高い．また，連立積極派では「e．社民・リベラル VS 保守主義」の割合が高い（連立積極派議員の15％が回答）．図Ⅰ-4-6で提携先と想定している日本新党，新党さきがけ，場合によっては自民党の一部をリベラル勢力として意識した選択といえよう．一方，連立慎重・主体性維持派では「e．社民・リベラル VS 保守主義」が低い（連立慎重派議員の7％が回答）．他党との連携，特にリベラルであっても保守系である政党との連携には消極的であることがうかがえる．他方，「b．護憲 VS 改憲」の割合が高い（連立慎重派議員の21％がeと回答）．連立積極派議員のうち，「b．護憲 VS 改憲」を対立軸と回答したのは9％である．ここでも従来の護憲の基本政策を維持し，他党，特に保守系との連携に消極的な連立慎重・主体性重視派の特徴が読みとれる．

　もともと社会党は金権政治打破を掲げていた経緯もあって，自民党竹下派から分裂した新生党に対し疑念を持っており，連携への慎重論が根強かった[41]．また，連立政権内において新生党・公明党が連携を深め，連立政権を主導することにも反発を深めていった[42]．60年代の保革伯仲時代以来提携交渉を重ね，国会共闘を数多く行ってきた公明党を，社会党が再編における提携先として全く想定していないのはこの新生・公明の連携と連立政権で主導権を取られたことに対する反発が影響していると思われる．さらに，新生党は保守二大政党制を志向し，他にも国連常任理事国問題や国際貢献，税制に関しても社会党との政策距離は大きかった．

　このような状況から，社会党は連立与党内の新生・公明以外の政党，つまり日本新，さきがけ，民社，社民連等に提携先を求めざるを得なかった．また，これらの政党は新生・公明グループに比べれば社会党との政策距離も比較的小さかった．(図Ⅰ-4-6)において，連立積極派・連立慎重派を問わずこれらの政党を提携先に挙げた議員が多かったのは，この社会党の置かれた状況を正確に反映している．このような状況の下，社会党は「94―95運動方針案」では政界再編に対する戦略目標として「社会民主主義・リベラル層を中

心とする政権担当可能な新しい政治勢力の形成」を目指す方針を打ち出した[43]．94年2月，「国民福祉税」構想に対し，社会党，民社党，新党さきがけが猛反発しこれを撤回させたことを契機にこの3党は連携を模索するようになる．同月浮上した武村正義官房長官の更迭を目的とする内閣改造に対しても賛成論の新生・公明に対しこの3党は一致して反対し，内閣改造を見送らせた．この内閣改造を巡る対立の中，3党は定期協議の場を設けることで合意し，新生・公明への対抗姿勢を強めた．社会党を支援する労組も「社民・リベラル勢力」の結集を支援する方針を取って社会党の方針を援護した[44]．しかし，羽田政権発足に際しさきがけは連立から離脱，社会党は妥協の末に連立残留を決めたが羽田首相選出直後に民社・新生・日本新などが統一会派「改新」を結成，民社党，新党さきがけ，日本新党を有力な提携先と想定した社会党の「社民・リベラル」路線は破綻する．

4．終わりに

これまで細川連立政権期における社会党の連立維持派と主体性維持派の特徴を分析してきた．まとめると以下のようになる．

連立積極派は，従来の右派的な路線が主流であり，自衛隊などに関する従来の基本政策の転換を志向し，政界再編に対し積極的である．政界再編に対しては，「社民・リベラル」の結集を目指し，提携先としては新党さきがけ，日本新党などの「リベラル勢力」や民社党を想定している．この政権再編戦略と党の現実化を推進するために，連立政権に対しては妥協してこれを維持する傾向が強い．一方，連立慎重・主体性維持派は，従来の左派的な考えが主流であり，護憲など社会党の従来の基本政策を堅持する傾向を持つ．政界再編に対しては消極的で他党との提携，特に保守系との連携に対する抵抗感が強い．全体として他党との連携には慎重であるものの，自民党の一部との提携に関する許容度は連立積極派より高い．これは従来の左右イデオロギー対立を越えるものであり，後の自社連立の萌芽が見られる．連立政権に対しては党の主体性を重視する点から妥協に否定的で，基本政策が異なる場合は連立を離脱しようとする傾向がある．

93年の連立政権参画以来，日本社会党はたびたび分裂の危機を迎えたが，その背景には以上のような対立軸が存在していたのである．そしてこの2派の対立抗争の結果，社会党は崩壊に至る．

　さて，このような対立の中，なぜ社会党は自民党と連立を組み，村山政権を成立させたのであろうか．社会党と他の連立与党および自民党との政策距離，社会党内の連立積極派と連立慎重派の対立，そして「反小沢」的感情など要因は様々あると思われるが，ここではアンケートの分析をもとに，社会党と他党との政策距離と社会党の政界再編戦略の側面から考察を試みる．

　羽田政権発足時の政策協議において社会党は，消費税，安保政策で新生・公明党と激しく対立，連立与党内における新生・公明ブロックとの政策距離はより一層拡大していた．しかし，「連立に残って政界再編の一翼を担う」ことを志向する連立維持派は社会党の譲歩による連立維持を主張，結局社会党は連立残留を選択した．連立を離脱しても，連立政権外に有力な提携政党はなく，連立に残留して生き残りを図るしかなかったためである．

　しかし，社会党が提携先と想定した民社・日本新などは新進・公明が主導した統一会派「改新」の結成に参加したことで政界再編における社会党の提携相手は連立与党内にはなくなり，社会党が追求していた「社民・リベラル勢力の結集」は絶望的となった．連立与党内における社会党と他党との政策距離の拡大と社会党が追求してきた政界再編戦略の挫折により社会党が連立政権に残留するインセンティヴは著しく低下し，社会党は連立を離脱するに至ったと考えられる．

　社会党の連立離脱によって衆議院の勢力は自民党（計226），改新・公明グループ（計183），そして社会党（計64）と三分された．社会党が政権成立に関しキャスティングボートを握る状況となったのである．連立から離脱したとはいえ55年体制の仇敵自民党と連立を組むことに関しては社会党内に強い抵抗感があった．図Ⅰ-4-6でもあるように，社会党議員で自民党との提携を考えている人はゼロである．また，自民党と連立を組んでも政界再編への展望はないため，社会党全体としては連立与党復帰の方向であった．しかし，政策協議に当たって自民党は社会党・さきがけが合意した政策構想を受け入

れると表明したのに対し，連立与党との政策協議は決裂した．政策距離に関してはこの時点では連立与党より自民・さきがけの方が社会党に近かったのである．さらに，改新・公明側が海部俊樹元首相を自民党から離党させ連立与党側の首相候補に擁立，自民党の中でも保守色の強い中曽根康弘，渡辺美智雄らがこの海部擁立に同調したことで，社会党と連立与党側の政策距離は一層拡大した．そして，自民・さきがけが「村山首班」を提示したことが決定的となり，自社さ連立政権が成立する．

連立与党に積極的に参画することで政界再編の一翼を担うとする連立積極派の方針は政界再編に対して社会党が取りうる唯一の方針であった．連立慎重・主体性重視派も図Ⅰ-4-6にあるように他党との連携に慎重的ではあるが，小選挙区制が導入され社会党単独での生き残りが困難になった以上，他の選択肢はもてなかった．しかし，「社民リベラルの結集」という連立維持派の方針が「改新」結成で頓挫し，連立与党との政策距離が一層拡大する中，連立与党に大きな不満を持つ連立慎重・主体性維持派は政策距離が相対的に近くなった自民党へ接近する．そして，「村山首班」によって「自民党との連立」という抵抗を乗り越え，自社連合が実現するのである．政策距離では相対的に近かったものの，自民党は単独で小選挙区制を戦える実力を持っている以上，自民党との提携では政界再編において社会党が一翼を担う可能性は著しく低下する．一方，連立与党は合同し，新進党を結成，社会党が政界再編において一翼を担う可能性はさらに低下した．この危機感が後の民主党結成につながっていったものと推測される．

98年，社会党の連立積極派と新党さきがけからなる旧民主党と旧民社党系の新党友愛，そして保守系の民政党が合同して新民主党が結成され，旧社会党議員はその中で最大勢力を有するに至った．社会党が志向した「社民・リベラルの結集」は一応形をなしたといえる．今後，この「社民・リベラル勢力」民主党において，細川連立時代に社会党議員が志向した「人権・福祉・環境優先」「生活者主権」「護憲」「地方分権」「公正・連帯の重視」を民主党の基本政策に反映させ，政権を獲得することができるのか，そして，民主党の中で旧社会党議員がどのような行動をとっていくのかは，今後の日本政治

において極めて重要な意味を持つと思われる．

(付録) 社会党会派国会議員アンケートの質問項目と回答率 (数字はパーセント，小数点2位以下四捨五入，出典：日本社会党機関紙『社会新報』1994年1月1日付)

I．連立政権のここまでの仕事ぶりをどう評価していますか．(一つだけ回答)
　a．非常によくやっている (18.8)
　b．どちらかといえばよくやっている (48.2)
　c．どちらかといえばよくない (12.5)
　d．非常によくない (5.4)
　e．どちらとも言えない (13.4)

II．社会党が連立与党になっての4ヶ月間をどう評価しますか．(複数回答可)
　a．政治改革ができ国民や国のためによかった．(17.0)
　b．党の政策が一定程度反映できて良かった．(26.8)
　c．情報がたくさん入ってくるようになって良かった．(25.9)
　d．政権運営の厳しさ，重さを身を持って知ることができて良かった．(65.2)
　e．連立与党という条件が理解されず，支持者が離れて良くなかった．(18.8)
　f．政治改革で党の考えが反映されず良くなかった．(17.0)
　g．連立与党の中で埋没し，独自色が出せず良くなかった．(35.7)

III．党出身閣僚の「自衛隊違憲」答弁についてどう思いますか．(一つだけ回答)
　a．党と政権の政策の使い分けは分かりにくいので，党の主張を貫くべき．(14.3)
　b．連立政権だから党固有の政策に違いがあって当然で，問題ない．(55.4)
　c．党の基本政策を見直すべきだが，現状ではあの答弁でやむをえない．(17.0)
　d．党の「自衛隊違憲」の基本政策を見直すべき．答弁はおかしい．(8.0)
　e．その他 (5.5)

IV．連立政権の今後の運営についてどう思いますか．(一つだけ回答)

a．党の基本政策をいっそう転換し，より強力に連立を支えるべき．（18.8）
b．与党第一党として妥協し，まとめ役に徹するべきだ．（2.7）
c．連立政権をまとめつつ，徐々に党の主張を実現すべきだ．（53.6）
d．閣外協力にとどめ，党の主張に基づき是々非々で行くべきだ．（17.9）
e．連立政権から離脱し，党の主張を強く打ち出すべきだ．（0.9）
f．その他（6.1）

Ⅴ．今後予想される政界再編の分水嶺となる基本理念，路線の分岐についてどうあるべきだと思いますか．（三つまで複数回答可）
a．生活者主権 VS 国家主権（41.1）
b．護憲 VS 改憲（39.3）
c．地方分権 VS 中央集権（31.3）
d．規制緩和 VS 規制維持（2.7）
e．社民・リベラル VS 保守主義（33.9）
f．社民主義 VS 保守・リベラル（5.4）
g．人権・福祉・環境優先 VS 開発・経済成長優先（42.9）
h．男女共生社会の実現 VS 性別役割分担の是認（5.4）
i．消費者重視 VS 企業重視（17.9）
j．公正・連帯 VS 競争・効率優先（23.2）
k．地球的・人類的価値 VS 民族・伝統重視（6.3）
l．抑制された国家 VS 政治大国（5.4）
m．農産物国内自給 VS 自由貿易体制擁護（12.5）

Ⅵ．来るべき再編の政党組み合わせで，あなたはどこと組むべきだと思いますか．（複数回答可）
a．現在の連立与党が最大限結集する．（25.0）
b．自民党（0）
c．自民党の一部（21.4）
d．新生党（1.8）
e．公明党（3.6）
f．日本新党（30.4）

g．新党さきがけ（29.5）
h．民社党（20.5）
i．社民連（28.6）
j．共産党（0）
k．社会党はどことも組まず，独自路線を貫くべき．（2.7）
l．慎重に情勢を見ながら判断すべきで，今は回答できない．（42.9）

Ⅶ．次期総選挙，社会党の取り組みをどうしますか．（一つだけ回答）
a．単なる選挙協力では勝てない．一つの政党に近い形に結集して戦う．（23.2）
b．比例代表は独自に戦い，小選挙区は連立与党間で選挙協力して戦う．（51.8）
c．党の主体性を守るため，選挙協力は最小限にとどめる．（8.0）
d．全小選挙区で独自候補を立てるよう努力する．（13.4）
e．その他（3.6）

Ⅷ．消費税についてどう思いますか．（複数回答可）
a．ただちに廃止すべき．（2.7）
b．当面，欠陥を是正し，廃止を目指す．（24.1）
c．欠陥を是正した上で福祉などの目的税化して，名称を変える．（37.5）
d．食料品の非課税化や益税などの欠陥を是正すれば容認する．（38.4）
e．不公平税制を是正した上で必要なら容認する．（33.0）
f．現行のままでいい．（0）

Ⅸ．PKOなど国連安全保障にどう取り組みますか．（一つだけ回答）
a．取り組む必要はない．（0.9）
b．非軍事・文民・民生の原則で取り組む．（79.5）
c．民生中心だが，カンボジア型PKO程度なら軍事もやむを得ない．（15.2）
d．軍事も含めて積極的に取り組む．（0）
e．その他（4.4）

(1) このアンケートは93年11月29日から12月3日にかけて，日本社会党・護憲民主連合所属の衆参国会議員と無所属の衆議院議長(土井たか子)，参議院副議長(赤桐操)の151人を対象に『社会新報』が行ったものである．蒲島教授がその分析を依頼された折，使用したデータを今回の分析に『社会新報』の了承を得て使用した．データの仕様を許諾された『社会新報』に心から謝意を表したい．
(2) 新藤宗幸・山口二郎『現代日本の政治と政策』，放送大学教育振興会，1995年，20頁，36頁．
(3) 佐々木毅『政治学講義』，東京大学出版会，1999年，199-201頁．
(4) 新藤・山口，前掲書，36-36頁．
(5) 日本社会党中央本部機関誌広報委員会『資料 日本社会党50年』，資料日本社会党50年刊行委員会，1995年，862-881頁．
(6) 日本社会党中央本部機関誌広報委員会，前掲書，1133-1140頁．
(7) 衆議院予算委員会 1993年10月4日山花貞夫政治改革担当相ほか社会党閣僚4名の答弁(『朝日新聞』1993年10月5日付)．
(8) 『毎日新聞』1994年4月5日，6日付，日本社会党中央本部機関誌広報委員会，前掲書，1169頁．
(9) 田辺誠元委員長を中心とする右派派閥，本岡昭次代表．
(10) 新しい社会党を創る会(山花貞夫委員長の出身母体，左派)と水曜会が中心になって結成されたグループ．田口健二代表．
(11) 委員長選挙では党内8グループが久保支持で集結，「細川連立政権を支え，政治改革を実現する会」を結成した．
(12) 左派だけでなく，山口鶴男元書記長など右派の議員も集結した．また，党内に影響力を持つ山本政弘元副委員長も参加した．野坂浩賢代表世話人．
(13) 志苫裕世話人，参議院議員中心．
(14) 『朝日新聞』1993年9月20日付．
(15) IIの回答には他に「c．情報がたくさん入ってくるようになって良かった．(25.9%)」「d．政権運営の厳しさ，重さを身を持って知ることができて良かった．(65.2%)」という選択肢があるが，この回答は連立政権参加に対する評価ではあるものの，(1)社会党の基本政策に関する問いではない，(2)連立積極派，連立慎重・主体性維持派双方ともこの選択肢を取りうる(3) d については7割弱という議員の大部分が回答しており，連立積極，慎重の区別ができない理由から除外して考える．
(16) 石橋委員長は自衛隊解消に当たり，(1)平和中立外交の進展に伴う国際情勢・環境の変化(2)護憲政府の安定度(3)平和教育など自衛隊の掌握度(4)国民世

論の支持——の4点を配慮すると表明していた．

(17) 自衛隊は違憲であり，解消を目指すべきであるが，国会の多数決によって決まった合法的所産である．したがって，合法的であることを認めた上で合法的に改革・縮小して行くべきであるという主張．社会党機関誌『月刊社会党』1994年1月号の石橋委員長と小林直樹専修大教授（憲法）の対談で問題提起された．

(18) 『毎日新聞』1986年8月21日付，日本社会党中央本部機関誌広報委員会，前掲書，933-936頁．

(19) 右派の「水曜会」は91年の党改革案に際し，自衛隊合憲論を主張した．

(20) 社会党が対案として提出した「国際平和協力業務及び国際緊急援助業務の実施等に関する法案要綱」では，(1)自衛隊とは別個・常設の組織「国際協力隊」を設置，(2)PKFなど軍事的分野には不参加，(3)自衛官の参加は退職する場合以外には認めない，(4)災害等を除く国際協力隊の派遣には国会承認を必要とする——が主な柱となっていた．

(21) 93年11月にまとめられた「94-95年度運動方針案」での国際貢献に関し，「自衛隊と別組織の国連PKOその他の平和国際協力に積極的に参加する政策を立案する．冷戦終結に対応して自衛隊を縮小し，自衛隊とは別組織の国際平和協力隊に人員を移す」となっている．94年6月，羽田内閣末期にまとめられた「政権構想案」の外交・安保政策でも踏襲された．また，後述する連立積極派の政策集団「デモクラッツ」の基本政策でも「当面は現在のPKOを積極推進する」としたが，一方で「自衛隊の海外派遣目的は海外邦人の救出や災害出動，非軍事の国連活動とし，自衛隊の一部を分割した別組織による対応を目指す．」となっている．これも従来の社会党の政策を踏襲している．

(22) 『読売新聞』1993年12月18日付，日本社会党中央本部機関誌広報委員会，前掲書，1160頁．

(23) 86年3月8日の参議院岩手補欠選挙で，「売上税反対」を主張した社会党の小川仁一が大勝した．岩手は保守地盤が強く，またこの選挙において自民党は死去した前議員の夫人を擁立して「弔い選挙」を展開するという通常なら非常に有利な状況であったにも関わらず大敗を喫した．この結果はその後の政治の流れを大きく変えた．また，同年4月の統一地方選挙でも自民党は不振であった．

(24) 86年4月15日に衆院予算委員会で予算案強行採決，21日本会議強行開会したが，野党は予算委員長，宮澤喜一蔵相不信任決議案などを連発，また，採決に当たっては牛歩戦術を採った．23日，原健三郎衆院議長は売上税を事実上廃案にする調停案を与野党に提示，与野党はともにこれを受け入れた．

(25) 公明・民社の協力を取り付け, 単独審議を避けた. その結果, 税制改革6法案の衆参本会議採決は社会・共産党欠席, 公明・民社党出席・反対と社公民で対応が分かれた.
(26) 売り上げ3000万円以下の業者の免税,5億円以下の業者の簡易課税制度などの自営商工業主層対策, 所得税・住民税減税等のサラリーマン層対策などを行った.
(27) 衆議院では委員会審議での実質審議が行われないまま, 廃案となった.
(28) 『朝日新聞』1993年8月5日付.
(29) 『読売新聞』1993年11月26日付, 日本社会党中央本部機関誌広報委員会, 前掲書, 1156頁.
(30) 当時社会党の委員長であった村山, そして民社党委員長で厚生大臣でもあった大内啓伍も事前に全く知らされておらず, 細川首相が国民福祉税構想を発表する直前の政府・与党首脳会議で初めて知らされたようである (村山富市『そうじゃのぅ…』, 第三書館, 1998年, 46-47頁および『朝日新聞』1994年2月3日付参照).
(31) 税制改革論議の前提として高齢化時代に対応した福祉ビジョンの策定, そして(1)不公平税制の是正, (2)行財政改革の努力, (3)地価税の堅持, (4)地方の自主財源としての間接税の充実の並行論議を主張している. そして, 「間接税による財源調達は避けられない」と強調したうえで, 「資産・所得・消費のバランスを考えると資産・消費課税の拡充に向かわざるを得ない」「支出段階に着目した消費課税に移行するのは時代の要請」として消費税引き上げを事実上容認する姿勢を示した.
(32) 『毎日新聞』『朝日新聞』1994年4月5日付, 日本社会党中央本部機関誌広報委員会, 前掲書, 1169頁.
(33) 「直接税軽減, 間接税引き上げを中心とした税制抜本改革法案の本年中の成立」を主張する新生党に対し社会党は難色を示した. その後社会党は「国民合意を得て, 現行消費税を廃止して新税を創設」の文言を追加する妥協案を提示したが新生党側は拒否, 結局「直接税の軽減措置や現行消費税の改廃を含め, 間接税の引き上げを中心とした税制の抜本的改革について, 国民の理解を得つつ6月中に結論を得て, 年内に関連法案を成立させる」となった.
(34) 『朝日新聞』1994年4月22日付. 連合は同月14日, 中央執行委員会で条件付きで将来の消費税引き上げを容認する提起を行っていた.
(35) 原発政策については, 89年の野党連合政権に向けた土井構想で稼働中の原発については事実上容認したが, 原発の増設は認めなかった. 「93年宣言」では原発を「過渡的エネルギーとして容認」するとなったが, 当初の「設備の更新を認める」は削除された.

(36)　『朝日新聞』1994年4月22日付．
(37)　社会党の支持率の推移については樋渡展洋『戦後日本の市場と政治』，東京大学出版会，1991年，26-29頁を参照した．
(38)　総選挙の結果，日本新党・新党さきがけ・新生党の3新党の獲得議席は100議席を越えた．一方社会党は136議席から66議席とほぼ半減，1955年の左右統一以来，最低の獲得議席であった．東京の選挙区では山花委員長がかろうじて議席を獲得したにとどまった．また，総選挙前の6月に行われた東京都議会議員選挙では，29議席から18議席に議席を減らした．
(39)　選挙制度に関しては，小選挙区264，比例代表226（全国単位の拘束名簿式）の小選挙区比例代表並立制，投票方法は記号式二票制，戸別訪問容認，連座制強化を内容とした．他に政治資金に関しては個人向け企業・団体献金を禁止，政党助成を設け，国民一人あたり250円，総額309億円とした．
(40)　『朝日新聞』1993年9月9日付，1994年2月9日付．
(41)　新生党の実質的指導者であった小沢一郎代表幹事は巨額脱税事件で逮捕された金丸元自民党副総裁の直系幹部であった．また，佐川急便事件との関わりも指摘されており，これらに関する小沢氏の「けじめ」が問題となっていた．
(42)　『朝日新聞』1993年10月31日付の「全衆議院議員の面接調査」では「次のリーダーは誰か」との問いに対して，公明党議員52人のうち28人が小沢一郎，羽田孜のいずれかを次期リーダーと挙げ，公明党と新生党との親密さを示す結果となった．
(43)　『読売新聞』1993年11月26日付，日本社会党中央本部機関誌広報委員会，前掲書，1156頁．
(44)　自治労，日教組，全電通，全逓など社会党の有力支持労組は社会党一党支持を見直し，社会党の発展的解消，それに伴う「社民・リベラル勢力」の結集を支援する方針を固めた．
(45)　石川真澄『戦後政治史』，岩波新書，1995年，193頁．
(46)　社会党は羽田内閣総辞職後の政権協議について連立与党との協議を優先する方針を採った．

第5章

自民党の役職人事と政策決定
――自民党長期政権崩壊前後の変化について――

石高晴奈

1．はじめに

　一国の政治を担う代表として選ばれる政治家には，どんな資質が必要か．どんな経験が必要なのか．

　当選回数序列的役職人事――これは，人材育成組織としての政党の中で，当選回数を重ねながら政治家としてさまざまな経験を積まなければ，政治の舞台で重要な職に就けないことを示している．自民党長期政権が安定的に続く中，このように当選回数序列という形で党内の役職人事が制度化されてきたということは，多くの論文により検証されてきた．そして，そのようなことは政治の世界に限ったことではなく，企業，官庁でもさまざまな形で似たような人材育成が行われている．しかし，政治家はその当選回数の積み重ねを政党の外部に負っている，すなわち，国民により再選されることに負っているという点で，企業や官庁とは大きな違いがある．そして，その再選という目標と政策決定者としての経験を積むという目標は，特に若手議員にとって，しばしば矛盾した目標となり得，そのことが，1993年の自民党政権崩壊の一因となったとも言われている．

　本稿では，自民党長期政権の崩壊によりそれまで存在した秩序が崩れる側面に焦点をあて，人材育成組織としての政党の役職人事をみることで，これから先，政治行政システムにおいてどのような意思決定のあり方や人材の登用がなされるのかを探ることを目的とする．はたして，役職人事の制度化は崩壊するのか，しないのか．崩壊するとしたらどのように崩壊するのか．93

年の自民党の中堅議員の多数離脱により,中堅役職を中心とする役職人事の変化を受け,若くして党内政策過程の要に就く議員が生まれることが予測されるが,そのことが政策決定過程にどのような影響を与えるのか.また,政策決定過程を考えるうえで重要な政治家と官僚の関係について,政治家が自民党政権の崩壊という大きな政治システム上の変化を受けることにより,両者の関係はどのように変わっていくのか.はたして政治家は国家全体の公益を考えることに専念し,国家にとって,国際社会にとって重要な政策分野で国を引っ張っていくことができるのか.このようにさまざまなことを検討していくことにより,政党組織の人材育成の可能性と限界を探っていきたい.

本稿は90年から98年までを対象とし,自民党政権崩壊までの3年半と崩壊後の5年半を比較しており,自民党長期政権崩壊という大きな制度上の変化の前後の一定期間を研究対象としたことに大きな意義がある.また,分析の対象となるデータ整備にあたり,党機関紙・党提供資料等の収集によりデータの詳細さ,正確さに配慮し,結論を導く根拠や過程を明確にするよう努めた.

研究手法としては,90年から98年までの期間に自民党に在籍したことのある全衆議院議員を対象に,自民党政権崩壊前,自民党政権崩壊後に分けて,各議員のキャリアパスを追う.そして,その結果と,各議員の当選回数・前職(官僚,知事等)等の相関を統計的手法を用いて分析する.

本稿には,データ上のいくつかの限界がある.まず第一に,自民党の変化に的を絞ったため,社会党や新党など他党との比較ができなかった.第二に,役職人事には当選回数や前職等議員の個人的な属性のほかに,派閥の役職配分機能が大きく影響しているが,本稿では,データ整備の都合で派閥と役職人事の関係に触れることができなかった.第三に,前職以外の議員の属性(出身選挙区の特徴や家族関係(二世議員か否か)等)については触れていない.第四に,本稿は役職人事を中心に検討したため,その役職の中身(たとえば政務調査会の部会の審議の実態等)には触れていない.このような役職の実質的な部分と,その人事を関連させて検討していくことも,本稿にとって今後の課題の一つである.

以上のような限界を認識しつつ，以下では，役職人事の制度化や政治家と官僚の関係について行われてきた議論を振り返り，その議論が自民党長期政権の崩壊によりどのように影響を受けるかを実証分析し，理論的考察をおこなっていく．

2．これまでの議論とそれをもとにした検証可能な予測

(1) 当選回数序列的な役職人事の制度化とその崩壊について

　佐藤・松崎によると，自民党長期政権が続く中で，佐藤内閣の後期あたりから，役職人事において当選回数に基づく明瞭なパターンが生じてきたとされている[7]．一方で，加藤は[8]，そのような制度化が進むにつれ，自民党内の国会議員が二層化し，それが自民党政権の崩壊の一因となったと指摘している．すなわち，「選挙区の個別利益代表の必要に迫られる若手議員が，政策の人気に敏感に反応するのに対し，再選の確実なキャリアの長い議員は，有権者の利益を代表する以外の目標も政策決定において追求できる」．「自民党内では特に，より一般的な視点から，すなわち自分の選挙区の個別的利益に必ずしもとらわれないで政策決定を行うことが，族議員として党内で影響を増す与件であるため」，「(いわゆる族議員化は，)自民党若手議員が，再選の確保と党内での出世という必ずしも一貫しない2つの目標を追及する過程であった」[9]という指摘が成り立つのである．また，川人も，合理的選択モデルを活用したコスト負担の原理により，「委員会経歴の短い議員が経歴の長い議員に対して忠実に行動することによっていわばコストを負担し，議員経歴が長くなるにつれて，徐々に影響力を持つようになって利益を享受する」[10]と指摘している．

　以上の議論をもとに，自民党政権崩壊前後の役職人事の変化について以下のように予測することが出来る．一連の政変の中では当選回数3〜4回の中堅議員が大幅に自民党を離脱しており，そのことが再選確保に敏感な若手議員の役職人事に影響を与え，そこから人事の制度化が崩れてくると予測される．しかし，再選の確実性の有無により自民党議員が若手議員と幹部議員に二層化しているとすると，再選確保を重視する若手議員にとっての役職と，個別

利益にとらわれない幹部議員にとっての役職とでは，議員の役職に対する見方や役職の機能が異なってくるはずである．したがって，当選回数序列が中堅役職の中で崩れても，その影響が幹部役職に及び，幹部役職においても人事の制度化の崩壊がすすむとは限らないと考えられる．すなわち，再選の確実性の有無が問題の根底にある限り，全党的な人事の制度化の崩壊は容易には起こりえないのではないかと予測できるのである．

(2) 官僚・自治体役職経験のキャリアパスへの影響について

佐藤・松崎によると，自民党長期政権の存続の中で役職人事の制度化が進むにつれ，自民党政権の初期のような高級官僚の抜擢人事は姿を消すようになったが，当選回数序列的人事の中でなお，官僚出身議員は他の議員よりも当選回数にして1回分程度早く出世し，知事等自治体での要職経験議員も，他の議員より若干早く出世するとされている[11]．また，野中は[12]，国会議員にとって政治的に利用可能な資源として，前職歴としての高級官僚や地方公選職が有効であると指摘している．

以上の議論からすると，官僚出身者や自治体役職経験者と役職人事との関係は自民党政権崩壊前から，ある程度はあるはずである．まして，自民党政権の崩壊とともに当選回数が役職人事に与える影響が一部で弱まったと仮定すれば，自民党政権の崩壊により，これらの前職経験とキャリアパスの相関関係は強まるはずである．また，このことがもし検証されれば，官僚や自治体役職の経験は，自民党長期政権という秩序の崩壊によっても影響を受けない政治家としての確固とした実力を示すものということができ，政治家として必要な経験や資質を考えるとき一定の示唆を与えることになるだろう．

(3) 政策分野の人気・不人気の変化について

自民党政権の崩壊の要因には，前述したような再選確保と党内での政策通としての出世という若手議員の抱えたジレンマがその1つとして挙げられるが，もう一方で，加藤によると[13]，政治腐敗や特定の利益集団との癒着等の堕落が自民党内で進んでいるとみた若手議員が党を離脱したことが自民党政権

崩壊の要因となったという見方もある．本稿では，このような若手議員の反発を受けた自民党が，その後どう対応したかを役職人事の側面から分析することができる．また，猪口・岩井は，自民党政務調査会の部会の人気・不人気について，族議員メンバーの構成に焦点をあて，人気御三家はいわゆるカネ・フダに縁のある農林・建設・商工の分野で，不人気なのは国防・環境・憲法問題といった自民党にとっては重要な政策分野だが議員個人にとっては利益となりにくい分野であると指摘している．さらに，猪口・岩井は族議員が「番犬型」から「猟犬型」へ変化しつつあるとし，議員は国内利益や選挙区利益，特定の利益団体との関係に敏感であっても，国際関係や世界経済の問題には疎く，これからは官僚が「国内利益に関する『商権』を政治家へ譲渡し，自らは政治家の介入なしに国際関係での社会的利益の定義を自在に独占」しようとしているのだとも指摘している．

本稿では役職人事を主に扱っている関係から，役職人事に反映される部会人気を自民党政権崩壊前後で検討すると，崩壊後，部会長職で若返りがもしみられるとしたら，若返りした部会長職の傾向をみれば一定の示唆がえられるはずである．本来ならば，官僚が細かい国家事業ごとの利害関係を含む事務を処理し，政策の選択肢を提出して，それを政治家が国全体の公益を考え国際社会全体の視野にたった上で，判断するのが理想的であるという見方があり，自民党を離脱した議員も，多かれ少なかれそのように政治家が変わることを希望して離脱したとも考えられる．そうであるとすれば，それを受けた自民党内では，部会の種類の重要性や人気の度合いが変化する可能性があり，役職人事の傾向もこれに伴って変化するのではないかという予測ができる．

3．調査方法

まず，今回調査対象とした議員は，90年2月28日の衆議院議員選挙から98年10月31日までの期間に自民党に在籍したことのある全衆議院議員である．次に，調査対象とした役職は，自民党内の組織・広報関係の役職（全国組織委員会・広報委員会・組織広報本部・組織本部・広報本部・国民運動本部）

を除くすべての役職と，公職である大臣・政務次官・衆院常任委員会委員長・同理事である．また，本稿は93年の自民党政権崩壊前後の変化を分析することから，調査対象時期を自民党政権崩壊前の第1期（90年2月18日から93年7月17日まで）と自民党政権崩壊後の第2期（93年7月18日から98年10月31日まで）に区分する．

　以上のことを前提にして，まず，縦軸に役職，横軸に時期区分をとり，それぞれの役職にどの議員が就任していたか，時系列を追って調べ，表にまとめることから調査をはじめた．なお，表の作成にあたっては，全ての分析のデータのもとになることから，正確かつ詳細であることをこころがけ，のちの検証を可能にするためにも独断による推測を排除するよう努めた．そして，その表を本稿のそれぞれの分析にあわせてさまざまに加工しながら，分析を行った．以下に示すように，まず，分析1では当選回数序列的な役職人事の制度化とその崩壊の様子を明らかにするため，当選回数と各役職の就任状況の関係をt検定を用いて分析する．また，官僚出身・自治体役職経験のキャリアパスへの影響については，分析2で回帰分析を用いて，それぞれ分析する．

4．分析方法と結果

(1) 当選回数序列的な役員人事の崩壊について

a．分析方法

　［分析1］　当選回数序列的な役職人事の制度化とその崩壊の様子を明らかにするため，当選回数と各役職の就任状況の関係を分析する．まず，各期について，当選回数ごとに各役職に就任した議員ののべ就任回数を数える．それをもとに，各役職ごとに第1期・第2期それぞれ当選回数X回の議員ののべ就任回数の度数分布表・ヒストグラムを作成する．さらに，それらの第1期・第2期における分布の傾向が等しいかどうかt検定で分析する．なお，この分析においてt検定を行う場合，各役職の就任議員の当選回数分布には，正規性検定の結果，正規性がないため，ノン・パラメトリック分析であるマン・ホイットニの順位のt検定をおこなうのが妥当である．しかし，通常t検定として用いられるのはスチューデントのt検定であるため，分析結果では参

考としてスチューデントの t 検定の結果も示しておく．

b. 自民党内中堅役職について

　図Ⅰ-5-1，図Ⅰ-5-2より，政務調査会部会長職・副幹事長クラスともに，スチューデントの t 検定とマン・ホイットニの順位の t 検定により，第 1 期と第 2 期の就任者の当選回数分布の傾向は異なることがわかる．このことは，それぞれの職の第 1 期ののべ就任回数と，第 2 期ののべ就任回数を比較したグラフからもいえる．また，グラフからは，第 1 期の就任議員より第 2 期の就任議員のほうが当選回数が 1～2 回分少なくなっており，政務調査会部会長職では当選回数 3 回の議員ののべ就任回数が突出して多く，副幹事長クラスの役職では当選回数 3～5 回の議員ののべ就任回数が多くなっていることが分かる．すなわち，自民党内中堅役職である政務調査会部会長・副幹事長クラスの役職においては，自民党政権崩壊前と崩壊後では就任者の当選回数の分布の傾向が異なり，崩壊後は，当選回数が 1～2 回分若返りしているといえる．

図Ⅰ-5-1
政務調査会部会長・当選回数別のべ就任回数

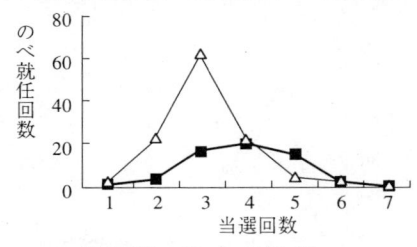

―■― 部会長第 1 期のべ就任回数
―△― 部会長第 2 期のべ就任回数

① P 値=0.00，　t 値=5.27，　t(0.975) =1.97
② 同順位補正 P 値=0.00，同順位補正 Z 値=4.99，
　　　　Z(0.975) =1.95

　①はスチューデントの t 検定の結果
　②はマン・ホイットニの順位の t 検定の結果
　図Ⅰ-5-2以下同様

図Ⅰ-5-2
副幹事長クラス・当選回数別のべ就任回数

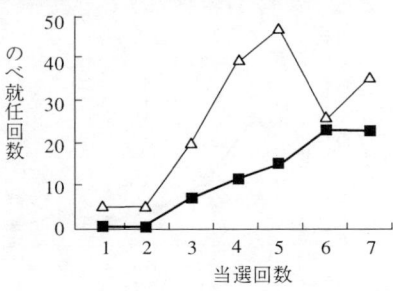

―■― 部幹事長クラス第 1 期のべ就任回数
―△― 部幹事長クラス第 2 期のべ就任回数

① P 値=0.00，　t 値=3.42，　t(0.975) =1.96
② 同順位補正 P 値=0.00，同順位補正 Z 値=3.24，
　　　　Z(0.975) =1.95

c. 公職中堅役職について

　次に，図Ⅰ-5-3, 図Ⅰ-5-4より，常任委員会理事・政務次官について同様に検討してみる．常任委員会理事については，t検定により第1期と第2期では分布傾向が異なることがわかり，このことは図Ⅰ-5-3のグラフからもわかる．政務次官については，スチューデントのt検定とマン・ホイットニのt検定では異なる結果が出ているが，政務次官就任議員の当選回数分布には正規性がないため，ここではマン・ホイットニのt検定の結果を用いることにする．すると第1期と第2期の分布傾向は等しいことになり，このことは図Ⅰ-5-4のグラフとも一致する．しかし，より正確さを期するため細かく時期を分けてみると，注26に示すとおり，分布傾向は自民党政権崩壊前と崩壊後で異なっており，かつ，だんだん就任議員の当選回数は増える傾向にあることが分かる．[26]以上のt検定，グラフの結果を検討すると，公職中堅役職である常任委員会理事・政務次官においては，自民党政権崩壊前と崩壊後では党内中堅役職と同様に当選回数の分布傾向は異なるが，党内中堅役職と異なる点として，崩壊後では就任議員の当選回数が1～2回分増えていることがわかる．

図Ⅰ-5-3
常任委員会理事・当選回数別のべ就任回数

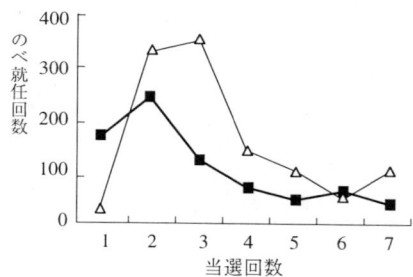

　　　　　━■━　理事第1期のべ就任回数
　　　　　━△━　理事第2期のべ就任回数

① P値=0.00，t値=-0.86，t(0.975)=1.96
② 同順位補正P値=0.00，同順位補正Z値=-9.10，
　　Z(0.975)=1.95

図Ⅰ-5-4
政務次官・当選回数別のべ就任回数

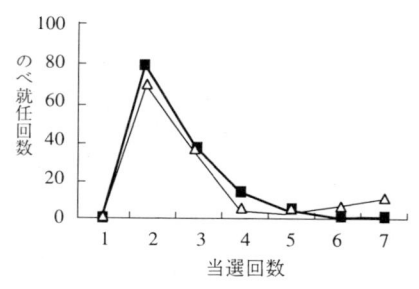

　　　　　━■━　次官第1期のべ就任回数
　　　　　━△━　次官第2期のべ就任回数

① P値=0.00，t値=-2.76，t(0.975)=1.96
② 同順位補正P値=0.28，同順位補正Z値=-1.05，
　　Z(0.975)=1.95

d. 幹部役職について

次に図Ⅰ-5-5～図Ⅰ-5-8について同様に検討してみると，常任委員会委員長，大臣，政務調査会調査会長，自民党三役とその代理の役職については，t検定により第1期・第2期の就任者の当選回数分布の傾向は同じであり，グラフからもそのことがわかる．すなわち，自民党内役職，公職とも，当選回

図Ⅰ-5-5
常任委員会委員長・当選回数別のべ就任回数

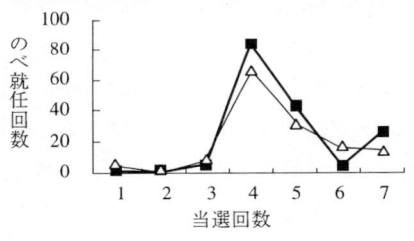

① P値=0.19, t値=1.28, t(0.975)=1.96
② 同順位補正P値=0.39, 同順位補正Z値=0.84, Z(0.975)=1.95

図Ⅰ-5-6
大臣・当選回数別のべ就任回数

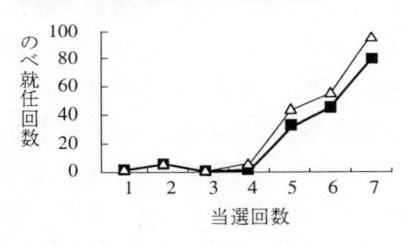

① P値=0.91, t値=0.10, t(0.975)=1.96
② 同順位補正P値=0.74, 同順位補正Z値=0.32, Z(0.975)=1.95

図Ⅰ-5-7
政務調査会調査会長・当選回数別のべ就任回数

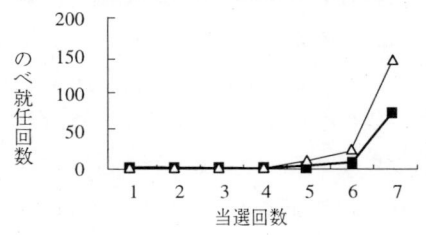

① P値=0.47, t値=0.71, t(0.975)=1.96
② 同順位補正P値=0.42, 同順位補正Z値=0.79, Z(0.975)=1.95

図Ⅰ-5-8
三役とその代理・当選回数別のべ就任回数

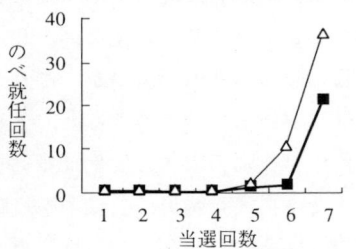

① P値=0.27, t値=1.09, t(0.975)=1.99
② 同順位補正P値=0.18, 同順位補正Z値=1.32, Z(0.975)=1.95

数4,5回以上の議員が就任する役職は,自民党政権崩壊の影響を受けずに,崩壊前・崩壊後とも就任者の当選回数の分布傾向は等しいということがいえるのである.

e. まとめ

以上の結果をもとに検討してみると,自民党政権崩壊時に当選回数3～4回の議員が大幅に自民党を離脱したことに伴い,党内中堅役職の就任議員が当選回数にして1～2回分若返るなど,人事の制度化が崩れたか,制度化は崩れなくても少なくとも何らかの影響を受けたことが分かる.ここで考えられることは,人事の制度化の崩壊というよりはむしろ,自民党政権崩壊後に自民党所属議員全体に当選回数構成の変化があり,中堅議員の不足により,中堅役職に当選回数の少ない若手議員が就いたのではないかということである.そこで,自民党議員全体の当選回数分布を分析してみると,たしかに,図Ⅰ-5-9において,t検定の結果,第1期と第2期では自民党議員の当選回数分布傾向が異なっていることがいえ,自民党議員全体の当選回数構成は変化していることが分かる.また,図Ⅰ-5-10より,当選回数別に第2期と第1期の議員数の差を取ったグラフを見てみると,当選回数1～3回の議員の増加数に比べ,当選回数4～5回の議員の増加数は少なくなっていることが分かる.[28]

このように,中堅役職の人事の変化にはこうした自民党議員全体の当選回数の変化が影響したことが考えられ,今回の分析の段階では人事の制度化が崩壊したことまでは言えない.しかし,政務調査会部会長などの中堅の重要な役職についた若手議員が,これから先,党や政治の中心となって活躍する可能性があることを考えると,これからの変化の一つの前兆として,今回の党内中堅役職の人事の変化は見逃してはならない傾向であるといえる.

また,自民党議員の公職中堅役職への就任者の当選回数が自民党政権崩壊後に1～2回分増えたことは,自民党の下野や新党の発生,連立政権樹立に伴い,自民党の議員の国会役職におけるシェアが低下したことを示している.このことは同時に,自民党以外の党の議員にも政策関連役職に就く機会が増えていることを示しており,今後自民党以外の党においても,自民党とはまた違う意味において,役職人事や政策決定に変化が出る可能性があることを

図I-5-9　当選回数別の自民党議員数構成

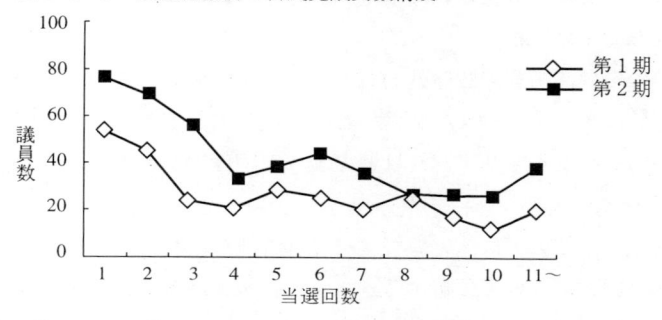

P値＝0.00,　t値＝－6.02,　t(0.975)＝2.23

図I-5-10　当選回数別に見た第1期と第2期の自民党議員数の差

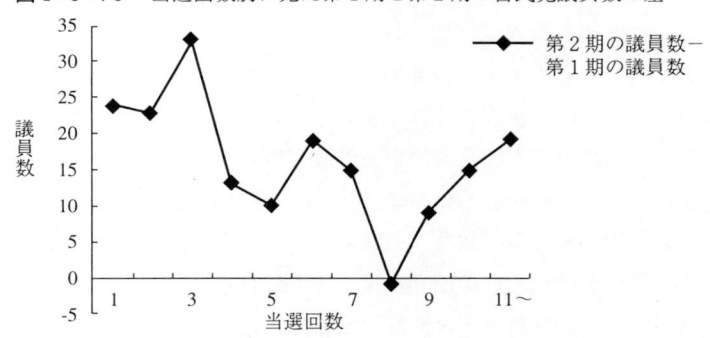

示唆している．

　さらに，中堅議員の役職人事は自民党政権の崩壊の影響は受けても，幹部議員の就く役職の人事はまったく影響を受けておらず，自民党内役職・公職ともに就任議員の当選回数分布は変わっていないことが分かった．2.(1)での予測どおり，若手議員の人事の変化は再選の確実な幹部議員の人事に影響を及ぼさず，自民党議員の二層化は役職人事の点でも実証されたことになる．また，これらのことは，依然として国会議員在職年数や経験が重視され，経験さえ積めば一定の重要な役職ポストにつくことが可能であることを示している．

(2) 官僚・自治体役職経験のキャリアパスへの影響について
a. 分析方法とその結果

　佐藤・松崎は，当選回数序列的な人事がすすんでも，なお，官僚や自治体役職の経験はキャリアパスへ影響すると指摘しているが，はたして，官僚・自治体役職経験とキャリアパスはどのような関係にあるのだろうか．次のように分析する．

　［分析2］　ここでは，官僚経験・自治体役職経験の，2つの前職のキャリアパスへの影響について分析する．まず，各議員が各期において就任した役職からその議員のキャリアポイントを計算し，キャリアポイントと当選回数，前職の経験ポイント（官僚出身ポイント，自治体役職経験ポイント）との関係を探るため，キャリアポイントを従属変数，当選回数・前職の経験ポイントを独立変数とする重回帰分析をおこなう．

　ここで，キャリアポイントの計算方法を説明する．前述のとおり，役職人事においては当選回数が大きく影響することから，各役職のポイントは，その役職に就いた議員の平均当選回数を基礎に設定する．ただし，その役職に就いた議員の平均当選回数そのものではなく，その役職の平均当選回数以下の当選回数を持つ議員の総数を，役職のポイントを計算する際の要素とする．なぜなら，議員がそれぞれの役職を獲得する際には，当選回数序列的な役職人事において，その議員の当選回数以下の当選回数を持つ議員が潜在的な役職獲得競争の相手として存在していると考えられるからである．すなわち，前述したように第1期と第2期では当選回数別の議員数の構成が異なるため，ある役職について，表面上その役職に就いた議員の平均当選回数は同じ場合でも，争う議員の数が少なくなれば役職のポイントは低くなるわけである．さらに，各議員がそれらの潜在的な競争相手の議員と争う役職には，同レベルの役職が複数存在する場合があるため（たとえば政務調査会の部会長職は17種類），各役職の平均当選回数以下の当選回数を持つ議員の総数を，同レベルと考えられる役職の数で割り，その結果を役職のポイントとする．なお，同レベルの役職数を考えるとき，同レベルとみなす役職のグループ分けは，①総裁，②党三役（幹事長・総務会長・政務調査会長），③三役の代理，④三役

の副会長，⑤政務調査会部会長，⑥政務調査会調査会長，⑦大臣，⑧政務次官，⑨衆議院常任委員会委員長，⑩衆議院常任委員会理事とする．以上をまとめると，

$$\text{役職のポイント} = \frac{\text{各役職に就いた議員の平均当選回数以下の当選回数を持つ議員の総数}}{\text{その役職と同レベルの役職の数}}$$

となる．このようにして計算した役職のポイントをもとに，各議員のキャリアポイントを

$$\text{各議員のキャリアポイント} = (\text{その議員の就いた役職のポイント}) \times (\text{その役職の就任回数})$$

として計算する．

 以上のようにキャリアポイントを計算し，各期における各議員のキャリアポイントを従属変数Y，各議員の当選回数をX_1，各議員の官僚出身ポイントを独立変数X_2，自治体役職経験ポイントをX_3として，YとX_1，X_2，X_3との間の回帰関数を求め，それらの変数間の関係を探る．以下に分析2の結果，表Ⅰ-5-1を示す．

表Ⅰ-5-1
重回帰分析における独立変数の回帰係数の有意性（第1期・第2期）

	第1期キャリアポイント		第2期キャリアポイント	
	係数	有意確率	係数	有意確率
定数項	0.30	(0.98)	17.68	(0.41)
当選回数	9.25	(0.00)	8.82	(0.00)
官僚出身ポイント	14.10	(0.39)	-8.14	(0.68)
自治体要職経験ポイント	-1.06	(0.96)	-17.86	(0.39)

補正R^2=0.04　　　補正R^2=0.04
N=285　　　　　　N=297

b．分析結果の検討

 表Ⅰ-5-1より重回帰分析において，キャリアポイントと当選回数の間には，自民党政権崩壊前の第1期，崩壊後の第2期ともに有意な関係があり，かつ当選回数はキャリアポイントの上昇にプラスにはたらいていることが分かる．

しかし，キャリアポイントと官僚出身ポイント・自治体役職経験ポイントの間には，第1期，第2期ともに有意な関係は見られない．すなわち，2.(2)で予測されたような，当選回数序列的人事の中での抜擢人事の材料として重視されてきた官僚・自治体役職経験は，統計分析上はキャリアポイントの強さを表す数値としてはあらわれず，キャリアポイントと当選回数の関係の強さのみがあらわれ，かつ，その関係は自民党政権崩壊前だけでなく，崩壊後にもいえることが分かった．

(3) 政策分野の人気・不人気の変化について

図Ⅰ-5-1において，当選回数において若返りをした政務調査会部会長のケースや，自民党政権崩壊前においても当選回数の少ない議員が部会長に就任していたケースについて，その部会の種類を図Ⅰ-5-11，図Ⅰ-5-12をもとに詳細に検討してみると，当選回数の少ない議員が部会長に就いている部会は，外交・文教・環境・国防といったいわゆるカネやフダに縁のない部会が多いことがわかる．

このことから一概には断定できないが，このような分野は利益や再選に大きく貢献しない分野であり人気がなかったため，当選回数の少ない議員に部会長職が回ってきたのではないかと推測できる．また，このような傾向は，自民党政権崩壊前の第1期において明らかであるだけではなく，自民党政権

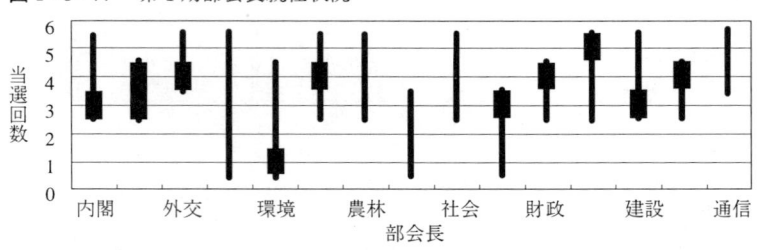

図Ⅰ-5-11　第1期部会長就任状況

グラフの足の幅は，細い部分には1人，太い部分には2人以上が就任していたことを示す．なお，このグラフに載っていない部会長職には参議院議員が就任していたので，衆議院議員のみを調査対象とした本稿のデータには現れてこなかった．図Ⅰ-5-12も同様

図Ⅰ-5-12　第2期部会長就任状況

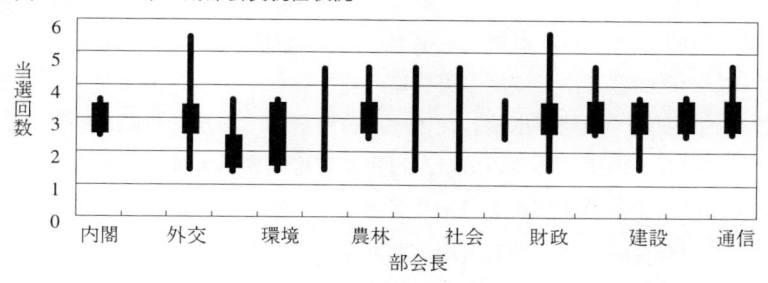

崩壊後の第2期においてより一層顕著になっていることがグラフより分かる．すなわち，2.(3)での予測を覆し，自民党政権崩壊後もなお，あるいはより一層，国会議員が，国全体の代表として公益を考えるうえで重要な分野よりも，自らの利益や再選の確保に役立つ分野に密接であろうとする姿がうかがえるのである．

5．結論と含意

役職人事の制度化という観点から93年の自民党政権崩壊を検証した結果，自民党長期政権時に言われてきたような人事慣行と比較して，自民党政権崩壊後は中堅役職において人事が大きく変化したことがわかった．特に，自民党内中堅役職である政務調査会部会長・副幹事長職について，佐藤・松崎[37]によると，部会長職には当選回数3回，副幹事長職には当選回数4回の議員が就く慣行があるとされていたが，自民党政権崩壊後の変化を検討してみると，これらの中堅役職の就任議員の当選回数が1～2回分若返っていることが明らかになった．しかし，そのような中堅役職の変化に比べ，幹部議員の役職人事にはまったく変化がなく，自民党議員の二層化は役職人事の点でも実証されることになった．結局のところ，中堅役職の人事は大きく変動したものの，全党的な人事の制度化の崩壊はなかったといえる．また，このように当選回数序列的な人事が否定されにくいことは，政治における実務経験の重要性も示している．当選回数序列的人事は政治の実務経験の長さに応じて役職

を配分する仕組みであり，当選回数豊富で実務を熟知する議員を重んじるシステムである．そして，自民党政権崩壊の変動の影響を受けなかったのは，これらの当選回数豊富で政治の実務に通じた議員であった．また，回帰分析によると，佐藤・松崎が指摘したような官僚経験・自治体役職経験と議員のキャリアパスとの関係については，自民党政権崩壊前も崩壊後も統計上の有意な関係はなく，当選回数とキャリアポイントとの間に有意な正の関係があり，ここでも当選回数序列的人事が崩れにくいことが表される結果となった．しかし，全党的な人事の制度化の崩壊はなく実務経験は依然重要であっても，自民党長期政権崩壊という変動を経て，一番大きな変化をその身に感じた中堅議員が今後どのような行動をとっていくかは重要であり，若くして（当選回数わずかにして）党内政策過程の要ともいえる部会長職や党務の要である副幹事長職等を経験する議員の増加は，今後の政策決定過程や党運営に何らかの変化をもたらす可能性がある．

　また，政治腐敗や特定の利益集団との癒着等の堕落が自民党内で進んでいるとみた若手議員が党を離脱したことが自民党政権崩壊の要因となったという見方があり，それを受けて自民党内では，自民党政権崩壊後，政治家が国全体の公益を考え，再選や利益の確保などに関係なく重要な政策分野が重視されるようになると予測していた．しかし，結果は逆であり，より一層自らの利益や再選の確保に役立つ分野に密接になっていることが明らかになった．本来，国際社会や国家レベルでの公益を考えるべき政治家が，自らの再選確保のために選挙区利益や利益集団に密接な利益を求め，国内外の各政策分野を受け持つ官僚がその補完であるかのように国際社会における国家公益を定義していく逆転現象は，これからの政党，そして政治行政システム全体にさまざまな示唆を与える．すなわち，人材育成や政策決定能力の面でこれから先も政党・政治家が変化していくことの必要性を示していると同時に，そのように望まれる変化が自民党政権の崩壊という大きな政治システムの変化によってももたらされなかったことでの変革の困難性をも示しているのである．さらに，このことは，現在の政治行政システムのもとで，政治家，特に国会議員に課された役割（各地方の選挙区から選出されるがゆえの地元への配慮

や，現在の国政が受け持っている範囲の広さ，実務の多さ等）が大きすぎるのではないかという政治家の過剰負担による政治活動の限界をも導きうるのである．しかし一方で，ここにおいても中堅議員の役割は重要であり，自民党政権崩壊の影響を大きく受けた中堅議員が若返りをした部会長職である外交・文教・国防など国益にとって重要な職に就いていることは大きな意味を持っており，これからの中堅議員の動向が注目される．

　本稿執筆時の99年3月現在，自民党が再び安定的に政権につき始めてから，まだそれほど年月がたっていない．崩壊時に生じた変化は消え，またもとに戻るのか，それともこの変化をきっかけにこれからさらに変わっていくのかは残念ながらまだ判断できない．今後の政治の行方を見守りその判断をしていくことは，今後の大きな課題として残っている．

　また，今回の本稿の検討で大きな意味と持つと思われる若手，中堅議員の受けた人事の変化の影響が出るのは，これから先のことである．これらの議員が政治の舞台でどのような活動をしていくかはこの先の検討にゆだねたい．

（1）　佐々木毅『政治学講義』東京大学出版会，1999年，185-211頁．
（2）　佐藤誠三郎・松崎哲久『自民党政権』中央公論社，1986年，32-51頁．
　　川人貞史「シニオリティ・ルールと派閥」『レヴァイアサン』臨時増刊号，木鐸社，1996年，114-118頁．なお，佐藤・松崎と川人では，役職人事の制度化が始まる時期について見解の相違があるが，詳しくは，注7を参照．
　　David Epstein, David Brady, Sawafumi Kawato and Sharyn O'Halloran "A Comparative Approach to Legislative Organization: Careerism and Seniority in the United States and Japan" *American Journal of Political Science*, 1997, pp.966-969.
（3）　小林良彰『現代日本の政治過程』東京大学出版会，1997年，82-83頁．
（4）　加藤淳子『税制改革と官僚制』東京大学出版会，1997年，5-6頁．
（5）　岡沢憲芙『政党』東京大学出版会，1988年，10-30頁．
（6）　佐藤・松崎，前掲書，52-77頁．
（7）　同，32-51頁．なお，佐藤・松崎は佐藤内閣期の後期から人事の制度化が始まったとしているが，川人は前掲書，114-118頁において，人事の制度化（シ

ニオリティ・ルールの確立）は福田政権以降であると反証している．この点において，本稿では，入閣率と初入閣のための必要十分条件としての閣僚ポストという観点からみれば，川人の分析の方が妥当であると考える．

(8) 加藤，前掲書，5-6頁．
(9) 同，5-6頁．
(10) 川人，前掲書，128-132頁．
(11) 佐藤・松崎，前掲書，230-237頁．
(12) 野中尚人『自民党政権下の政治エリート――新制度論による日仏比較――』東京大学出版会，1995年，109-113頁．
(13) Junko Kato "When the Party Breaks Up: Exit and Voice among Japanese Legislators" *American Political Science Review*, Vol.92, No.4, 1998, pp.860-864．
(14) 猪口孝・岩井奉信『「族議員」の研究――自民党政権を牛耳る主役たち――』日本経済新聞社，1987年，132-151頁．
(15) 佐藤・松崎，前掲書，264-273頁．
(16) 猪口・岩井，前掲書，257-272頁．「番犬型」政策決定とは，官庁と利益集団との関係が極めて密接なものであり，その族議員が擁護するのは広い意味で政策ごとに「仕切られた官庁利益」であり，ここでは各官庁と族議員の利益は多くの場合一致している．また，「番犬型」政策決定に関与するものはごく少数の議員である．それに対して「猟犬型」政策決定とは，個々のアドホックなイシューに対してアドホックに形成される議員集団が，自らの選挙区への利益誘導を巡って圧力をかけながら行われる政策決定で，この政策決定には極めて多くの議員がかかわってくるとされている．
(17) 同，281-283頁．
(18) 組織・広報関係の役職を除いた理由は，今回の分析対象期間である90年2月28日から98年10月31日までの間に，これらの組織の改変がたびたびなされたため，9年を通しての一貫した分析が困難であったためである．具体的には，95年3月6日までは全国組織委員会・広報委員会・国民運動本部であったが，95年3月7日に組織広報本部に統一され，さらに，96年11月8日に組織本部・広報本部に分割された．
(19) 役職によってはこの時期区分から1～2週間ずれて就任が決定することがあるが，そのような役職の就任回数を数える場合には，ずれて就職が決定した日から数えることとする．
(20) 自民党政権崩壊前（90年2月18日衆院選～93年7月17日）の期間とする．第2次海部内閣・第2次海部改造内閣・宮沢内閣・宮沢改造内閣の各内閣期を含む．国会会期では第118回国会から第126回国会まで．

(21) 自民党政権崩壊後（93年7月18日衆院選〜98年10月31日）の期間とする．細川内閣・羽田内閣・村山内閣・村山改造内閣・橋本内閣・第2次橋本内閣・第2次橋本改造内閣・小渕内閣の各内閣期を含む．国会会期では第127回国会から第143回国会まで．
(22) 本書第II部第4章自民党役職時系列表に，どの役職にどの議員が就任していたかを時系列で追った表を掲載している．
(23) 度数分布表ヒストグラム・t検定での役職については，全調査対象役職を，便宜上以下のように8種類に分類して分析する．
　①三役とその代理のクラス．（便宜的に総裁も含める）（総裁・副総裁・幹事長・幹事長代理・総務会長・総務会長代理・政務調査会長・政務調査会長代理）
　②大臣
　③衆議院常任委員会委員長
　④自民党内役職副幹事長クラス（副幹事長・副総務会長・副政務調査会長・総務局長・人事局長・情報調査局長・国際局長）
　⑤政務調査会部会長
　⑥政務調査会調査会長
　⑦衆議院常任委員会理事
　⑧政務次官
(24) 自民党党内役職については，内閣がかわるごとに1回とカウントし，大臣等の公職については，国会会期ごとに1回とカウントする．たとえば第1期に，自民党副幹事長を経験した当選回数3回の議員が5人おり，そのうち2人が2つの内閣にわたって副幹事長職についていた場合，当選回数3回議員の，副幹事長第1期ののべ就任回数は，（5−2）＋2×2＝7回となる．
(25) 柳井久江『4 Steps エクセル統計』OMS，1998年，45-100頁．
森棟公夫『統計学入門』，新世社，1990年，229-256頁．
マリア・ノルシス著・山本嘉一郎・森際孝司・藤本和子訳『SPSSによる統計学入門』東洋経済新報社，1994年，111-150頁，249-250頁．
(26) 政務次官当選回数別就任状況について（次頁図I-5-13）．
なお，他の役職については全て，第2期（IとIIを合わせた場合）と，第2期Iと第2期IIの傾向は等しい．
(27) ここでいう自民党議員全体とは，分析1で対象としている90年2月18日から98年10月31日までの間に自民党に所属したことのある全衆議院議員をあらわす．
(28) 第1期は90年2月18日から93年7月17日までで，90年総選挙から93年総選挙までの1選挙期間であるため，90年選挙時の当選回数（93年7月18日ま

図Ⅰ-5-13　政務次官・当選回数別のべ就任回数（第1期・第2期Ⅰ・第2期Ⅱ）
①はスチューデントt検定の結果
②はマン・ホイットニの順位のt検定の結果
第1期は自民党政権崩壊前の1990年2月18日～93年7月17日
第2期Ⅰは自民党政権崩壊後から単独政権復帰までの93年7月18日から96年10月19日
第2期Ⅱは自民党単独政権復帰後の96年10月20日～98年10月31日とする.

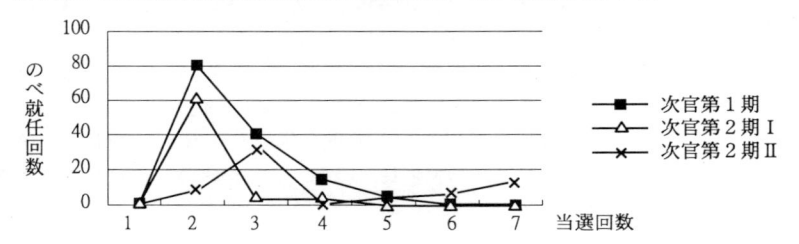

凡例：
- 次官第1期
- 次官第2期Ⅰ
- 次官第2期Ⅱ

①第1期・第2期Ⅰ：P値＝0.00，t値＝4.38, t(0.975)＝1.97
　第2期Ⅰ・第2期Ⅱ：P値＝0.00，t値＝-8.45, t(0.975)＝1.97
　第1期・第2期Ⅱ：P値＝0.00，t値＝-7.77, t(0.975)＝1.97
①第1期・第2期Ⅰ：同順位補正P値＝0.00，同順位補正Z値＝4.70, t(0.975)＝1.95
　第2期Ⅰ・第2期Ⅱ：同順位補正P値＝0.00，同順位補正Z値＝-8.35, t(0.975)＝1.95
　第1期・第2期Ⅱ：同順位補正P値＝0.00，同順位補正Z値＝-6.27, t(0.975)＝1.95

でに補選があった場合はその補選時の当選回数）をカウントしているが，第2期は93年7月18日から98年10月31日までで，93年総選挙から96年総選挙，96年総選挙以降の2選挙期間を含んでいるため，第2期では93年選挙時の当選回数と96年選挙時の当選回数（補選があった場合は第1期と同様に処理）をカウントしている．

(29)　佐藤・松崎，前掲書，230-237頁．
(30)　分析1と同様に，第1期を自民党政権崩壊前の90年2月18日から93年7月17日までとし，第2期を自民党政権崩壊後の93年7月18日から98年10月31日までとする．
(31)　これとは違うキャリアポイントの計算方法として，小林，前掲書83-125頁．
　　　前職の経験ポイントについて．
　　　官僚出身の議員については，中央官庁の局長級以上の経験ポイントを2，課長級以上の経験ポイントを1とする．
　　　自治体役職経験議員については，都道府県知事，市長村長，都道府県議会議員，市町村議会議員，自治体職員を経験したことのある議員について，各職1ポイントずつ与えることとする．
(32)　各役職についた議員の平均当選回数は小数点以下第2位まで（小数点以

下第3位を四捨五入)で表す．各当選回数とその当選回数以下の議員数を調べた結果，当選回数Xとその当選回数以下の議員数Yの関係は次の式で表される．

　　第1期：$Y = 10.53X + 136.25$
　　第2期：$Y = 9.72X + 88.9$

(33)　ここでいう議員の総数とは，この分析の対象である，自民党に所属する衆議院議員の各期（注30）における総数のことをいう．

(34)　同レベルとみなした各グループの役職数について説明する．
　①総裁は1職と考える．
　②党三役の幹事長・総務会長・政務調査会長は同レベルの役職数が3職とみなす．
　③党三役の代理についても同じく3職とみなす．
　④党三役の副のクラスについては，副幹事長・副総務会長・政務調査会長の就任議員数が平均して今回の分析では8であったため，8職とみなす．幹事長の下にある各局長については，局長職数が5あるため，5職とみなす．
　⑤政務調査会部会長の役職数は第1期・第2期ともに17あるため，17職とみなす．
　⑥政務調査会調査会長は第1期が33職，第2期が全部で40職あるが，第2期の40職のうち，中心市街地再活性化調査会長・物流問題調査会長・司法制度特別調査会長・金融不正再発防止対策特別調査会長・定期借家権等に関する調査会長・民間資本導入の社会資本整備推進調査会長・金融再生トータルプラン推進調査会長の7つの役職に関しては，設置されてから日が浅く，1人の議員しか就任していないため，今回の分析対象からは外す．その結果，第2期の政務調査会長職の数は33職となる．
　⑦大臣クラスの数え方については，総理大臣は他の大臣とは別に扱い，1職とみなす．他の大臣クラスについては，大臣名のつく役職のうち，自民党衆議院議員が受け持つ大臣職数は平均して10であるため，10職とみなす．大臣名のつかない大臣クラスの役職は，科学技術庁・環境庁・防衛庁・総務庁・北海道開発庁・沖縄開発庁・経済企画長・国土庁の各長官と官房長官の9つあるため，9職とみなす．（長官の場合は政務次官と異なり北海道開発庁・沖縄開発庁は1人の長官が兼ねているため，事実上は8職．）
　⑧政務次官の数え方については，政務次官職は大臣職と対応しているため，大臣クラスの考え方と同じように計算する．
　⑨衆議院常任委員会委員長職数は22あるため，22職とみなす．

⑩衆議院常任委員会理事職は22種類あり，各々について自民党からは平均4人の議員が就任しているため，22×4＝88職とみなす．

⑪なお，今回の分析対象のうちでこの10分類からもれた国会対策委員長については，平均当選回数等を考慮して，党三役と同じレベルとみなす．

(35) 役職のポイントを計算した結果は，次のグラフのようになっている．

図Ⅰ-5-14　役職ポイント散布図

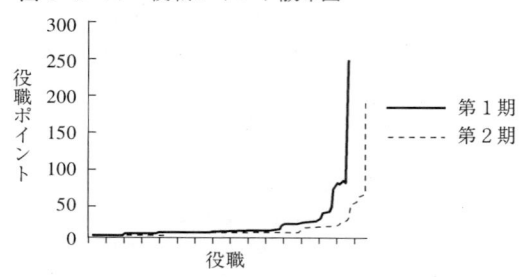

(36) 各議員のキャリアポイントを計算した結果，キャリアポイントの分布は次のグラフのようになっている．

図Ⅰ-5-15　キャリアポイント分布

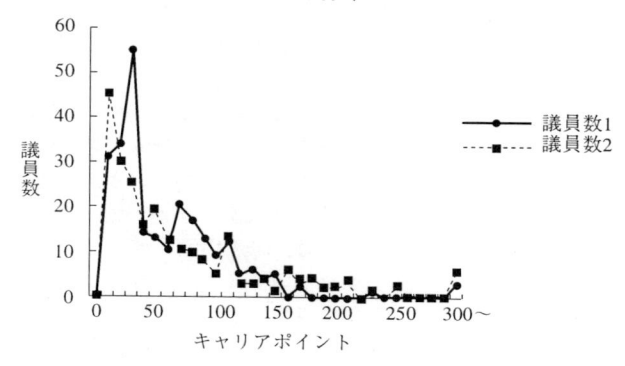

キャリアポイントとそのキャリアポイントを持つ議員数の関係をキャリアポイント10ポイントごとに度数化して表したグラフ．

(37) 佐藤・松崎，前掲書，32-51頁．
(38) 同，230-237頁．

第6章

連合野党の役職人事
――新進党と民主党を素材に――

田村一郎

1. はじめに

　1990年以降に起きた政界再編は現代日本政治に様々な新しい現象をもたらした．93年の自民党下野はその象徴的なものとして大きな注目を浴びるところだが，ひるがえって非自民政党を見ると，新進党や新しい民主党（以下，98年4月以前の民主党を「旧民主党」，以降の民主党を「民主党」と呼ぶことにする）に見られるような，政党同士の大連合という現象が起きている．この現象は，小選挙区比例代表並立制導入による政権交代可能な二大政党制待望論の中で，自民党に対抗するもう一つの軸を作ろうとする試みであると一般的に言われているが[1]，現在でもなお，自民党に対抗し得るだけの勢力が形成されるには至っていない．数の上では自民党に対抗し得るだけの勢力を誇った新進党は政権交替の実現を待たずに消えていった．現在最大野党である民主党は，大連合の結果，衆参あわせて150人近くの議員を抱えるが，自民党に対抗できるほどではない．なぜ新進党の試みは失敗したのか．民主党は二大政党制の一つの軸になり得るのか．これらのことを探る上で，この二つの大連合政党の性格を分析するのは有用であろう．

　本論文の目的は，新進党と民主党の性格を役職人事の面から明らかにしていくことである．役職人事の研究は自民党については進んでおり，多くの論文が当選回数を基準にしたキャリアパスの制度化を指摘してきた[2]．同様のことがこれらの政党に当てはまるのであろうか．分析するまでもなく No である．なぜなら，新進党は約3年しか存続しておらず，民主党も結成以来1年

ほどしか経っていない．そのため，キャリアパスのシステムは形成すらされていない．よって，役職人事を長期的な視点で眺めることは不可能である．しかし，短期的時間軸で眺めることや結党時などの重要な時期を区切った形で眺めることは可能なはずである．具体的には当選回数を基準とした役職配置が可能性として考えられる．また，連合政党を性格付けるものとしてよく言われている「旧党派均衡人事」について，実際はいかなるものなのか検討を加える必要があろう(3)．これらを考察することにより，大連合政党の可能性と限界を探っていくことにする．

本論文では，第118国会（90年2月召集）から第143国会（98年7月召集）に議席を持つ全衆議院議員814名を対象とし，そのうち新進党，民主党に所属したことのある議員を中心に公職および党内役職の分析を行う．

研究手法は，公職については，会期ごとに常任委員会委員長（以下「常任委員長」と呼ぶ），常任委員会理事（以下「理事」と呼ぶ）に就任した議員を抽出し，各党派ごとの就任人数をカウントするとともに，平均当選回数を算出する．そして，この結果を党派間で比較する．ただし，委員長は就任数が1ケタと少ないため対象を数値化しない形での比較も行う．この方法を用いる利点は時間的比較が可能になることにある．連合野党の党内役職は結党前の出身政党と完全にリンクせず，結党後も組織固めを進める中で多くの変更がなされる．そのため，時間的変化を見る上での基準となり得ない．その点，本論が対象とする期間に大きな変化のなかった常任委員会の役員は時間的変化を見る上での基準になり得る．党内役職については，新進党と民主党の主要役員に就任した議員を出身党派と当選回数によって色分けすることで傾向を分析する．この方法を用いるのは，新進党と民主党は歴史が浅く制度化がなされていないため，自民党のように役職にキャリアポイントを付けることが困難であるからである．仮に付けたとしても恣意性の疑いがつきまとうことになるので，あえてありのままのデータを提示することにする．

これらの手法にはいくつかの限界がある．第一に野党を対象としたために，必然的にサンプル数が少ないことが挙げられる．そのため一つの因子の変化が全体に与える影響は大きく，統計的手法を用いることのできる範囲が限ら

れる．また，正規分布とはかけ離れた分布をするものが含まれる．第二に参議院は除いたことが挙げられる．確かに参議院では近年，与野党逆転が起こり，野党内での参議院の位置付けは自民党よりは高いようだ．しかし，後述する党内主要役職を見ると，野党内においても衆議院の人事における優位性が見てとれる．そこで，本論文では衆議院に限った分析をしても，大枠をつかむ上で問題はないと考えた．ただし，適宜参議院を含む場合がある．第三に，役職は様々な要素を総合して割り当てられるにもかかわらず，本論文では決定要因を当選回数と出身党派に絞って分析したことが挙げられる．第四に公職の扱いにいくつかの問題が存在することが挙げられる．例えば20ある常任委員会の位置付けには差があるはずだが，それを同じものとして扱ったことである．ただし小林は自民党を対象に内閣総理大臣からの距離をキャリアポイントとして析出しているが，ここでの結果は常任委員長に若干の例外（予算委員長，議員運営委員長）を除いてほぼ違いがないことを示している．また会期を時間軸としているが，各会期の長さ，重要度に違いがあるものの，これを同一に扱った．役職人事について，役職の重要度を一つの座標軸で測ることができない（この点，自民党は当選回数という軸によってほぼ測れることが指摘されている）．そのため，ありのままのデータでは印象論に終わることを否めない．

2．93年以降の政党の変遷

(1) 新進党結党まで

新進党，民主党の分析をするにあたり，簡単に両党の結党の経緯をここで説明しておくことにする．

93年6月18日，宮澤内閣不信任決議案が可決されると，宮澤首相は総辞職の道を選ばず，ただちに衆議院を解散した．自民党から大量の離党者が生じ，彼らは新生党，新党さきがけを結成して総選挙に臨んだ．翌7月18日の総選挙の結果は次の通りである．自民党223，社会党70，新生党55，公明党51，日本新党35，民社党15，共産党15，さきがけ13，社民連4，無所属30．これによって，十数年ぶりに自民党が過半数割れを起こした．しかし同党は選挙後

もなお第一党であり，政権に残る選択肢はあったが，当時新生党の代表幹事であった小沢一郎は強力なリーダーシップをもって非自民非共産の8党派連立政権を樹立させた．細川連立内閣である．細川内閣は「政治改革内閣」のキャッチフレーズを掲げて良好なスタートを切った．94年1月29日に懸案であった政治改革関連法案が可決成立し，次期衆議院総選挙以降は小選挙区比例代表並立制で実施されることが決まる．しかし，連立政権内ではさきがけの代表武村正義と小沢の確執からズレが生じ，4月に細川内閣は総辞職することになる．次期首班指名を受けた新生党の羽田孜が組閣作業に入る直前の4月25日，新生党，日本新党，民社党，自由党[8]，革新の会[9]の5会派が統一会派「改新」を結成した．これが新進党結成の事実上の第一歩と言える．この動きは，武村を政権の中心から外すこと，社会党の与党第一党の立場を失わせることを目的としていたとも言われているが，ともかくもこの会派「改新」が新進党の原型となった．この新会派結成によって実質的に連立から離脱した社会党が羽田内閣不信任案に賛成する方向となったことで，不信任案可決は避けられないと判断した羽田内閣は6月に総辞職した．そして，自民党と社会党が提携することで，会派「改新」や公明党といった羽田内閣での与党は下野することになる．自民党は社会党，さきがけと連立を組むことで与党に復帰し，一方，共産党を除く野党は9月の参議院愛知県補選の連携以降急速に結集していき，政権奪還を目的として12月10日に大同団結して，衆院議員178人，参院議員36人の計214人の国会議員を擁する新進党を結成した．

(2) 民主党結党まで

96年9月，小選挙区比例代表並立制の下での選挙で新党さきがけが生き残る道を模索していた鳩山由紀夫（96年8月末にさきがけを先行離党）は，さきがけほか社会民主党（1月に日本社会党より党名変更）の多くの議員とともに民主党を結成して間近に控える選挙に備えた．村山富市（当時社民党党首）や武村（当時新党さきがけ前代表）はさきがけと社民党が全面的に合併する方針であったが，新党作りの中心であった鳩山は「丸ごと拒否」「候補者選別」を主張し，それぞれの一部の議員が結集し，それに新人が加わる形で

の船出となった．翌10月20日，新制度下での衆議院総選挙が行われ，その結果民主党の衆議院議員は増減なしの52人となった．内訳は次の通り．新党さきがけ出身11名⁽¹⁰⁾，社民党出身21名（前職候補者36名），その他政党出身3名，新人17名．民主党は鳩山と菅直人を二枚看板として「第三極」の存在をアピールしていくことになる．

　一方，新進党は結党当初より，旧新生党の実力者であった小沢と羽田の確執，特定支持母体の影響を強く受けた旧公明党派や旧民社党派の存在により求心力を高めることができなかった．さらに，96年の総選挙で議席数を伸ばせず，政権奪還失敗による失望感から議員の離党が相次いだ．12月には小沢と対立した羽田らが大量離党して太陽党を結成し，翌97年6月には細川らも離党し，やがてフロムファイブを結成することになる⁽¹¹⁾．96年の選挙後から小沢を中心とする執行部は保保連合を模索し始め，これに反発する旧公明党議員との溝は決定的となり，旧公明党参議院議員の独立問題を引き金に，12月27日解党を決定した（解党時の新進党議員は衆院126名，参院47名）．直ちに分党がなされ，小沢支持派は「自由党」（衆院42名，参院12名），鹿野道彦のグループは「国民の声」（衆院15名，参院3名），旧民社党は「新党友愛」（衆院12名，参院9名），旧公明党衆院議員は「新党平和」（37名），旧公明党参院議員は「黎明クラブ」（18名），保守系その他は「改革クラブ」（衆院9名，参院3名）というように6党派に分裂した．このうちの「国民の声」，新党友愛と先に離党結成していた太陽党，フロムファイブ，そして民主党と民改連は⁽¹²⁾年明けより始まる通常国会で院内会派「民友連」を結成した⁽¹³⁾．これが民主党結成の第一歩であったと言える．

　民友連のうちの保守系である三党，「国民の声」，太陽党，フロムファイブは1月23日に解党して，民政党を結成した⁽¹⁴⁾．しかし，この民政党と労組を支持基盤とする民主党や新党友愛，民改連とは隔たりが大きく，民友連の展望は開けなかった．特に多数派である民主党内で新党構想への異論が多く，新党構想は暗礁に乗り上げていた．それを打開したのが民友連内の「政権戦略会議」の細川議長私案であった．すなわち，参院選前に新党を立ち上げる，党名は「民主党」とする，新党準備会を設置し参院選前に党大会を行うとい

う趣旨の提案である．これによって，3月12日，四党は新「民主党」を結成することに合意した．4月27日，民政党の一部議員が不参加を表明したものの，ほぼ全面的な合併を果たした．衆議院議員93名，参議院議員38名の計131名による連合政党の誕生である．出身政党の内訳は以下の通りである．旧民主党69名（衆院52名），民政党39名（衆院30名）新党友愛23名（衆院14名），民主改革連合5名（衆院2名）．

3．実証分析

(1) 分析の方法とデータ

a．分析の方法

　分析対象を公職のうちの常任委員長，理事と党内役職に絞り，新進党と民主党の各々について分析する．ただし民主党は結党してまだ日が浅く，時間的推移を見て傾向を見出すことが困難なため，新進党を中心に分析をすることにした．新進党の分析をしたのち，参照の形で民主党の分析を行い，今後の民主党のたどるであろう道筋を予測することとする．

　まず，常任委員長については各会期ごとに議員名を具体的に示した形での分析を行い，出身党派別の就任議員数，平均当選回数による時系列的推移を追う．最後に自民党との比較（新進党についてのみ）を行う．これらを通して「旧党派均衡人事」が各党内で行われているのか，行われているとしたらどのような形でなされているのかを明らかにする．

　次に理事についても同様の分析をすることで，「旧党派均衡人事」の作用を検討する．ただし，理事は就任議員数が多いことからベーシックデータの分析は行わない．

　党内役職については，主要な役職のうち，就任数が原則1人のものに限って，「旧党派別・当選回数」という表示の仕方で，大きな人事異動があるごとに抽出する．新進党の場合，94年12月から95年10月までは，第132国会と第133国会をまたがるが，それ以降は各会期に対応している．また，表Ⅰ-6-9，10に「明日の内閣」の「閣僚」就任議員の旧党派と当選回数ごとの人数を96年選挙前と後の2期に分けて示した．民主党の場合は，統一大会時における役

職人事のみを抽出した．これらを通して，各党の党内人事の特徴を明らかにする．

以下，分析をするにあたって前提となる「委員会」の性格や基本データについて示しておく．

b. **委員会**[17]

委員会は議案の審議の実質的中心である．委員会には常任委員会と特別委員会の2種類のものがある（国会法40条）．衆議院では現在，内閣，地方行政，法務，外務，大蔵，文教，厚生，農林水産，商工，運輸，逓信，労働，建設，安全保障，科学技術，環境，予算，決算行政監視，議院運営，懲罰の20の常任委員会が置かれている(国会法41条2項)．[18] 常任委員会は，その部門に属する議案（決議案を含む），請願などを審査する(国会法41条1項)ものとされており，予算，決算行政監視，議院運営，懲罰の各委員会を除いて所管官庁別になっているのが特徴である．なお，議員は，少なくとも一つの委員会の常任委員となる(国会法42条)．常任委員の兼務については何の制限もない．委員は，所属議員数に比例して各会派に割り当てられる（国会法46条1項）．ただし，どの会派も重要な委員会には多くの委員を送りたいと考えるので，小会派への割当ての都合などにより，必ずしもすべての委員会で各会派の人数比が正確に守られるとは限らない．

特別委員会は，各議院がその委員において特に必要があると認めた案件又は常任委員会の所管に属しない特定の案件を審査するために設けられるものである(国会法45条1項)．よって，常任委員会が常設なのに対し，特別委員会は，付託された案件が議院で決議されるまで存続するが，会期中に付託された案件の審査又は調査が終わらなかった場合には，会期の終了と同時に消滅する．最近では一度設置されると，引き続き数会期にもわたって同一の特別委員会が設置され続ける傾向が見られるが，設置数など会期によってまちまちであるため，特別委員会は本論文の分析対象とはしない．

c. **基本データ**

新進党全衆院議員数，および，旧党派別議員数，および割合（表Ⅰ-6-1）．
　注：第137国会までは結党直前における所属会派を基に分類している．第138

国会以降の新人は，その後，自由党・太陽党に入ったものは「新生」に，新党平和に入ったものは「公明」に，新党友愛に入ったものは「民社」に，国民の声に入ったものは「自民系」に，改革クラブに入ったものは「その他」に分類した．[19]

表 I-6-1 新進党旧党派別人数（カッコ内％）

	第132国会	第133国会	第134国会	第135国会	第136国会	第137国会	第138国会	第139国会	第140国会	第141国会
新進全体	177	169	168	170	170	160	153	152	142	129
新生	61 (34.5)	59 (34.9)	59 (35.1)	59 (34.7)	59 (34.7)	52 (32.5)	54 (35.3)	54 (35.5)	45 (31.7)	38 (29.5)
公明	52 (29.4)	52 (30.8)	52 (31.0)	52 (30.6)	52 (30.6)	52 (32.5)	44 (28.8)	44 (28.9)	44 (31.0)	44 (34.1)
民社	15 (8.5)	14 (8.3)	13 (7.7)	14 (8.2)	14 (8.2)	14 (8.8)	19 (12.4)	19 (12.5)	19 (13.4)	18 (14.0)
日本新党	26 (14.7)	26 (15.4)	26 (15.5)	26 (15.3)	26 (15.3)	25 (15.6)	14 (9.2)	14 (9.2)	14 (9.9)	9 (7.0)
自民系	20 (11.3)	15 (8.9)	15 (8.9)	15 (8.8)	15 (8.8)	13 (8.1)	12 (7.8)	11 (7.2)	11 (7.7)	11 (8.5)
その他	3	3	3	4	4	4	10	10	9	9

表 I-6-2 新進党常任委員長一覧

委員会	労働			建設			科学技術		
第132国会	笹山登生	生	4	遠藤和良	公	4	野呂昭彦	自	4
第133国会	↓			↓			↓		
第134国会	↓			↓			↓		
第135国会	↓			↓			↓		
第136国会	岡島正之	生	3	二見伸明	公	7	井上喜一	生	3
第137国会	↓			↓			↓		
第138国会	青山丘	民	7	市川雄一	公	8	佐藤敬夫	自	4
第139国会	↓			↓			↓		
第140国会	↓			↓			↓		
第141国会	玉置一弥	民	6	二階俊博	生	5	小池百合子	日	2

議員名　出身政党　当選回数　（生：新生，公：公明，民：民社，日：日本新党，

(2) 常任委員長[20]

a. 常任委員長の位置付け

　常任委員長は，各委員会ごとに1名である．選任方法は，各議院がその常任委員の中から選挙により行う（国会法25条）こととなっている．だが実際に選挙が行われるのはまれで，多くの場合，議員の動議により，選挙の手続を省略して選任を議長に委任し（衆議院規則15条1項），議長の指名により選任される．選挙による場合は候補者の基準は問題とならないが，議長指名による場合は，その指名の基準や手続が問題となる．衆議院においては，第120国会までは与党自民党の常任委員の中から選任されていたが，第121国会（91年8月5日召集）以降は野党にも割り当てられている．候補者選びは，議院運営委員会における協議によりなされている．なお，任期は，常任委員としての任期，すなわち議員の任期と同じである（国会法42条1項）．

　常任委員長の職務権限は，委員会の議事を整理し，秩序を保持することである（国会法48条）．例えば，委員の発言の許可（衆議院規則45条2項），質疑・討論その他の発言時間の制限（同規則68条），国会法・議員規則に違反し，その他委員会の秩序を乱し，又は議員の品位を傷つける委員に対する制止・発言の取消し，制止・発言取消し命令に従わない委員に対する発言の禁止・退場命令（同規則71条）などがあり，委員会が議案審議の中心であるこ

環境			安全保障			決算			懲罰		
阿部昭吾	日	10	神田厚	民	7	石井一	生	8			
↓			↓			↓					
↓			↓			中島衛	生	6			
↓			↓			↓					
杉山憲夫	生	3	吹田愰	生	6	↓					
↓			↓			↓					
			伊藤英成	民	5	草川昭三	公	8	奥田敬和	生	10
			↓			↓			左藤恵	生	8
			二見伸明	公	8	冬柴鐵三	公	4	小沢辰男	生	13

自：自民系）

とから，このような権限を持つ常任委員長の重要性はかなり高いと言える．

b．新進党の常任委員長

まず，表Ⅰ-6-2を検討すると，同じ役職は同じ出身政党の議員によって引き継がれる傾向が見られる．しかも，当選回数が近い議員に引き継がれることが多い．

会期別の割当ては，第132～第135国会が，新生2／6，公明1／6，民社1／6，日本新党1／6，自民系1／6となり，比較的均等に分かれている．第136，137国会は新生5／6，公明1／6と新生に偏っているが，第138～第140国会は新生1／6，公明2／6，民社2／6，自民系1／6となり，第136，137国会で新生が多かった分を補うかのような配分となっている．さらに，第141国会は新生2／6，公明2／6，民社1／6，日本新党1／6となり議員数の比率に近い配分となっている．第141国会に委員長となっている議員を見ると，小沢党首に近い人が選ばれていることもわかる．[21]

表Ⅰ-6-3は新進党全体の平均当選回数をA，新生のそれをB，公明のそれをCとしたときのB/A，C/Aの値の推移を示したものである．これによって，図Ⅰ-6-1に表われる「新進全体」の平均当選回数の変化の波との相関性を見ることができる．値の変化が少ないほど相関性があると考えられ，すなわち，「旧党派均衡人事」が作用していると考えられる．

そこで，表Ⅰ-6-3を見ると，新生，公明双方ともに数値の変化が大きい．よって，平均当選回数については「旧党派均衡人事」が作用していないと考えられる．

以上より，委員長の配分については議員数による「旧党派均衡」がなされているが，当選回数による均衡はなされていないと考えられる．

次に，自民党との比較を行う．

図Ⅰ-6-2について検討してみると，新進党においても自民党と同様，当選4回にピークが来る．しかし，7回以上になると違いが生じる．新進党は7回以上が多いのに対し，自民党はそれほど多くない．これは，自民党は与党であったため，当選回数の多い議員は閣僚に就任していたのに対し，新進党は，公職の最高ポストが委員長であったということに原因があると思われる．

c. 民主党の常任委員長

表Ⅰ-6-4は第143国会における民主党の委員長を表にしたものである。北橋は新進党入党前は民社党所属であり、すべての議員に労組との関係が予測できる。これは、公職、特に常任委員長に就くことが有力支持団体へのアピールになることを示しているのだろうか。当選回数は山花議員が8回であるのを除き、他の3人は3回であり、自民党、新進党が当選4回の議員を最も多く常任委員長にしていたのに比べて若干当選回数が少ない。

(3) 理事

a. 常任委員会理事の位置付け[22]

理事は理事会を構成する。理事会は委員長の委員会運営に関する協議機関として各委員会に置かれ、実質的には理事会の決定に基づいて議事は進行されている。このため、各委員会の開会前に開かれる理事会が、実際の委員会の運営については重要な意味を持っている。

選任方法はその委員の中からの互選によるが、互選は投票によらず、すべて委員長の指名によっている（衆議院規則38条1項）。理事の数は委員定数に応じて決定され、各会派への理事の割当ては、所属議員数に応じて決定される。

よって、会派別に理事の数を比較しても所属議員数によって自動的に決まるため、そこに政治的影響力が働く余地は少ない。しかし、連合政党内部の出身党派別に比較すると、その割当ては党内で自由に決められるため、そこに政治的影響力が働く可能性が大きい。また、割当てはあくまで数であり、当選回数は会派内で自由に決められる。よって、当選回数による比較は会派別でも出身党派別でも価値のあるものであると言える。

b. 新進党の理事

表Ⅰ-6-5上段は同表のかっこ内の値より表Ⅰ-6-1のかっこ内の値を引いた値である。（例えば、第132国会の新生は32.8-34.5=-1.7となる。）

これを検討すると、第135国会までは各出身党派後との議員数の割合と理事の割合はプラスマイナス3ポイントの範囲内に収まっているが、第136国会以

表Ⅰ-6-3　新進党常任委員長平均当選回数

	第132国会	第133国会	第134国会	第135国会	第136国会	第137国会	第138国会	第139国会	第140国会	第141国会
新生　(B/A)	0.97	0.97	0.86	0.86	0.90	0.90	1.43	1.43	1.43	1.42
公明　(C/A)	0.65	0.65	0.69	0.69	1.50	1.50	1.14	1.14	1.14	0.95

図Ⅰ-6-1　新進党常任委員長平均当選回数

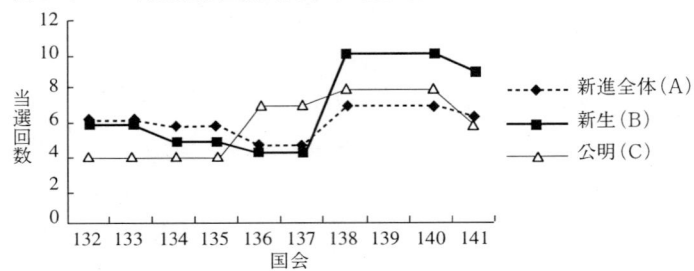

図Ⅰ-6-2　常任委員長当選回数別のべ就任数（132－141国会）

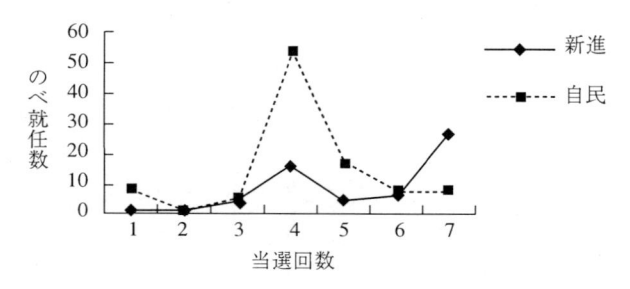

表Ⅰ-6-4　民主党常任委員長

委員会名	議員名	前々政党	前政党	当選回数
労働	岩田順介	社民	民主	3
逓信	中沢健次	社民	民主	3
環境	北橋健治	新進	民改連	3
懲罰	山花貞夫	市民リーグ	民主	8

表 I-6-5 新進党理事割当（理事数割合−議員数割合）

	第132国会	第133国会	第134国会	第135国会	第136国会	第137国会	第138国会	第139国会	第140国会	第141国会
新生	-1.7	-0.1	-2.9	-0.2	-11.0	-8.8	-7.0	-2.2	-3.4	-8.9
	(32.8)	(33.9)	(32.2)	(34.5)	(23.7)	(23.7)	(28.3)	(33.3)	(28.3)	(29.5)
公明	0.1	-0.3	1.3	2.2	13.5	11.6	16.2	9.4	14.7	17.2
	(29.5)	(30.5)	(32.2)	(32.8)	(44.1)	(44.1)	(45.0)	(38.3)	(45.7)	(34.1)
民社	-0.3	0.2	0.7	-1.3	1.9	-0.3	-0.8	-4.2	-4.7	-6.3
	(8.2)	(8.5)	(8.5)	(6.9)	(10.2)	(8.5)	(11.7)	(8.3)	(8.7)	(14.0)

図 I-6-3 新進党理事平均当選回数

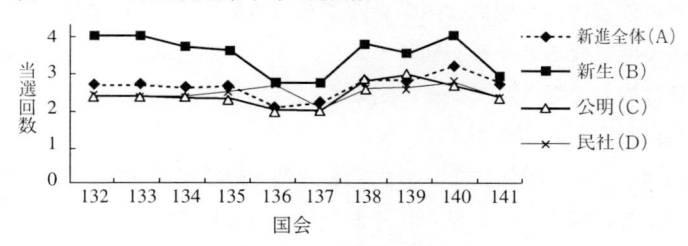

図 I-6-4 理事のべ就任数（自民党との比較）

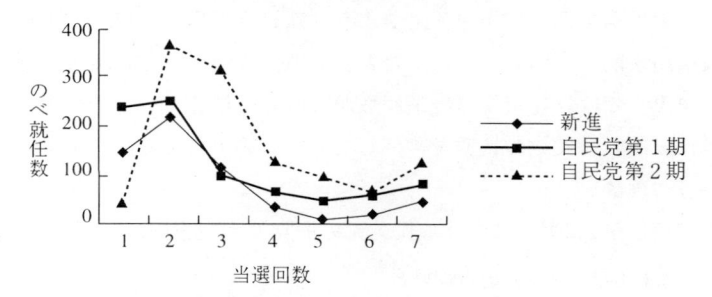

表 I-6-6 新進党理事平均当選回数

	第132国会	第133国会	第134国会	第135国会	第136国会	第137国会	第138国会	第139国会	第140国会	第141国会
新生 (B/A)	1.50	1.51	1.43	1.36	1.32	1.26	1.35	1.26	1.26	1.07
公明 (C/A)	0.86	0.87	0.89	0.88	0.98	0.93	1.00	1.06	0.84	0.87
民社 (D/A)	0.89	0.90	0.92	0.95	1.30	0.93	0.92	0.93	0.87	0.99

降は差が広がっている．これは，初期の段階では「旧党派均衡人事」が行われていたが，後期になると行われなくなってきたことがわかる．特に，公明は議員数の比率をかなり上回る理事を振り分けられているのに対し，他の出身党派はその分減らされている．

次に，当選回数について検討する．表Ⅰ-6-3の作業と同様のことを理事においても行う．その結果が表Ⅰ-6-6である．これを検討すると，各党派とも値の変化は小さい．すなわち，党全体の変化の波とほぼ対応していると言える．このことは図Ⅰ-6-3からも見てとれる．つまり，当選回数について「旧党派均衡人事」が作用していると推定される．

以上から理事は，初期には出身党派ごとの議員数に応じた配分がなされていたが，後期になるとそれが崩れており，また全期を通じて当選回数についての配分は均等になされていると言える．

次に，自民党との比較をする．

図Ⅰ-6-4について検討する．自民党を分裂・野党転落を境に第1期と第2期に分けると，図Ⅰ-6-4に見られるように，自民党の第1期と新進党は分布傾向が類似するのに対し，第2期とは異なる．しかし，新進党が存在した時期は自民党の第2期に相当する．つまり，新進党の理事の就任パターンは自民党政権崩壊前に近いものであったと言える．よって，自民党政権崩壊によって，自民党では就任議員の当選回数が1回ほど増えているのに対し，新進党議員は以前の自民党の状態を維持していたものと言える．

c．民主党の理事

表Ⅰ-6-7は第143国会における民主党の旧党派別理事数，比率を示したもの

表Ⅰ-6-7　旧民主党理事割当

		理事数	A	議員数	B	A−B
民主全体		38		93		
旧民主	社会	10	26%	24	26%	0%
	さきがけ	11	29%	16	17%	12%
	その他	3	8%	12	13%	-5%
民政		11	29%	25	27%	2%
友愛		3	8%	14	15%	-7%
民改連		0	0%	2	2%	-2%

である．新進党で行ったのと同様，議員数の比率との差をとったところ，常任委員長の場合と同様，旧民主党，その中でも特にさきがけ出身議員が優遇されていることがわかる．

(4) 党内役職
a. 新進党[25]

まずトップに党首が存在し，最高責任者であり，代表者であり，党務の総括者であると位置付けられている．そして党首の補佐役として，副党首が置かれている．次にいわゆる「五役」がおり，幹事長，政策審議会長，政務会長，国会対策委員長，参議院議員総会長である．幹事長は党首の補佐および党務の執行，政策審議会長は政策の調整・決定，政務会長は，他の党や団体との交渉および国会運営にあたることになっている．その他の役員として（参議院のものは除く）以下のものが置かれている．総務委員長，組織委員長，財務委員長，広報企画委員長，団体交渉委員長，国民運動委員長．以上が，新進党規約に明記された役員である．その他，幹事長の下にはいわゆる「五局長」が置かれ，総務局長，経理局長，選挙対策事務局長，国際局長，地方局長(96年11月設置)である．また，新進党特有のものとして，「明日の内閣」が挙げられる．これは，政策の調整・研究・立案を行うもので，各担当の長は「大臣」と呼ばれている．この役職は政権交代したときのための準備組織と公式には位置付けられていたが，新進党が野党であり続けた結果，大所帯での役職不足解消に使われたと指摘するものもある[26]．

この他にも役職は数多く存在するが，以上の役職およびその代理を本論文では分析の対象とする．

表Ⅰ-6-8を検討すると，五局長は大抵，当選2～4回の新生党出身議員もしくは，後に自由党入りしたいわば小沢に近い議員が就任していることがわかる．五役を見ると，比較的旧党派に均等に分けられている．しかし，さらに，その代理を見てみると，96年の10月の総選挙以降，小沢に近い議員が五役かその代理のどちらかにほぼ確実に就任している．その他の委員長は成立当初から，ほほどの役職はどの党派が受け持つのか決まっていたようだ．

表I-6-8 新進党党内役職の変遷

年月	94/12	95/10	95/12	95/1	96/8	96/10	96/11	96/11	97/9
党首	自12	自12	生9	生9	生9	生10	生10	生10	生10
副党首	生9	生9	生9	生9	生9				
同	民7	民7	民7	民7	民7				
同	公9	公9	公9	公9					
○幹事長	生9	生9	民7	民7	自10	自11	自11	自11	自11
幹事長代理	生9	自10	公4	公4	生8	生9	生9	生9	生9
同	自10	公7							
同	自8								
△総務局長	生4	生4	生3	生3	生3	民6	民6	民6	
△経理局長	生2	生2	生2	生2	生2	生3	生3	生3	
△選挙対策局長	生6	生4	生4	生4	生4	生5	生5	生5	
△国際局長	自1	自1	生2	生2	生2	生3	生3	生3	
△地方局長						生4	生4	生4	
○国会対策委員長	公4	生9	生10	生10	民7	民8	民8	民8	
国対委員長代理			公4	公4	公4	生7	生7	生7	生7
○政務会長	公7	生9	生9	生9	公4	公5	公5	公5	公5
政務会長代理		公4	生6	生6	生6	民4	民4	民4	民4
○政審会長	民7	民7	生7	生7	自8	自9	自9	自9	自9
政審会長代理			公6	公6	公7	公7	公7	公7	公7
総務委員長	生9	生9	生9	生9					
組織委員長	民6	民6	民4	民4	民4	民5	民5	民5	民5
財務委員長	生9	生2	生2	生2					
広報企画委員長	日4	日4	自6	自6	自7	自8	自8	自8	生1
団体渉外委員長			公参	公参	公参	公参	公参	公参	
国民運動委員長			生6	生8	生9	自2	自2	自2	
倫理委員長	生9	生9	生9	生9	自参	自参	民8	民8	民8

○五役，△五局長　　　　：のちに自由党入り
生：新生，公：公明，民：民社，日：日本新党，自：自民系，参：参院

　表I-6-9と表I-6-10を比較すると，選挙前では当選6～8回の議員に集中的に割り当てられているのに対し，選挙後は分散する．特に，新生党出身は選挙後になると当選6～8回の議員は1人も就任せず，当選4回の議員に集中的に割り当てられている．党派別に見ると，公明に比較的多く割り当てられている．

　当選6～8回というのは自民党だと閣僚クラスであり，選挙前はこれに対応させていたと考えられる．ところが，選挙後になるとこれが崩れる．新進党

表 I-6-9　明日の内閣のべ就任数（96年総選挙前）

当選回数	1	2	3	4	5	6	7	8	9	≧10	参院	合計
新生			1	1		3	4	1	3	5	1	19
公明				4	1	8	6		1		8	28
民社						6	6				2	14
日本新党	2			2							1	5
自民系				2			5	9		1		17
その他												0
合計	2	0	1	9	1	17	21	10	4	6	12	83

表 I-6-10　明日の内閣のべ就任数（96年総選挙後）

当選回数	1	2	3	4	5	6	7	8	9	≧10	参院	合計
新生	3		1	10						3		17
公明			3		1		6			6	5	21
民社				3	1	2	2	1			7	16
日本新党		3									1	4
自民系				1				1	5			7
その他												0
合計	3	3	4	14	2	2	8	2	5	9	13	65

表 I-6-11　民主党党内役職一覧

役職	派	当	役職	派	当
代表	B	6	男女共同参画本部長	A	参
代表代行	友	8	国民運動本部長	政	4
副代表	改	参	政治改革本部長	政	8
同	政	7	国際交流本部長	C	2
同	C	7	組織委員長	A	参
○幹事長	政	10	財政委員長	友	参
幹事長代理	B	4	広報委員長	政	3
筆頭副幹事長	友	4	企画委員長	A	2
○総務会長	A	6	○選対委員長	C	8
総務会長代理	友	6	選対委員長代理	政	5
筆頭総務副会長	政	4	筆頭選対副委員長	友	参
○国対委員長	政	9	倫理委員長	改	参
国対委員長代理	A	4			
筆頭国対副委員長	友	3			
○政調会長	友	5			
政調会長代理	政	3			
筆頭政調副会長	B	2			

A：旧民主（社民），B：旧民主（さきがけ），C：旧民主（AB以外），
政：民政，友：友愛，改：民改連，参：参院　　○：五役

は結党時において政権交代を本気で志向していたようで、そのことから、自民党にいつでも代わりうる体制をとっていたようだが、総選挙での議席の伸び悩みと自民党の復調は「政権交代」をより非現実的なものにしたようだ。それが人事にも現れ、「明日の内閣」が選挙後は「明日の内閣」でなくなってしまったことが読み取れる。[27]

b. 民主党[28]

まずトップに代表がおり、最高責任者である。そしてこれを補佐し、党務を遂行するのが副代表である。副代表の中から代表代行が代表によって指名される。代表の下には幹事長、政策調査会長、総務会長、国会対策委員長、選挙対策委員長が置かれる。それぞれ、代表および副代表の補佐・党の運営および国会活動の統括、党および国会議員団の政策活動の統括、重要事項を審議、決定する総務会の主宰、国会対策活動の統括、党の選挙活動の統括を行う。幹事長の下には組織委員長、企画委員長、広報委員長、国民運動委員長、国際交流委員長、政治改革委員長、男女共同参画委員長、財政委員長が置かれている。

この他にも役職は数多く存在するが、以上の役職および、それぞれ役職の筆頭副、代理を本論文では、分析の対象とする。

表Ⅰ-6-11を見ると、これぞ「派閥均衡人事」と言わずして何たるかというような典型的派閥均衡人事である。五役の長がほぼ均等に3派に分けられ、長、代理、筆頭副が民政系・友愛系・旧民主系の3派に美しいまでに均等に配分されている。

旧民主内では社民、さきがけの二つが五役の長、代理、筆頭副のうち二つずつの配分を受けている。選対委員長はCだが、これは山花で元社会党であり、さきがけから菅が代表を出していることとのバランスをとっているとも考えられる。

4. 結論と含意

(1) 分析結果の検討

a. 新進党

　公職においては均衡人事がなされていたと言える．常任委員長は新進党への割当て数が少ないため当選回数より就任人数に重心を置いた配分となった．配分方法は旧党派の構成人数比ではなく均等に分けられている．それに対し，理事は割当て数も多いため，よりきめ細かな配分が可能となったようだ．つまり，旧党派の構成人数比にできるだけ比例した配分がなされている．また，当選回数による均衡もなされている．ただし，96年衆院総選挙の頃より，離党者が相次ぎ，新生党出身，自民党出身が離党者の大半だったため，結党当時はほぼ同数だった新生，公明の勢力が後期になると数の上で公明優位となった．それとともに，理事の就任数において公明偏重が顕著になった．しかし，当選回数の均衡は保たれており，総じて均衡人事が維持されたと言える．

　党内役職においては均衡人事がなされていない．新生又は小沢側近の優遇人事であった．特に党運営の中心である幹事長とその下の五局長は一貫して新生又は小沢側近が大半を占めている．五役の配分は均等になされているが，特に後期になると小沢と遠い議員が長である役職には，その代理に小沢に近い議員が就任しており，必ず押さえを効かせていた．これは，小沢の目指していた強力なリーダーシップによる政治を実体化したものと考えられる[29]．

　では，この公職と党内役職の配分の違いをどう説明できるだろうか．新進党内の出身政党を基準としたグループは一種の「派閥」と言えるのではないだろうか．そこで派閥論を元に検討していくことにする．

　リチャード・ローズによると派閥は faction と tendency に区分されると言う．そして前者を「自覚的に組織された政党活動を通して，広範な政策を推進しようとするところの，議会に基礎を置いた諸個人からなる集団」と定義し，長期間にわたって存続し，広範な政治的論点に関心があるという特徴を持つという．それに対し，後者を「永続的な政治集団というよりは，永続的なひと組の態度」「広範な問題について議会で表明されるところの，ひとまと

まりの態度」と定義し，まとまりは論点ごとに変わり，組織されたという自覚がなく，長期にわたることはないという特徴を持つという[30]．これは，イギリス政治に依拠したものであるが，これをさらに一般的にしたものが，アンジェロ・パーネビアンコによる，政党の「制度化」と「faction と tendency」の相関性についての考え方である．

　パーネビアンコは faction/tendency の問題を政党の「制度化」と党内下位集団の「組織化」との間の逆相関として捉え，以下のように定式化する．「政党の制度化が進めば進むほど，党内集団の組織化は難しくなる．逆に政党の制度化が極限まで進んだ場合には，党内集団が組織されることはありえない．党内集団が存在するとしても，それは純粋に様々な tendency を表現するにすぎない．他方，政党の制度化が最小限の場合には，党内集団は高度に組織化された faction となる．」[31]

　自民党は組織化の進行という意味で tendency としての制度化の方向にあるのに対し[32]，新進党は新しい政党でしかも既存政党の連合体であったため，政党の制度化は低い．パーネビアンコの定式化を使うと，より faction 的であると言える．さらに，新進党に特徴的なのは政権志向が極めて高いことである．政権志向の高さは公的資源の配分により関心が向くことになる．この配分を担うのが faction のボスであり，派閥内にパトロン・クライアント関係を成立させることになるとの指摘がある[33]．パーネビアンコは制度化の弱い政党では，党の権力資源も党指導者層の間で分散化されてしまうと言い，これとパトロン・クライアント関係を結びつけると，公的資源の配分は派閥のボス同士の力関係や話合いによって決まることになる．しかし，新進党ではこれは当てはまらない．なぜなら，確かに新進党は明確に faction として断片化されているが，各 faction のボスが弱い．新生の場合，新進結党前より小沢と羽田の確執があり，事実上，小沢派と羽田派に分断されており一つのまとまり足り得ていない．公明の場合，石田幸四郎がリーダーであったが，市川雄一が小沢とのパイプを背景に力を持っていた．しかし，その後，市川と小沢との間が冷めたことにより，力を持ち得なくなった．また，公明は支持団体である創価学会の意向をかなり強く受けており，必ずしも政治的リーダーが安

定的に力を持ち得ない。民社の場合，結党直前までリーダーだった大内啓伍が新進党に加わらず，代わってリーダーとなった米沢隆は96年選挙に落選したことによってリーダー足り得なくなってしまった。日本新党の場合，細川護煕はリーダーであり続けたが，新進党になってからも日本新党時代の求心力を維持し続けたかは疑問である。よって，党内が派閥によって明確に断片化されながらボスが弱く，その状況の中で資源配分をするという難しさを新進党は抱えていたと言える。この困難を小沢は強力なリーダーの存在によって解決できると考えたようだ。そこで，党の実権は自らの側近で固め，配分を自らなそうとしたようである。その配分において党の結束が緩い状態では，より客観的な基準が求められていたのであろう。それが人数であり，当選回数であったと考えられる。しかし，これは結局失敗した。新進党末期において党首選に立候補した鹿野は新進党の問題点をこう指摘した。「聞く耳を持たなかったり，聞いてもずるずると答えを引き延ばし，いつになっても結論を出さないような対応では，政党としての活力を失ってしまうことになりかねない。」「いわゆる側近人事を改め，適材適所の人材配置をすることだ。」「党内の風通しをよくし，適材適所の人材配置を進めて，明るく，そして党員が一体感を持てる政党にしていくことが重要だ。そのためにはルールに従った党運営が必要だ。」(34) 若手の意見として上田清司は「確かに党内に議論する場は十分にあった。しかし，意見が取り上げられることはなく不満がたまっていた。」と当時を振り返る。

　96年選挙後，小沢は党の結束を高めるために公明党出身議員で作る「公友会」，民社党出身議員で作る「友愛会」の解散を求め続けた。また，自由党に参加した中に公明や民社出身議員が含まれており，小沢は旧党派の解体を考えていたとも考えられる。ところがそれはかなわず，小沢自らの手で新進党を解党するに至った。

b．民主党

　党内役職は旧党派均衡人事である。確かに，民主党は新進党と同様，政党の制度化は弱く，旧党派は faction となっている。結束も弱いため，均衡人事が必要となったのであろう。一方，公職は旧民主出身の偏重人事がなされて

おり，均衡していない．これは政権交代の実現可能性がまだ低いからではないだろうか．低いと公的資源の配分に対する関心も弱くなる．一方で，民主党は自民党との対決姿勢を国民にアピールするには国会論戦で自民党に勝つところを見せる必要がある．そのため，公職においては，均衡より適正を重視した配分を行っているのではないだろうか．党内役職については，均衡が成功しているかと言うとそうとも言い切れない．話をうかがった若手の金田誠一や原口一博は菅の強いリーダーシップを期待している．原口はなぜ99年1月の党首選で松沢を推したのかという問いに対し，「菅さんがコーディネーターになりつつある．リーダーに徹してもらいたいと思ったからだ．」と答えた．

(2) 連合野党の今後

　連合野党においても均衡人事がなされていることは認められた．しかし，均衡の基準が議員数だけでなく当選回数によってもなされていることが明らかになった．これは自民党への対抗上，自民党の人事制度に対応させざるを得ないためと予想される．ここにこれまでの連合野党の失敗の原因の一つがあるのではないだろうか．つまり，新しい政治を掲げて生まれたはずの新党が，人事において自民党と同じになってしまっているのである．93，94年頃に見られた政治改革への国民の期待とは，新党が今までとは違う政党像を提示することではなかったのではなかろうか．実際新進党以前に生まれた新党である，日本新党，新生党，新党さきがけは新しい政党組織のあり方を模索していた．これら各党は所属議員が少なく，役職人事には限られた人材を効果的に配置することに重点が置かれ，派閥や当選回数による均衡はあまり考慮されなかった．また，党内役職においても，「代表幹事」や「政策幹事」といった名称にし，あえて自民党が使っている，「幹事長」や「政調会長」といった名称を避け，組織形態も自民党との違いを見せていた．ところが，いざ連合して大政党になると，派閥や当選回数が人事の考慮要素として重要性を増し，また，名称も，自民党と同じものが使われるようになり，組織形態も自民党に類似してくる．新党だけでなく，かつて野党であった公明党や民社

党に所属していた議員が新進党解党後結成した新党平和や新党友愛の組織を見ると，かつては，比較的，社会党に近い組織形態をとっていたのが，自民党に近いものに変わってしまっている．民主党も社会党出身議員が多いのにもかかわらず，組織が自民党に近づいている[35]．こうしてみると，新党の政党組織が自民党のペースに呑み込まれてしまっていることがわかる．この原因は新進党，民主党の組織作りの中心的役割を果たした議員の多くが，かつて自民党に所属していた経験を持ち，制度化が比較的進んだ自民党の組織のあり方の経験を元にしてしまったからではないかと考えられる．93年以後の政変は自民党議員の一部の離党に端を発し，彼らがいたからこそ日本政治が大きく動いたとも評価できるが，他方で自民党に類似した政党が乱立する結果にもなった．そして，目新しさを欠くことで，国民の新党への期待が薄らいでいったと言えるだろう．

　新進党は自民党に対抗し得る政党を目指して結成されたが，新しい政党像を国民に提示することができず，結局若干小さく，内部対立の収まらないもう一つの「自民党」が作られたとしか国民の目には映らなかったのではないだろうか．新進党の解党の大きな原因として，確かに党内の求心力を高めることができなかったことが挙げられるが，その背景には，国民から自民党とは違うもう一つの選択肢としての支持を取りつけることができなかったことがあると考えられる．

　この新進党の失敗をふまえて民主党を検討してみると，民主党もやはり役職人事において自民党のペースに呑み込まれている．しかし，新進党と民主党の大きな違いは政権志向のあり方にある．新進党は結党時において，政権志向はかなり高かったが，やがてそれがダウンしていくことになる．それに対し，民主党は結党時において政権交代を掲げはするものの長期的見通しに立っており，現段階においては政権志向はまだ弱い．この違いは，新進党が初めより，政権をかなり意識した人事をしているのに対し，民主党はまずは党内の結束を高めることに力点を置いた人事をしていることからも見てとれる．新進党は，やがて政権交代の可能性が低くなり，それに伴い迷走を続けることになった．民主党はその点，新進党とは違った道を進むことになるだ

ろう．しかし，結局万年野党のままであることが明らかになったとき，民主党も二大政党の一翼を担うことは出来なくなるであろう．社民党を出ていったものたちが，新たに作ったものがまた「社会党」であったと感じたとき，民主党は失敗する．

次に，連合野党の求心力について検討する．新進党と民主党はともに，結成の要因が小選挙区制という外的なものに大きく依拠するため，結党時において結束が弱い[36]．また，大政党であるため，意見の違いは常に存在することとなる．そこで，自民党という巨大政党に対抗するには強いリーダーが求められる．

連合政党は均衡人事とリーダーの存在からスタートする．党内の意見の違いが結党以前から存在する集団によって生じている間は，政党としてはもろい状態にある．新進党はこれを脱することができなかった．旧党派の壁を乗り越えようとしたとき小沢にその限界が見えてしまったようである．細分化されたfactionに強いボスがいないにもかかわらず結束が固かったのである．もし，強いボスがいれば，ボスの支持を取りつけさえすればまとまったはずである．ところがそれができない．かと言って，小沢は全党派的支持を得られるだけのリーダー足り得なかった．結局，小沢自身の手で新進党を潰すことで，新進党という試みは終わってしまった．では民主党はどうか．民主党は，まだスタートの段階にある．今後この旧党派の壁を乗り越え，新しい政党像を打ち出し，それが支持を得られるかどうかが政権交代し得る二大政党制確立の第一歩となるのではないだろうか．

本論文の執筆にあたり，結党前夜や結党後，当事者である議員たちは何を考えどう行動したのかを知るために，現在民主党に所属する岩田順介衆議院議員（社会→社民→旧民主→民主），上田清司衆議院議員（新生→新進→フロムファイブ→民政→民主），金田誠一衆議院議員（社会→さきがけ→旧民主→民主），竹村泰子参議院議員（社会→社民→旧民主→民主），原口一博衆議院議員（新進→国民の声→民政→民主）の五名から貴重な証言を頂いた．多忙にもかかわらず，協力していただいた議員の方々にはこの場を借りて心からお礼申し上げる．

（1）　『朝日新聞』1994年12月9日付，1994年12月11日付他，「小選挙区制選挙になるにあたり，大政党になる必要があった」（上田）．ちなみに，55年体制の野党第一党であった社会党について「自民党の『対抗勢力』ではなく『抵抗勢力』でしかなかった」という岩田の指摘も興味深い．
（2）　佐藤誠三郎・松崎哲久『自民党政権』，中央公論社，1986年，32-51頁．
（3）　『朝日新聞』1996年8月8日付．自民党の「派閥均衡人事」については，佐藤・松崎，前掲書，52-77頁．
（4）　新進党の党首選での支持集めは当選回数別，旧党派別に行われていたようだ．
（5）　小林良彰『現代日本の政治過程』，東京大学出版会，1997年，82-125頁．
（6）　佐藤・松崎，前掲書，32-51頁．
（7）　石井一『民主党政権前夜』，自由国民社，1999年，46-87頁．政界特別取材班『検証　野党再編』，リム出版新社，1998年，13-98頁．東大法・蒲島郁夫ゼミ編『「新党」全記録』第II巻，木鐸社，1998年，221-223頁を参考にした．
（8）　94年4月18日に，自民党を離党した太田誠一，新井将敬ら7人によって結成された．新進党解党後に結党された「自由党」とは無関係．
（9）　94年1月4日に，自民党を離党した西岡武夫，鳩山邦夫ら5人によって結成された会派．
（10）　95年8月にさきがけを離党した佐藤謙一郎を含む．
（11）　上田によると，あくまで頭数を揃えるために力を貸したという．5人というのは政党助成金を受けられる政党の最低人数であった．
（12）　連合参議院の流れを汲む．
（13）　正式名称は「民主友愛太陽国民連合」．
（14）　羽田孜によると，「民政党は保守中道を目指す．」ということであった（『朝日新聞』1998年1月28日付）．また，上田は「居心地のいい政党」であったという．いわば，気の合ったもの同士の集まりであったようだ．しかし，民政党のままの状態では選挙に勝てないと自覚し，旧社会党議員のいる旧民主党との連携を強めていったようだ．
（15）　粟屋敏信，小坂憲次，左藤恵，伊藤達也は不参加．愛野興一郎は民主党結党前の98年3月20日に死去．
（16）　いわゆる「総理大臣」にあたる役職は必ず党首が就任していたので，これは数に含まないこととした．
（17）　浅野一郎編『国会事典』，有斐閣，1988年，76-81頁．
（18）　第120国会（90年12月10日召集）までは厚生委員会と労働委員会は社会労働委員会として一つであった．よって，第118～第120国会までは全部で19の

常任委員会が置かれていた．
(19) 新生には18人，公明には6人，民社には8人，自民系には5人，その他には7人．
(20) 浅野編，前掲書，59-64頁．
(21) 第141国会で委員長になった6議員のうち，97年党首選で小沢支持を明確にしたのは二階，小池，二見の3人であったのに対し，対立候補の鹿野支持を明確にしたのは冬柴1人であった．これに対し，第141国会より前に委員長になった議員のうち，何らかの形で反小沢を明確にしていた者は各国会最低2人はいた．
(22) 同，64頁．
(23) 93年7月17日を境に第118〜第126国会を第1期，第127〜第143国会を第2期とする．
(24) t検定の結果をここで示しておく．
新進党-自民党第1期　P値=0.00，t値=-3.80，t(0.95)=1.96
新進党-自民党第2期　P値=0.00，t値=-9.14，t(0.95)=1.96
よって，両者とも有意水準5％において有意ではないが，t値を比較すると，自民党第1期の方が第2期より新進党の分布との類似性が高いと言える．
(25) 新進党規約より．
(26) 『朝日新聞』1994年12月27日付．
(27) 参考までに第132国会と第138国会の出身政党別当選回数表を示す（表Ⅰ-6-12，表Ⅰ-6-13）．
(28) 民主党規約（98年10月13日改正）より．
(29) 小沢一郎『日本改造計画』，講談社，1993年，26-32頁．
(30) 村上信一郎「一党優位政党システムと派閥」河田潤一・西川知一編『政党派閥』，ミネルヴァ書房，1996年，39-40頁．
(31) 同，41-45頁．
(32) 河田潤一「政党派閥とクライエンテリズム」河田・西川編，前掲書，106頁．
(33) 同，97頁．
(34) 鹿野道彦「新進党ルネッサンス」『中央公論』1998年1月号，70-78頁．
(35) 本書第Ⅱ巻資料解題篇第2章参照．
(36) 本書第Ⅰ部第1章参照．

表I-6-12　旧党派別当選回数表（第132国会）

当選回数	1	2	3	4	5	6	7	8	9	≧10	合計
新生	18	8	14	4	0	6	1	2	6	2	61
公明	25	11	1	4	1	3	4	1	2	0	52
民社	3	4	2	1	0	2	3	0	0	0	15
日本新党	24	0	0	1	0	0	0	0	0	1	26
自民系	2	4	4	2	1	1	2	1	0	3	20
その他	2	1	0	0	0	0	0	0	0	0	3
合計	74	28	21	12	2	12	10	4	8	6	177

▨：のべ3回以上「明日の内閣」大臣に就任しているところ

表I-6-13　旧党派別当選回数表（第138国会）

当選回数	1	2	3	4	5	6	7	8	9	≧10	合計
新生	14	10	6	9	3	1	2	1	2	6	54
公明	5	20	8	1	2	0	3	3	0	2	44
民社	6	2	3	2	1	1	2	2	0	0	19
日本新党	0	14	0	0	0	0	0	0	0	0	14
自民系	5	1	1	1	0	0	0	1	1	2	12
その他	6	3	1	0	0	0	0	0	0	0	10
合計	36	50	19	13	6	2	7	7	3	10	153

▨：のべ3回以上「明日の内閣」大臣に就任しているところ

第7章

変革期の争点と政治家
―― 特別委員会における議員の特徴 ――

原田朱美

1. はじめに

(1) 問題提起

　日本の国会は，長い間官僚優位の政策決定過程や自民党の一党優位体制により，その役割を疑問視され続けてきた．しかし1980年代以降に官僚優位論に対抗して政党優位論が登場し，政治家の政策形成能力の評価が見直されてくると，国会についての評価も肯定的なものが見られるようになった．しかし，これらの議論は90年代の日本の政治状況を分析対象としたものではない．
　90年代の日本の政治状況全体を考えてみると，変革期と言われているここ数年にあって，政治に求められている役割は非常に大きくなっている．第2次世界大戦後長らく続いてきた様々な制度や体制について改革を求める声が次々にあがり，実際に様々な変革が起き，または試みられた．93年の自民党の分裂と政権交代，選挙制度改革等による政治改革，縦割り行政等の官僚の硬直的政策に対する不満に端を発した中央省庁再編や地方分権等による行政改革等がそれである．これらの争点に共通しているのは，第1に，その制度の根本を問い直す改革であるということで，したがって省庁分野別に区切られている既存の問題処理の枠組では必ずしも対応できない．第2に，マスコミ世論の関心が非常に高いという特徴があげられる．いわば社会全体の要請として浮上した争点であると言うことができるだろう．
　このような政治状況の中で，国会は今でも一定の役割を果たし続けているのだろうか．政策を議論し決定する立場にある国会議員は，今こういった争

点に直面して，国会においていかなる対応を見せているのであろうか．変革期において変化を見せる主体には国会議員自身も含まれる．政界再編，再々編などと言われ，試行錯誤を続ける政治は，この変革期にあっていかなる変化を見せているのであろうか．

以上の問題意識から，以下では国会において緊急かつ重大な問題が浮上した際に設けられる特別委員会に携わる議員を，変革期の争点に携わる議員と仮定し，変革期の争点と国会議員との関わり方を見ていく．

従来の研究では，常任委員会は当選回数序列的役職人事の一段階，そして族議員の活躍・育成の場として説明されてきた(4)．しかし，その一方で特別委員会が研究の対象として取り上げられたことはほとんどない．それには2つの理由が考えられる．

第1は，そもそも特別委員会の設置数自体が従来は少なかったため，独立して分析する対象にはならなかったという理由である．今回調査対象とした，90年の第118回国会から98年の第143回国会までの間に設けられた特別委員会で，常任委員会と変わらない役割を果たしている常設的なもの（ここでは設置期間が通算5年を超えるものは常設とみなした）を除いた特別委員会は17委員会ある．しかし，それ以前の10年間，具体的には80年の第91回国会（開会は79年12月）から90年の第117回国会までには，たった8委員会しかなく(5)，90年代の約半分に過ぎない．このことからも，既存の枠組では処理できない争点が，90年代において特に増加したことが分かる．ここに本稿で特別委員会を分析対象として取り上げた意義がある．

第2の理由は，特別委員会を制度的なキャリアパス(6)の一段階として位置付けられないためである．特別委員会は偶発的に設けられるものであり，従来の制度にとっては例外的な存在である．ゆえに，そこに何らかの傾向を見出すことは不可能と考えられ，分析対象からは外されてきたと考えられる．しかし，第1の理由で述べたように，90年代において特別委員会の数は増加している．既存のやり方が通用しなくなったからこそ，今は「変革期」と呼ばれるのである．その「変革期」においては，もはや例外は例外として片付けてよいものではないだろう．むしろ，例外を見ることで変革期の議員の姿が

見えてくるのではないだろうか．

　本稿が対象としている非常設の，そういう意味では本来の意味での「特別」委員会の研究は，全くもって未開拓の分野なのであり，現在の政治状況下では十分分析するのに値するのである．

　非常設の特別委員会は，差し迫った重要な争点が持ちあがったからこそ設けられるものである．こうした非常設の特別委員会には，議員の争点に対する何らかの態度が表われているのではないだろうか．

　具体的な分析方法としては，前述のように90年の第118回国会から98年の第143回国会までの間に設置された非常設の特別委員会を分析対象とする．特別委員会の委員長・理事・質問者・答弁者（閣僚は除く）を対象に，当選回数，審議時間等のデータを用いて，彼らの特徴と審議との関わりを見る．それにより，現在の混沌とした政治状況にあって，国会議員が数々の争点に対していかに対応しようとしているのか，その姿勢を読み取ることが本稿のねらいである．

(2) 限界

　本稿にはいくつかの限界がある．第1に，特別委員会に携わる議員の特徴を分析する際に，議員の役職経験を考慮していない．特別委員会の人事に，常任委員会において見られるような当選回数序列的な役職人事と違う特徴があるとするならば，その検証として議員の役職経験を考えないわけにはいかない．しかし，在職年数がそれぞれ違う議員全ての過去の役職を調べなければならなくなるため，今回は断念した．

　第2に，争点に対する政治家の対応を見るのであれば，理事懇談や国対委員長会談等の委員会以外でのその争点に関する非公式交渉や，議員の勉強会といったものも重要である．しかし，これらは原則的に非公開のものであり，資料が限られているため，分析は不可能であった．

　第3に，常任委員会との比較は行わなかった．特に注目度の高い予算委員会との比較は，特別委員会の特徴を相対的に浮かびあがらせることができる．確かに常任委員会においても，特別委員会のように社会的に注目される重要

な問題について議論されることがある．しかし，社会的問題についての政治家の態度を見ることが本稿のねらいであり，特別委員会が他の機関と比べてどんな特徴を持っているのかは議論の主眼ではない．したがって，本稿では常任委員会との比較は行わないことにした．しかし，常任委員会も含めた上で争点に対する議員の態度を見る必要性があることは否めない．

2．分析方法

(1) 特別委員会の位置付け

委員会は，国会法40条により，常任委員会と特別委員会の2種類がある．常任委員会は，「その部門に属する議案(決議案を含む)，請願等を審査する」(国会法41条1項) ものである．特別委員会は，「その院において特に必要があると認めた案件又は常任委員会の所管に属しない特定の案件を審査する」(国会法45条1項) ものである．

委員会の審議には，法律案審査と事案審査がある．しかし，委員会審議の大半は法律案審査である．本稿で分析する特別委員会でも，全審議を通して法律案審査がなされなかった委員会は皆無であった．[7] 委員会における法律案審査は，常任・特別を問わず以下のような形態をとる．①委員会への付託を委員長が決定．②趣旨説明．③総括質疑(国政全体に渡る問題について幅広く質疑が展開される．全大臣の出席が求められる．TVでよく放映されるのはこの質疑である．) ④一般質疑(各大臣に対し所管の事項について見解を質す．首相は出席せず，質疑者から要求のあった大臣が出席するのみ．) ⑤公聴会・参考人質疑など (政府の出席は場合による) ⑥締めくくり総括質疑 (全大臣出席の下で行われる．) ⑦討論 (会派別に賛否をあらわし，その理由を述べる．) ⑧採決 (この後，本会議での採決が行われる．) なお，付託案件の重要性が低いとこのプロセスのうち④や⑥ (申し出がなければ⑦も) は行われない．[8]

(2) 分析対象

a．分析対象特別委員会

本稿の分析対象特別委員会は，前述の通り90年の第118回国会から98年の第143回国会の間に設置され，この期間に通算5年を超えて設置されていない委員会である（表Ⅰ-7-1参照）。

表Ⅰ-7-1　分析対象特別委員会と設置期間

委員会名	国会会期
税制改革等に関する調査特別委員会	118
国際連合平和協力に関する特別委員会	119,121-123
政治改革に関する特別委員会	121,126-131
証券及び金融問題に関する特別委員会	121
税制改革に関する特別委員会	131
世界貿易機関設立協定等に関する特別委員会	131
宗教法人に関する特別委員会	134
金融問題等に関する特別委員会	136
行政改革に関する特別委員会	139-143
税制問題等に関する特別委員会	139-140
日米安全保障条約の実施に伴う土地使用等に関する特別委員会	140
財政構造改革の推進等に関する特別委員会	141
日本国有鉄道清算事業団の債務処理及び国有林野事業の改革等に関する特別委員会	142-143
緊急経済対策に関する特別委員会	142
金融安定化に関する特別委員会	143
規制緩和に関する特別委員会	127-136
地方分権に関する特別委員会	127-136

これに該当する特別委員会は17ある．しかし，このうち第127回国会から第136回国会まで設置された，地方分権に関する特別委員会と規制緩和に関する特別委員会は，以下の理由で本稿の分析対象から外すことにする．

両委員会の性格は，結論から言うと極めて常設的な特別委員会に近かった[9]．規制緩和・地方分権両特別委員会は，他の非常設の特別委員会が重要法案を審議したり与野党対決の舞台となったりマスコミにも大きく注目されるなどしたことと比べると，政策の決定過程における役割が極端に小さかった．その性格も，議論する場を国会に設けるといった意味合いが強く，他の非常設特別委員会とは異質なものである[10]．ゆえに，本稿では，地方分権特別委員会と規制緩和特別委員会は分析対象から外し，これ以外の15の特別委員会につ

いて分析を加える．

　15の分析対象特別委員会について，それぞれの委員会の性格を理解するためにも，その審議内容を簡単に説明しておく．

- 税制問題特別委員会（第118回国会）は，野党が共同で消費税廃止法案を提出し，与党自民党は消費税修正法案で臨んだ委員会である．両法案は会期末に廃案となった．
- 国連平和協力特別委員会は，湾岸戦争を受けて国連のPKO活動に自衛隊が参加するためのPKO協力法を審議した．同法案は第119回国会では廃案になったが，第122回国会で自民党と公明党により強行採決され，衆議院を通過した．
- 証券及び金融問題特別委員会は，証券会社の巨額損失補填問題が発覚し，その疑惑の解明と大蔵省の監督責任を問うために設置された．証券，金融の当事者からの証人喚問が中心であった．後半に証券取引法改正法案が提出され，可決された．
- 政治改革特別委員会は，リクルート事件や佐川急便事件で国民の間に政治改革への要求が高まったのを受けて，選挙制度改革や政党助成等について審議した委員会である．第128回国会までが政治改革関連法案の審議で，第129回国会以降第131回国会までは選挙制度改革にともなう選挙区区割り法の制定のための審議であった．
- 税制改革特別委員会（第131回国会）は，消費税を3％から5％にするための法律案について審議された．
- 世界貿易機関設立協定特別委員会は，WTOの設立に関する条約の批准と，それに関連する農産物や特許等についての法整備がなされた．
- 宗教法人法特別委員会は，オウム真理教の無差別殺人事件を受けて，宗教法人法の改正について審議した．
- 金融問題特別委員会は，住専の救済のための財政出動について議論した．
- 行政改革特別委員会は，第140回国会で金融監督庁の設置について，第142回国会で中央省庁再編について議論した．
- 税制問題特別委員会（第139回国会，第140回国会）は，97年4月からの消

費税率引き上げを前に，新進党が消費税率3％据え置きのための法案を提出したため設置された．しかしすぐに否決され，第140回国会でもほとんど実のある審議はなされなかった．
・日米安保条約土地使用特別委員会は，沖縄の米軍基地内にある地元住民所有の土地について，使用の更新手続きを沖縄県側が拒否したために，駐留軍用地特別措置法を改正すべく設けられた．
・財政構造改革特別委員会は，赤字国債の大量発行等で国と地方の財政状況が悪化していることを受けて，赤字国債の発行額を減らすための目標等を定めた，財政構造改革法について審議した．
・国鉄債務処理等特別委員会は，国鉄清算事業団の債務処理のための，国やJRの負担について議論された．
・緊急経済対策特別委員会は，景気の急激な悪化のため，財政構造改革法の改正や，各種の景気対策措置について審議された．
・金融安定化特別委員会は，相次ぐ金融機関の経営不安により，金融機関の破綻や救済について制度を整備しておく必要が緊急に生じたため設けられた．

b．分析対象議員

本稿の分析対象議員は，上記の分析対象特別委員会における委員長，理事，質疑における質問者と答弁者である．これらはいずれも衆議院委員会議録および衆議院会議録から得たデータである．理事の人数は委員の総人数によって違いがある[11]．質問者は[12]，自由討議や討論の際の発言者は含めないこととした．答弁者は，閣僚の場合，担当閣僚ゆえ答弁をしているという側面が強いため，分析対象から除いた．閣僚以外の議員の答弁者がいた特別委員会は，設置順に，税制問題特別委員会（第118回国会），国連平和協力特別委員会，政治改革特別委員会，税制問題特別委員会（第139回国会，第140回国会），行政改革特別委員会，金融安定化特別委員会である．なお，理事と質問者・答弁者は重複している場合が多々見られる．特別委員会の委員を分析対象としなかったのは，委員には実際の審議に深く関わらない，定足数を充足させるためという性格が強い議員達が見られ，彼らと実際に審議に大きく関わる議

員との区別がつかなかったためである．そこで，委員長・理事のほかに，審議に関わる議員として，質問者と答弁者のデータを用いることにしたのである．

(3) 分析手法

以下では，3で特別委員会に携わる人々の特徴を，当選回数の側面から分析する．次に4で委員会の審議の形態について，質問者の態様によりいくつかのパターンに分けて分析する．ここでは，分析に使う要素として，当選回数以外に審議時間を加える．審議時間とは，衆議院委員会議録に記載される開会時間から散会時間までのうち，休憩時間を除いたものである．これらのデータを用いて質問者の態様のパターンの背景には何があるのかを追い，そこから現在の特別委員会審議の現状を浮かびあがらせる．

3．特別委員会に携わる議員の特徴

当選回数が人事の全てを決めるとは限らないが，当選回数は単に自民党議員の制度的な出世の過程を示すだけではない．議員個人の政策的知識の有無は外に置くとして，一般的に言って，当選回数には国会議員としての熟練度や，政党における重要度との間に正の相関があるとみて差し支えないだろう．よって，ここでは当選回数という視点から特別委員会に携わる議員の特徴を分析することにする．以下，委員会の運営に携わる議員として(1)で委員長と理事について，委員会審議に関わる議員として(2)で質問者と答弁者について述べる．

(1) 委員長と理事

15の特別委員会の委員長は，全部で20人いる[13]．委員長の平均当選回数は8.19回で，理事は，4.42回であった．参考までに常任委員会と比べると，常任委員長は5.42回，常任委員会理事は3.22回であり，特別委員会の方が高い数値を示している．このことから，特別委員会の運営に携わる役職である委員長や理事は，中堅かそれ以上の議員が担っていると推測できる．

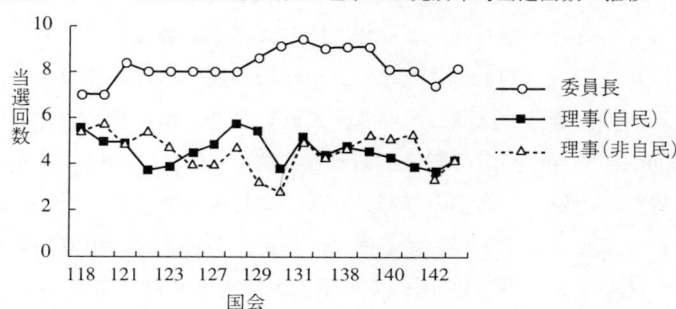

図 I-7-1　特別委員会委員長と理事の政党別平均当選回数の推移

委員長と理事の平均当選回数の推移を見た．特別委員長のほとんどが自民党議員であることから[14]，特別委員長の平均当選回数の動きは自民党の動きとしてみてほぼ間違いない．委員長は第129回国会から第139回国会にかけてやや増加している．これは，自民党が与党に復帰してから単独過半数を回復するまでの期間とほぼ一致する．当選回数の多さが単純に議員の党内での重要度を表わすのならば，自民党は単独過半数を確保していない時は，委員会運営上重要な委員長をより重視していたということになる．

理事は自民党理事，非自民政党理事を分けて分析する．自民党理事は，第126回国会から第128回国会にかけて1つのヤマが見られる．この間は，政治改革特別委員会しか設置されていない．自民党の分裂や下野という特殊な動きが見られた争点ゆえにこれを特殊として除いて考えると，自民党理事の平均当選回数はなだらかに下降していることが分かる．第118回国会と第143回国会の平均当選回数では，約2回の差がある．自民党議員全体の平均当選回数を総選挙後ごとに見てみると，90年の平均は4.93回，93年は5.37回，96年は4.86回で，自民党議員全体は下降傾向は見られない．これと比較すると，自民党の特別委員会理事には，若返りの傾向があるといえる．

非自民政党理事は，当初下降傾向にあったが，第131回国会から突然上昇し，第142回国会で大きく落ち込んでいる．この期間は，第131回国会後に結党し，第141回国会後に解党した新進党の存在期間と重なっている．非自民政党議員全体の当選回数の推移を見ると，90年選挙後は3.84回，93年選挙後は

3.28回，96年選挙後は3.46回である．第131回国会は94年であり，全体の当選回数は減っているときである．よって，理事の当選回数は上昇していると言える．そして，97年の第142回国会では，全体の当選回数は高くなったにも関わらず，理事の当選回数は減っている．これにより，新進党の存在と理事の平均当選回数の動きに一定の関係があると推測できる．この時期に新進党という巨大野党が出現し，同党の与野党対決の姿勢が鮮明であったことが原因と考えられる．それをうかがわせる様に，自民党の理事は，下降傾向を見せているにも関わらず，第131回国会で理事の平均当選回数が高くなっている．

(2) 質問者と答弁者

ここでも自民党議員と非自民政党議員とを分けて分析した．なお，以下本稿で質問者について非自民政党議員という時は，共産党議員と無所属議員を除いている．(15) 答弁者には共産・無所属議員は見られなかった．

自民党議員の質問者の平均当選回数は3.46回，答弁者は5.15回であった．非自民政党議員の質問者は3.31回，答弁者は4.03回であった．両者共に答弁者のほうが約1回分多い．答弁者は法案作成を担当した議員である．法案を作成するのは党の政策責任者であるから，一定の当選回数を重ねた議員が答弁者として登場するのは当然と言えるだろう．

当選回数の推移を自民党議員，非自民政党議員で分けて見たのが図Ⅰ-7-2

図Ⅰ-7-2　質問者と答弁者の政党別平均当選回数の推移

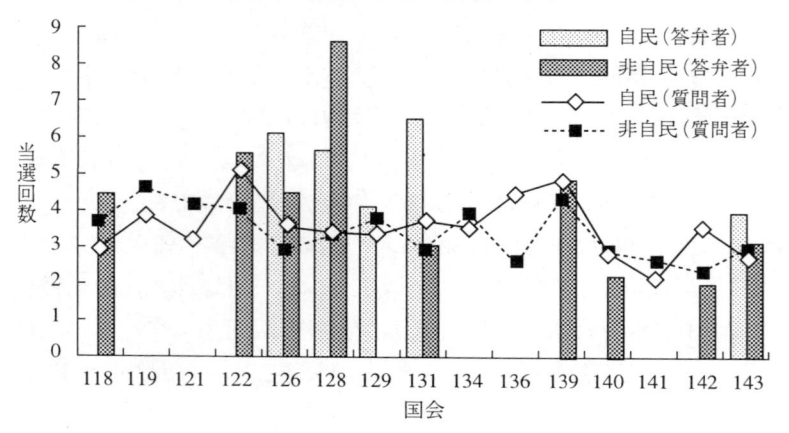

である.

　自民党の質問者の平均当選回数は何度か上下が見られるが，96年12月の第139回国会以降は低くなる傾向にある．答弁者は，自民党議員が答弁に立つ会期が多くないので断定はできないが，98年の第143回国会の答弁者はかなり当選回数が低い．前述の通り自民党議員全体の当選回数には下降傾向が見られないため，96年以降の自民党議員の質問者，答弁者は若返っていると言える．

　非自民政党議員の質問者は，かなりの変動があるが全体的に下降している．しかし，90年から93年にかけては，非自民政党議員全体の当選回数も減っているため，必ずしも質問者の若返りが進んでいるとは言えない．96年以降は，全体の当選回数がやや上昇しているため，質問者は若返っていると言える．答弁者は，与党として携わった第128回国会の政治改革特別委員会に非常に高い当選回数の議員が見られるが，これを除くと下降傾向にある．特に97年の第140回国会以降において大きく減っている．

　当選回数のほかに，特別委員会設置当初の委員がどれだけ質問者や答弁者に見られるかについても見てみた．特別委員会の存続期間は1会期に限られている．継続して設置されている特別委員会についても，会期の冒頭で設置決議が可決され，改めて委員を任命している．ゆえに，ここでいう設置当初の委員とは，各会期の冒頭で委員に任命された議員のことを指す．そして答弁者に占める委員の割合を示したのが表Ⅰ-7-2である．

　これを見ると，2つのヤマがあることが分かる．1つは政治改革特別委員会によるもの，もう1つは第142回国会以降の特別委員会によるものである．しかし，ヤマが2つになった理由は，谷間にあたる税制問題特別委員会が大きく関係しているのではないかと考えられる．第139，140回国会の税制問題特別委員会は，新進党が直前の総選挙の際に公約に掲げた，消費税率3％据え置きについて，公約を果たすべく法案を提出したものである．しかし，第139回国会での質疑は1日のみで終了し，法案はすぐに否決された．第140回国会でも，消費税について踏み込んだ議論はほとんどなされなかった[16]．つまり，税制問題特別委員会の審議は，他の委員会に比べ，盛り上がりに欠けたものであった．そうすると，答弁者に占める委員の割合は増える傾向にあったが，

表Ⅰ-7-2　答弁者のうち委員の占める割合

委員会名	国会会期	委員の占める割合（％）
税制問題特別委員会	第118回国会	0.0
国連平和協力特別委員会	第119回国会	25.0
政治改革特別委員会	第126回国会	42.1
同上	第128回国会	50.0
同上	第131回国会	41.7
税制問題特別委員会	第139回国会	0.0
同上	第140回国会	20.0
行政改革特別委員会	第140回国会	0.0
同上	第142回国会	66.0
緊急経済対策特別委員会	第142回国会	100.0
金融安定化特別委員会	第143回国会	82.4

＊第129回国会の政治改革特別委員会は，答弁者が1人のため省略．

　税制問題特別委員会がその間に位置したために，この傾向が阻害されたのではないだろうか．こう仮定すると，答弁者に占める委員の割合が増えているということは，特別委員会の委員に法案に携わる議員が増えてきているということになる．

　質問者についても，同じように質問者の中に占める委員の割合を見た．委員以外の議員の質問は制度上可能であるが，委員が質問に立つケースがほとんどである．しかし，この中には，差し替えで質問をするために1日だけ委員になるケースが多数ある．そこで，当初任命された委員がどれだけ審議の中で質問しているかを見ようというわけである．委員会質疑は，全閣僚が出席する総括質疑，担当閣僚のみ出席する一般質疑，参考人招致，採決前に行われる締めくくり総括質疑の順で進む．そこで，首相が答弁した質疑，首相が答弁しなかった質疑[17]，参考人質疑，採決直前に行われた質疑のそれぞれにおける，質問者の中に委員が占める割合を見た．

　首相が答弁した質疑の初日における質問者のなかに委員が占める割合は，平均87.2％であった．しかし2日以上連続で首相が答弁した場合，2日目では78.2％に下がる．首相が答弁しなかった質疑では，さらに下がって初日が69.5％で，2日目が65.5％であった．参考人質疑では67.2％であった．しかし，採

決直前の質疑になると，88.8％と再び上昇する．大胆に概括すると，質問者の中の委員が占める割合は，審議入りの時と採決直前で高く，その中間では低いと言える．委員会審議で最も注目を浴びるのは総括質疑と締めくくり総括質疑である．この時に委員が多いということは，特別委員会において重要な役割を担っている議員は当初から委員会に所属しており，差し替えで質問に立つ議員は，審議にはさほど重要ではないということである．

(3) まとめ

　自民党の特別委員会理事に若返りの傾向が見られた．しかし，特別委員長には若返りの傾向が見られなかった．これは，石高が指摘した，自民党は野党転落後に中堅役職（常任委員会理事，政務次官，党政務調査会部会長，党副幹事長）で若返りが見られたが，幹部役職（常任委員会委員長，大臣，政務調査会調査会長，三役とその代理）以上では変化はなかった[18]という動きに符合する．また，自民党議員の質問者と答弁者は，96年以降に若返りが見られた．

　非自民政党議員では，理事は94年の新進党結党に大きく影響を受け，同党の存在期間は平均当選回数が高かった．質問者と答弁者は特に96年以降若返りが見られた．理事が委員会の運営，質問者と答弁者が委員会の審議に関わる役職であるとするならば，これらの役職の当選回数の動きの違いは，当時の非自民政党の性格の違いと推測できる．新進党は，住専予算に関する予算委員会審議の実力拒否に代表される様に，どちらかと言えば与野党対決の場は審議の内容ではなく，国対政治の要素が強かったと言える．新進党解党後の非自民政党（中心は民主党）は対案提出を重視する傾向にあり，法案審議は若手が積極的に担うようになった．この違いが特別委員会の役職の動きにも関係しているのではないだろうか．

　答弁者には最近になるにつれ，委員を兼ねる議員が増えてきている．これは，法案に携わる当事者が国会の特別委員会という表舞台に登場し始めたということであろう．この動きが国会審議の活性化につながるかどうかは未知数だが，可能性としては否定できない．

質問者における委員の占める割合は，最も注目度の高い審議入りの冒頭と採決前が高くなっている．このことから，差し替え議員は特別委員会審議における重要な場面には登場しないと考えられる．

4．審議の内容と委員会人事

ここでは，各委員会の具体的な審議のあり方について，類型化を試みる．そして，類型ごとの背景を考える．

理事は，複数の会期にわたって設置されている特別委員会において，会期が変わる時でなければ，交代がほとんど見られない．よって1つの国会にしか設置されなかった特別委員会の分析で理事のデータを使っても，何らかの動きを見ることはできない．そこで，(1)では理事のデータを使って，複数の会期にわたって設置されている特別委員会のみについて，会期を単位にして分析する．その後，(2)で質問者データを用いてさらに細かく一日の審議を単位にして分析する．なお，委員長は，会期が複数回にわたってもほとんど変動がないため，この節の分析対象にはしなかった．答弁者は，審議によって代わるものではなく，法案に対する特定の数人の責任者が常に答弁している．ゆえに，ここでは答弁者は分析対象としない．

(1) 複数の会期にわたって設置された特別委員会

本稿の分析対象特別委員会のうち，複数の会期にまたがって設置された委員会は5つある．国連平和協力特別委員会，政治改革特別委員会，税制問題特別委員会(第139回国会，第140回国会)，行政改革に関する特別委員会，国鉄債務処理等特別委員会である．図Ⅰ-7-3は，これらの各委員会における当選回数の推移と，総審議時間の推移である．それぞれ，理事全体と，自民党理事，非自民政党理事の平均当選回数の推移である3本の折れ線グラフと，審議時間の棒グラフがある．

これをみると，平均当選回数の推移には，2つの傾向があることがわかる．

a．与党の傾向

第1の傾向は，下降傾向である．そして，この傾向は特に与党に見られる．

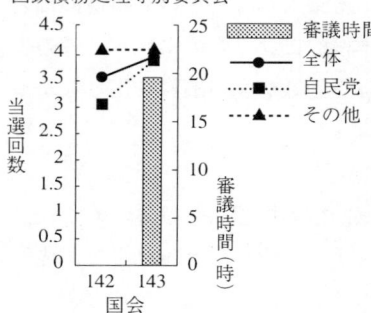

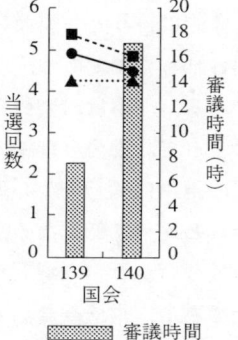

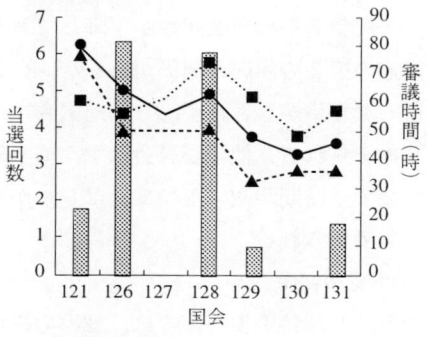

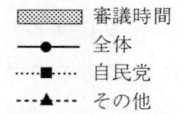

図 I-7-3　理事の当選回数と審議時間の推移

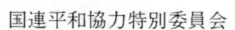

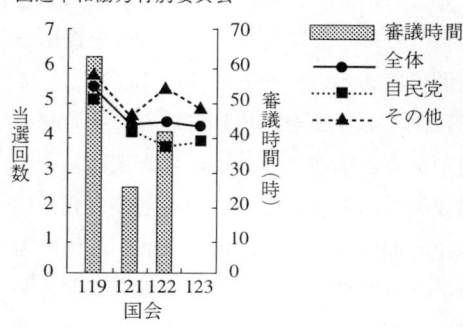

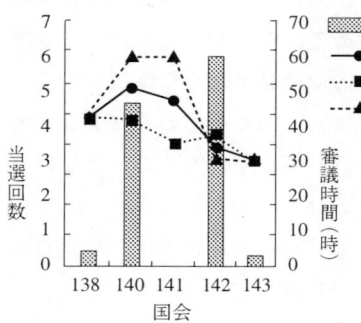

平均当選回数が低くなる要因としては，理事の若返りも考えられるが，それ以外に，与野党理事の争点審議における特別委員会の重要性違いが考えられる．具体的に言うと，委員会において与党は，党で作ってきた法案を提出して質問される立場である．そして質問に答えるのは理事ではなく，主として閣僚である．理事は，委員会の運営に関する仕事を担当している．その結果与党にとって，委員会審議の前段階である法案作りや，委員会審議における野党との議論に関わらない理事の重要性は，野党にとっての特別委員会の理事のそれと比べて低くなる．ならば下降傾向ではなく，何故当初から低い当選回数でないかという疑問が当然残る．これについては，以下のような説明が可能である．常任委員会と違って，重要争点，重要法案のみを扱う特別委員会というのは，一般の常任委員会よりも格段に世間の注目を浴びる．制度的にも，常任委員会より特別委員会のほうが位置付けが上であると考えられている．ゆえに，半ば名誉職的なかたちも含めて，慣例的にある程度の当選回数がある議員が当初任命される傾向にあるのではないだろうか．そして，前述の理由で与党の理事にとって委員会審議は野党にとってのそれよりも重要性が薄いため，徐々に審議が進むにつれて，若手に交代するのではないだろうか．以上のような理由から，特に与党において平均当選回数が下降する傾向にあると考えられる．なお，国鉄債務処理等特別委員会では，与党である自民党の平均当選回数が下降しておらず，むしろ上がっている．これは，後述の第2の傾向と関係があるが，第142回国会には他の懸案が優先されて実質的な審議がなされず，第143回国会になって審議入りしたという事情のためと考えられる．[19] 他の委員会はすぐに審議が本格的になったのに比べ，この委員会では時間が空いたので，はじめからは当選回数が多い議員を出さなかったと考えられる．

b. **野党の傾向**

行政改革特別委員会では，理事の平均当選回数の推移における，もう一つの傾向の典型を見ることが出来る．これは，主に野党が見せる動きで，先程も少し触れたが，審議の推移が大きく関係している．野党は，重要な争点について与野党対決構図ができ，委員会で実質的な審議が始まると，平均当選

回数の高い，経験豊富な人物を委員会に送り込む．そして，審議が一段落すると，再び当選回数の低い議員に代わる．つまり，争点審議の重要度が下がれば平均当選回数も下がるのである．これは，与党と違って野党が特別委員会を政策決定過程において，与野党対決の場として重要視しているということだと考えられる．第1の傾向で述べたことを，違う主体から見たものとも言える．鋭い質問をして与党を追い詰めれば，政権を打倒するチャンスも出てくるかもしれない．そういった意味では，特別委員会は，野党の数少ないアピールの場なのである．そして，野党は絶好の機会を無駄にすまいという姿勢の現われとして，当選回数を審議過程に合わせて上下させるのではないだろうか．そして，それは総審議時間の推移と，第2の傾向で説明される動きとが一致していることからも，この説明に一定の有効性があることを示している．与党は，交渉が山場を越せば当選回数の少ない議員に代わると言えなくはないものの，野党において見られるような，審議過程とはっきり一致した上下の動きは見られない．これはやはり第1の傾向の理由からと思われる．行政改革特別委員会では，野党が大きく動いたために，つまり，平均当選回数推移の2つの傾向のうち，第2の傾向のほうが強く見られたために，全体として見たときに，前項で述べた若返りの効果が減じられ，理事全体として見たときに下降傾向が見られなかったのではないか．

　この第2の傾向は政治改革特別委員会でも見られる．この特別委員会では，政権交代のため，与野党が一定ではないが，それぞれ与党になれば与党の，野党になれば野党の傾向を示している．自民党が野党に転落していたのは，93年総選挙後の第127回国会から第129回国会の途中までである．そして，政治改革関連法案の審議が山場をむかえていたのは第128回国会である．法案成立後の第129回国会になると，細川首相の辞任，羽田内閣の発足といった一連の混乱に向かい，選挙区区割り法の制定の問題は残されていたが，政治改革論議は終息していった．この動きに符合するように，当時の野党であった自民党理事の平均当選回数は，第128回国会にピークを迎え，あとは減少していった．なお，与党に復帰した第131回国会で再び上昇しているのは，区割り法の審議のためと考えられる．国鉄債務処理特別委員会のように，与党でも，

第2の傾向は多少見られるようである．国連平和協力特別委員会でも，証券不祥事が大きな問題となった上にPKO法案が前回の第119回国会で廃案となってしまった第121回国会において，野党の平均当選回数は減っている．しかし，再び同法案が中心的争点となり，強行採決で法案が可決された第122回国会では上昇している．

c．まとめ

以上のことを総合すると，次のようなことが言える．複数回設置の特別委員会において，与党は，理事が特別委員会審議の主役ではないため，理事の重要性は野党より低い．ゆえに当初は，特別委員会という形式を考えて当選回数が高い議員を選出するが，やがて若手に代わる傾向にある．一方野党にとっては，特別委員会は政党にとって絶好のアピールの場である．また，政府を批判するためには，その争点について与党を追及する一番の舞台である．ゆえに，野党は争点の盛衰に対応した動きを見せる傾向にある．つまり，特別委員会の理事には与党と野党で2つの交代パターンがあり，ここに与野党の特別委員会のとらえ方の違いを見ることが出来るのである．

(2) **委員会審議の類型化**

ここでは，質問者のあり方による委員会審議の類型化を試みる．日本の委員会では，内閣提出法案が圧倒的であるため，質問は野党が中心になりがちである．しかし，野党が対案を提出した場合，質問・答弁の立場は逆転する．そこで，以下では内閣提出法案若しくは与党提出法案のみの審議の場合と，野党の対案も審議する場合と，法案が審議されずに調査だけを行う場合とに分けて考える．これらについて詳細な分析を加えたうえで，いくつかの類型をつくる．また，最後に類型化とは別に，質問者のあり方について時間的な観点からの分析を行う．なお，1つの会期で1日しか質疑が行われなかった特別委員会は，実質的な審議がなされていないものと判断し，ここでの分析の対象からは外した．[20]

a．**内閣または与党提出法案審議のみの特別委員会**

内閣提出法案のみを審議する場合，与党議員の質問は，閣僚を含めた答弁

者とは同じ党の議員のため,形式的なものに過ぎないように思える.しかし,具体的に見てみると,実はその中にも,いくつかのパターンがある.

第1のパターンは,与党がほとんど質問に立たない.具体的には,第122回国会の国連平和協力特別委員会[21],第142回国会の行政改革特別委員会,国鉄債務処理特別委員会[22],緊急経済対策特別委員会の4委員会である.これらの委員会では,与党議員(全て自民党)は,いずれも質疑の初日か,参考人質疑の時にしか質問に立っていない.一つ一つの委員会審議を具体的に見ていくと,これらの委員会では,いずれも野党の共闘がうまくいっていない.第122回国会の国連平和協力特別委員会は,第119回国会では野党共闘に成功して廃案に追い詰めたが,この時は,自民党と公明党が共同で修正案を提出し,法案を可決した.第142回国会の行政改革特別委員会では,平和・改革が民主党主導のペースに乗ることを嫌い,同党と一線を画した[23].また,この2党以外の他の野党も,それぞれ独自に修正案を提出した.国鉄債務処理特別委員会では,同時並行的に審議されていた金融問題に関して,当時の菅直人民主党代表が,「金融問題を政局に絡めない」と発言した.これにより自由党が野党共闘をあきらめ,自民党と共同歩調をとり,社民党も加えた3党で法案を可決した[24].緊急経済対策特別委員会は,橋本内閣の経済失政を追及して同内閣を追い詰めようと考える民主党・自由党と,衆参同日選挙を恐れる平和・改革とで足並みが乱れた[25].結局,審議の終わり近くに民主,平和・改革,自由の3会派が共同で対案を提出したものの,質疑は1日審議のうち内閣提出法案の質疑の後に行われたのみであった.質問に立った民主党以外の野党議員の質問者には,自分の党の議員のみに答弁をさせているケースが見られた.

第2のパターンは,逆に与党が質問に立つ回数が多い.第119回国会と第121回国会の国連平和協力特別委員会,第131回国会の税制改革特別委員会,世界貿易機関設立協定特別委員会,宗教法人法特別委員会,金融問題特別委員会,第140回国会の行政改革特別委員会,第140回国会の税制問題特別委員会,日米安保条約特別委員会,財政構造改革特別委員会がこれにあたる[26].これらの委員会には,正反対の2つの事情が背景にある.それは,与野党対立が関係している.与野党が激しく対立しているときと,逆に与野党の対立点が不鮮

明若しくは与野党が歩み寄っている場合である．前者は，第119回国会と第121回国会の国連平和協力特別委員会，第131回国会の税制改革特別委員会，宗教法人法特別委員会，金融問題特別委員会，財政構造改革特別委員会であり，後者は世界貿易機関設立協定特別委員会，第140回国会の行政改革特別委員会，第140回国会の税制問題特別委員会，日米安保条約特別委員会の4委員会である．

　第119回国会と第121回国会の国連平和協力特別委員会は，野党共闘が成功し，PKO法案を第119回国会では廃案，第121回国会では継続審議にした．第131回国会の税制改革特別委員会では，後の新進党である，野党統一会派の「改革」が，消費税率の引き上げに反対し，審議が難航した．そして最後は自社さ連立与党が法案を強行採決した．宗教法人法特別委員会は，本来はオウム真理教の事件を受けて，その対策のために設けられた特別委員会であった．しかし，当時自民党と新進党は鋭く対立しており，この特別委員会も，新進党内の旧公明党グループの支持母体である，創価学会への批判が第2の目的であるような節があった．金融問題特別委員会は，新進党が住専予算をめぐって，予算委員会の審議拒否のためのピケを長期にわたって繰り広げた直後に，事態打開策として設置された．新進党は，当時の加藤紘一自民党幹事長の，共和からのヤミ献金疑惑に関する証人喚問要求と絡めて審議に抵抗した．財政構造改革特別委員会は，新進・民主・太陽の3党が反対で共同歩調をとった[27]．なお，これらの特別委員会は，明確な与野党対決にはなっているが，野党の成果は委員会ごとに違う．第119回国会の国連平和協力特別委員会のように，廃案に持ち込んで成果を収めるケースもあれば，金融問題特別委員会のように，野党はなんの成果も挙げられぬまま終わった特別委員会もある．

　一方で与野党の対立点が不鮮明若しくは与野党が歩み寄っている場合であるが，世界貿易機関設立協定特別委員会は，与野党調整が整い，法案には野党統一会派の「改革」も賛成した．第140回国会の行政改革特別委員会は，大蔵省の金融監督に関する不祥事を受けて，金融監督庁の設立について審議された．ここでは，与党の敵はむしろ改革を嫌がる大蔵省であった．第140回国会の税制問題特別委員会は，第139回国会に新進党提出の消費税3％据え置き

法案を審議した続きで,消費税について議論するために設置された．しかし,第139回国会において,新進党の同法案は1日の質疑の後,直ちに否決された．そして第140回国会では,前述のように,ほとんど踏み込んだ審議はなされなかった．審議時間も,5日間の質疑の合計は17.20時間で,同じ5日間の質疑を行った緊急経済対策特別委員会の30.28時間に比べると,はるかに少ない．また,日米安保条約特別委員会は,新進党が自民党との党首会談で法案の賛成に回り,他の野党も,共産党しか反対の姿勢を明確にしていなかった．結局法案は自民,新進,民主,太陽党が賛成し,圧倒的多数で可決された．

与野党対決が激しいときに与党議員が質問に立つのは,与党としての主張を対外的にアピールしておく必要性や,野党の質問時間を少しでも減らすためと解釈すれば理解できる．一方で与野党が対決しないときの与党議員の質問は,単に野党がそこまで質問時間を与党に要求しないからではないかと考えられる．結果的に両方のケースで与党議員は質問に立つが,その理由は実は違うのではないだろうか．

b. 野党が対案を提出した特別委員会

次に野党が対案を出した特別委員会について分析する．この条件に当てはまる特別委員会は,第118回国会の税制問題特別委員会,第121回国会と第126回国会と第128回国会と第131回国会の政治改革特別委員会,金融安定化特別委員会である[28]．このうち第126回国会と第128回国会の政治改革特別委員会と金融安定化特別委員会においては,自民党の質問者の平均当選回数が何度も上下している（図Ⅰ-7-4参照）．

自民党議員の質問者の平均当選回数が高くなる日は,いずれも非自民政党案に関する質疑が行われた日である．そして,与野党が共に法案を提出している場合,1日おきに交代で質疑が行われるため,このように何度も上下が見られると考えられる．なお,これらの委員会はいずれも審議日数が多いため,その長さゆえに上下の動きが多いのではないかとも考えられる．しかし,他にも審議日数が10回を超える特別委員会は見られたが[29],いずれもこのような頻繁な動きは見られなかった．

自民党議員の平均当選回数の上下が激しい委員会は,いずれも内閣がかな

図 I - 7 - 4　質問者の平均当選回数の推移

政治改革特別委員会（第126回国会）

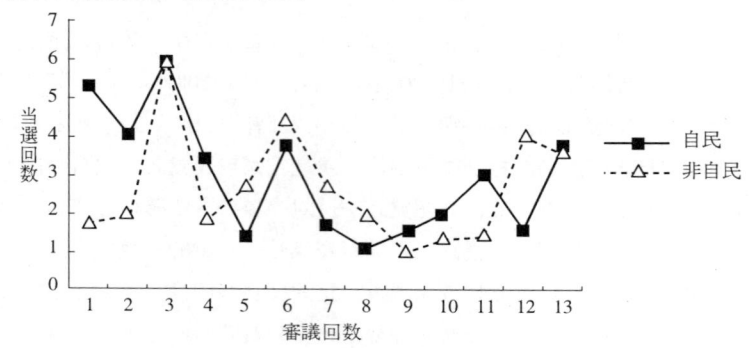

政治改革特別委員会（第128回国会）

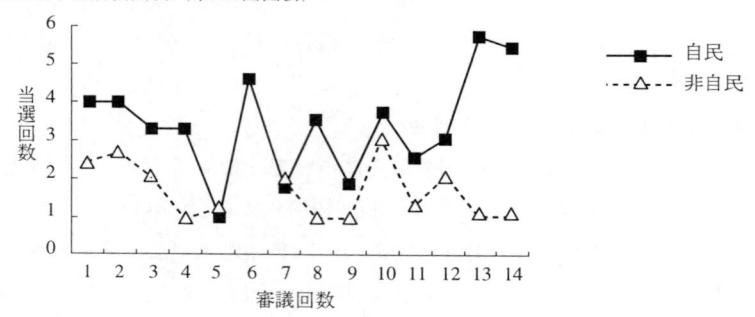

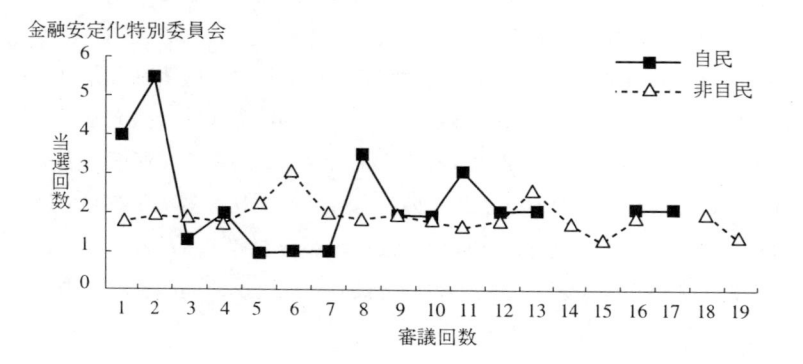

金融安定化特別委員会

りの譲歩を強いられた，若しくは審議の行方が予断を許さない状況だった委員会である．第126回国会の政治改革特別委員会は，その後宮沢内閣不信任決議案可決，解散総選挙，非自民政権誕生と続くことになった委員会である．リクルート事件，佐川急便事件と続いた政治スキャンダルによる政治改革への強い世論や，自民党内羽田派の離党への動きを背景に，この委員会の審議は激しいものとなった．第128回国会の細川連立政権下での政治改革特別委員会も，この流れを受けて国民の強い関心の下に審議が進んだ．金融安定化特別委員会は，98年の参議院議員選挙での自民党の予想外の歴史的大敗北の直後である，第143回国会に設置された．当時の一番の重要課題であった金融機関の破綻に関する諸制度の整備について審議がされたが，金融再生法では，自民党が野党案を全面的に受け入れた．また，自民党内では，実際の与野党折衝にあたる委員会等の前線の自民党議員と，党の意志決定機関に属する幹部議員との間で考え方に違いがあり，かなり混乱がみられた．

　これらの委員会の背景の共通点を指摘すると，①現在まで常に圧倒的第1党である自民党内が混乱していて，②非自民政党が強固に団結しているということである．この2つの条件を満たす時，自民党は特別委員会において非自民政党の動きに対して敏感な反応を見せるのである．

　野党の対案が審議された委員会において，自民党議員の質問者の平均当選回数に頻繁な上下が見られない第118回国会の税制問題特別委員会と第121回国会と第131回国会の政治改革特別委員会には，それぞれ独自の説明を試みる．税制問題特別委員会は当時大きく取り上げられ，野党も共同で法案を提出するなど，自民党にとっては運営が難しい委員会であった．しかし，政治改革特別委員会や金融安定化特別委員会のように，自民党内で議論が混乱することはなかった．むしろ，第119回国会の国連平和協力特別委員会と同じ様に，与野党対立のみであった．第131回国会の政治改革特別委員会は，選挙区区割り法の審議のために設置された．第131回国会は既に自社さ連立政権になっており，国民の間の政治改革熱は冷めていた．区割り法の審議が紛糾することはなく，与野党が歩み寄って，共産党以外の全ての政党の賛成によって衆議院を通過した[30]．与野党がそれぞれ法案を提出してはいるが，これは，む

しろaで述べた第2のパターンの与野党が歩み寄ったケースである．現に，このケースと同じように，自民党の議員は4日の質疑のうち3日質問に立っている．121回国会の政治改革特別委員会は，選挙制度改革に対する野党の反発も強かったが，与党である自民党内でも反発が強く，質問に立った自民党議員が政府を批判する場面も見られた(31)．これを見ると，自民党が敏感に反応するケースの委員会の様であるが，質疑が3日間しか行われなかったため，結論付けるのは無理と判断した．

c. **法案審査が行われない特別委員会**

法案が審議されなかった特別委員会は，証券及び金融問題特別委員会と(32)，第129国会の政治改革特別委員会である．前者は，主に証券不祥事当事者の証人喚問や参考人質疑が中心であった．後者は，選挙区区割り法の制定のために参考人から意見を聞くことが中心であった．2つしか例がないため，法案審議がない特別委員会について傾向を見出すことはできない．しかし，逆に言うと，法案が審議されなければ特別委員会は設置されにくいということである．

d. **類型化**

以上の分析を総合すると，いくつかの条件が変化することによって，議員の質問のあり方が4つに類型化できることが分かった．

第1の類型は，与野党ともに質問に立つが，議論が紛糾することはない委員会である．この時，与野党は歩み寄っている，若しくは与野党に対決する姿勢があまり感じられない．

第2の類型は，ただ政府，与党の提出した法案だけを審議し，自民党議員はもっぱら審議の裏方に徹し，質問にはめったに立たない委員会である．この時の委員会では，与野党の対立において，非自民政党は対決姿勢は見せたいと考えるが，各党の思惑の違いから共闘が失敗している．

第3の類型は，自民党が党の意見を対外的にアピールするためにほぼ全ての質疑において質問者を立てるが，質問議員の平均当選回数に限って言えば，自民党が非自民政党の動きに敏感になることはない委員会である．この時審議は予断を許さないものとなり，与野党は鋭く対立するが，自民党内に混乱

はない．

　第4の類型は，自民党議員の質問者が非自民政党の動きに敏感に反応して代わっている委員会である．この時は，与野党が激しく対立し，世論の関心も非常に高く，自民党内にも混乱がある．

　1から4までの類型の違いというのは，自民党内の結束と非自民政党の共闘のあり方により，特別委員会がどれだけ政策決定過程において重要な舞台となっているかという点である．自民党側から言えば自民党がどれだけ特別委員会の審議を重要視しているかということである．また，非自民政党にとっては，共闘するのみでなく自民党内を混乱させるほどうまく立ちまわらなければ，有意義な委員会審議は望めないということである．

　非自民政党が成果を得ることができるのは，状況から言って，第3と第4の類型である．しかし，これらの類型でも，成果を挙げられるときと挙げられないときがある．非自民政党が大きな成果をあげた典型的な例は第128回国会の政治改革特別委員会と，金融安定化特別委員会である．これらはいずれも自民党に不利な結果をもたらした選挙の後である．前者は非自民新党が飛躍的に伸びた93年の衆議院総選挙の後であり，後者は自民党が歴史的敗北を喫した98年の参院選の後である．つまり，非自民政党は，選挙で自民党に逆風が吹いたとき，その余勢をかって委員会審議を有利に持ちこんでいる．しかし，逆に言うと，選挙で勝たなければ，もしくは選挙で自民党が負けなければ，非自民政党は自民党に対する有効な反撃手段を持ち得ていないのである．

e．時間的変化

　ここまでは，質問者の態様について，時間軸を廃して類型化してきた．しかし，時間の経過と重ね合わせると，質問者のあり方について，1つの傾向を見出すことができる．それは，非自民政党の質問者の平均当選回数の動きである．非自民政党は第142回国会前後から，質問者の平均当選回数の動きが少なくなってきた．従来の野党の質問者の平均当選回数は，総括質疑の初日には高いがその後減り始め，法案採決前に行われる締め括り総括質疑の近くかその当日に再び高くなるといった傾向が見られた．回数にして2～3回分の

差が見られた．しかし，98年の第142回国会と第143回国会に設けられた5つの特別委員会（表Ⅰ-7-1参照）では，いずれも非自民政党質問者の平均当選回数がほとんど一定であった（図Ⅰ-7-4の金融安定化特別委員会のグラフ参照）．第142回国会以降の非自民政党は，一定の当選回数の議員のみを特別委員会審議に参加させていると言うことができる．これは，政策に通じた議員が一定の当選回数の議員に集中するようになったか，もしくは政策に通じた議員を特定の当選回数の議員の中に養成しようとしているかのどちらかと考えられる．

5．結論と含意

以上，変革期の争点に関わる議員はどのような議員で，争点に対していかなる態度をとっているのかについて，特別委員会に携わる議員を題材に見てきた．そして，以下の結論が得られた．

まず，特別委員会に携わる議員の特徴であるが，質問者と答弁者は，全体的には委員長や理事よりも平均当選回数は少ない．しかし，自民党においては理事よりも答弁者のほうが平均当選回数は多い．理事は自民党議員に若返りが見られ，質問者・答弁者では自民・非自民ともに96年以降に若返りが見られる．この若返りがこの先どこまで続くのかは分からない．しかし，かつては陣笠議員としてただ先輩議員の手足として働いていた若手議員達が，着実に政策審議の場に参加しはじめているということであろう．

答弁者は，委員を兼ねる傾向が強くなっており，委員会審議の活性化につながる素地は出来つつあると言える．特別委員会の質疑においては，差し替え議員は重要な役割を果たしていないことも分かった．

非自民政党議員においては，質問者の当選回数が一定になってきている事が分かった．

次に議員が争点に対していかなる態度を示しているかであるが，理事の交代に着目することで，与野党間の特別委員会の捉え方の違いが分かった．特別委員会以外の場所に重要な政策決定過程を持つ与党を，どこまで野党が自らの最高の舞台である特別委員会に引きずり込めるかが，野党にとって，ま

たは国会審議にとって重要となってくる．

そして，質問者の動きに注目して特別委員会審議の類型化を行うことで，特別委員会が重要な政策決定過程になる条件が分かった．また，非自民政党が自民党から大きな成果を勝ち取ることができるのは，選挙での追い風がある時のみである．ここに，選挙の影響抜きではたとえ世論の関心が高い大きな争点であってもなかなか自力で自民党に対抗できない非自民政党の姿を見ることができる．

これらの結果から，変革期の争点に対して議員が国会で審議を活発に行うか否かについては，与野党という議員の「立場」と，自民党及び非自民政党の動きという「条件」の2つが大きく関係していることがわかった．また，選挙による国民の世論は，政権交代を起こすのみでなく，国会論戦の活性化にも重要な役割を果たしている．非自民政党が試行錯誤を続けた結果，自民党に対して有効な対抗手段を持ち得るようになるかどうかは今のところ未知数である．しかし，非自民政党が頼りない現状においても，選挙の結果次第では，国会での活発な審議を飛び越えて，成果さえ非自民政党は勝ち取ることができる．そして，若返り等の審議に関わる議員の変化が，この先の国会審議にいかなる影響を与えるのかも，見逃せない要素である．

（1） 岩井奉信『立法過程』，東京大学出版会，1988年，22-24頁．
（2） 佐々木毅『政治学講義』，東京大学出版会，1999年，182頁．
（3） 岩井，前掲書，24頁．
（4） 佐藤誠三郎・松崎哲久『自民党政権』，中央公論社，1986年，39頁．猪口孝・岩井奉信『「族議員」の研究』，日本経済新聞社，1987年，141-145頁．
（5） 第113回国会と第116回国会に税制問題等に関する調査特別委員会．第113回国会～第114回国会にリクルート問題に関する調査特別委員会．第107回国会に日本国有鉄道改革に関する特別委員会．第104回国会に対フィリピン経済援助に関する調査特別委員会．第100回国会と第95回国会に行政改革に関する特別委員会．第91回国会に航空機輸入に関する特別委員会（第87回国会から継続）．なお，税制問題等に関する調査特別委員会と行政改革特別委員会は，設置期間が離れており，設置当時の内閣も違うため，別の委員会とみなした．

（6）　佐藤誠三郎・松崎哲久『自民党政権』，中央公論社，1986年，39頁．
（7）　第129回国会の政治改革特別委員会では法律案審査はなされなかったが，同委員会の第121, 126, 127, 128, 131回国会では法律案審査がなされていた．
（8）　④や⑥は予算委員会や特別委員会（非常設）のほとんどで行われている．
（9）　常設的特別委員会とは，災害対策特別委員会，石炭対策特別委員会，公職選挙法改正特別委員会，土地問題特別委員会，消費者問題特別委員会，物価問題特別委員会，交通安全特別委員会，沖縄および北方問題特別委員会，国会移転特別委員会の9つである．
（10）　規制緩和特別委員会は，93年に当時の細川首相の提唱で，国会にも規制緩和の議論をする場をつくるという目的で同年8月12日に設けられた．しかし，規制緩和に関する進め方や具体的な規制緩和項目の調整等の実質的な話し合いは，ほとんどが政府に設けられた機関でなされていた．国会の規制緩和特別委員会では，各業界の人間を呼んで意見を聴取したが，全期間を通して総論的な議論に終始した．個々の具体的な権限の統廃合についての法案は，各常任委員会に諮られ，そこで審議された．地方分権特別委員会は，地方分権推進に関する国会決議に基づいて，93年8月12日に設置された．地方分権も規制緩和と同じく政府の機関である行政改革推進本部や地方制度調査会で実質的な議論のほとんどが行われていた．その一方で，国会の地方分権特別委員会では，国政調査をしたり参考人を呼ぶなどしたが，マスコミは大きな関心を寄せず，審議も具体的な地方分権の内容について触れられていたというわけではなかった．第132回国会では，地方分権推進法がこの委員会で審議されたが，設置期間中これ以外の法案審議はなかった．
（11）　本稿で分析対象とした特別委員会の中では，税制問題特別委員会（第118回国会），国連平和協力特別委員会，政治改革特別委員会（第121回国会），世界貿易機関設立協定等特別委員会，日米安保条約土地使用特別委員会，財政構造改革特別委員会，金融安定化特別委員会の7委員会の理事が9人である．証券及び金融問題特別委員会，政治改革特別委員会（第126回国会から第131回国会まで），税制改革特別委員会（第131回国会），宗教法人法特別委員会，税制問題特別委員会（第139回国会，140回国会），行政改革特別委員会，国鉄債務処理等特別委員会，緊急経済対策特別委員会の8委員会の理事は8人であった．
（12）　参考人招致の際に，あらかじめ決められた順序や持ち時間でなく，自由に参考人に質疑ができる．
（13）　同じ人物が，異なる複数の特別委員会の委員長になっている場合は，違う人物とみなした（例　高鳥修は税制改革特別委員会と金融問題特別委員会

と行政改革特別委員会で委員長に就任しているが，3人とカウントした）．
(14) 自民党以外の議員が特別委員長を勤めたのは，第127回国会から第129回国会途中までの政治改革特別委員会の石井一のみである．
(15) 共産党議員の質問者は，特定の議員に限られていた上，松本善明や東中光雄や正森成二といった当選回数が10回近い議員と，佐々木憲昭や佐々木陸海や木島日出男らの当選回数1，2回の議員に2極化されている．これでは他の非自民政党議員の平均当選回数の推移に影響がでると判断した．無所属議員は，政党と違って質問者に誰を選ぶかという選択の要素が薄いため，平均当選回数を用いて変化を分析するのに適さないと考えた．
(16) 『朝日新聞』1997年3月25日付．
(17) 原則は首相が答弁した質疑の後のものとし，首相が答弁した日がない場合は参考人質疑以外の最初の質疑とした．
(18) 本書第Ⅰ部第5章第4節参照．
(19) 委員会は3回開かれたが，1回目は委員長と理事の任命（4分），2回目は法案の趣旨説明（16分），3回目は閉会中審査の件について（2分）であった．
(20) 第139回国会と第143回国会の行政改革特別委員会，第139回国会の税制問題特別委員会．
(21) 第8回の審議から社会党の対案が審議されたため，分析対象は第7回審議までとした（全10回審議）．
(22) 第6回の審議から野党の対案が審議されたため，分析対象は第5回審議までとした（全7回審議）．
(23) 『朝日新聞』1998年5月9日付．
(24) 『朝日新聞』1998年10月6日付．
(25) 『朝日新聞』1998年5月23日付．
(26) 第13回の審議から民主党の修正案が審議されたため，分析対象は第12回審議までとした（全15回審議）．
(27) 『朝日新聞』1997年10月15日付．
(28) 第9回の審議から野党の対案審議が始まったため，分析対象は第9回審議以降とした（全23回審議）．
(29) 第140回国会と第142回国会の行政改革特別委員会(10回と11回)，財政構造改革特別委員会（11回）．
(30) 『朝日新聞』1994年11月3日付．
(31) 9月13日の質疑では，石橋一弥，野呂田芳成等，自民党議員7人のうち，5人が法案を批判した．
(32) 第8回審議で政府提出の証券取引法の改正案の審議が始まったため，ここでの対象は第7回審議まで（全10回審議）．

第8章

政治変動期における議員立法

尾野嘉邦

1. はじめに

　1993年，自民党単独政権とは大きく枠組みが異なる連立政権の登場によって，38年間続いてきたいわゆる55年体制が崩壊し，その後の政治状況は大きく変化した．55年体制下では国会は政府の仕事に承認を与えるだけで，できてしまった法律の執行の段階で行政官庁の失策をつくことが仕事であるとされてきた．しかしながら90年代に入り政治改革気運の盛り上がりのみならず，官僚の不祥事も相まって，政治家の立法能力が注目された．94年に日本経済新聞社が行ったアンケートによると，衆議院議員の68%が官僚主導の政策決定を政治家主導に変えるべきだと考えている．

　国会に提出される法律案は，その提出者に基づいて内閣提出法律案と議員提出法律案に分類できるが，通常は議員提出法律案の方が政治家の法律作成への関与の度合いがより大きい（以下では内閣提出法律案を閣法，議員提出法律案を議員立法と呼ぶこととする）．欧米諸国に比べて日本の国会は，政治家が法律の立案に関与することが少ないといわれており，官僚機構が法律作成をバックアップすることによってできた閣法の方が，議員立法に比べて数が多い．しかしながら政策を具体化するものは法律であり，政治家主導とは政治家自身が法律を立案することにほかならない．自民党政権が長期化することによって政治家は経験を積み，官僚への影響力を増したとするいわゆる族議員論があるが，これは野党議員を無視することになり，政治家全体について知ることはできない．また社会の成熟により法律の内容が複雑になり高

度に専門化している状況にあって，政治家自身が法律案を実際に作成し条文にまで手を加えることができなければ，官僚は法の抜け道を作り裁量行政を手にすることになる．立法府の機能には国民代表機能や立法機能，審議機能，政府・行政監視機能などがあるが，立法機能を充実させることができなければ，政府・行政監視機能を発揮させることもできない．なによりも，議員立法は選挙で選ばれる政治家自身が作るものであるため，時代の変化に敏感に対応できるであろう．[8]

本論文は，立法活動を各政治家レベルにまで還元し，政治状況別の比較を通じて明らかにすることで，これまで日本政治研究において省みられることの少なかった議員立法の重要性の再認識を迫るとともに，日本政治に関する新たな洞察を導く．さらに55年体制崩壊後の政治変動の時代を立法活動の側面から眺め，併せて今後の潮流を考える手がかりを得ようとするものである．

従来日本においては，立法過程の研究はあまりされてこなかったが，全くないわけではない．マイク・モチヅキは，[9]日本の国会について会期，二院制，委員会制度，国会運営における全会一致ルールなどから野党の影響力が大きいことを述べている．岩井奉信は，[10]それに沿って分析し，野党の議席数は絶対的に劣勢であり，野党内部が断片化していること，国会運営の慣例は与野党間の紳士協定に過ぎない点をあげ，野党の影響力には限界があることを指摘している．そして岩井は議員立法の数や委員会の開催時間数などから，日本の議会機能は停滞していると述べている．

次に議員立法について見ると，五十嵐敬喜は，[11]自らが関わった「都市計画法改正案」作成の経験を中心に議員立法について考察している．この中で五十嵐は，政策スタッフに専門家が少ないこと，現代の政策は高度な専門性が必要で政治家のコントロールを越えてしまっていること，国会での審議が空洞化していることなどについて述べている．中村睦男らの研究は，[12]憲法学者や政治学者，実務担当者らによるもので，議員立法の現状や事例，審議過程について述べている．議員立法の本数については，議員立法研究会によるものがある．[13]佐藤誠三郎・松崎哲久は，[14]議員立法の提出政党と本数，議席率との関係から，野党の立法活動の状況について若干論じている．また，谷勝宏[15]

は，政党を単位として政党間関係の視点から立法活動について，政策類型や審議過程にも踏み込んで議論している．

しかしこれら既存文献では，議員立法の本数や審議日数，政策領域などから立法活動が分析されているが，議員立法の提出者に着目したものは皆無である．政治家個人について見ることなく政治家の立法活動のすべてを所属政党だけに還元してしまうのは，立法活動の一部を見失ってしまうおそれがある．そこで本論文では，どのような政治家が議員立法を提出しているのかに着目して議論する．[16]

以下では，議員立法の立法過程における位置づけなどに触れた後，使用したデータと分析方法について説明する．それから分析結果を説明し，経歴などの面からどのような政治家が議員立法を提出するのかについて明らかにし，立法活動における変化について考察する．とくに政治家の専門知識が議員立法の提出につながっている傾向があることを導く．

2．議員立法の提出状況

議員立法の位置づけと提出状況についてみる．閣法の立法プロセスは，基本的に省庁が法案を練り上げ，内閣法制局の法案審査を経て，与党内の折衝の後[17]，閣議決定がなされ，国会に提出されるという手順がとられる[18]．一方，議員立法の場合は，通常は政治家がアイディアを練り，議院法制局で法案化され，所属する政党内の審査を経て，国会に提出されるという手順がとられる[19]．しかしながら日本においては閣法に比べて議員立法の方が，提出数と成立率のいずれにおいても圧倒的に少ない．本論文で分析の対象となっている118回国会（90年2月27日開会）から142回国会（98年6月18日閉会）までの間，閣法の提出数は998本に上るのに対して，議員立法は240本であり，委員会提出のもの（90本）を含めても，閣法に比べて約3分の1の本数である．

55年以降の議員立法の提出数を見ると61年の83本を最大として，その後72年から82年までの一時期にかけて本数が増加しているが，90年代初めのころまで減少する傾向が続いており，バブル経済崩壊直後の90年頃には大幅に減少している（図Ⅰ-8-1参照）．しかしながら90年代に入ると，再び増加傾向に

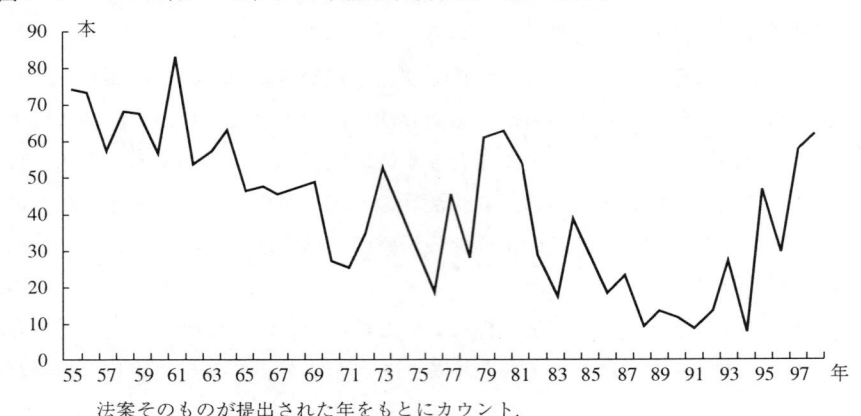

図 I-8-1　1995年から98年までの議員立法提出数の推移（衆院）

法案そのものが提出された年をもとにカウント．

転じている．[20]

3．調査方法

　分析に入る前に，扱うデータの調査方法や定義についてみる．本論文では，議員立法の提出者について90年の118回国会から98年の142回国会までの間に衆議院に提出・受理されたものを調べた[21]．通常，議員立法には，議員が提出する場合（国会法56条）だけではなく，委員会が提出する場合（国会法50条の2）[22]も含まれるが，本論文では前者のみを扱う[23]．なお議員立法の提出には，提出者のほかに一定数の賛成者が必要であるが[24]，提出者のみを調査対象とし，衆参両院における任期の違いや選挙制度の違いなどから衆議院についてのみ分析した．今回の分析では成否や法案の中身についてはいっさい考慮せず[25]，すべて一般化して議員立法の提出者との関連を見た．多様な法案の内容等による提出者の差異についての検討は，今後の課題である[26]．

　90年から98年までの政治変動期における議員の立法活動の変化を見るために，政権の性格や総選挙などの政治状況を勘案して，4つの時期に区分した．第1期は118回国会から126回国会に至る，海部，宮沢両自民党内閣の時代である．その後，内閣不信任案成立と解散総選挙を経て成立した細川，羽田の

非自民連立内閣時代（127-129回国会）が第2期，自民党が与党に返り咲いた村山，橋本の自社さ連立内閣期（130-137回国会）が第3期である．そして新しい選挙制度による総選挙後の138回国会から142回国会までの時期が第4期となる．つまり，第1期が「自民党単独政権末期」，第2期が「非自民連立政権期」，第3期が「自社さ連立政権前期」，第4期が「自社さ連立政権後期」といえる（以下では第1期を「自民単独期」，第2期を「非自民期」，第3期を「自社さ前期」，第4期を「自社さ後期」とする）．なお各期の総会期日数は，それぞれ自民単独期が763日，非自民期が308日，自社さ前期が463日，自社さ後期が404日である．[27]

このように時期区分を行うことにより，与野党の入れ替わりや構成の変化に起因する政権間の違いを見ることができる上に，総選挙を境とする構成員の変化に対応することができる．

構成員は4期それぞれ，最初に開かれた国会会期の冒頭に在職している議員とした（議長・副議長は除く）．議員の属性としては，経歴（官僚・地方政治家・弁護士・議員秘書），世襲，当選回数，所属政党などがある．[28] 経歴については，主要なものであり立法活動と何らかの関係があると考えられるものについて，4つを選んだ．世襲も，国会における世襲議員の割合と選挙における優越性などから，立法活動と関連があると考えられたため，属性の一つとして取り上げた．所属政党についても，それぞれにおいて立法活動に違いがあると考えられ，従来の研究においてもとくに重視されてきたため，取り上げた．[29] 与党であるか野党であるかについては，その所属政党を基準に判断した．[30]

以下では，まず90年から98年までに提出された議員立法の本数とその変化について見たのち，経歴，世襲，当選回数のそれぞれについて，議員立法提出との関係について分析する．そして，与野党の別や所属政党による議員立法の提出への影響について分析し，経歴や世襲との関係についても見ていく．[31]

4．分析結果

(1) 議員立法提出数の変化

ここでは議員立法の提出数について，全体と議員一人あたりの本数がどのように変動しているかを見る．

90年から98年までの議員立法の提出本数は，増減があるものの増加傾向にある．各期で会期日数に違いがあるので，比較のために会期日数100日あたりに換算すると図Ⅰ-8-2のようになる．自民単独期が7.5本，非自民期が3.6本，と少ないのに対して自社さ前期が12.7本，自社さ後期が28.0本と，非自民期の55年体制崩壊直後は議員立法が減少し，自民党が与党に復帰した自社さ前期以降は議員立法が大幅に増えていることがわかる．

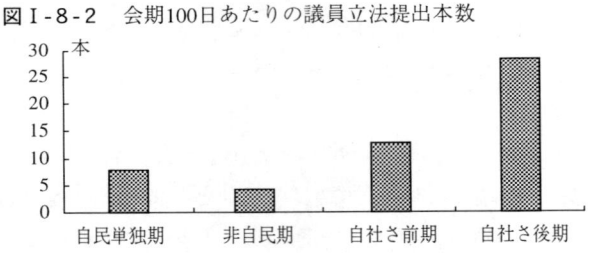

図Ⅰ-8-2　会期100日あたりの議員立法提出本数

政治改革が盛り上がりを見せていた自民単独期および非自民期に比べて，それが収束していた自社さ前期・自社さ後期の方が，立法活動が活発化しているというのは，立法需要の増加ということもあるのだろうが，政治改革によって低迷していた立法活動が刺激されたと考えることもできるだろう．

自民単独期における議員一人あたりの議員立法の提出数は1.16本（変動係数は1.92）[32]，非自民期は0.25本（変動係数は3.72），自社さ前期は2.48本（変動係数は3.09），そして自社さ後期が1.65本（変動係数は1.98）[33]である．会期日数に違いがあり単純には比較できないが，自社さ前期は4期の中で一人当たりの提出数が一番多い．

ちなみに非自民期を除いて，いずれも初当選の議員が議員立法提出数のトップ10の中に入っている．自民単独期は社民連の菅直人，非自民期は海部俊樹ら首相経験者を含む自民党議員16人，自社さ前期は新進党の中野寛成，自社さ後期は共産党の木島日出夫が，それぞれ提出数において一番多かった[34]．

(2) 議員立法提出者の経歴
a. 議員の構成

　議員立法の提出者を分析するには，次の2点について検討しなければならない．特定の経歴を持つ人が議員になっているのかどうかというのが1つ目である．2つ目は，その経歴の議員が議員立法を提出するかどうかという点である．ここでは1つ目について検討する．この点は，国会（衆議院）を構成する議員の経歴を各期毎に見ていくことでクリアできる．

　まず官僚出身者は，議員の15％程度（約80人前後）を占め，微増傾向にある．同様に，地方政治家出身者は，国会において約3割（160人程度）を占めており，ほぼ横ばいである．弁護士出身者は，国会に占める割合はさほど大きくなく，6％程度（30人程度）と，ほぼ横ばいである．議員秘書出身者については，自民単独期が20％を下回っていたほかは，非自民期以降25％前後を占めており，微増傾向にある．なお，各々の議員立法の提出との関係については，表Ⅰ-8-1に示した．

　経歴が議員立法の提出に結びついているのかという2つ目の点については，以下の節で検討していく（図Ⅰ-8-3および表Ⅰ-8-2参照）．併せて，自民単独期から自社さ後期までの変化についても見る．

b. 官僚

　まず，官僚の経歴と議員立法の提出との関係について見る．官僚の経歴と議員立法を提出したか否かについて関連性の有無を見るためにカイ2乗検定を行うと，有意な関連性が見られたのは自民単独期だけであり，官僚出身[35]ではない議員の方が官僚出身の議員に比べて1.82倍，議員立法を提出している[36]．議員立法の提出者となる割合は，非自民期以降，官僚出身ではない議員とあまり変わらない．非自民期以降は与野党間での官僚出身者の比率が大きく変化し，後述のように議員立法をより多く提出する野党への所属者が増えていることと関係していると考えられる[37]．

c. 地方政治家

　次に，地方政治家についてカイ2乗検定によると，自社さ前期を除く自民

表Ⅰ-8-1　経歴・世襲・所属政党と議員立法の提出の有無

	自民単独期		非自民期		自社さ前期		自社さ後期	
	提出あり	提出なし	提出あり	提出なし	提出あり	提出なし	提出あり	提出なし
官僚経験あり	19	53	9	70	22	56	34	48
官僚経験なし	173	265	47	383	137	292	157	259
地方政治家経験あり	55	116	12	149	48	112	44	122
地方政治家経験なし	137	202	44	304	111	236	147	185
弁護士経験あり	19	15	7	26	17	16	23	11
弁護士経験なし	173	303	49	427	142	332	168	298
議員秘書経験あり	29	66	15	109	33	91	41	86
議員秘書経験なし	163	252	41	344	126	257	150	221
世襲	29	86	19	103	32	90	36	79
非世襲	163	232	37	350	127	258	155	228
与党	63	222	21	228	56	236	53	202
野党	129	96	35	225	103	112	138	105

(単位：人)

表Ⅰ-8-2　経歴・世襲・与野党別平均提出数

	自民単独期	非自民期	自社さ前期	自社さ後期
官僚経験あり	0.83	0.32	2.14	1.66
官僚経験なし	1.21	0.23	2.54	1.36
地方政治家経験あり	0.99	0.15	2.14	0.83
地方政治家経験なし	1.24	0.29	2.63	1.70
弁護士経験あり	2.29	0.30	3.18	4.32
弁護士経験なし	1.08	0.24	2.42	1.19
議員秘書経験あり	0.72	0.35	1.88	1.02
議員秘書経験なし	1.26	0.22	2.67	1.54
世襲	0.75	0.38	2.46	0.98
非世襲	1.28	0.21	2.48	1.53
与党	0.54	0.09	0.36	0.70
野党	1.94	0.40	5.35	2.14

(単位：本)

図 I-8-3　経歴・世襲・与野党別の議員立法提出者の割合

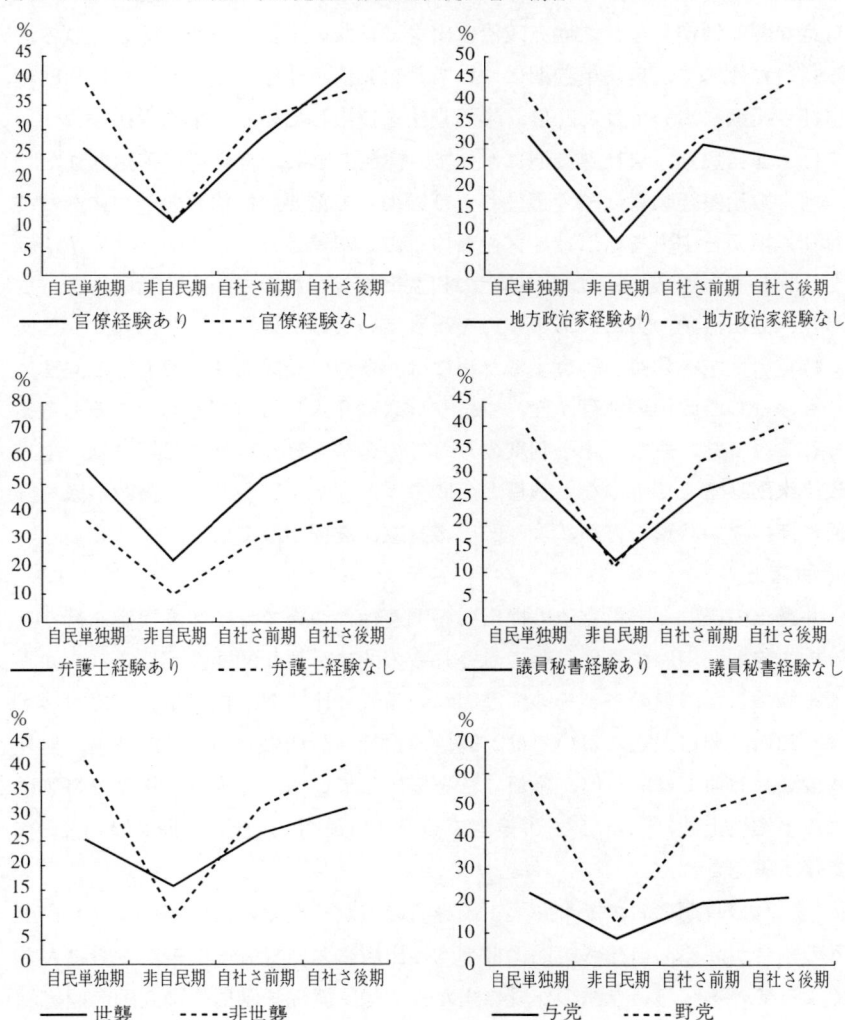

単独期から自社さ後期までにおいて，地方政治家の経歴と提出経験との間に有意な関連性が見られ[38]，地方政治家出身ではない議員の方が，その経歴のある議員に比べて，自民単独期においては1.43倍，非自民期においては1.80倍，自社さ後期においては2.20倍，議員立法を提出している[39]．平均提出数については，非自民期，自社さ後期においてt検定の結果，有意差が確認された[40]．

地方政治家経験者は国会議員および候補者の重要な供給源の一つになっており，地元と中央を結ぶパイプ役ということが言われているが，地方政治家を経験している議員の方が，地元の利益に密着した形での政治活動を行っており，立法活動の方にはあまり力を入れていないということであろう[41]．とくに特定の地域へ利益を誘導するためには，多数の賛成者を必要とする立法よりも，むしろ政策の執行過程，つまり行政に介入した方が容易であると考えられる．また，新しい選挙制度のもとでの選挙を経た自社さ後期には，地方政治家出身者とそうでない議員との間の差が大きく広がり，地方政治家を経験していない議員の方が，より一層議員立法を提出している．

d．弁護士

弁護士の経歴と議員立法の提出との関連性についてカイ2乗検定を行うと，分析対象期間のいずれにおいてもそれらの間に有意な関連性が見られ[42]，弁護士を経験した議員の方がその経歴のない議員に比べて，自民単独期においては2.22倍，非自民期においては2.35倍，自社さ前期においては2.48倍，自社さ後期においては3.71倍，議員立法を提出している[43]．弁護士の経歴の有無による平均提出数についても，t検定の結果非自民期，自社さ前期を除いて，有意差が確認された[44]．

いずれの時期においても弁護士出身者の方がそうではない議員よりも提出者の割合が高く，自社さ後期には平均提出数においてもその差がさらに大きくなっている．議員立法の作成に当たっては，議院法制局や国立国会図書館などの公的なサポート機関が存在しているが[45]，それでもなお法律の知識を有する議員の方が積極的であるといえる．アメリカの議会の場合弁護士出身者が多数を占めており[46]，議員がロー・メーカーとして認識されているが，日本においても弁護士出身者がロー・メーカーとしての役割を果たしているとい

e. 議員秘書

議員秘書の経歴と議員立法の提出との関係について，カイ2乗検定からは統計的に有意な関連性を確認できなかった．平均提出数については，自民単独期と自社さ後期についてt検定の結果,有意差が確認され,それぞれ議員秘書出身ではない議員の方が平均値が高かった．[47]

衆議院においてはおよそ5人に1人が議員秘書出身の議員であり，議員秘書経験者も国会議員の重要な供給源であるが，地方政治家の場合と同様にあまり議員立法の提出者にはならない．議員秘書出身者についても，後援会活動に重点を置き，有権者と利益を結ぶパイプ役としての政治活動が中心になっているのであろうか．

(3) 世襲

まず世襲議員の人数の変化について見ると，国会の約2割（120人前後）を占め，ほぼ横ばいである．次に，世襲と議員立法提出との関係について見ていく（表Ⅰ-8-1，表Ⅰ-8-2および図Ⅰ-8-3参照）．カイ2乗検定によると，自社さ前期を除くすべての期間を通して，世襲議員と議員立法の提出経験の有無との間に有意な関連性が見られ，世襲ではない議員の方が世襲議員に比べて，自民単独期では2.08倍，自社さ後期では1.49倍，議員立法を提出している．[48] 一方，非自民期においてはそれが逆転し，世襲議員の方がそうではない議員に比べて1.74倍議員立法を提出している．[49][50] 非自民期は，多数の世襲議員を抱える自民党が野党に転落した時期であり，その影響であろう．平均提出数については,自民単独期と自社さ後期についてt検定の結果,有意差が確認され，それぞれ世襲ではない議員の方が平均値が高かった．[51]

一見すると世襲ではない議員の方が議員立法を提出しているようであるが，世襲議員は自民党に偏っており，[52] また143回国会において「政策新人類」とよばれた政策通の実務者に世襲議員が含まれているのにも見られるように，[53] 必ずしも議員立法の提出者にならないわけではなく，所属政党の影響も考えられる．

(4) 当選回数

　議員立法の提出と当選回数の関係について分析する前に，各期における平均当選回数について見る．自民単独期における平均当選回数は4.45回であり，非自民期では4.22回，自社さ前期では4.20回，自社さ後期は4.13回と，わずかに平均当選回数が低くなる傾向があるが，大きな変動はない．各期の最高当選回数は，自民単独期が18回，非自民期と自社さ前期が19回，自社さ後期が20回である．これをふまえて分析する．

　議員立法提出者と非提出者の平均当選回数については，自民単独期の提出者が4.21回であるのに対し非提出者が4.59回，以下同様に非自民期が5.68回に対して4.04回，自社さ前期が4.15回に対して4.22回，自社さ後期が3.62回に対して4.44回となっている．非自民期と自社さ後期についてt検定の結果，有意差が確認された．図Ⅰ-8-4からもわかるように，非自民期を除いてはいずれも議員立法提出者の方が平均当選回数が低い傾向がある．

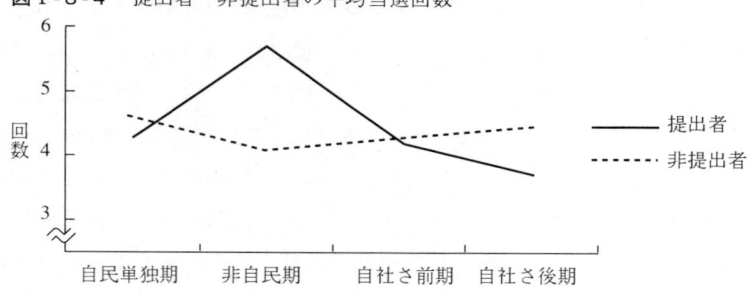

図Ⅰ-8-4　提出者・非提出者の平均当選回数

　非自民期においては他の3期に比べて提出者の平均当選回数が非提出者に比べて高い．野党である自民党が提出した政治改革関連法案が議員立法の約半分を占めており，大物の議員が提出者として名を連ねることが多い重要法案が占める割合が他の期に比べて高かったということが影響しているのであろう．自社さ後期については，新進党や民主党，共産党といった政党に所属する若手議員が競って議員立法を提出したためであろう．

政治変動期における議員立法　　　223

　当選回数別の提出者の割合について自民単独期から自社さ後期までの平均で見てみると，当選1回から13回までは各回数毎に30％前後の議員が議員立法を提出しており，当選14回以上はその存在自体が元々少ないこともあり割合が急激に下がっている．(57) 当選14回で8.3％，当選17回で12.5％であるほかはすべて0％と誰も提出していない．(58) ただ，当選回数別に議員（提出本数1本以上）一人あたりの提出数を見てみると，当選7回から当選12回の間に3つのピークがあり，政党などの幹部職にあると考えられる議員の提出数が多いようである．

　以下では，議員立法提出者の当選回数と当選回数別の提出者一人あたりの提出数について，各期ごとに見ていく（図I-8-5参照）．

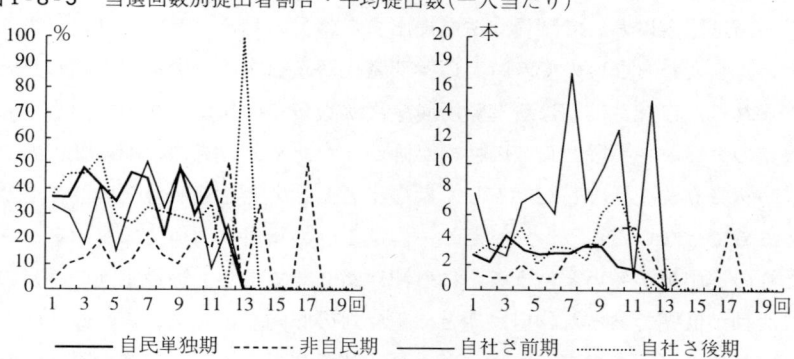

図I-8-5　当選回数別提出者割合・平均提出数（一人当たり）

―― 自民単独期　------ 非自民期　―― 自社さ前期　……… 自社さ後期

　自民単独期について提出者一人あたりの提出数を見ると，当選1回から10回までの議員については，平均して3.10本（標準偏差は0.66）の議員立法を提出しており，当選回数別の提出者割合を見ても平均38.5％（標準偏差は8.7）と，特定の当選回数の議員への偏りは見られず，どの層からもだいたい同じように議員立法が提出されている．

　非自民期については，当選1，2回の議員の提出者割合が他の3期に比べて極端に低く，注目に値する．(59) 総選挙直後であり，初当選の議員にとってはま

だ事情がつかめない上に，政局がめまぐるしく変動する状況への対応に追われていたのかもしれない。当選回数別に提出者一人あたりの提出数についてみると，当選7回から当選12回までの議員が平均で3.91本(標準偏差は0.88)と多いのが目立っている。非自民期においてはその層の議員が多い自民党が野党第1党であったことや，政治改革関連法案などの重要法案の対案が自民党所属議員から議員立法として提出されていることなどがその理由として考えられる。若手の議員が提出者として参加できなかったという点では，この時期の立法活動は，猪口孝・岩井奉信らの言葉を借りれば，総理大臣やその経験者，派閥の領袖などの自民党内実力者からなる「ジェネラル」中心であったといえるだろう。

自社さ前期について提出者一人あたりの提出数を見ると，当選7回(17.19本)，10回(12.80本)，12回(15本)において3つのピークが見られる。それらの当選回数において議員立法を提出する議員の割合については自民単独期とあまり変わらないので，特定の幹部議員が議員立法を数多く提出したと考えられる。自社さ前期は新進党所属議員が数多くの議員立法を提出しており，政党のアピール手段としての性格が強かったため，政党の幹部の職にある議員が議員立法を提出した，もしくは提出者として名を連ねたということがいえるのではないだろうか。しかし，当選1回の議員について，提出者一人あたりの提出数が多いということにも注目が必要である。当選1回の議員の立法活動が低調であった非自民期とは正反対の傾向を示している。政治改革を主要な争点として当選した意欲あふれる若手議員が，政治改革の議論に触発された結果との見方もできる。

自社さ後期の当選1回から当選4回の議員に関していえば，平均して45.2%と議員立法を提出する議員の割合が高いのに対して，提出者一人あたりの提出数はさほど多くはない。一方，当選7回から12回あたりの幹部層の場合，議員立法を提出する議員の割合はあまり高くないのに対して，一人あたりの提出数は多く，いろいろな議員立法を提出しているということがわかる。

最近は若手による立法活動の活発化が注目されているが，議席に占める当選1，2回の若手議員の割合が高いので，必然的に若手議員による議員立法の

提出も多くなり，若手の活動が目立つ構造になっている．ただ，自社さ前期以降，若手と幹部ではやや立法活動のパターンが異なり，若手の場合は多くの議員がそれぞれ少数の議員立法を提出しているのに対して，幹部の場合は特定の議員が数多くの議員立法を提出している傾向がある．後者の場合，所属する政党の党内での役職上，また審議過程においてにらみを利かせるために，提出者として名前を連ねているケースが多いからではないかと思われる．

(5) 所属政党

a．与野党

　与党議員の提出する議員立法は，国会運営上の配慮や，省庁の事情で決められることが多いとされ[65]，また与野党で議員立法の傾向に違いがあるとされるが[66]，与野党の別によって提出者の経歴などに違いはあるのだろうか．与党と野党のどちらに所属する議員がより議員立法を提出するのかについて見た後，経歴・世襲毎に与野党別の人数を見た上で，与野党の別をコントロールしてそれぞれの経歴・世襲との関連について分析する．さらに各経歴・世襲の提出者割合を与野党別にして4期の傾向を比較する．

　まずは，与野党と議員立法の提出との関連について分析する（図Ⅰ-8-3参照）．カイ2乗検定によると，いずれの時期においても所属政党と提出の有無との間に有意な関連性が見られ[67]，野党議員の方が与党議員に比べて，自民単独期においては4.74倍，非自民期においては1.69倍，自社さ前期においては3.88倍，自社さ後期においては5倍，議員立法を提出している[68]．与野党別による議員立法の平均提出数についても，自民単独期から自社さ後期のすべてにおいてt検定の結果，有意差が確認され[69]，それぞれ野党に所属する議員の方が平均値が高かった．

　以上から，与党の場合は行政府によるサポートのもとで主として閣法による立法活動を行っており，議員立法は野党が与党に対抗するために用いられている手段であるという見方ができるだろう[70]．長期に渡り単独政権を保ってきた自民党が野党に転じ，従来の野党勢力が与党になった非自民期においても，野党の方が与党よりも議員立法の提出者の割合がわずかではあるが高か

ったという点は,こうした見方を裏付ける.

次に,経歴・世襲毎に与野党別に分けてその人数を見ていく.

表Ⅰ-8-3からは官僚出身者について自民単独期においては与野党で人数に大きな差があり,官僚出身者のほとんどが与党に所属していたが,その後野党に所属する官僚出身者が増えているのがわかる.おそらく自社さ前期以降の保守系野党の誕生とも密接な関係があるのだろう.地方政治家出身者については,いずれの期においても与野党間で人数比においてさほど大きな違いはないが,自社さ前期以降野党に所属する地方政治家出身者の人数が減っている.弁護士出身者については,自民単独期においては野党に所属する弁護士出身者の方が多かったが,非自民期と自社さ前期においては与野党間でその差が縮まっている.しかしながら自社さ後期には野党に偏りが見られ,自民単独期と似たような人数比になっている.議員秘書出身者については,非自民期以降与野党間の人数比がだいたい2対1程度になっている.世襲については,自民単独期においてはほとんどが与党に偏っていたが,非自民期以降そのアンバランスがやや解消し野党所属者が増えている.

このように,一部の経歴について与野党間で議員の人数に大きな偏りがあることが分かった(71).また,与野党で平均提出本数が異なることが分かった.そこで,議員立法提出者の経歴および世襲のうち,それぞれ議員立法提出の有無との関連性が先のカイ2乗検定において有意とされたものについて,所属政党をコントロールした場合とコントロールしない場合で,経歴・世襲と議員立法提出との間の関係を示す尺度であるオッズ比(72)(1に近いほど関連性が

表Ⅰ-8-3　各経歴・世襲出身者の与野党別人数

	自民単独期		非自民期		自社さ前期		自社さ後期	
	与党	野党	与党	野党	与党	野党	与党	野党
官僚	69	3	26	53	49	29	54	28
地方政治家	89	82	79	82	92	68	94	72
弁護士	9	25	22	11	16	17	8	26
議員秘書	75	20	44	80	77	47	83	44
世襲	102	13	29	93	92	30	85	30

(単位:人)

ないということを意味する)がどう変化するかを見て，議員立法の提出との関連について分析する(表Ⅰ-8-4参照).

表Ⅰ-8-4からわかるように，自民単独期において所属政党をコントロールすると，世襲の場合，コントロールしない場合に比べてオッズ比が1に近づき，世襲と世襲ではない議員との間の差がなくなる．したがって世襲による差は所属政党により説明される部分が大きいと考えられる．与党に所属する官僚出身者についてもオッズ比が1に近くなり，官僚出身者とそうでない議員との間の差が小さくなる.[73] その他については，地方政治家の場合は所属政党の影響はあまりなく，弁護士の場合は与党について弁護士ではない議員の方が議員立法を提出していることがわかる.[74]

同様に非自民期において所属政党をコントロールすると，地方政治家の場合は自民単独期と同様に所属政党の影響はほとんどなく，世襲の場合においては与党に所属する議員の方が所属政党をコントロールしない場合に比べてオッズ比が高くなっており，世襲議員の方がより議員立法を提出していることを表している．野党に所属する世襲議員については，所属政党をコントロールしない場合に比べてオッズ比が1に近づいており，世襲ではない議員との差が小さくなっている．弁護士の場合は野党に所属している弁護士出身者

表Ⅰ-8-4　経歴・世襲別オッズ比

	自民単独期 全体		非自民期 全体		自社さ前期 全体		自社さ後期 全体	
	与党	野党	与党	野党	与党	野党	与党	野党
官僚	0.55		-		-		-	
	1.21	1.50	-	-	-	-	-	-
地方政治家	0.70		0.56		-		0.45	
	0.63	0.58	0.48	0.60	-	-	0.49	0.45
弁護士	2.22		2.35		2.48		3.71	
	0.43	2.06	1.83	4.02	2.71	2.11	2.36	2.80
議員秘書	-		-		-		-	
	-	-	-	-	-	-	-	-
世襲	0.48		1.74		-		0.67	
	0.95	0.86	2.66	1.23	-	-	1.42	0.73

オッズ比は1に近いほど，経歴・世襲と議員立法提出との間の関連性がないということを意味し，各経歴・世襲出身者が議員立法を提出する傾向がある場合はオッズ比は1より大きくなる．

のオッズ比が，所属政党をコントロールしない場合に比べて高くなっており，野党に所属する弁護士出身者の方がより議員立法提出者となっていることがわかる．

　自社さ前期については，弁護士のオッズ比はいずれも与野党をコントロールしない場合とあまり変わらないので，所属政党によって説明される部分は小さいと考えられる．

　自社さ後期において与野党の別をコントロールした場合，地方政治家出身者のオッズ比はコントロールしない場合とあまり変わらないので，所属政党によって説明される部分は小さいと考えられる．弁護士の場合については，所属政党をコントロールしない場合に比べてややオッズ比が小さくなっているが，それでもなお2以上である[75]．世襲については，所属政党による影響を受けていることがわかる．

　次に，各期ごとに経歴・世襲別の提出者の割合を与野党に分けて見ていく（図Ⅰ-8-6参照）．

　自民単独期において，与党の場合は議員秘書出身者が26.7%[76]，野党の場合は弁護士出身者が72%[77]と，他の経歴などに比べて議員立法を提出している人の割合が高いようである．非自民期においては与党の場合は世襲の議員や弁護士出身者（前者は17.2%，後者は13.6%）[78]，野党の場合は弁護士出身者（36.4%）[79]が議員立法を提出しているようである．この時期は自民党が与党から野党に転落したが，自民単独期とは反対に弁護士出身者が議員立法提出者となる割合が高くなっている点は興味深い．自社さ前期は与野党ともに弁護士出身者（与党所属議員が37.5%，野党所属議員が64.7%）[80]が，他の経歴出身者よりも議員立法提出者となっている．自社さ後期における傾向としては，与党の場合は弁護士出身者が37.5%[81]，野党の場合は官僚出身者と弁護士出身者がそれぞれ82.1%，76.9%[82]と，議員立法の提出者となる割合が他の経歴などに比べて高い．地方政治家出身者については与野党ともにあまり議員立法の提出者にはならず，非自民期と同じような傾向が見られる．

　全体の傾向を比較してみると，与党に関しては自社さ前期以降，議員秘書出身者に代わって弁護士出身者が台頭してきている．野党所属議員について

図 I-8-6　経歴・世襲別提出者の割合

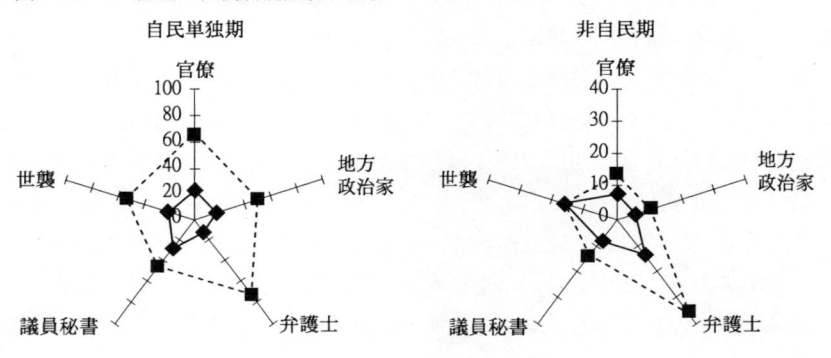

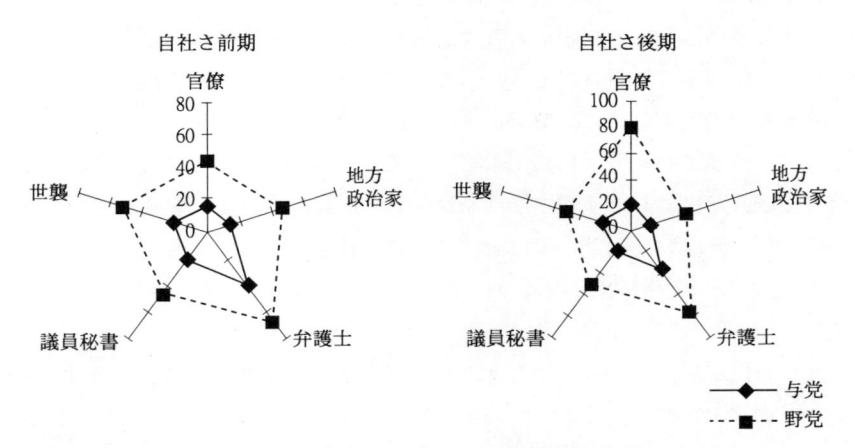

自民単独期／非自民期／自社さ前期／自社さ後期のレーダーチャート（官僚・地方政治家・弁護士・議員秘書・世襲）

──◆── 与党
----■---- 野党

与野党別にそれぞれの経歴に属する議員を100とした場合の提出者の割合．

は，いずれの時期においても弁護士出身者の方が議員立法提出者の割合が高いが，非自民期以降は与党所属議員の場合にも議員立法提出者となる傾向が見られ，議員立法提出の事情や内容について与野党で異なる傾向があるとされるにもかかわらず，弁護士出身者の方が議員立法を提出しているという点は注目される．さらに野党に関しては，自社さ後期になると官僚出身者の提出割合が高い．非自民期については，与党の方が世襲の議員による立法活動が目立っている[83]．

このように，所属する政党が与党であるか野党であるかによって，議員立法の提出者の経歴はやや傾向に違いがあるものの，弁護士などのように，あまり違いが見られないものもある．また，それぞれ時期によってもその特徴が異なっていることがわかる．

b．政党

日本の国会においては政党の拘束が厳しいことを考えると，議員立法の提出に際して所属政党の要因も大きく影響していると考えられ，既存の研究においてもしばしば言及されてきた[84]．衆議院において議員立法の提出には，賛成者要件を満たすほかに，慣例により会派の機関承認が必要とされている[85]．そこで，所属政党別の平均提出数について見た後，各経歴・世襲の提出者割合を所属政党別にして4期の傾向を比較し，所属政党による影響を分析する．その結果，政党の要因だけでは説明できない経歴があることを示す．

所属政党別の平均提出数について見ていく（図Ⅰ-8-7および図Ⅰ-8-8参照）．

まず自民単独期についてみると，野党第1党の社会党に所属する議員一人あたりの提出数が一番多く，ついで公明党，民社党の順番に並んでいる．共産党と民社党については，それぞれ所属する議員数が議員立法の提出要件である20名を満たしていないにもかかわらず議員立法を提出しているが，これは他党との共同提出によるものである[86]．所属議員の少ない民社党に比べて共産党の方が提出数が少ないのは，共産党が国会内で孤立し野党共闘に参加できないでいるためである．

非自民期についてみると，自民単独期においてほとんど提出していなかっ

図 I-8-7　所属政党別平均提出数

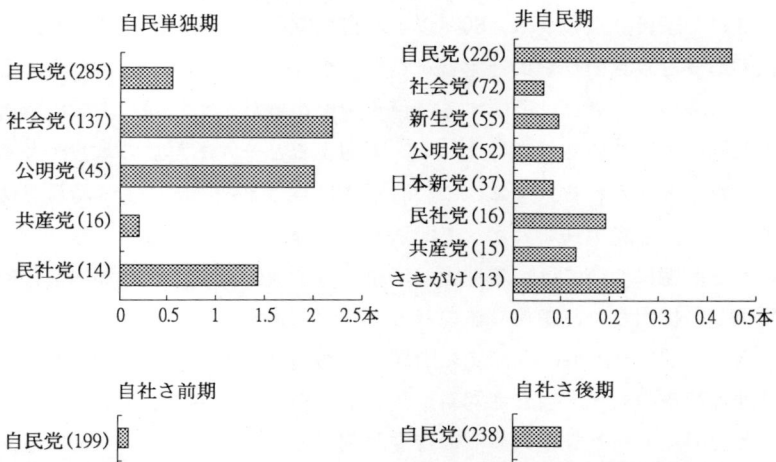

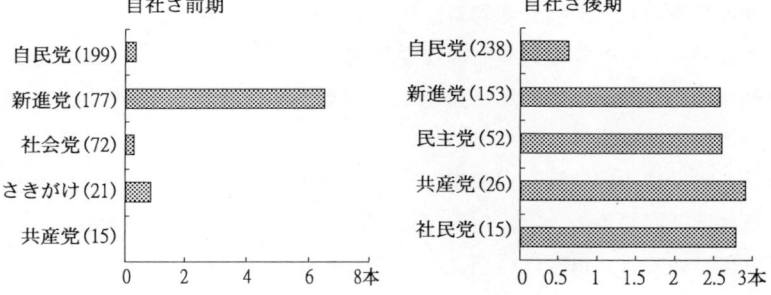

自民単独期
- 自民党(285)
- 社会党(137)
- 公明党(45)
- 共産党(16)
- 民社党(14)

非自民期
- 自民党(226)
- 社会党(72)
- 新生党(55)
- 公明党(52)
- 日本新党(37)
- 民社党(16)
- 共産党(15)
- さきがけ(13)

自社さ前期
- 自民党(199)
- 新進党(177)
- 社会党(72)
- さきがけ(21)
- 共産党(15)

自社さ後期
- 自民党(238)
- 新進党(153)
- 民主党(52)
- 共産党(26)
- 社民党(15)

カッコ内は所属する議員の数.

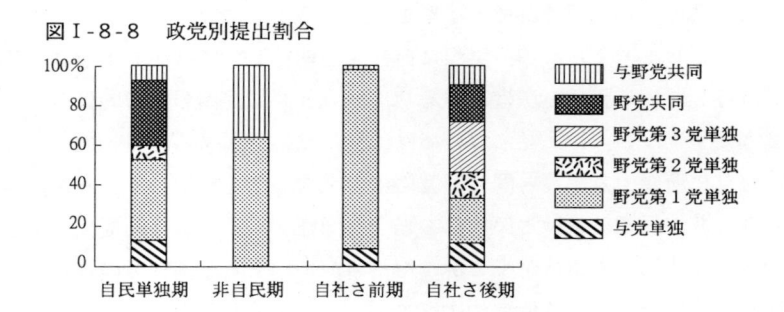

図 I-8-8　政党別提出割合

凡例:
- 与野党共同
- 野党共同
- 野党第3党単独
- 野党第2党単独
- 野党第1党単独
- 与党単独

区分: 自民単独期, 非自民期, 自社さ前期, 自社さ後期

た自民党に所属する議員の提出が他党に比べて目立っているが，この時期に提出された議員立法のうち，60％以上が自民党単独提出の法案である．当時与党であった政党のうち民社党と新党さきがけについては一人あたりの提出数がやや多いが，これは所属する議員が少なかったため，同じ本数の議員立法を共同提出している他党に比べて，平均すると一人あたりの本数が多くなるからだと考えられる．(87) なお，この時期には与党単独提出による議員立法は1本もなく，与党単独ではすべて閣法として提出されている．

　自社さ前期については，新進党に所属する議員一人あたりの提出数は他党を圧倒し，提出された議員立法のほとんどが新進党単独での提出である．一方，自社さ前期において共産党に所属する議員は1本も提出していない．自社さ連立政権のもとで自社さ対新進党という構図のなかで，イデオロギー的に大きく異なる新進党と共産党の野党共闘ができなかったためであろう．また自社さ前期になると，自民単独期と同じような割合で，再び与党単独提出による議員立法が登場している．

　自社さ後期については，自民党を除いて各党に所属する議員一人あたりの提出数はほぼ同じくらいで，自民党に所属する議員を大きく引き離している．共産党については，自社さ後期になると所属議員が26名となって議員立法の提出要件を満たし，共産党単独で議員立法を提出できるようになった．その結果，共産党に所属する議員一人あたり提出数はこれまでになく増加している．自社さ後期における議員立法数の増加は，国会内で独自行動をとる傾向にある共産党が単独で議員立法を提出できるようになったことが，その要因の一つとして考えられる．実際に自社さ後期において共産党に所属する議員が関与している議員立法は31本あり，他党と共同提出したものはそのうちの2本にすぎない．社民党については，社民党に所属する議員一人あたり，他の野党に所属する議員と同じ程度の数の議員立法を提出しているが，自民単独期と非自民期における民社党の場合と同様に他党との共同提出によるものであり，(88) 所属する議員が少なかったため，平均すると同程度の本数の議員立法を共同提出している他党に比べて多くなるからだと考えられる．この時期の野党間での共闘については，図Ⅰ-8-8からもわかるように，自民単独期ほ

どにはうまくいかず，各野党が単独で提出する議員立法が一定程度の割合を占めている．

このように，議員の所属する政党がある程度議員立法の提出を左右していることがわかる．とくに共産党の立法活動の変化について見てもわかるように，国会法56条1項の規定が議員の立法活動に影響を与えていることは明らかである．

しかしながらこれまで見てきたように，所属政党の影響を受けながらも，野党だから，あるいは国会法の提出要件を満たす政党に所属するから議員立法を提出するというだけではなく，議員個人の経歴も何らかの形で影響していると考えられる．つまり，所属政党は議員の立法活動に影響を与える重要な要因の一つであるがそれがすべてとはいえない．そこで次に，所属政党と経歴や世襲との関係を見ていく（表Ⅰ-8-5参照）．

まず，自民単独期については，自民・公明両党のいずれにおいても官僚出身ではない議員に比べて官僚出身者の方が議員立法を提出する割合が高かった．全体からの分析とは傾向が異なるが，社会党や共産党，民社党に官僚出身者が一人もいなかったということと関連しているだろう．地方政治家出身者については共産党を除いて，いずれも地方政治家出身ではない議員の方が議員立法を提出する割合が高かった．共産党所属の議員については，議員立法を1本も提出していない自社さ前期を除いて，いずれの時期においても，地方政治家出身者の方がそうではない議員に比べて，議員立法を提出している．共産党に所属する地方政治家出身者は他党の場合とは異なり，地方政治を通じて問題意識を持ち，それを国政に反映させていると考えられる．弁護士出身者については，自民党を除いて，出身者を抱えるいずれの政党についても，議員立法を提出する割合が高かった．この時期においては，自民党の弁護士出身者はあまり議員立法を提出していない．与党である自民党は官僚機構を利用できるために，議員立法の提出において弁護士出身者の専門知識を必要としなかったと考えられる．

非自民期は，提出された議員立法の半数以上が自民党単独による提出のものであるため自民党の影響が強い．野党に転じた自民党については自民単独

表Ⅰ-8-5　経歴・所属政党別提出者割合

自民単独期	自民	社会	公明	共産	民社
全体	22.1	62.8	60	18.8	57.1
官僚経験あり	24.6	-	100	-	-
官僚経験なし	21.3	-	58.1	-	-
地方政治家経験あり	16.9	56.1	25	33.3	40
地方政治家経験なし	24.5	67.5	72.7	10	66.7
弁護士経験あり	11.1	66.7	100	40	-
弁護士経験なし	22.5	62.4	52.6	9.1	-
議員秘書経験あり	26.7	38.5	100	-	75
議員秘書経験なし	20.5	65.3	59.1	-	50
世襲	21.6	37.5	-	-	100
非世襲	22.4	64.3	-	-	45.5

非自民期	自民	社会	新生	公明	日本新	民社	共産	さきがけ
全体	14.6	5.6	9.1	9.6	2.7	18.8	13.3	23.1
官僚経験あり	13.7	-	12.5	0	0	0	-	0
官僚経験なし	14.9	-	7.7	10.4	3	20	-	25
地方政治家経験あり	8.7	0	4.3	14.3	0	25	33.3	20
地方政治家経験なし	17.2	8.7	12.5	8.9	4.2	16.7	0	25
弁護士経験あり	42.9	0	0	25	0	0	25	50
弁護士経験なし	13.7	6.2	9.4	6.8	2.8	20	9.1	18.2
議員秘書経験あり	14.7	16.7	5.9	0	0	0	0	33.3
議員秘書経験なし	14.6	4.5	10.5	10.2	3.4	23.1	14.3	14.3
世襲	15.6	0	25	-	0	25	-	20
非世襲	14	6.1	4.7	-	2.8	16.7	-	25

自社さ前期	自民	新進	社会	さきがけ
全体	17.1	57.1	20.8	33.3
官僚経験あり	19.6	52	-	0
官僚経験なし	16.3	57.9	-	38.9
地方政治家経験あり	13.1	60	20	33.3
地方政治家経験なし	18.8	57.9	21.3	33.3
弁護士経験あり	16.7	84.6	42.9	66.7
弁護士経験なし	17.1	54.9	18.5	27.8
議員秘書経験あり	15.2	47.5	33.3	40
議員秘書経験なし	18	59.9	19.7	31.3
世襲	14.8	53.6	50	40
非世襲	18.6	57.7	18.2	31.3

自社さ後期	自民	新進	民主	共産	社民
全体	17.2	58.2	69.2	30.8	66.7
官僚経験あり	18.9	84	100	-	-
官僚経験なし	16.8	53.1	68	-	-
地方政治家経験あり	11.2	37	53.3	62.5	50
地方政治家経験なし	20.8	67.3	75.7	16.7	72.7
弁護士経験あり	37.5	91.7	77.8	40	-
弁護士経験なし	16.5	55.3	67.4	28.6	-
議員秘書経験あり	20.7	46.9	57.1	100	-
議員秘書経験なし	15.4	61.2	71.1	25	-
世襲	23.8	52.4	37.5	-	-
非世襲	13.6	59.1	75	-	-

（単位：%）

期と異なり，弁護士出身の議員立法提出者の割合が非常に高くなっている．

　自社さ前期は，弁護士出身者による議員立法の提出が目立ち，自民党を除いていずれの政党においても弁護士出身者の方が議員立法を提出する割合が高い．自民党についても，弁護士出身者とそうではない議員との間の割合の差は小さくなっている．そのほかの経歴などについては，各党で差がある．

　自社さ後期は，まず官僚出身者を抱える自民党・新進党・民主党のいずれの政党においても，官僚出身者の方が議員立法の提出者となる割合が高い．同様に，弁護士出身者についても，各党において議員立法の提出者となる割合が高い．つまり，この時期において官僚出身者や弁護士出身者は，所属政党を問わず共通して議員立法の提出に積極的であるということがいえる．地方政治家については，自民単独期と同様に，共産党を除くいずれの政党においても，地方政治家出身者ではない方が議員立法の提出者となる割合が高い．

　このようにして議員立法提出者の所属政党と経歴や世襲との関係を見てくると，各政党の特徴と共通点，さらにはその変化が見えてくる．共産党に所属する地方政治家出身の議員は議員立法の提出者となる割合が高いこと，野党においては弁護士出身者の方が議員立法提出者となる割合が高かったが，自社さ後期には与党を含めたいずれの政党においてもそのような傾向が見られること，官僚についても同様であることなどから，官僚や弁護士など政党要因に吸収されない経歴があることがわかる．

　このことからは，所属政党だけで議員の立法活動が左右されているわけではなく，各議員の経歴との関連性が見られ，これまで分析してきた内容と大きく矛盾することはないといえる．

5．結論と含意

　本論文の目的は，90年から98年までの政治変動期における議員立法の提出者に注目し，その経歴や世襲，当選回数，所属政党などと議員立法の提出との関連性およびその変化を分析することにあった．そして分析の結果，以下のことが明らかになった．

　(A)まず，経歴・世襲との関連についてみると，①官僚出身者については，非

自民期以降，官僚出身者ではない議員に対して議員立法の提出者となる割合が高まっている．②地方政治家出身者については，共産党に所属する者を除いて提出者となる割合が小さい．③弁護士出身者については，議員立法の提出者の割合が高い．ただ，自民党に所属する弁護士出身者は，非自民期と自社さ後期を除いてあまり議員立法を提出していない．④議員秘書出身者については，議員立法の提出において，そうではない議員との間に明確な違いは見られなかった．⑤世襲議員であるかどうかについては，議員秘書出身者の場合と同じように立法活動とあまり関連性が見られなかった．

(B)次に，当選回数と議員立法の提出との関係についてみると，自社さ前期以降若手の場合，多くの議員が少しずつ議員立法を提出しているのに対して，幹部議員の場合は特定の議員が多くの議員立法を提出している傾向がある．当選回数別に見た議員立法の提出者の割合については各期によって若干の違いが見られた．

(C)所属政党との関係についてみると，いずれの時期においても与党よりも野党に所属する議員の方が議員立法を提出しており，議員立法は野党が与党に対抗するための手段となっている．また，国会法の規定が議員の立法活動に影響を与えており，所属政党が一定程度，議員立法の提出を左右している．ただ，弁護士出身者について見られたように，所属政党に関わらず議員の個人的な経歴が議員立法の提出に影響を与えている．

以上の結果から明らかなように，経歴や当選回数によって議員立法の提出に違いがあり，議員立法のすべてが所属政党によって左右されているわけではない．これまで立法活動については政党を単位とした分析が行われてきたが，政党の役割のみを過度に強調すべきではないということがいえよう．

この結論から，日本政治にどのようなことがいえるであろうか．政治変動期において議員立法を提出した議員は弁護士出身者が多く，最近では特に野党を中心に官僚出身者が議員立法を提出するようになっており，彼らは専門的な知識を背景に議員立法を通じて議論をリードしている．政策決定の速さが求められる状況の中で，議員自身による政策立案が行われたという背景もあるが，法学部出身者が多数を占める官僚出身者が，弁護士出身者と同じよ

うな傾向を示すのは興味深い．

　これらの事実からわかることは，議員個人の法律の知識の有無が立法活動に大きな影響を与えているということである．つまり，議員立法をサポートする体制が不十分であるということである．もし議員の立法活動をサポートできる体制があれば，法律の知識の有無に関わらず議員立法が提出されているであろう．

　そうした点で自民党に所属する議員について見ると，他の政党とは異なり，官僚出身者や弁護士出身者であるからといって議員立法を提出する人の割合が特に高まるわけではなく，個人的資質や専門性の活用があまり重視されていないことがわかる．長年にわたり政権の座にあって，官僚機構をいわばシンクタンクとして利用できる地位にあるからであろう．[89] ただ自社さ後期には，そうした傾向にも変化が見られ，官僚との関係が微妙に変化しているのではないかと考えられる．

　冒頭で述べたように，政策を具体化するものは法律であり，政治家自身，条文にまで及ぶ高度に専門的な議論ができなければ官僚の裁量行政をなくすことはできない．本論文において明らかになったように，政治家個人の専門性が議員立法の提出に影響を与えている．しかしながら専門性を持つ政治家の数は少なく，強大な官僚制に圧倒されているのが現状である．日本において立法を補佐する制度がないわけではなく，巨額な政党交付金[90]や立法事務費[91]をはじめとする制度はすでに存在している．そうした制度を活用することで政治家だけではなく政党は，組織として高度な専門性を持つことが重要であろう．[92]

　本論文では，議員立法提出者の経歴などの面から立法活動を分析し，一般的な傾向として議員の専門知識との関係が明らかになった．しかし，どのようなメカニズムで立法活動に影響を及ぼしているのか，法案の内容によっていかなる傾向の変化があるのか，法案の成否とどのような関連があるのかなどの点については，あらためて分析する必要があるだろう．

（1） チャーマーズ・ジョンソン『通産省と日本の奇跡』，TBS ブリタニカ，1982年，58頁．
（2） 柿沢弘治「官僚優位のシステム」日本国際交流センター編『アメリカの議会・日本の国会』，サイマル出版会，1982年，211頁．同様に岩井奉信も，国会は自ら立法するより立法阻止に役割を見いだしているということを述べている（岩井奉信『立法過程』，東京大学出版会，1988年，208頁）．
（3） 日本経済新聞社編『官僚 軋む巨大権力』，日本経済新聞社，1994年，436-447頁．
（4） 山口和人「欧米の議会における補佐機関の実情」『立法と調査』200号，参議院事務局，1997年参照．制度に違いがあり一概に比べることはできないが，欧米諸国における議員立法の比率は，日本が13.0%であるのに対して，イギリス29.4%，ドイツ34.9%，フランス17.4%といずれも日本を上回っている．アメリカは行政府が法律を提出できないため，議員立法が100%を占める．
（5） 五十嵐敬喜『議員立法』，三省堂，1994年，17-18頁．
（6） 佐藤誠三郎・松崎哲久『自民党政権』，中央公論社，1986年，猪口孝・岩井奉信『「族議員」の研究』，日本経済新聞社，1987年など．
（7） 孝忠延夫「議会の機能の強化」『ジュリスト』1133号，有斐閣，1998年，105頁参照．
（8） 野党議員によって提出された議員立法がのちに閣法となって国会に提出され成立するという例が見られる（田口迪「議員提出法律案の立法過程」『ジュリスト』，有斐閣，1984年，岩井，前掲書，94頁参照）．
（9） Mike M. Mochizuki, *Managing and Influencing the Japanese Legislative Process: the role of the Parties and the National Diet*, Ph.D. Dissertation, Harvard University, 1982, University Microfilms International, 1986.
（10） 岩井，前掲書．
（11） 五十嵐，前掲書．
（12） 中村睦男編『議員立法の研究』，信山社，1993年．
（13） 議員立法研究会「議員立法は「活性化」しているか？」『法学セミナー』，日本評論社，1997年10月，108-109頁，同「「法制大改革」の時代と議員立法の活性化」『法学セミナー』，日本評論社，1998年11月，116-117頁など．
（14） 佐藤・松崎，前掲書．
（15） 谷勝宏『現代日本の立法過程』，信山社，1995年．
（16） 厳密には議員が議案として所属する議院に法律案を提出することを「発

議する」といい、それをその院で可決し他の院に送るときに法律案を「提出」するというが（小島和夫「議員立法とは？」『法学セミナー』、日本評論社、1983年7月、46頁）、本論文では議員立法を発議する場合についても、すべて「提出する」と表記する．
(17)　いわゆる与党審査における政治家の役割については、佐藤・松崎、前掲書や猪口・岩井、前掲書で詳しく論じられている．細川・村山両連立政権における与党審査について論じたものとしては、野中尚人「先祖帰り？──連立政権時代における政策過程の変容」『レヴァイアサン』臨時増刊号、木鐸社、1998年夏がある．またこの事前手続きを説明するものとして、江口隆裕「内閣提出法律案における政党との調整」『法学教室』173号、有斐閣、1995年がある．
(18)　西尾勝・村松岐夫『講座行政学』第4巻、有斐閣、1995年、137頁．閣法について、官僚OBの佐竹五六は『体験的官僚論──五五年体制を内側から見つめて』、有斐閣、1998年のなかで、政治家への根回しに時間を割き、法案成立のための調整までも行っている官僚の姿を描いている．
(19)　橘幸信「法律ができるまでの流れ　議員立法を中心として」『法学セミナー』、日本評論社、1996年、29頁．ただし、すべての議員立法が政治家のイニシアティブにより提出されるわけではない．ある政党スタッフは、閣法の場合には省庁間での調整が必要とされ時間がかかるために、実質的には官僚が立案した法律が閣法ではなく議員立法として提出されることがあると述べている．
(20)　1955年の21回国会から1998年の144回国会までの間に衆議院に提出・受理された議員立法の本数に関しては、衆議院・参議院編『議会制度百年史』、1990年、『議員提出法律案』（国立国会図書館所蔵）による．
(21)　議員立法の提出者については、『議員提出法律案』（国立国会図書館所蔵）による．
(22)　橘幸信「議員提出法律の立法過程」『法学教室』173号、有斐閣、1995年参照．議員立法のうち各党間で合意があるものに関しては、委員会提出として委員会審議を省くことが多い（元衆議院事務局職員談）．成立数に関しても、委員会提出法案の方が議員によって提出される狭義の意味での議員立法に比べて圧倒的に多い．よって、議員が提出したもののみを議員立法と見なすことでバイアスが生じるが、提出した政治家像を探るためには、委員会の委員長名しか公表されていない委員会提出法案を省かざるを得なかった．
(23)　決議案や規則案などは含まず、法案のみが対象である．
(24)　国会法56条1項で、衆議院においては議員20人以上、参議院においては議員10人以上の賛成者を、予算を伴うものに関しては衆議院で50人以上、参

議院で20人以上の賛成者を提出の要件としている．
(25) ちなみに法案名については議員立法の場合，「一部を改正する法律案」というものが非常に多く，118回国会から142回国会までの議員立法240本中，約半数の128本が「一部を改正する法律案」であった．法案の成否に関しては，法案が継続審議になることが多く，98年以降も継続審議となっており，それを追うことができなかったため，考慮しなかった．
(26) 議員立法には，議会自主立法型，政策実現型または政策表明型，政府型，個人型などのいくつかの類型があるといわれている（田口，前掲論文参照）．1955年以前の分類としては川口頼好「議員立法の類型」『ジュリスト』35号，有斐閣，1953年を参照．
(27) 各期の総会期日数には延長日数も含まれている．
(28) データの出典については巻末附録を参照．世襲については，衆議院議員で地盤を継承しているものについてのみ世襲と定義した．また，地方政治家には都道府県知事をはじめとする自治体首長経験者，都道府県議会議員，市町村議会議員出身者が含まれている．弁護士には裁判官や検事出身の人だけではなく，アメリカの弁護士資格を持っている人も含まれている．なお経歴が重複しているものについては，それぞれについてカウントしている．
(29) 所属政党については，原則として10人以上の所属議員がいる政党についてのみ取り上げ，自社さ前期を除いて，それぞれ最初の会期の冒頭に所属する政党をもとに判断した．自社さ前期については，途中から新進党が誕生したので，新進党にとって初めての国会となる132回国会の時点に所属する政党をもとに判断した．自社さ後期については，途中で新進党が解党となり，新民主党が誕生しているが，該当する期間が短かったため，自社さ後期の冒頭の所属政党をもとに分析した．
(30) 自民単独期は自民党のみ，非自民期については社会党・新党さきがけ・日本新党・新生党・公明党・民社党・社民連の7党，自社さ前期については自民党・社会党・新党さきがけを与党とした．自社さ後期については，社民党・新党さきがけが大幅に議席を減らし閣外協力に転じていたものの，期間の大半においていわゆる自社さ連立政権が実体として続いていたため，自社さ前期と同様に自民党・社会党・新党さきがけを与党とした．それ以外の政党に所属または無所属の場合を野党とした．
(31) 本論文において使用したデータは，全数調査によるものであるが，潜在的に存在する議員像を想定し，データはそこから取りだしたサンプルとして扱い，計量分析した．また，本論文では有意水準10％以下について有意とみなし，10％水準の場合はp値も示した．
(32) 変動係数は，標準偏差を平均で割ったものである．

(33) 各期において在職している議員は，自民単独期が510人，非自民期が509人，自社さ前期が507人，自社さ後期が498人である．
(34) 時期区分は異なるが，ベスト10の表については本書資料解題篇を参照．
(35) 5％水準で有意．
(36) 官僚の経歴を持つ議員72人中，議員立法を1本以上提出した議員は19人（26.4％）にすぎないのに対して，官僚の経歴を持たない議員438人中，議員立法を1本以上提出した議員は173人（39.5％）にのぼる．
(37) 自民単独期においては官僚出身議員の95.8％が与党に所属していたが，非自民期には32.9％，自社さ前期には62.8％，自社さ後期には65.9％となっている．
(38) 自社さ後期については，1％水準で有意．自民単独期と非自民期については，共に10％水準（p値は前者が0.07，後者が0.08）で有意．
(39) 自民単独期においては，地方政治家の経歴を持つ議員171人中55人（32.2％）に対し，地方政治家の経歴を持たない議員339人中137人（40.4％）である．非自民期については，前者161人中12人（7.5％）に対し，後者348人中44人（12.6％）．自社さ後期については，前者166人中44人（26.5％）であるのに対し，後者332人中147人（44.3％）である．
(40) 自社さ後期については1％水準で有意．非自民期については10％水準（p値は0.06）で有意．なお非自民期については，地方政治家の経歴を持つ議員の場合の平均提出数が0.15本であるのに対し，その経歴を持たない議員の場合は0.29本，自社さ後期については，前者が0.83本であるのに対し，後者が1.70本であった．
(41) 鯨岡兵輔衆議院議員は，「議員の多くは，選挙区に足繁く通い，次の選挙に備えた活動を日常的に行わねば，現職議員としての立場を保ち得ないのであって，そのためにとても法律案の立案までは手が届かず，その審議をするのが精一杯というのが正直な姿である」と述べている（鯨岡兵輔「民と官」『法学セミナー』，日本評論社，1996年，25頁）が，地方政治家出身者において，それが顕著であるということであろう．
(42) 自民単独期の場合は，5％水準で有意．非自民期については5％水準，自社さ前期および自社さ後期については，共に1％水準で有意．
(43) 自民単独期において弁護士の経歴を持つ議員は34人いるが，そのうち19人（55.9％）が議員立法を1本以上提出している．以下同様に，非自民期については弁護士出身者33人中7人（21.2％），自社さ前期については33人中17人（51.5％），自社さ後期については34人中23人（67.7％）が議員立法を提出している．それに対して弁護士の経歴を持たない議員の場合，1本以上議員立法を提出したものは，自民単独期については476人中173人（36.3％），非自民

期については476人中49人（10.3％），自社さ前期については474人中142人（30.0％），自社さ後期については466人中168人（36.1％）にとどまる．
(44) 共に5％水準で有意．なお弁護士の経歴を持つ議員の場合の平均提出数は，自民単独期が2.29本，自社さ後期が4.32本であるのに対し，その経歴を持たない議員は，自民単独期が1.08本，自社さ後期が1.19本にとどまる．
(45) 各機関の機構・職務の詳細については，浅野一郎編『ガイドブック国会』，ぎょうせい，1990年参照．
(46) 1999年にはアメリカの上院で53人（53％），下院で172人（39.5％）が法曹出身者であり，日本の衆議院における34人（6.8％）にくらべて，アメリカ議会の方が非常に多い（Charles Pope "New Congress Is Older, More Politically Seasoned", *Congressional Quarterly*, January 9th, 1999, p. 29）．
(47) 自民単独期については1％水準，自社さ後期については5％水準で有意．なお自民単独期においては，議員秘書の経歴を持つ議員の場合の平均提出数が0.72本であるのに対し，その経歴を持たない議員の場合は1.26本であり，自社さ後期においては議員秘書の経歴を有する議員の平均提出数が1.02本であるのに対し，議員秘書出身ではない議員は1.54本であった．
(48) 自民単独期においては1％水準で有意．非自民期と自社さ後期については，共に10％水準（p値は前者が0.06，後者が0.08）で有意．
(49) 自民単独期においては，世襲の議員115人中，議員立法を1本以上提出した議員は29人（25.2％）にすぎないのに対し，世襲ではない議員395人中，議員立法を1本以上提出した議員は163人（41.3％）にのぼる．自社さ後期については，前者が115人中36人（31.3％）であるのに対し，後者は383人中155人（40.5％）にのぼる．
(50) 非自民期については，世襲の議員が122人中19人（15.6％）議員立法を提出しているのに対し，世襲ではない議員は387人中37人（9.6％）しか議員立法を提出していない．
(51) 共に5％水準で有意．なお自民単独期においては，世襲議員の場合の平均提出数が0.75本であるのに対し，世襲ではない議員の場合は1.28本であり，自社さ後期においては世襲議員の平均提出数が0.98本であるのに対し，世襲ではない議員は1.53本であった．
(52) 自社さ後期においては，世襲議員115名のうち，84名（73％）が自民党に所属しており，自民党所属議員の35.3％を占めている．
(53) 『朝日新聞』1998年9月18日付など．
(54) 変動係数は，自民単独期の場合（0.74）を除いて，いずれの期も0.8である．

(55) いずれも，原健三郎が最高で，中曽根康弘がそれに続く．
(56) 共に1％水準で有意．
(57) これはあくまでも割合での説明であり，提出者となる人数では当選回数が少ない方が多い．当選回数が多いほど存在する議員の人数は少なく，一人でも提出していればそれに大きく影響されてしまうという点に注意が必要である．
(58) 当選1，2回の議員の数はそれ以上の当選回数の議員に比べて圧倒的に多いので，当選1，2回の議員が提出する議員立法の数は多い．しかしながらそれを割合に直した場合，それ以上の当選回数の議員とあまり違いが見られなかった．当選14回，17回の議員による議員立法の提出は，非自民期にしか見られず，その結果それが平均に影響を与えている．当選14回以上の議員による議員立法の提出は実質的には0に近いと考えられる．
(59) 自民単独期から自社さ後期までを比較してみると，非自民期においては他の期ではあまり議員立法を提出しない当選回数の高い議員が議員立法を提出している．
(60) 提出された本数で見ると非自民期の提出本数11本中5本（約45％）が当時野党であった自民党が提出したものであり，政治改革関連法案がそのほとんどである．ちなみに，与党側の政治改革関連法案は議員立法ではなく閣法として提出されている．
(61) 猪口・岩井，前掲書，161頁．
(62) 海部俊樹や三塚博ら総理大臣経験者，派閥の領袖が提出数のトップ10にランクインしている．
(63) 自民単独期を除けばある程度は特定の議員が議員立法を数多く提出している傾向が見られるが，自社さ前期ほどそれが明確ではない．ちなみに新進党党首の小沢一郎と副党首の米沢隆ら幹部が，それぞれ提出数のトップ10にランクインしている．
(64) 当選2回から3回の議員の提出者割合は50％であるのに比べて当選回数10回の議員の場合を見ると30％程度と低いのに対して，後者の方が一人あたりの提出数は数倍多いことがグラフから見てとれる．
(65) 佐藤・松崎，前掲書，276頁．
(66) 谷，前掲書，88頁．
(67) 非自民期については10％水準（p値は0.07）で有意．そのほかについては，共に1％水準で有意．
(68) 自民単独期については，与党に所属する議員285人中，議員立法を1本以上提出した議員は63人（22.1％）にすぎないのに対して，野党に所属する議員の場合225人中，129人（57.3％）が議員立法を提出している．以下同様に，

非自民期においては，前者が249人中21人 (8.4%)，後者が260人中35人 (13.5%)，自社さ前期については前者が292人中56人 (19.2%)，後者が215人中103人 (47.9%) であり，自社さ後期については前者が255人中53人 (20.8%) に対して，後者が243人中138人 (56.8%) である．

(69) 共に1％水準で有意．自民単独期については，野党に所属する議員の場合の平均提出数が1.94本であるのに対し，与党に所属する議員の場合は0.54本であった．以下同様に，非自民期が野党0.40本に対して，与党0.09本，自社さ前期が野党5.35本に対して，与党0.36本，自社さ後期が野党2.14本に対して，与党0.70本であった．

(70) この点に関して村川一郎は，与党および政府は予算執行すなわち政策を実現させる諸立法を起草するが，いずれも与党の意向に添ったものであるから，あえて議員立法をする必要がないと述べている（村川一郎『日本の政策決定過程』，ぎょうせい，1985年，22-23頁）．

(71) ちなみに自民単独期の場合，与党に所属する世襲の議員は102人であるのに対し，野党に所属するものは14人であり，同様に弁護士出身者の場合は与党が9人であるのに対し，野党は25人，官僚出身者の場合は与党が69人であるのに対し，野党が3人である．

(72) 経歴や世襲の有無別に議員立法提出者数を非提出者数で割ったものがオッズであり，それぞれのオッズの比をとったものがオッズ比である．

(73) 表Ⅰ-8-3からもわかるように，自民単独期において野党に所属する官僚出身者は3人しかおらず人数が少ないため，オッズ比による説明は適切ではない．

(74) 与党に所属する弁護士出身者が9人しかいない点は注意が必要である（表Ⅰ-8-3参照）．

(75) 与党に所属する弁護士出身者は8人しかいない（表Ⅰ-8-3参照）．

(76) 代表的な例としては，石井一や佐藤孝行があげられ，どちらも自民単独期においては5本の議員立法を提出している．

(77) 代表的な例が，社会党の日野市朗や公明党の神崎武法であり，共に自民単独期において11本の議員立法を提出している．

(78) 世襲議員の代表としては，小渕恵三や橋本龍太郎などがあげられる．弁護士出身者としては，保岡興治らがあげられ，彼は4本の議員立法を提出している．

(79) 新党さきがけの簗瀬進らがあげられる．

(80) 与党の自民党の場合では高村正彦（2本），野党の場合では江田五月（35本）などがあげられる．

(81) 白川勝彦や保岡興治らが，5本の議員立法を提出している．

(82) 官僚出身者では，新進党の粟屋敏信（14本）などがあげられる．弁護士出身者については，民主党の枝野幸男（11本），共産党の木島日出夫（29本）などがあげられる．
(83) 非自民期における与党の議員のうち，議員立法を提出した世襲議員は，愛知和男，小沢辰男，小平忠正，笹山登生，三原朝彦の5名である．もちろん人数では，野党の方がこれを上回る．
(84) 谷，前掲書，4頁など．
(85) 谷勝宏「議員立法の機能化に関する実態分析」『名城法学』47巻3号，1997年，240頁．機関承認を得られず，受理されなかった例については，毎日新聞特別取材班『ルポルタージュ国会は死んだか？』，毎日新聞社，1996年，150-152頁参照．
(86) 国会法56条1項参照．
(87) 民社党および新党さきがけのいずれも，単独では議員立法を提出することができない．
(88) 社民党に所属する議員は15人にすぎず，社民党単独で議員立法を提出することはできない．
(89) 宮沢喜一は，「政府，あるいは政治にとって官僚は一番優れたシンクタンクだと思う．」と述べている（日本経済新聞社編，前掲書，278頁）．
(90) 政党交付金は日本国民一人あたり250円の負担によるもの（政党助成法7条）で，総額は約300億円にのぼる（『官報』1997年1月27日付，自治省告示第9号より）．
(91) 議員一人あたり月額65万円（非課税）が，各会派に支給されている．
(92) 1998年の参議院選直前に筆者が独自に行った調査によれば，各党に所属する政策スタッフの人数は以下の通りである．自民党24名（政務調査会事務局），民主党17名（政策調査会事務局），自由党5名（政策審議会事務局），共産党27名（中央委員会政策委員会），社民党9名（政策審議会事務局），新党さきがけ4名（政策調査室事務局）である．

　本論文の作成に当たっては，蒲島郁夫東京大学教授をはじめ，石田浩助教授，谷口将紀助教授，武田興欣氏（プリンストン大学大学院生），森裕城氏（筑波大学大学院生），上神貴佳氏（東京大学大学院生）から有益なご意見をいただきました．記して謝意を表します．なお残る不備な点はすべて筆者の責任に帰する事はいうまでもない．

第9章

臓器移植法案における国会議員の投票行動

日高孝一

1. はじめに

　1997年4月24日,脳死を人の死とする「臓器の移植に関する法律案」が衆議院を通過した．この法律案の採決においては,共産党を除くすべての政党が党議拘束を外し,議員各個人の価値観・倫理観に基づく投票がなされた．
　これまでの採決においては,議院内閣制をとるという理由から政党による党議拘束が行われ,国会議員の投票行動は,原則として「党議」に基づいてなされ,党議に違反した議員は党により厳しく処分されてきた．このため,日本における投票行動に関する研究で,議員個人がどのような行動要因に基づいて行動するかを分析・検討したものはほとんど見あたらない[1]．しかし,個人の倫理観や価値観に関わるという理由から,党議拘束がなされない状態で「人の死」についての判断が下されたことを考えると,議員個人がどのように考えて法案への賛否を決めるのか,について分析検討することが必要となる．このことは,政治家像を捉える上でも重要である．メイヒューは政治家を「選挙で再選を求める人」と定義して,政治家の行動の合理性を研究しているが[2],政治家は本当に選挙のことだけを考えて行動しているといえるのであろうか．そこで本稿では,臓器移植法案における国会議員の投票行動を分析することによって,議員の投票行動についてのモデルを提示したい．
　本稿には,データ上のいくつかの限界がある．まず第1に,議員の支持母体に関するデータが利用されていないということ,第2に議員個人の影響力の大きさについて触れていないということがある．第3に国会における議員

の投票行動のみを対象としたため，世論の動向や政党内の議論が，分析の対象となっていないこと，第4に議員のイデオロギーなどの内心に触れる要素は分析の対象からはずれているということがある．以上のように，議員の投票行動に影響を与えると思われる実質的な部分を，投票行動の分析にいかに用いていくかは，本稿にとっての今後の課題である．

　以上のような限界を認識しつつ，以下では，まず臓器移植法案の成立過程を振り返り，各議員の投票行動を実証的に分析して，政治家の行動要因に関するモデルの構築を行っていくことにする．

2．背景

(1) 臓器移植法の成立過程[3]

　臓器移植法の成立過程において，主に争われたのは，臓器移植そのものの可否というよりは，「脳死」を「人の死」とするかについてであった．

　まず，臓器移植法案の起草は，92年のいわゆる脳死臨調の「脳死」を「人の死」とする臓器移植を容認する答申をもとに進められた．これを受けて，各党派の代表によって構成される各党協議会が設置され，93年5月には「臓器移植法案の骨子」が提出された．各党の対応は必ずしも一律でなく，当初から党議拘束の解除が問題となっていた．その後，自民党の分裂を受けた細川内閣の成立など，政界再編の波を受けながらも，94年4月には，最初の「臓器の移植に関する法律案」が提出され，審議が進められた．しかし，この法案は96年9月の衆議院解散によって廃案となった．

　96年12月には再び「脳死」を「人の死」とする臓器移植法案（以下，「中山案」と呼ぶ）が提出され，翌年3月には，「脳死」を「人の死」としない立場から臓器移植法案（以下，「金田案」と呼ぶ）が提出された．この両案は，冒頭のように97年4月24日に衆議院で採決されることとなり，可決された中山案は，参議院での修正を受けて，6月18日に両院の可決を得て成立することとなるのである．

(2) 国会議員の投票行動モデル

本稿では，アメリカ議会における包括貿易法案の採決における政治家の行動を分析した蒲島と，自民党議員の離党行動について統計的手法を用いて分析した加藤の手法をもとに，政治家の投票行動を分析するモデルの構築を試みる．蒲島は，包括貿易法案に対するアメリカ議員の投票行動の枠組みを，議員特性と選出州特性，保護主義法案の許容度という3類型から説明している．一方で加藤は，当選回数や選出選挙区の都市度，議員の前職などを説明変数として用いている．これらの考え方を応用して，臓器移植法案の投票行動を考えるとどのようになるだろうか．

　第1に議員特性として，蒲島の指摘にもある所属政党を変数として掲げる．これは，日本における政党の拘束の強さを考えるとき，たとえ党議拘束が解除された事例とはいっても，所属政党が議員の行動を説明することはあり得るからである．第2に個人の価値観・倫理観を形成する要素として，年齢や性別が考えられる．第3に，加藤が要因としている議員の前職は，個人の価値観の形成に関連があると考えられるから説明変数として用いる．第4に，選挙との関連で，加藤の指摘にある当選回数を説明変数に加える．第5に選出選挙区特性については，加藤が用いた都市化の度合いを説明変数とする．都市化の指標としては選挙区総人口中のDID人口の比率を指標として用いる．これらに加えて第6に，政策への関与度の指標をここでは用いたい．これを表す指標としては，議員立法の発議経験と医療分野との造詣が深いと考えられる厚生委員会への出席経験の有無を用いる．特に後者については，厚生委員会に出席経験のある議員は個人的な関心があることが予測されるという意味で重要な変数となる．

　以上の投票行動の枠組みを図示すると以下のようになる（次頁図Ⅰ-9-1）．

(3) 臓器移植法案における投票行動の主な類型

　臓器移植法案3法案の採決に臨んだ衆議院議員の投票行動は，概して表Ⅰ-9-1のような6類型に分類できる．類型別に新聞報道等で掲げられた投票の理由を概括すると以下のようになる．

　①は「人の死」を心臓死であるとしつつ，いわゆる「脳死体」からの臓器

図 I-9-1　政治家の投票行動のモデル

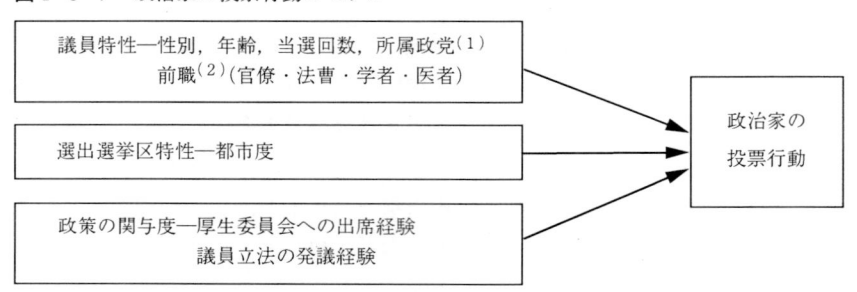

```
┌─────────────────────────────────────┐
│ 議員特性—性別，年齢，当選回数，所属政党(1) │
│　　　　前職(2)(官僚・法曹・学者・医者)　　│
└─────────────────────────────────────┘ ─┐
                                          │
┌─────────────────────────────────────┐   │   ┌──────────┐
│ 選出選挙区特性—都市度                │ ──┼──▶│ 政治家の │
└─────────────────────────────────────┘   │   │ 投票行動 │
                                          │   └──────────┘
┌─────────────────────────────────────┐   │
│ 政策の関与度—厚生委員会への出席経験  │ ──┘
│ 　　　　　　議員立法の発議経験       │
└─────────────────────────────────────┘
```

(1) 参議院では旧公明党所属議員が新進党と公明党に別れているが，新進党と公明党は統一会派「平成会」を形成している．そこで，衆議院との整合性も考えて本分析では，会派である「平成会」の方を用いた．
(2) 前職を4種類とした理由は，「脳死」を「人の死」とする臓器移植法案には推進派として「医師会」「厚生省」などの集団が存在し，消極的な集団として，「弁護士会」や「有識者」の存在が指摘されており，それぞれと関連のある職業として前職として持つものが有意義と考えたからである．

表 I-9-1　臓器移植法案各案に対する衆議院議員の投票行動類型

	金田案	中山案	修正案	議員数
①	賛成	反対	反対	45
②	賛成	反対	賛成	21
③	賛成	賛成	賛成	8
④	反対	賛成	賛成	264
⑤	反対	賛成	反対	32
⑥	反対	反対	反対	64

なお，欠席等は除いてある．

移植の必要を認めるものである．②は「人の死」は心臓死が原則であるが，自らの「死」を「脳死」とする考え方を認める立場である．③は採決順の影響もあって，(8)「脳死段階」での臓器移植の道を閉ざすまいと，すべての法律案に対して賛成の投票を行った議員のグループである．④は「人の死＝脳死」を原則としつつも，それに固執はしないという立場であり，この立場をとった議員が最も多かった．⑤は「人の死＝脳死」であり，個人の意思により「人の死」について見解が分かれるのは望ましくないとする立場である．⑥は「脳死」判定への疑念などから，「脳死段階」での臓器移植そのものに反対した議

員のグループである．

　議員の投票行動は，これらの 6 類型以外にも欠席等さまざまな類型に分けられる．以下は，(2)で掲げたモデルを用いた議員の行動の説明を試みたものである．

3．分析方法

　今回調査対象としたのは97年 4 月24日に衆議院で，同年 6 月18日に衆参両院で行われた臓器移植法案の採決に参加した全議員の投票行動である．議員の投票行動は「衆議院会議録」及び「参議院会議録」に基づき，賛成しているか・していないかの 2 種類とし[9]，投票に参加しない議長は調査の対象から除外した．

　前述の通り臓器移植法については，金田案と中山案の 2 法案が衆議院に提出された．両案の採決は 4 月24日に行われ，金田案は否決され，中山案が可決されたため，中山案が参議院に送付され，参議院で中山案の審議がなされた[10]．中山案は「脳死」を人の死とするかどうかについて，参議院で修正を受けて，6 月18日に参議院で修正案が採決された．参議院で修正された同法案は再び衆議院に回付されて，衆議院の採決を受けた．

　以上のように，臓器移植法案における議員の投票行動は，全部で 4 回見られたことになり，衆議院議員について 3 回，参議院議員について 1 回の投票行動を対象とした[11]．

　データの数値化について，従属変数は，賛成の投票を「1」，反対投票および欠席等を「0」とした[12]．説明変数については，性別は便宜上男性を「1」，女性を「0」としたほか，年齢，当選回数，DID 人口比率については，実測値を用いた．また，所属政党・前職については，それぞれの要因ごとに，当てはまる議員に「1」，当てはまらない議員に「0」のコードを割り振った．なお，委員会への出席および議員立法の発議経験については，それぞれ出席経験および発議経験のある議員を「1」とし，それ以外の議員に「0」のコードを用いた．

　以上のことを前提として，まず，《分析 1 》で，先ほど図Ⅰ-9-1として掲げ

た個別の説明要因がどの程度議員の行動に影響力を持っているかを明らかにするため，投票行動と説明変数との個別の関係を分析する．ここでは要因ごとに相関分析を行い，投票行動との関連性を見た．次に《分析2》として，要因ごとの投票行動との分析では，必ずしも総合的な説明とはなっていないため，ロジスティック分析を用いて，複数の要因による投票行動の分析を行うことにする．

4．分析と結果

(1) 個別の説明変数による分析《分析1》

ここでは，個別の説明変数による分析を行う．金田案における議員の投票行動を男女別でグラフ化すると，図Ⅰ-9-2のようになる．相関分析を行うと両者の関係は「-0.13」となり，男性議員ほど法案に反対し，女性議員ほど法案に賛成する傾向を示していたということができる．

以下，同様の方法で各要因について分析を行った結果が表Ⅰ-9-2である．

これによると，性別要因では，男性議員について「脳死」を人の死とする法案に積極的で，前述した投票行動類型の④の行動をとる議員が多いといえる．反対に女性議員は，「脳死」を人の死とする法案に消極的な態度を示していたことが統計的に有意に示されている．年齢要因は，衆議院における金田案の採決において，若い議員ほど賛成にまわる傾向があったことがわかるほかは，それほど強い相関を示してはいない．当選回数要因は，年齢要因と同様，衆議院における金田案の採決において，当選回数の少ない議員ほど法案に賛成する傾向を示すほかは，強い相関を示していない．

次に所属政党についてみると，現在解党してしまっている新進党所属の議員の投票行動を除けば，すべての政党で政党所属と議員の投票行動との間に比較的強い相関が見られる．自民党所属の議員は，投票行動類型の④の行動をとる議員が多く，特に衆参両院における修正案の採決においては，非常に強い相関が見られる．これとは逆に，民主党および社民党の所属議員については，投票行動類型の①をとる議員が多かったことが示されている．なお当然ながら，臓器移植に反対の立場から全法案について反対の党議拘束をかけ

図 I-9-2　男女別金田案投票行動

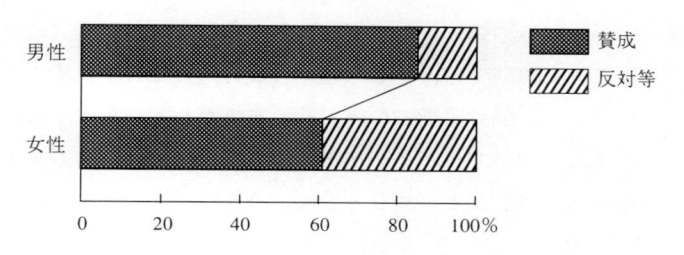

表 I-9-2　個別の説明変数と各法案における投票行動との相関関係

	金田案	中山案	修正案	参議院
性別	-0.13	0.14	0.12	0.21
年齢	-0.17	-0.01	0.05	0.07
当選回数	-0.18	0.03	0.09	0.09
自民党	-0.33	0.36	0.40	0.52
新進党	0.05	-0.03	-0.13	0.12
民主党(旧)	0.40	-0.20	-0.15	-0.26
共産党	-0.10	-0.31	-0.32	-0.39
社民党	0.25	-0.21	-0.21	-0.26
官僚	-0.04	0.13	0.06	0.23
弁護士	0.06	-0.10	-0.13	-0.20
学者	0.16	-0.13	-0.17	-0.02
医師	-0.06	-0.05	-0.01	0.04
都市度	0.15	-0.19	-0.14	-0.27
委員会出席経験	0.06	0.08	-0.02	-0.01
議員立法発議経験	0.20	-0.10	-0.18	-0.16

た共産党については，所属の全議員が「非賛成」の投票行動をとっているため，全法案に対して反対の方向で相関関係が見られている．新進党所属の議員の投票行動は，衆参両院の修正案採決において，比較的強い相関が見られる程度であり，しかも衆議院と参議院とでほぼ反対の値が示されており，法案に対する所属議員の投票行動が割れていたということが統計的に有意であると示されている．

　前職要因については，衆議院では学者の経験者が，参議院においては法曹経験者がそれぞれ「脳死」を人の死とする法案に対して消極的な態度を示し

ていたことが統計的に有意である．官僚経験者は衆議院では中山案において弱い影響力が見られるのみで，学者経験ほどのまとまった影響力は見られない．ただし参議院においては，かなり強く賛成方向に働いていることがわかる．これらに対して，脳死段階での臓器移植を推進していたはずの医師を前職としていた議員については，どの法案についても有意な影響力を示しておらず，強い推進派の医師会とは異なる投票行動を議員が示したということができる．

選出選挙区との関係は，すべての法案の投票行動において有意に働いていることが示されている．都市化の進んでいる地区から選出されている議員は，「脳死」を人の死とする法律案について消極的な態度を示していたということが言える．

最後に政策との関与度については，厚生委員会への出席経験がどの法案の投票行動に対しても，それほど強い相関関係を示さないのに対して，議員立法の発議経験がある議員は，投票行動類型の①をとる者が多かったことがわかる．

(2) **複数の説明変数による分析《分析2》**

以上の個別の変数と投票行動との関係を踏まえて，投票行動の総合的な検討を行う．ここでは，複数の要因が投票行動にどのような影響力を与えているかを分析することができるロジスティック回帰分析を用いる．

各法案について，モデルで示した要因をすべて用いたロジスティック回帰分析を行うと，表Ⅰ-9-3のようになる．

これによると，金田案における議員の投票行動は，自民党所属の議員が反対の行動を行っていると示される一方で，民主党所属・社民党所属の議員および学者経験者が賛成の投票行動をとっているということが言える．さらに有意となった要因のみを取り出して分析を加えると，金田案に対する衆議院議員の投票行動は，以下の式(1)から予測可能となり，その的中率は87.4%である．

$$Y = -1.85 - 1.71X_1 + 2.05X_2 + 2.43X_3 + 1.02X_4 \quad \text{—式(1)}$$

表Ⅰ-9-3 ロジスティック回帰分析による分析の結果

	金田案			中山案			修正案			参議院		
	係数	wald	p-値	係数	wald	p-値	係数	wald	p-値	係数	wald	p-値
定数	-1.07	0.5	(0.48)	0.63	0.3	(0.57)	1.52	1.8	(0.18)	-0.26	0.0	(0.89)
性別	-0.64	0.8	(0.37)	0.68	1.1	(0.29)	0.02	0.0	(0.98)	0.43	0.5	(0.47)
年齢	-0.02	0.7	(0.39)	0.00	0.0	(0.96)	0.00	0.0	(0.86)	0.00	0.0	(0.87)
当選回数	-0.12	2.2	(0.14)	-0.04	0.9	(0.34)	-0.01	0.0	(0.84)	0.65	5.2	(0.02)
自民党	-1.26	2.7	(0.10)	1.00	4.4	(0.04)	0.46	0.8	(0.38)	4.26	24.2	(0.00)
新進党	0.35	0.3	(0.62)	0.11	0.1	(0.82)	-0.87	2.8	(0.09)	2.43	16.9	(0.00)
民主党	2.30	9.8	(0.00)	-0.95	3.0	(0.08)	-1.28	5.0	(0.03)	-0.17	0.1	(0.83)
共産党	-7.03	0.1	(0.71)	-8.60	0.6	(0.46)	-9.46	0.7	(0.42)	-8.60	0.1	(0.73)
社民党	3.05	11.6	(0.00)	-3.10	7.5	(0.01)	-3.90	11.5	(0.00)	-0.99	1.6	(0.21)
官僚	0.61	1.9	(0.17)	0.18	0.3	(0.57)	-0.36	1.4	(0.24)	0.96	1.7	(0.19)
弁護士	0.14	0.1	(0.79)	-0.33	0.6	(0.45)	-0.63	2.2	(0.14)	-0.83	1.4	(0.24)
学者	0.86	2.8	(0.09)	-1.05	5.2	(0.02)	-1.27	7.8	(0.01)	-0.61	0.6	(0.43)
医師	-8.32	0.1	(0.77)	1.89	2.7	(0.10)	0.83	0.9	(0.33)	0.72	0.5	(0.49)
都市度	0.93	1.9	(0.16)	-1.23	7.5	(0.01)	-0.33	0.5	(0.48)	-3.32	5.4	(0.02)
委員会出席	0.28	0.5	(0.50)	0.37	1.3	(0.26)	-0.21	0.5	(0.50)	0.31	0.2	(0.66)
発議経験	0.35	1.0	(0.33)	0.11	0.1	(0.73)	-0.30	1.1	(0.30)	-0.34	0.4	(0.52)
的中率	89.6%			75.8%			76.0%			87.3%		

(Yは衆議院議員の金田案に対する投票行動を示す．Yが0.5以上の議員は法案に賛成し，0.5未満の議員は法案に賛成しなかったことを意味する．独立変数は，X_1が自民党所属要因を，X_2が民主党所属要因を，X_3が社民党所属要因を，X_4が学者要因をあらわす．)

次に，中山案における議員の投票行動は，民主党・社民党所属の議員，学者経験者および都市部選出の議員に法案に対して消極的な投票行動が見られた．これに対して，自民党所属議員及び医師経験者が積極的に賛成を示していたことが分かる．さらに有意となった要因のみを取り出して分析を加えると，中山案に対する衆議院議員の投票行動は，以下の式(2)から予測可能となり，その的中率は71.9%である．

$$Y = 0.90 + 1.23X_1 - 0.69X_2 - 2.88X_3 - 0.77X_4 + 1.53X_5 - 1.11X_6 \quad \text{—式(2)}$$

(Yは衆議院議員の中山案に対する投票行動を示す．Yが0.5以上の議員は法案に賛成し，0.5未満の議員は法案に賛成しなかったことを意味する．独立変数は，X_1が自民党所属要因を，X_2が民主党所属要因を，X_3

が社民党所属要因を，X_4が学者要因，X_5が医師要因，X_6が都市度要因をあらわす．）

さらに，衆議院での修正案における議員の投票行動は，所属政党要因については，自民党所属に代わって新進党所属が有意な要因として加わり，また，前職要因として，学者要因が有意な影響を示している．さらに有意となった要因のみを取り出して分析を加えると，修正案に対する衆議院議員の投票行動は，以下の式(3)から予測可能となり，その的中率は70.1％である．

$$Y = 1.21 - 0.91X_1 - 1.33X_2 - 3.75X_3 - 1.11X_4 \quad \text{—式(3)}$$

（Yは衆議院議員の修正案に対する投票行動を示す．Yが0.5以上の議員は法案に賛成し，0.5未満の議員は法案に賛成しなかったことを意味する．独立変数は，X_1が新進党所属要因を，X_2が民主党所属要因を，X_3が社民党所属要因を，X_4が学者要因をあらわす．）

最後に参議院議員の投票行動は，個人的な要因として当選回数要因（多いほど賛成）に有意な影響力があることが示されるほか，自民党所属・新進党（平成会）所属の議員に賛成方向の影響力が見られる．また，都市部選出の議員ほど反対方向の影響力が見られる．さらに有意となった要因のみを取り出して分析を加えると，修正案に対する参議院議員の投票行動は，以下の式(4)から予測可能となり，その的中率は87.7％である．

$$Y = 0.54 + 0.46X_1 + 5.00X_2 + 2.86X_3 - 4.04X_4 \quad \text{—式(4)}$$

（Yは参議院議員の修正案に対する投票行動を示す．Yが0.5以上の議員は法案に賛成し，0.5未満の議員は法案に賛成しなかったことを意味する．独立変数は，X_1が当選回数要因を，X_2が自民党所属要因を，X_3が平成会所属要因を，X_4が都市度要因をあらわす．）

以上のような結果を総合して法案ごとに各要因の影響力を示すと図Ⅰ-9-3のようになる．

図Ⅰ-9-3によれば，議員の離党行動が激しかった中にあっても，議員の所属政党が議員の価値観・倫理観を一定程度体現し，投票行動に対して最も大きな影響力を与えているということである．議員になる前にどのような職歴を経てきたかということは，特に学者や法曹界出身者のように専門的な職業

図 I-9-3　要因の影響力

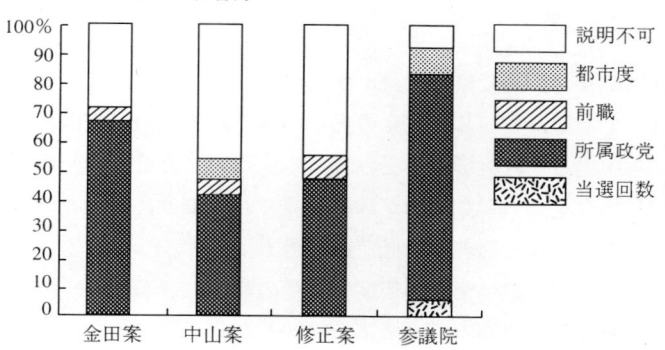

（凡例：説明不可／都市度／前職／所属政党／当選回数）

（横軸：金田案、中山案、修正案、参議院）

に従事していた議員について，その価値観や倫理観の構成に影響を与えていることがわかる．個人的要因としての当選回数要因や選出選挙区の都市度が有意となっているのは一部の法案にとどまるものの，議員が自分の選挙区のことを考えながら行動することや，当選回数が議員のものの考え方に一定程度影響を与えていることなども示される．他方で，前職の中でも臓器移植と最もかかわりが深い職業として要因の中に加えた医師経験は，中山案における投票行動を除いて，有意な説明変数となっておらず，医師出身の議員の投票行動は，必ずしも医師会の考え方とは一致していなかったのではないかと考えられる．厚生委員会への出席経験は，臓器移植というテーマに興味のある議員が厚生委員会に出席しているという仮定のもとに使用した変数であったが，厚生委員会に出席していた議員が「脳死」の扱いについてひとつの考え方にまとまっていたわけではなく，委員会の委員の考え方と本会議での議員の考え方とが類似していたということがわかる．議員立法の発議経験要因も同様に，回帰分析において有意な影響力を示していなかった．

このような相関分析及び回帰分析の結果から，はじめに立てた作業仮説にしたがった説明で，一定程度の議員の投票行動を予想することが可能であることがわかる．そこで，作業仮説をモデルとして維持した上で，この結果からどのようなことが言えるかを以下に述べる．

5．結論と含意

　臓器移植法案の採決では，議員が個人の価値観・倫理観に基づいて行動していたはずである．しかし，政党の拘束が外されても，議員の行動は所属政党にモデル中最も大きい影響を受けている[13]．このことは，いわゆる55年体制が崩壊して国会議員の離党行動が頻繁に見られるようになっているにもかかわらず，政党が議員の倫理観・価値観を最もよく体現しているということを示唆している．選出選挙区の都市度も議員の行動に影響を与えている．

　衆議院と参議院とで同内容の法案を採決した修正案の投票行動を見てみると，それぞれ異なる要因が影響を与えていることがわかる．近年二院制の意義が問われ，参議院の独自性を問う声があるが，両院の議員の投票行動に及ぼす要因が異なっているということは，法案について異なる角度から審査されうることを意味している．

　世論の動向と議員の投票行動という観点からは，臓器移植法に消極的だった法曹界や有識者団体と，それぞれと関連ある職業に従事した経験のある議員の投票行動との間に一致が見られたという点が示唆に富む．議員の前職は，議員の倫理観・価値観の形成に影響を持っており，前職と関連のある団体の意思表示は，議員の投票行動に何らかの影響を与えていると考えられるからである．

　本稿では，簡単な統計モデルを用いて議員の投票行動の要因を探った．いわゆる「自由投票」はこの後サッカーくじ法案の採決で近い例が見られたほか[14]は行われていない[15]．ここで作ったモデルが有効なものとして働きうるのかどうか，今後の事例の積み重ねを経るよりほかはない．モデルを精緻化し，投票行動の説明力をあげていくことは本稿の今後の課題であり，これから先の検討に委ねたい．

（1）　自民党議員の離党行動について統計的手法を用いて，個人の属性に着目した分析を行ったものとして，Junko Kato "When the Party Breaks Up:

Exit and Voice among Japanese Legislators." *American Political Science Review*, Vol. 92, No.4, 1998がある．
（２）　岩井奉信『立法過程』現代政治学叢書11，東京大学出版会，1988年，184-185頁．
（３）　中山研一『臓器移植立法のあり方』，成文堂，1995年や，『朝日新聞』1997年6月18日付等を参考にした．なお臓器移植法案の審議は衆議院では厚生委員会，参議院では臓器移植特別委員会で行われた．
（４）　蒲島郁夫「米全議員の対日強硬度を読む」『中央公論』1987年3月号，150-165頁．
（５）　Junko Kato, op. cit.による．
（６）　蒲島，前掲論文，160-161頁．なお，蒲島論文では，保護主義の許容度という指標を用いているが，日本では前例のない「自由投票」であるから，ここではこの指標は用いないことにした．
（７）　本書用語説明のDIDの項参照．
（８）　『朝日新聞』1997年4月25日付における議員の感想より．
（９）　たびたび触れているように，欠席あるいは棄権という形で自らの意思を明らかにした議員も多数ある．ただし，ここでは，回帰分析にロジスティック分析を用いる都合上（ロジスティック分析では従属変数が2種類に限定されている），賛成か否かという分類を用いた．
（10）　同時に参議院に提出された脳死を人の死としない立場からの臓器移植法案も審議されているが，この法案は採決に至らなかったため，本稿の検討対象からは除外した．
（11）　以下の図表では，衆議院での修正案の採決を「修正案」，参議院での修正案の採決を「参議院」と表記した．なお，各案に対する投票結果は以下の表I-9-4のとおりである．

表I-9-4　各法案の投票結果

	投票総数	賛成	反対
金田案	475	76	399
中山案	468	320	148
修正案（衆院）	467	323	144
修正案（参院）	243	181	62

（12）　回帰分析において，ロジスティック分析を用いる都合上，欠席を別の数値で示すことができなかった．重回帰分析ではなく，ロジスティック分析を用いたのは，係数・p-値のほか，各要因の影響力も示されるからである．
（13）　この点は，党議拘束が緩いアメリカの議員についても同様である．蒲島，

前掲論文，161頁．

(14) サッカーくじ法案における国会議員の投票行動を図Ⅰ-9-1で用いたモデルをもとに分析すると以下のようになる．

まず，図Ⅰ-9-1のモデルは，以下の変更を要する．

個人的要因については，性別および年齢要因，当選回数，所属政党についてモデルが維持される．しかし，前職については，サッカーくじ法案の推進派として「官僚」があげられることから，「官僚」を要因として加える．法案に対する反対派としては，「弁護士会」や「有識者」が指摘されていることから，それぞれの関連のある職業である「法曹界出身」「学者出身」を加えた．さらに，法案の内容がスポーツと大いに関連することから，「スポーツ界出身」を要因として扱った．

選出選挙区特性は，従前のモデル同様，都市度を用いる．

政策への関与度としては，文教委員会（参議院では文教・科学委員会）への出席経験を用い，議員立法の発議経験については，要因としてこれを維持した．

表Ⅰ-9-5
サッカーくじ法案における投票行動の相関分析

	衆議院	参議院
性別	0.26	0.13
年齢	0.06	0.00
当選回数	0.08	-0.03
自民党	0.55	0.50
民主党(新)	-0.30	0.05
公明・平和	-0.26	-0.19
自由党	-0.01	-0.10
共産党	-0.35	-0.27
社民党	-0.11	-0.12
官僚	0.12	0.14
弁護士	-0.21	-0.26
学者	-0.08	-0.01
スポーツ選手	0.02	-0.06
都市度	-0.19	-0.22
委員会出席	0.08	-0.02
発議経験	-0.16	-0.09

(注)サッカーくじ法案が参議院で採決された際，新民主党はまだ結成されていなかったが，約1月後に結成されたこと及び衆議院との比較の都合上，参議院の新民主党参加者を新民主党所属の議員として扱った．

以上のように改変したモデルを用いると，相関分析およびロジスティック分析の結果はそれぞれ表Ⅰ-9-5，表Ⅰ-9-6のようになり，各要因の影響力の大きさは図Ⅰ-9-4の通りである．

これらによると，党議拘束を行った自民党や共産党については，相関分析において，その効果が明確に現れていることが分かる．サッカーくじ法案が参議院で可決されたのちに誕生した民主党については，まだひとつの政党ではなかった参議院時代と比較すると衆議院では，意見が分かれながらも，党としての影響力がはっきりと現れているということが指摘できる．さらに，性別において男性より女性が，選出選挙区において，より都市部出身の議員がともに法案に対して消極的な姿勢をとり，また，弁護士出身の議員は衆参両院で法案に対し反対の態度を示していたという事がわかる．回帰分析によると，所属政党要因のほかに，性別や弁護士出身，委員会出席の要因が有意

表 I-9-6 サッカーくじ法案における投票行動のロジスティック分析結果

	衆議院			参議院		
	係数	wald	p-値	係数	wald	p-値
定数	-2.05	2.4	(0.12)	-0.14	0.0	(0.92)
性別	3.57	15.4	(0.00)	0.08	0.0	(0.87)
年齢	0.00	0.0	(0.91)	-0.01	0.2	(0.66)
当選回数	-0.05	0.7	(0.42)	-0.11	0.3	(0.57)
自民党	1.75	13.0	(0.00)	2.53	29.8	(0.00)
民主党	-1.54	11.3	(0.00)	1.66	9.4	(0.00)
平和・公明	-1.90	11.5	(0.00)	-6.96	0.1	(0.74)
自由党	-0.34	0.4	(0.52)	0.34	0.2	(0.65)
共産党	-9.07	0.7	(0.42)	-7.30	0.2	(0.65)
社民党	-1.44	3.9	(0.05)	0.39	0.4	(0.55)
官僚	-0.12	0.1	(0.78)	-0.08	0.0	(0.86)
弁護士	-1.21	5.5	(0.02)	-2.65	5.6	(0.02)
学者	-0.28	0.3	(0.59)	-0.15	0.1	(0.81)
スポーツ選手	2.32	2.0	(0.16)	-1.44	2.8	(0.09)
都市度	-0.46	0.6	(0.44)	-0.16	0.0	(0.87)
委員会出席	1.07	3.8	(0.05)	0.46	0.9	(0.35)
発議経験	0.01	0.0	(0.97)	0.44	0.4	(0.50)
的中率	83.5%			78.5%		

図 I-9-4 各要因の影響力

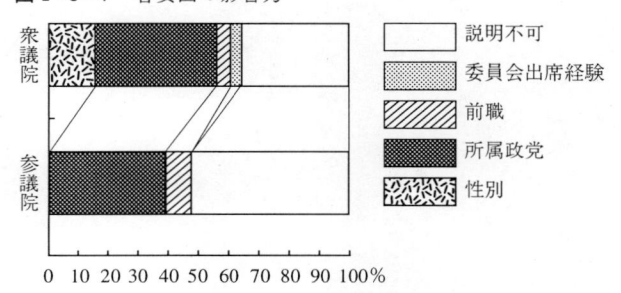

（凡例：説明不可／委員会出席経験／前職／所属政党／性別）

な影響力を持っていたことが示されている．

　衆議院と参議院との違いという点からは，参議院では性別が有意な要因として働いていないこと，また，民主党への所属が衆議院では法案に反対する方向で働いているのに対し，参議院では法案に賛成する方向に働いていると

いうことが指摘できる．これは，参議院での採決が民主党を結成する以前であったため，民主党を構成することとなる各党の間に，この問題に対して考え方の違いがあったことが影響していると考えられる．

(15) 小論執筆後，衆議院で99年7月22日，参議院で8月9日にそれぞれ本会議で可決された国旗国歌法案について，民主党が討議拘束をせずに臨んだ．同法案に対する民主党所属議員の投票行動をここでのモデルを応用して分析した結果がコラムとして本書に収められている．

第10章

政治変動期における造反行動

菅原　琢

1．はじめに

　1993年6月に宮澤内閣の不信任決議案が成立して以降，日本の政党政治は55年体制が確立して以来最も混乱した時期を経験した．ざっとこの時期を振り返ると，まず宮澤内閣が選挙制度改革を断念したことが発端となり，政治改革を標榜した2つのグループ（新党さきがけ，新生党）が自由民主党から分離する[1]．衆院解散を受けて行われた選挙では，自民党が離党組の議席分を回復できず過半数割れとなり，日本新党の細川護熙を首班とした非自民・非共産連合政権が誕生する．細川内閣は懸案であった政治改革関連法を成立させたが，連立内の不協和音や首相本人のスキャンダルなどで崩壊する．これを継いだ羽田内閣は日本社会党とさきがけの協力が得られず短命に終わり，94年6月自民・社会・さきがけによる村山内閣が成立する．村山内閣期には震災とオウムという戦後最大級の事件が2つ起こったが，長く対立していた自民党と社会党が組むということ自体大きな事件であった．96年1月には自社さの枠組を維持しながら自民党の橋本龍太郎に首相の座が譲られたが，10月の総選挙後には自民党が過半数を割りながら単独政権に復活し，その後「一本釣り」[2]によって衆議院の過半数も回復した．

　ここで注目しなければならないのは，93年6月から97年末までのわずか4年の間にこの変動が起こっているということと，政権交代・連立組替えの多くが選挙を経ずに，有権者が直接関わらないところで起きているということである．この時期の政治変動は，多数の議員たちがそれまでの自民党一党優

位体制下では見られなかったような脱政党的行動に出ることにより生み出された．そもそもの発端である宮澤内閣不信任決議案が，改革を唱える多数の若手自民党議員が賛成票を投じたことで可決されたのはその1例であり，下野した自民党から離党者が続出したという現象もまた同じである．また，多数誕生した新党が離合集散を繰り返し，挙句の果てに自民党に復党する議員が多数現れたことは，この時期の特異さを表す事象として長く記憶されるだろう．[3]このような時代を背景として，党議決定に背く，いわゆる造反投票も頻発した．

　本稿では，この造反に焦点を当てることで，とかくタテマエの多い政治家の行動に一定の法則性を見出そうと試みている．より具体的には，93年11月の政治改革法案と94年6月の首相指名選挙における自民党と社会党の造反投票を分析することで，個人レベルの議員の行動がどのような要因により決定されているのかを明らかにするということである．

　55年体制は，冷戦による東西対立を日本の政界地図に落としたものであったと言われるが，[4]この対立軸は村山政権の誕生でまさにベルリンの壁のように崩れてしまった．新たな政界の地図を描こうとしても，どっちが東でどっちが西なのかその方角すら見えていないのが大方の人々の印象ではないだろうか．このことは，普段の支持政党を持たずに選挙の度に投票態度を変える「無党派層」の増加といったところに表れている．このように有権者が政党への信頼をなくしてしまっている現在の状況では，政治家個人の個性により多くの関心を注ぐことが重要であろう．中でも国会議員の本来の仕事である国会における数々の行動が，政党というラベル以上に投票の際の判断基準として役立つはずである．[5][6]このような視点は，今後も書き換えられていくはずの政界地図を読み解く手助けとなるだろう．

　さて，本稿で分析の対象とした連立与党提出の政治改革関連法案に対する議員の投票は—中身はどうであれ—政界再編を促した最も大きな力である政治改革に一応の決着をつけるものであった．同時にこの法案の参議院での否決は，社会党の議員たちの造反行動が威力を発揮した場面でもあった．もう一方の，自社さにより社会党委員長村山富市を総理大臣に選出した94年6月

末の首相指名選挙は，まさに野合ではないかとさまざまな非難が各方面から浴びせられた．各議員はこのような雰囲気の中，政党や支持者，自分の信念などの間で悩みぬいて最終的な行動を決定している．したがってこれら2つの投票は，政治家の意思決定のメカニズムを見るうえでは格別な材料であると考えられる．

ところで議員の行動分析は，議員に対する政党の拘束の強さゆえか日本ではあまり行われてこなかった．そもそも党の決定に反して議員が行動するということ自体，宮澤内閣への不信任決議以前にはほとんどなかった現象である[7]．本稿の第一の意義は，現段階におけるこの希少性にあると言ってよい．第二の意義は，これは本書の特長でもあるが，多数のデータを分析に用い得たという点である[8]．

詳細は後に掲げるが，本稿は2つの投票を自民党・社会党の各グループに分け，造反したか否かを従属変数とし，年齢・所属派閥（グループ）・前職などを独立変数（説明変数）とするモデルを作成することで分析を行う．この際，93〜94年の党への不満表明と離党との比較も念頭に置きつつ論を進める[9]．

なお，統計的手段を用いる場合の一般的な問題も含めて本稿にはいくつかの限界がある．議員の造反行動と取れるものにはいくつものパターンがあり[10]，それぞれの表わす意味は違うと考えられるが，観測対象数が少なくなりすぎるので細かい分類わけをせず，一貫して造反をしたか・しなかったかの2通りにのみ分けた[11]．また，参議院議員の分析を行わなかったのは，母数が少ない，他の研究との比較ができない等の制約があるからである．政治改革関連法案では衆参の投票の時期が違い，首相指名では衆議院の結果が優越するためそれぞれの投票の意味が異なってくるというためでもある．参議院を分析することに意味がないと判断したわけではなく，逆に大きな意味を持つためここでは扱いきれないと判断した．政治資金の多寡は，議員の政党からの独立性を考えるときの最も重要なファクターの一つである．しかし，扱った2つの投票はいずれも政治資金規正法の改正前に行われたため，ここでの使用に耐えうるデータがなく，政治資金の影響を加味できなかった[12]．

本稿は以下次のように進む．まず次節では，最近の政界の大きな流れに触

れつつ政治改革法案の衆議院通過，村山連立内閣が誕生した首相指名選挙への過程を追う．この際対象となる議員の性格を確認しておく．次に過去の研究の成果を確認し，それを基本としながら独立変数を類型化し提示する．その後の節で実証分析を行い，結果を考察していく．

2．政治状況

(1) 政治改革関連法案

　政治改革の流れは，数々の腐敗・スキャンダルにまみれた自民党に危機感を感じた若手議員から始まった[13]．リクルート事件を受けた自民党内部では，武村正義を中心とする若手議員が派閥を横断して作った勉強会「ユートピア政治研究会」や「政治改革を実現する若手議員の会」[14]（以後「若手議員の会」）など，政治改革を唱える改革派グループがいくつか結成される．彼らは中選挙区制度による過当競争が政治腐敗を生み出しているとし，比例代表を加味した小選挙区制を基本とした選挙制度改革の実現を目指す．実際に彼らは自民党の政治改革委員会や政治改革推進本部などで活躍し，91年には小選挙区比例代表並立制を導入する選挙制度改革法案を出すに至る[15]．このように，政治改革をめぐる議論はもっぱら選挙制度の改革を中心にして行われることとなる[16]．

　一方，国家の改造・党の近代化を目指した小沢一郎も政治改革を唱える[17]．当時小沢は，金丸信会長が佐川急便事件によって失脚した後，竹下派の後継をめぐり小渕恵三と争っていた．このとき，主導権争いを有利に進めるため，政治改革に熱心で若手に受けのよい羽田孜を味方にし，自らも改革を積極的に唱えた[18]．この跡目争いの結果小沢は敗れ，竹下派の後継会長には小渕が就任したが，竹下派を割って結成した「改革フォーラム21」（羽田派）には若手衆議院議員が結集し，改革派の一方の拠点となる[19]．

　当時は政界の外でも政治改革を求める気運が高まっていた．政治改革推進協議会（民間政治臨調）[20]は，前年の政治改革宣言に続き93年に民間政治改革大綱を発表し，その中で小選挙区比例代表併用制を中選挙区制に代えて導入することを提案した[21]．自民党の分裂による政界再編を期待していた日本労働

組合総連合会（連合）と同会長の山岸章も，政治改革実現に向け活発に動いた．加えて大前研一らの組織した「平成維新の会」にも注目が集まった．彼らは会独自では候補者を立てず，政策協定を結んだ候補者を推薦し，資金援助をするという形で政治改革の流れに加わろうとした．

これら改革派を中心に政治改革は争点としての重要性を増していった．この流れに乗り93年4月，自民党は単純小選挙区制の選挙区制度を柱とする政治改革関連四法案を提出する．これに対し社会党と公明党は，小選挙区比例代表併用制の選挙制度を基本とした政治改革関連五法案を提出し他の野党も足並みを揃え，民間政治臨調の提案に乗る形で小選挙区比例代表連用制での与野党妥協も視野に入れる．自民党の側では，今国会で政治改革を実現させようとする改革推進派と，2年後の参議院選で多数を取ってからという口実で先延ばしを図る慎重派が攻防を続ける．しかし，自民党執行部の妥協も先送りもしないという決定により与野党の政治改革法案が廃案になる．ここで野党が提出した宮澤内閣不信任案に自民党改革派が乗り，羽田派を中心に39人が賛成，他16人が欠席しこれが可決される．この直後武村らユートピア政治研究会の中心メンバー10人が離党を表明すると，「除名されても」自民党に残ると決めていた小沢ら羽田派も離党する．西岡武夫ら宮澤内閣不信任案で造反しながら自民党に残り改革の実現を図ろうとする議員もいたが，結局衆議院は解散することとなった．

衆議院解散により行われた総選挙で新党が議席を伸ばした結果，社会党は大敗し自民党が議席を維持した．自民党も，連立を約していた六党派も過半数を得られず，思いがけなくキャスチングボートを握った日本新党・新党さきがけは，定数比1：1で二票制の小選挙区比例代表並立制を政治改革の柱とするなどの政権構想を発表する．総選挙前に選挙後の連立でまとまっていた社会・公明・新生・民社・社民連の五党と民改連はこれに同意し，日本新党党首細川護熙を首班とする八党派連立内閣が成立する．選挙制度改革については，かつての海部案に反対した社会党を含め，小選挙区比例代表並立制を導入するという点で一致してはいるものの，定数配分と投票方式に関しては若干の争いが続いた．しかし結局社会党に配慮し，定数比1：1で二票制

の小選挙区比例代表並立制を中心とした法案を提出することになった．一方自民党も，日本新党・さきがけの「踏み絵」を踏むことになる．野党転落の危機を背景として，解散前の状況がうそのように慎重派の抵抗が消えたため，自民党は小選挙区比例代表並立制を党議決定して日本新党・さきがけの出方を待つことができた．2党が自民党の誘いを断り連立政権が誕生した後も，自民党は後退せずに党議決定どおり並立制を基本とした法案を提出した．

こうして政治改革関連法案の行方に世間の注目が集まった第128回臨時国会であったが，自民党が様々に手を尽くしたために法案の審議は膠着したままになった．ここで強行採決を避けたい細川は法案を修正して妥協を図ったが，自民党側は応じなかった．結局修正与党案が可決され，参議院に送られる（11月18日）．このとき修正与党案には，自民党から13人が賛成，7人が棄権にまわり，連立与党の社会党からは，5人が反対に回った．年が明けて94年1月21日に行われた参議院の採決では，社会党・護憲民主連合から17人が反対，3人が欠席したために，自民党から5人が賛成したにもかかわらず与党案は否決される（表Ⅰ-10-1）．結局自民党との再修正協議を経て成立した再修正与党案が両院本会議にかけられて成立した．

表Ⅰ-10-1　政治改革関連法連立与党案投票結果（網掛けが造反）

		衆議院（93年11月18日）		参議院（94年1月21日）		
賛成	与党	252	270	与党	110	118
	自民党	13		自民党	5	
	無所属	5		無所属	3	
反対	与党（社会党）	5	226	与党（社会党）	17	130
	自民党	204		与党（民社党）	1	
	共産党	15		自民党	94	
	無所属	2		共産党	11	
				二院クラブ	5	
				無所属	2	
棄権	与党（社会党）	1	10	与党（社会党）		1
	自民党	7				
	無所属	2				

くわしくは巻末国会議員データ参照．棄権の無所属の内1名造反．

自民党で党議拘束に反した行動をとった議員は，主に政治改革の早期実現を目指す若手であった（図Ⅰ-10-1）．大嶽の指摘にもある通り，若手議員は唯一アピールできる政策として政治改革に熱中した．河野は竹下派分裂の分析に際し，「再選インセンティヴ」をキーワードにして，政治的に脆弱（選挙区での基盤を確立していないという意味）な当選回数の少ない若手が，改革にコミットしたと述べている．図Ⅰ-10-2より，両新党に参加した議員が出ていった後でもなおこの傾向が表れていると考えられる．

大嶽は，自民党に残った若手議員の会のメンバーのうち数人が連立与党の政治改革法案に賛成票を投じていることを挙げつつ，自民党に残留した若手議員の政治改革に果たした役割は大きいと指摘している．図Ⅰ-10-3からも，造反者を決定付ける要素として改革派議員グループへの参加が重要なものの1つであると考えられる．彼らの中には，さきがけ・新生党に参加したメンバーに近く，総選挙では平成維新の会の推薦を受けて戦うなど，むしろ離党をして連立与党に加わるのが自然な議員もおり，そういった議員は実際に賛成すなわち積極的な造反を行っている．これに対して，消極的な造反である棄権または欠席をした議員は，改革に積極的だが若手ではない議員が多く，

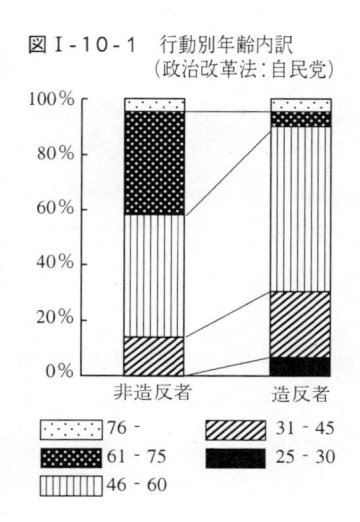

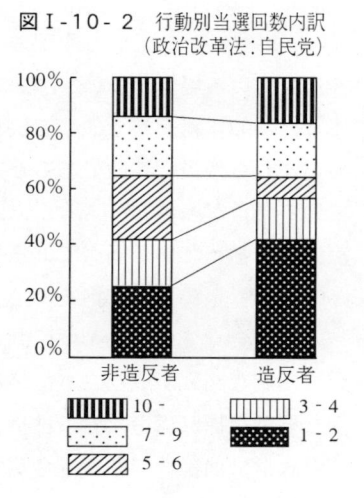

図Ⅰ-10-1　行動別年齢内訳
（政治改革法：自民党）

76 -
61 - 75
46 - 60
31 - 45
25 - 30

図Ⅰ-10-2　行動別当選回数内訳
（政治改革法：自民党）

10 -
7 - 9
5 - 6
3 - 4
1 - 2

図Ⅰ-10-3　各議員グループの行動内訳（政治改革法：自民党）

改革連絡協議会
若手議員の会
(42)
真の政治改革を推進する会
全自民党議員

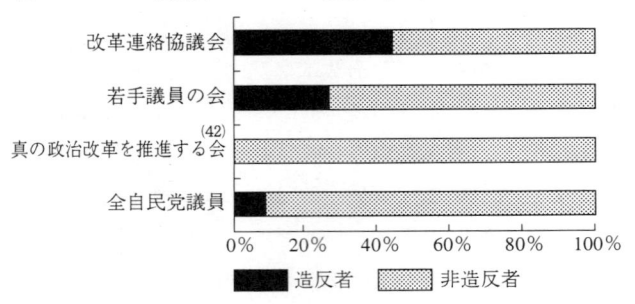

■ 造反者　▨ 非造反者

図Ⅰ-10-4　行動別派閥内訳（政治改革法：自民党）

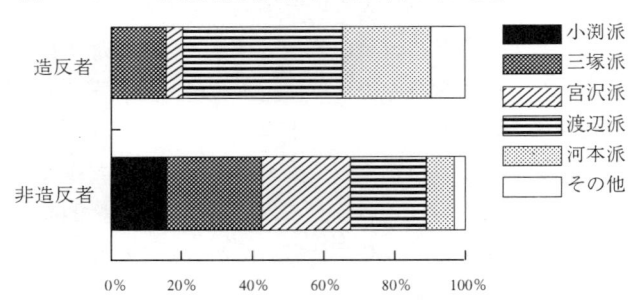

造反者
非造反者

小渕派
三塚派
宮沢派
渡辺派
河本派
その他

「改革連絡協議会」という中堅以上の政治改革推進派で結成されたグループに参加している場合が多い．加藤の分析によると，彼らは都市型選挙区選出であったり93年総選挙で他の自民党議員より得票していた（強かった）というのがこれら議員の特徴であるという．さらには図Ⅰ-10-4から，渡辺派に属している議員が多いと言える．派閥の求心力の衰えが最も進んでいたのが非主流派色を強めていた同派であることは否めないが，そのためかどうか改革派と呼ばれる議員を多く抱えていたようだ．

一方社会党では，小選挙区制の導入に反対の立場をとる左派が造反するという明確な図式が成り立っている．したがって，社会党左派を特徴付けるような要素を探れば造反者の性格が明らかになってくる．彼らは，新生党との連立政権に消極的である場合が多く，そのため連立工作を積極的に進めた連

合との関係から, 一部労組の推薦から漏れる選別を受けている. さらに小選挙区制導入反対という立場から,「真の政治改革を求める」という署名活動や「リベラル会」「真の政治改革を進める会」という選挙制度改革に反対するグループへ参加している. 逆に「デモクラッツ」や「シリウス」といった, 政治改革・政界再編ひいては党改革に積極的なグループにはほとんど参加をしていない.[47]

(2) 94年6月の首相指名選挙

　細川内閣は政治改革法案を通した後, 急速にその求心力を弱め,「国民福祉税」の突然の発表と撤回, 内閣改造の失敗などにより最終的に総辞職に追いこまれる.[48] この後を受けて, さきがけが閣外協力に回るという小さな再編成を行った羽田内閣が成立する (4月25日). 細川内閣末期に様々な事案が協議なしで進んだことに不信感を抱いていた社会党は, 内閣発足当日に連立五党派が統一会派「改新」をまたも相談なしに結成したことに強く反発し, すぐに連立を離脱した.

　これにより危機を迎えた連立政権側は, 社会党に連立に復帰するよう再三にわたり働きかける. 社会党内でも, 政界再編を強く訴えるデモクラッツ・新政策懇話会など, 連合の後ろ盾を受けた中間派・右派グループを中心に連立復帰を望む声が上がった. しかし, 主体性重視派とも呼ばれ, 先の委員長選挙で村山富市を擁立した左派系議員たちは, 小沢一郎新生党幹事長と市川雄一公明党書記長のいわゆる「一・一ライン」主導の政権運営を嫌悪し, 連立への復帰に慎重であった.[49]

　一方, 政権復帰を狙う自民党内では, 羽田内閣不信任決議案の提出をめぐり主導権争いが繰り広げられていた. 河野洋平総裁をはじめとする党執行部や山崎拓, 加藤紘一, 小泉純一郎 (いわゆるYKK) の率いる「グループ・新世紀」は不信任案提出に積極的な立場で, 羽田内閣が解散を選んだ場合の中選挙区制での選挙も辞さない構えであった. これに対し, 中選挙区制での総選挙は政治改革を後退させるものだとして不信任案提出に批判的な政治改革推進派は反発する.[50] 渡辺派の一部を中心とした, 保保連合を指向する議員た

ちもこれに同調する．これは，細川内閣が総辞職した際に，小沢が渡辺美智雄を首相候補に担ぎ上げて保保連合政権を樹立しようとして以来の流れであるが，連立を外れる社会党の側にも，また分裂を招く自民党執行部の側にも警戒を抱かせるものであった．逆に執行部の側では社会党との連立を早い段階から模索しており，(51)これに対し強固な保守派を多く含む保保連合派は不快をあらわにしていた．

　社会党と連立与党側との政策協議は何度も続けられていたが，その一方で自民党執行部は非公式に社会党へ連立を持ちかけていた．この間，反小沢で動き出した新党さきがけは「村山首相」の方向をいち早く打ち出すなど，社会党と共同歩調をとるようになっていた．自民党内の主流派と非主流派の激しい駆け引きの後，渡辺らも羽田内閣不信任案の提出に同意するようになり，6月23日についに提出されるに至った．このとき社会党は賛成の方向で検討を始め，すでに賛成を表明していた日本共産党も合わせて不信任案可決の見通しが強まった．そこで羽田内閣は自ら総辞職し（6月25日），与党側は社会党との再度の連立復帰交渉を行う．社会党は「民主的政権運営」「会期の延長をしない」「さきがけの政権復帰」の3つを連立復帰の条件として提示する．最後の政策協議（6月29日国会最終日・首相指名選挙当日）になって，連立与党側が「土壇場になって，こっちが全然聞き入れられないような内容のものを，政策的に持ち出してきた(52)」（村山）ため，社会党は連立に復帰しないことを決定し，村山を候補として首相指名選挙に臨むこととなった．このとき連立与党側では，自民党政調会長代理の津島雄二らによる海部俊樹元首相擁立計画に乗ることが決定されていた．海部は，政権担当時において政治改革に熱心に取り組み，さらに辞職後も自民党内で政治改革を唱えつづけていたため，若手の政治改革グループに人気があった．そのため，社会党を連立に加えなくとも自民党の分裂で勝てる公算が高かった．渡辺と違い，自民党が社会党と組んだとしても，デモクラッツをはじめとする連立復帰派が社会党の側から造反しやすいという点も大きかった．一方自民党執行部は，指名選挙直前の両院議員総会で，社会党とさきがけによる村山内閣構想を受け入れることを表明して議場に入る．結果，この日の夜の投票で，村山が内閣総理大

臣に指名された．

このとき，表Ⅰ-10-2のように造反が行われたが，連立与党側が期待したほど海部票は伸びなかったとされている．その理由を連立与党側は会期末で時間がなかったため，票起こし作業を十分行えなかったと説明している．これはある程度正しいが，自社さ側も条件は同じなので，これだけを理由とすることはできない．中曽根康弘ら保守的とされる議員が海部に流れたことや，小沢主導の政治に加担することへの抵抗感が，自社両党の造反予備軍を思いとどまらせたと言えるだろう．自党の党首を立てたということで，社会党右派の動きを封じることができたというのも大きい．

このとき自民党の党議に従わなかった議員は，大まかに2つに分けられる．1つ目のグループは，執行部・主流派に反発し保保連合を目指す中曽根康弘・渡辺ら渡辺派の議員たちである（図Ⅰ-10-5）．もうひとつの勢力は，政治改革の完成を目指す若手を中心とした改革派の議員たちである（図Ⅰ-10-6）．

表Ⅰ-10-2　1994年6月29日の首相指名選挙結果（網掛けが造反）

	衆議院1回目			衆議院決選			参議院		
村山富市	自民党	167	241	自民党	173	261	自民党	77	148
	社会党	49		社会党	63		社会党	62	
	さきがけ	21		さきがけ	21		護憲リベラル	5	
	無所属	4		無所属	4		旧与党（民改連）	1	
							無所属	3	
海部俊樹	旧与党	183	220	旧与党	183	214	旧与党	61	63
	自民党	26		自民党	19		社会党	1	
	社会党	8		社会党	8		無所属	1	
	さきがけ	1		さきがけ	1				
	無所属	2		無所属	3				
無効票	自民党	5	23	自民党	11	29	自民党	13	20
	社会党	16		社会党	3		社会党	3	
	無所属	2		共産党	15		二院クラブ	3	
							無所属	1	
不破哲三	共産党		15				共産党		10
河野洋平	自民党		5				自民党		2
土井たか子							二院クラブ		1
棄権	自民党	1	2	自民党	1	2	自民党		2
	社会党	1		無所属	1				

くわしくは巻末国会議員データ参照・棄権の社会党は会派のみ所属の議員．

図 I-10-5　行動別派閥内訳（首相指名：自民党）

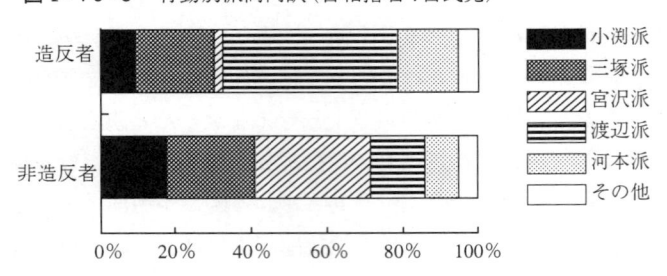

- 小渕派
- 三塚派
- 宮沢派
- 渡辺派
- 河本派
- その他

造反者／非造反者

図 I-10-6　各議員グループの行動内訳（首相指名：自民党）

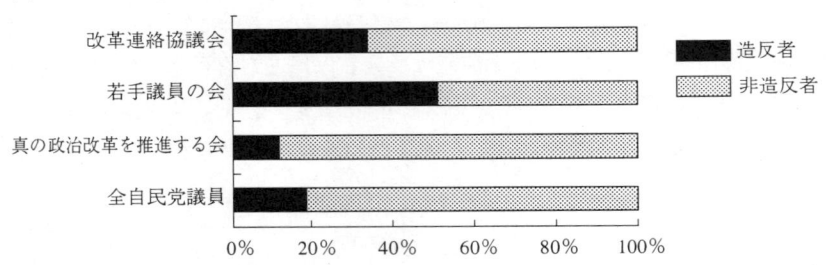

- 改革連絡協議会
- 若手議員の会
- 真の政治改革を推進する会
- 全自民党議員

造反者／非造反者

図 I-10-7　投票行動・派閥別年齢内訳
　　　　　（首相指名：自民党）

全自民党／渡辺派造反／その他造反

76-
61-75
46-60
31-45
25-30

図 I-10-8
造反と改革派グループ所属数の関係
（首相指名：社会党）

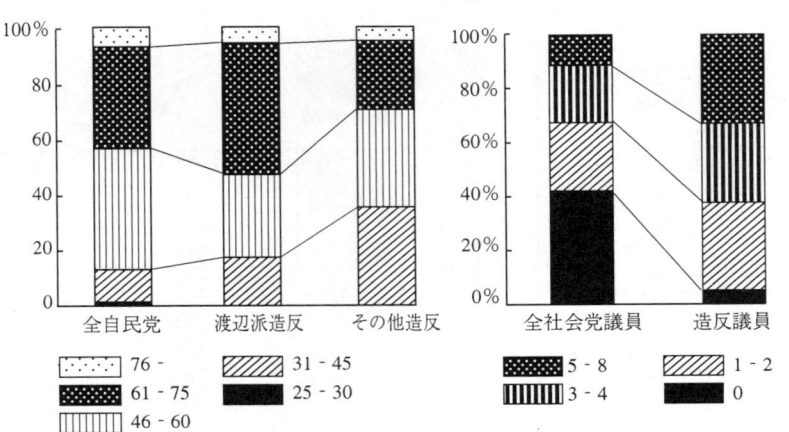

全社会党議員／造反議員

5-8
3-4
1-2
0

政治改革法案のところで述べたとおり，渡辺派も改革派の議員を抱えていたが，図Ⅰ-10-7に示されるとおり，渡辺派以外では年齢の低い議員が造反している反面，渡辺派では全議員の分布以上に高齢の議員が造反している．これは，「渡辺派だから」という理由で造反する議員がいることを暗示するものである．一方，図Ⅰ-10-7からは当時の総裁派閥で主流派である宮澤派からの造反が非常に少ないこともわかる．政治改革法案で造反していた議員は，やはり今回の首相指名選挙においても造反している議員が多い．

一方，社会党の造反議員を生み出す構造は今回は右派が造反という形になっているものの，政治改革法案と基本的に変わってはいない．党の改革を目指し，非自民政権を続けることで自民党一党優位体制を終わらせ，政界再編を成し遂げようとする「デモクラッツ」所属の議員は積極的に海部票を投じている．海部とは書かないまでも，改革派グループに属する議員は無効票を投じ，造反している（図Ⅰ-10-8）．逆に政治改革法案で党議決定を無視したような議員は，今度は党議にしたがって行動している．

3．分析手法

各投票で造反したかどうかを従属変数とするロジスティック回帰分析を行ない，どのような特性を持った議員が造反する傾向にあるのかを分析する．

(1) 従属変数

a. 政治改革関連法（自民党）

自民党議員226人（イデオロギーを分析に用いる場合は63人）が分析対象．政治改革関連法連立与党案で造反（賛成または棄権）をしたか（＝1）しなかった（＝0）か．

b. 政治改革関連法（社会党）

社会党議員73人が分析対象．政治改革関連法連立与党案で造反（反対または棄権）をしたか（＝1）しなかった（＝0）か．

c. 94年6月の首相指名選挙（自民党）

自民党議員206人（イデオロギーを分析に用いる場合は56人）が分析対象．

村山富市が指名された94年6月の首相指名選挙で造反（第1回・決選を通して1回でも村山富市に入れない）をしたか（＝1）しなかった（＝0）か．

d. 94年6月の首相指名選挙（社会党）

社会党議員73人が分析対象．村山富市が指名された94年6月の首相指名選挙で造反（第1回・決選を通して1回でも村山富市に入れない）をしたか（＝1）しなかった（＝0）か．

(2) 独立変数

独立変数は，議員の行動の要因となり得るものであり，こういう人物がこのように行動する傾向にあるということを表すものである．政治状況のところで要因や傾向については，観察された範囲で大体挙げておいた．本稿の分析において重要なのは，もちろんこの観察結果を確認することである．だが一方で，目に見える議員の性質以外の隠れた説明要因というのがあるかもしれない．たとえば選挙での強さなどがそうである．あの議員は政治改革に情熱を注いで取り組んでいるように見えるが，実は小選挙区の区割りの方が自分の選挙に有利だから一所懸命なだけだ，ということがあるかもしれない．本音とタテマエの使い分けの実際を見ることが重要だ．同様に擬似相関を取り除くというのも分析において重要なことである．たとえば94年6月の首相指名選挙での自民党の造反を説明するのに，「河本派の議員である」ということが非常に有効であるように見えるが，「改革派グループへの参加」という要因の影響を差し引くとまったく説明能力をなくしてしまう．また，「当選回数」と「年齢」のような，違いが微妙なものの区別も考慮に入れるべきである．「当選回数」と「年齢」は互いの相関も高くその意味で似ているが，最近は二世議員の増加により若くても当選回数を重ねる議員というのも多い．「若手」と言ったとき，このどちらを基準とすればよいのだろうか．このように本当に影響を持っている要因は何かを探るのが，本稿の目的である．したがって独立変数は様々なものを集めてきた方がよいということになるが，無関係な要因（血液型など）を並べ立てても当然意味はなく，したがって使用すべき独立変数をある程度まとめて整理しておく必要がある．そのために，数少な

い過去の研究事例である加藤論文をここで振り返っておくことにする．

加藤は93年の宮澤内閣不信任案への自民党議員の造反投票，直後の離党行動，選挙以降の党への不満の表明[61]，選挙以後の離党行動[62]，社民党議員の94年[63]と95年の不満表明行動[64]を分析した．自民党議員は7項目の個人的要素，2項目の組織的要素を[65]，社会党議員は6項目の要素[66]を独立変数とし，各行動を従属変数としてプロビット分析を行い，大まかに次のような結論を導いた．不満の表明と離党は同じ人物によって連続して行われている．自民党の党内の対立は公共のもの（政治改革）に関して行われ，選挙など個人的な要因で対立の構図ができているが，社民党は党内の問題（党改革）に関して対立し，労組や党内の組織との関係が強い影響を持っている．行動の選択において自民党議員は個人的な要素が強く反映され，派閥など組織的要因の影響は限定的であるのに対し，社民党議員は組織的影響が大きいと言える．

過去の投票行動の研究という点では，アメリカ議会での投票行動を分析した蒲島論文[67]も重要である．特に過去の関係する投票行動が次の投票行動を予測するのに非常に有用である，ということを示した点が参考になる．

以上の点と政治状況の観察結果を参考に独立変数を類型化し，まとめてみる．本稿では，加藤の個人的要素という分類を議員特性と選挙事情にわけ，組織的要因と過去の投票行動を加え4種に類型化する．ただし，当選回数のように考え方によって分類先が変わるものがある．そうした項目は便宜上一つの分類に収め，重要なものについては分析のところであらためて考えることとする．

a．議員特性

議員の行動を内在的にコントロールする可能性のある個人的性質（性格）を，ここでは議員特性と呼ぶことにする．代表的なものは出自に関するもので，数値データによって得ることのできない個人の性格や行動様式の代わりになることが期待される．例えば，官僚出身ならば規律に従い[68]，あるいは弁護士ならば落選しても「ただの人」にはならないからリスクを冒して行動をしやすいなど，出自に関する特性は行動に反映することが予測される．官僚，弁護士以外に本稿では地方政治家と労組役員という出自データを使用した．

前者は地元の意向に従うという「縛り」と，票を直接把握しているという「自由」の両面が考えられ，後者は組織的要因と同様の拘束があると考えられる．分析では，これらの経験がある場合を1とし，経験がない場合を0とするダミー変数として用いた．

　年齢も当然ながら個人の性質に影響を及ぼす．年をとった人物ほど冒険をしないと言えるし，逆に引退間近の議員は党の公認に縛られないため自由に行動するかもしれない．いずれにしろ同世代の議員同士は同じように行動すると期待される．このことは，先ほど指摘した当選回数についても同様である．しかし当選回数には次のように別の意味も考えられ，分類先は一義的に決まらない．当選を重ねるという意味では選挙の強さを表わす項目であり，次の選挙事情に関係するデータとなるが，政党や公職の人事システムという観点から見た場合は，組織的要因に含まれることになる．ただ今回は，年齢との比較を主として考えているので，当選回数は議員特性に含めておく．

　世襲議員か否かも，様々な観点からいくつかの分類が成り立つデータである．世襲議員が増えたのはその選挙での有利性ゆえであり，この意味では選挙事情に分類可能である．しかし議員の投票行動を考える場合，親などから受け継いだ後援会の強さに支えられて政党から自立している結果，自由に活動しやすいという点に注目すべきである．つまり世襲を自由であるという性格に読み替えるのが適当であり，ここに分類しておく．該当者を1とし，該当しないものを0とするダミー変数である．[69]

　議員秘書を経験していたかどうかは出自に関する項目なのだが，前議員の後援会から支援を受けるという点で世襲と意味合いが似ている．世襲議員との違いはおそらく後援会との近さで，前議員と行動を共にしてきた秘書のほうが後援会の意向を重視する可能性がある．これも該当者を1とし，該当しないものを0とするダミー変数である．

　個人的な性質の最も重要なものは人間の内面にある思想・信条であるが，本来これは数値的データで捉えられないものである．ただ今回は96年選挙後も在職している議員の一部について，安全保障問題に対する態度[70]と参加と平等に関する保革軸[71]という2つのデータを使用することができた．ただし，こ

の数値を用いて分析できる議員数が極端に少ないため社会党の分析では用いない．ところで，この2つのイデオロギーデータはアンケートへの回答を統計的に処理したものである．一般的に，アンケートへの回答はそれぞれの個性が反映されるため，他人との相対的な比較にやや無理があると考えられる．よって自民党の分析においても参考の範囲で使用するにとどめる．

b. 選挙事情

本稿では議員の選出選挙区の特性と，議員の選挙での戦い方・結果を合わせて選挙事情と呼ぶことにする．

選出選挙区のデータで今回使用したのは都市化度のデータのみである．これは総人口に占める DID 人口[72]の比率を用いた．都市ほど候補者間・政党間での票の移動が大きく，当落は「風」に左右されやすい．つまり都市部の議員ほど有権者の意向に敏感で，自分の行動が見られていることを意識するはずである[73]．

選挙結果データは3種類用意した．議員の選挙での強さは93年選挙での MK 指数[74]を用いる．選挙に強い議員は，党への依存が弱く相対的に行動が自由であると考えられる．候補者個人の得票が選挙区内でどれほど偏在しているかを表わす RS 指数[75]と，その候補者のいる選挙区がどれだけ「すみわけ」が進んでいるかを表わす DS 指数[76]も使用する．これは選挙制度の変革による影響を示すための値である．この3種の指数は選挙区の都市化度によりかなり影響されるので，必ず DID 人口比率と共に扱う[77]．

政治家は，選挙の際に支援を受けた団体・組織の意向に沿って行動しがちであると考えられる．当然，支援を行う団体・組織の側でも自分たちの言うことを聞きやすい，あるいは意見の近い候補者を，選挙の際に推すと考えられる．93年の衆議院選挙で一部連合加盟労組が社会党の候補者に「選別推薦」を行ったのはまさにその例である．ここでは，選別推薦を行った労組のうちの一つであるゼンセン同盟[78]が推薦したかどうかと，平成維新の会が推薦したかどうかのデータを用意した．いずれも推薦を受けた場合は1で，受けなかった場合は0とした．

c. 組織的要因

議員が自分の行動を決めるとき，自分の考え方や個人的な事情よりも自分の所属している組織の決定に従うというのが一般的である．党議拘束が成り立つのもこのためである．本稿で扱う造反は党議拘束に反する行動であると定義付けられるので，それでもなお組織的な要因が影響を与えているかどうかというのは興味深い点である．

　自民党に関しては派閥所属データを用意した[79]．議員は，選挙の際の公認や資金確保の必要のため，所属派閥のボスの意向に従い行動すると想定される．同様のことは地方組織との関係でも言える．県連等地方組織は議員の選挙を支えており，候補者の選定も地方組織の意向が反映されていると考えられる．特に社会党の議員は自前の後援会が自民党の候補者ほど強くないため，この傾向が強い．本稿では加藤論文との比較も念頭に置いて，愛知・兵庫両県選出議員か否かというデータを用意した[80]．

　近年は超党派のものも含め，従来の派閥・路線の枠組を超えて結集した議員グループが多数活躍した．このような集団での同志的結束が，議員の行動に影響を与えていることは想像に難くない．集団の目的がはっきりしていれば，その議員の態度表明と捉えることが可能である．自民党に関しては「若手議員の会」，「改革連絡協議会」，「真の政治改革を推進する会」を用いる[81]．社会党に関してはより多数のグループが存在し，議員の大部分は複数のグループに重複して所属するので[82]，これを利用して「改革派度」[83]，「左派度」[84]の2種類のデータを作成し使用した[85]．この2データ以外の組織的要因に含まれる変数は，いずれも該当者を1，そうでないものを0とするダミー変数である．

d. 過去の投票行動

　これは行動の要因ではないが，議員の行動の傾向を表わすものとして役立つ．つまり，過去に党議拘束に反したことのある議員はそういう傾向を持っていると考えられる．あるいは，議員のその案件についての態度表明と見ることもできる．本稿では，宮澤内閣不信任決議案で造反した（＝1）か否か（＝0）（自民党のみ）と政治改革法案で造反した（＝1）か否か（＝0）の2つを用いるが[86]，自民党ではこの2つの造反は政治改革に対する「熱意」を表わすものと考えることができる．

4. 分析

(1) 政治改革法案

a. 自民党

　政治改革法の分析では，派閥は渡辺派のみ独立変数に加えた．同派は現実的に造反者が多くでているため必要だが，他の派はそれを加える積極的意味はない．宮澤内閣不信任案での造反を含まない分析も行なった．

　表Ⅰ-10-3（不信任案造反込み）のとおり，95％水準で有意になったものは年齢，改革連絡協議会への参加，宮澤内閣不信任決議での造反である．90％水準で有意となったのは議員秘書の経験である．

　年齢が低い議員ほど造反しているというのは観察結果のとおりである．これに対し，当選回数は有意な影響を持っていない．これは，自民党の当選回数による人事決定システムへの不満から若手が造反したのではなく，純粋に若い世代が政治改革に熱心であったということを示す．

　出自に関する項目で有意となったのは議員秘書経験だけである．3.(2) a.で述べたとおり秘書出身議員は他の議員に比べ後援会組織に選挙を依存していると思われるが，後援会中心の集票法は業界団体や知名度による集票よりも中選挙区内の地元地域での得票割合が高くなりがちである．したがって，中選挙区制度を維持するより小選挙区制が導入されたほうが有利になると感じ造反したと考えられるが，有意といってもわずかに有意水準を超えただけなので，この項目は重視できないだろう．

　改革連絡協議会メンバーの造反が目立つ一方，改革の中心にいたはずの若手議員の会が有意な影響を見せていない．これは，「政治改革ブーム」により若手議員の会の会員数が増えていたことが影響を与えているのかもしれない．[87]

　宮澤内閣不信任決議案で造反した議員は，やはり今回も造反していることがわかる．ちなみに，連続して造反している6議員のうち山口俊一と赤城徳彦以外の4人はその後離党しており，両代議士は94年6月の首相指名選挙の際にも造反している．

　そのほかの項目を見てみると，渡辺派への所属が，観察から得られた印象

表Ⅰ-10-3 自民党造反分析結果(政治改革法)

	政治改革法造反					
	宮澤内閣不信任案造反込み			宮澤内閣不信任案造反含まず		
	係数	wald	有意確率(p)	係数	wald	有意確率(p)
定数	-0.59	0.0	(0.84)	-0.13	0.0	(0.96)
年齢	-0.08	3.9	(0.05)	-0.09	4.4	(0.04)
当選回数	0.12	0.8	(0.38)	0.11	0.6	(0.42)
官僚	0.21	0.1	(0.81)	0.02	0.0	(0.98)
地方政治家	0.46	0.3	(0.57)	0.44	0.3	(0.58)
弁護士	-8.60	0.0	(0.87)	-7.51	0.0	(0.90)
議員秘書	1.11	2.8	(0.10)	0.91	2.0	(0.15)
世襲	-0.57	0.7	(0.41)	-0.71	1.1	(0.29)
DID比	0.75	0.2	(0.63)	0.07	0.0	(0.96)
RS指数	0.89	0.0	(0.88)	-1.06	0.0	(0.85)
DS指数	-0.71	0.0	(0.90)	0.78	0.0	(0.88)
MK指数	0.26	0.4	(0.53)	0.38	0.9	(0.34)
渡辺派	0.64	1.0	(0.32)	0.96	2.7	(0.10)
平成維新の会	0.78	0.8	(0.37)	1.23	2.6	(0.11)
若手議員の会	0.61	0.7	(0.40)	0.96	2.0	(0.15)
改革連絡協議会	2.45	4.3	(0.04)	3.13	8.4	(0.00)
真の政治改革	-7.77	0.1	(0.76)	-7.94	0.1	(0.75)
宮澤不信任案	2.15	4.4	(0.04)	―	―	―
-2 Log Likelihood			95.58			100.08
Cox & Snell 擬似R²			0.18			0.16
的中率			91.6%			91.6%

N=226

と違い造反に有意な影響を与えていない．やはり「政策」を争う場面では，派閥という「政局」的なものは意味がないのだろう．

　DID比(都市化度)の影響は正(造反)であるが有意ではなく，加藤論文との相違が見られる．加藤論文の対象が94年の脱政党的行動全般であり，使用した数値も違うので単純に比較はできないが，都市化度の擬似相関関係が所属グループ等の影響を通して取れたのかもしれない．もっとも，DID比と造反の相関係数自体もほぼ0と非常に低い．[88]

　93年選挙の得票に関する3つの指数は，まったく有意ではなく興味深い．小選挙区定数が修正され，選挙区の区割りがはっきりしないので自分の選挙にどう影響するのかつかめなかったのではないか．そのため，政治改革を成

し遂げねばという信念をもっている議員のみが造反したのではないか．

内閣不信任案造反を加えなかった分析結果を見てみると（表Ⅰ-10-3，右），平成維新の会推薦と渡辺派所属が90％の有意水準に近づいている．ここには，平成維新の会が，宮澤内閣不信任案で造反した議員に多くの推薦を出したことが反映されている．渡辺派については，宮澤内閣不信任案に造反しながら自民党に残留した議員が多い（残留議員11人中渡辺派は5人）[89]ため，このような結果が出てきている．

なお，独立変数をイデオロギー2項目のみにし，議員の思想ないし価値観がどのように影響するのかを分析したが，まったく影響はなかった．「政治改革」というテーマが，従来政党の境界を形成していたようなイデオロギー軸（特に安保軸）を横断したものであることを示していて，だからこそ造反が起きたと言える．

b. **社会党**

社会党の分析では，自民党の分析で使用した一部の独立変数を除いた．世襲も含め出自の項目は，社会党の分析で使用する積極的意味はないので省き，代わりに労組役員かどうかの項目を加えた．複数の候補者が地域ごとに立候補する例が同党では稀であるため，RS指数とDS指数も加えなかった．そのほか自民党独自の変数を除き，社会党独自の変数を加えた．

表Ⅰ-10-4のように，有意となったのは95％水準で正の方向に左派度，90％水準で負の方向に年齢の2項目のみ．左派度の有意は，政治改革問題が社会党の中では路線対立で説明がつくということであり，造反であっても組織的なものが主な要因となっていることを示す．加藤は，社民党内の対立は世代によって争われているのではないとして当選回数を用いなかったが，90％水準とはいえ年齢が有意となったことは従来の社会党イメージとは違う状況が党内にあったようだ．高年齢層が造反していないのは，一つには党幹部である議員は造反しにくかったからだろう．もう一つの考え方としては，高年齢層ほど比例代表名簿で上位に記載される可能性が高いので，新選挙法を望んだのではないかという理由が挙げられる．

表Ⅰ-10-4　社会党造反分析結果（政治改革法）

	政治改革法造反		
	係数	wald	有意確率(p)
定数	18.52	1.6	(0.20)
年齢	-0.30	2.7	(0.10)
当選回数	-0.46	0.8	(0.38)
労組役員	1.28	0.7	(0.41)
DID比	-1.37	0.2	(0.69)
MK指数	-2.74	0.9	(0.34)
ゼンセン推薦	-5.66	0.0	(0.96)
平成維新の会	2.40	0.0	(0.95)
愛知・兵庫選出	-6.26	0.0	(0.96)
改革派度	-1.08	0.5	(0.46)
左派度	3.84	4.9	(0.03)
-2 Log Likelihood		14.11	
Cox & Snell 擬似R^2		0.31	
的中率		95.9%	
N=73			

(2) 94年6月の首相指名選挙

a. 自民党

　政治改革法の分析で用いた独立変数に，宮澤派所属，河本派所属，政治改革関連法案採決での造反の3項目を加えて分析した（表Ⅰ-10-5，全独立変数）．

　95％水準で有意となったのは，年齢（負の影響），当選回数（正），弁護士出身（正），DS指数（正），渡辺派所属（正），宮澤派所属（負），平成維新の会推薦議員（正），若手議員の会メンバー（正），改革連絡協議会メンバー（正）である．90％水準で有意となった項目はなかった．

　分析結果の中では，年齢と当選回数の違いが際立っている．年齢については若い議員が造反しており，政治改革法案と同様の傾向である．しかし当選回数については正の方向に有意に，つまり当選回数を重ねているほど造反している．これは，当選回数の多い議員ほど党からの独立性が高いためではないかと推測できる．小選挙区では当選を重ねている議員が有利であるので，中選挙区での解散を嫌ったのかもしれない．このように，年齢と当選回数と

表Ⅰ-10-5　自民党造反分析結果（首相指名選挙）

94年6月首相指名選挙造反

	全独立変数			イデオロギー込み		
	係数	wald	有意確率(p)	係数	wald	有意確率(p)
定数	3.17	1.4	(0.24)	-32.49	5.8	(0.02)
年齢	-0.10	6.1	(0.01)	0.37	4.1	(0.04)
当選回数	0.33	7.2	(0.01)	-1.20	4.0	(0.04)
官僚	1.21	2.1	(0.15)	―	―	―
地方政治家	0.63	0.8	(0.38)	―	―	―
弁護士	2.59	4.7	(0.03)	―	―	―
議員秘書	-0.28	0.2	(0.67)	―	―	―
世襲	-0.66	1.0	(0.31)	―	―	―
DID比	-1.37	1.1	(0.29)	―	―	―
RS指数	-6.19	1.9	(0.17)	―	―	―
DS指数	8.72	4.6	(0.03)	21.11	4.1	(0.04)
MK指数	-0.57	1.8	(0.18)	―	―	―
渡辺派	2.37	12.5	(0.00)	8.20	6.8	(0.01)
宮澤派	-2.34	3.9	(0.05)	―	―	―
河本派	-0.17	0.0	(0.83)	―	―	―
平成維新の会	1.65	4.0	(0.05)	2.14	1.1	(0.30)
若手議員の会	2.62	9.9	(0.00)	6.55	3.9	(0.05)
改革連絡協議会	2.59	4.2	(0.04)	―	―	―
真の政治改革	-1.27	2.4	(0.12)	―	―	―
宮澤不信任案	-0.33	0.1	(0.81)	―	―	―
政治改革法案	1.36	1.6	(0.20)	―	―	―
安保軸	―	―	―	-6.85	4.0	(0.05)
参加・平等軸	―	―	―	-3.12	3.5	(0.06)
-2 Log Likelihood			116.69			19.74
Cox & Snell 擬似R^2			0.31			0.47
的中率			89.8%			89.3%
			N=206			N=56

いう相関の非常に強い変数が反対の傾向をそれぞれ示しているというのは興味深い．これにより，「若手議員」というときに何を基準にするのかより細かく考えることが必要になってくるかもしれない．これを，年齢は人生キャリアの長さであり当選回数は中央政界での自民党キャリアの長さと考えるとわかりやすいだろう．いわゆる「大物」の造反が相次いだが，彼らは河野総裁はじめYKKや森幹事長ら新しい世代が中心の執行部の党運営，特に首相を

社会党に渡すことに対し反発があった．この反発心の大きさは，人生キャリアより自民党キャリアの長さに比例していると考えればよいだろう．

　弁護士出身かどうかも正かつ有意となっている．他の議員より落選で職をなくす心配がないため自由に投票しやすいから，と考えられるし，より論理的な行動を求める性格をしているので，非論理的と考えられる自社連立には賛成できなかったとも考えられる．

　選挙関係の指数では，DS指数の影響が強く認められる．面積が広くDS指数の高い同一の選挙区の議員が造反しているケースが見られる(90)．すみわけの進んでいる中選挙区から選出されている議員たちは，小選挙区が導入されて選挙区が分割されることで有利になる場合が多い．したがって中選挙区で選挙をする可能性があった村山政権では不利益を被るため，積極的に造反を行なったのだろう．政治改革法の時とのこの違いは，すでに定数が300に確定していて，しかもこの300という数字が海部内閣時に1回法案化されていて選挙区の区割りがかなりの程度固まっていたために，各議員が未来の自分の選挙をある程度予見し得たということだろう．

　政治改革法とは違い，渡辺派所属が有意となり影響力もかなり強い．政治改革関連法案採決での造反の影響を入れても強く，中曽根・渡辺ら保保連合派の影響であると見られ，この投票がかなり「政局」的な意味を有していたことがうかがえる(91)．宮澤派所属も有意となったが，こちらは負の影響である．宮澤派は当時の総裁派閥であるし，自社さ派をリードしてきた加藤紘一のいる派閥である．なにより宮澤内閣を崩壊させた張本人である小沢一郎には強い反発を抱いていたと推測される．

　政治改革法ではやはり影響の見られなかった若手議員の会と平成維新の会の推薦議員が，ここでは造反の方向に影響を示している．政治改革法案のときは，自民党案も存在しているのであえて連立与党案で造反して「改革派」であることを主張する必要はなかったが，今回は政治改革そのものがご破算になるという危機感があり，積極的な動きを見せたと考えられる．改革連絡協議会は政治改革法案に引き続き有意となったが，この投票が政治改革の流れの中で重要な位置を占めていたことがうかがえる．

自民党と社会党が連立を組むという究極の選択においては，旧来型の対立軸が重要な影響を与えているはずである．そこで独立変数に2種のイデオロギーデータを加えた分析を見てみる(92)（表Ⅰ-10-5，イデオロギー込み）．

　安全保障に関するイデオロギー項目が95％水準で負の方向に有意となった．保守的とされる渡辺派や，年齢の影響を差し引いてもなお保守的な議員が造反していることになる．やはり自民党議員の中にも，自社連立に違和感を覚える人々が少なからずいたということなのだろう．

b．社会党

　新たに政治改革関連法案で造反したかどうかを独立変数に加えた．

　表Ⅰ-10-6のとおり，有意となったのは95％水準で年齢（正の影響），MK指数（負），改革派度（正）で90％水準で愛知・兵庫選出議員（正）と左派度（負）である．

　年齢が高い議員ほど造反しているが，これは政治改革法のときに述べたような選挙要因が働いていると考えることも可能である．しかし社会党が自民

表Ⅰ-10-6　社会党造反分析結果（首相指名選挙）

	94年6月首相指名選挙造反		
	係数	wald	有意確率(p)
定数	-8.20	1.8	(0.18)
年齢	0.25	4.3	(0.04)
当選回数	-0.27	0.8	(0.38)
労組役員	-0.69	0.3	(0.56)
DID比	1.06	0.2	(0.68)
MK指数	-3.68	4.1	(0.04)
ゼンセン推薦	1.76	1.4	(0.24)
平成維新の会	0.21	0.0	(0.88)
愛知・兵庫選出	4.43	3.5	(0.06)
改革派度	1.33	6.8	(0.01)
左派度	-3.23	3.5	(0.06)
政治改革法造反	0.05	0.0	(1.00)
-2 Log Likelihood		31.12	
Cox & Snell 擬似R^2		0.57	
的中率		89.0%	
N=73			

党と連立を組むという事態に最も困惑しているのが高齢の議員たちであることは想像に難くない．自民党と違い，社会党の人たちの党人生は当選回数でなく年齢と比例すると思われるが，議員になる前から長い間自民党と対決してきた人々にとって，自党のリーダーが首班とはいえ，いきなりその自民党と連立を組むというのはやはり抵抗感があったのだろう．

選挙事情に関する変数では，MK指数が負の影響で有意であった．MK指数が低い，すなわち選挙に弱い議員が，現状の中選挙区制を終わらせたいという方向で投票したのか，あるいは造反をして海部政権に加わり，連立与党統一候補として小選挙区に出た方が，再選の可能性が増えると判断したのではないだろうか．

予想通りではあるが，改革派グループによる正の影響が見られた．同時に村山支持グループでもある左派系グループの影響が負となっており，党改革をめぐる一連の路線対立が反映されていると言える．このこととあわせて，愛知・兵庫選出議員の影響がある一方で平成維新の会による推薦の影響がなかったことは[93]，社会党議員にとってこの投票が政治改革という「政策」をめぐるものでなく，党内対立を背景とした「政局」をめぐるものだったことをはっきりと示している．

5．結論

両党・両投票を通して当選回数あるいは年齢の影響が強く見られ，この時期世代間対立を軸にして党内政治が動いていたという観察を裏付ける結果となった．ただし，自民党に関しては当選回数と年齢の持つ意味はそれぞれ違っているようで，政治改革という政策をめぐる争いは年齢で説明され，党内の主導権争いのようなものは当選回数で説明されるようである．

選挙に関するデータの影響が政治改革法案で出なかったのは，実際の選挙のことをあまり念頭に置かずに行動していたということを示している．将来がまだ不確定なので自分の選挙事情から離れて，自己の信念によって行動することが可能だったのではないか．これに対し首相指名選挙での行動は，近い将来に選挙があるのではという当時の雰囲気を受けてのものであり，自分

の将来の利益である「再選」を確実なものにしたいという極めて合理的な行動様式が確認された．分析結果が本当であるなら，自分の再選可能性に直結する政策論争（選挙制度改革）では選挙のことを考えず，逆に政局が動く場面では再選のことを考え出すという不思議な議員像が浮かび上がって，面白い．選挙制度によって主に変化するのは政党制であるから，議員にとっては政党を替えてしまえばよいだけの話であり関係ないのかもしれない．なお，加藤論文と違って選挙区の都市化度の影響がまったく出てこなかったが，これは本稿が都市化度として使用している変数と，加藤論文で用いられた変数が違うことが影響しているのかもしれない．DID 比と強い相関を持つ DS 指数や改革派グループなどの他の変数が，選挙区都市化度の影響を吸収してしまったのかもしれない．

政治改革法案については，派閥は有意な影響を持たなかった．「派閥は政策グループ」になったという自民党幹部の発言があったが，結果からすると派閥は派閥であってイデオロギーや政策的な違いを表すような存在ではなく，やはり人事等の利益分配装置であり，また権力闘争の道具である．一方，同じ党内組織でも議員グループの影響はそれぞれ強く，派閥が吸収できない政策的な違いを示すのに役立っている．これらの党内グループが党に果たす役割を大きくしたり，はたまた政界再編第？ラウンドで活躍したりということがあるかというのは未知数であるが，注目には値するだろう．

社会党の方は議員グループの違いで行動もはっきりわかれるが，自民党のそれとの違いは旧来の左右の対立軸がそのまま継承されているという点である．グループ所属や出身県という少ない変数で，造反行動を自民党と同様に予想できるという点は特異である．これは有権者の予想を裏切らないということでもある．逆に自民党の代議士の行動はさまざまな要因が複雑に絡んでおり，時とともに変化しそうである．ただ，そんな社会党議員でも首相指名では自分の足元（選挙）をしっかり考えていたというのは興味深く，選挙と議員の行動の関係が自民党のような政党だけでなく，一般的に当てはめることができるという可能性を示唆している．

そのほか今回行った2つの投票行動の分析をまとめると，議員の行動は一

部を除きあまり出自には関係しないということが言える．もともと政界は，一般社会に比べ人材に偏りがあるので，その内部にいる人間の中で差異を見つけるのは難しいのかもしれない．

　関連する以前の投票行動からその次の投票行動を予測するということは，やはり可能であった．選挙の際に過去の任期での投票行動を見ておけば，次の任期におけるその議員の行動が予測でき，投票すべき候補者もわかりやすくなるだろう．同様のことは，平成維新の会の推薦が首相指名選挙の際に有意な影響を与えていたということについても言える．これは，有権者が投票態度の決定をする際の「手がかり作り」の活動が，ある程度意味を持つということである．平成維新の会のような民間の組織だけでなく，自治省や各選挙管理委員会，衆参の事務局等が議員の活動の情報を積極的に公開し，それを新聞社等が活用・報道するようになれば，我々有権者は個々の議員の違いがよりわかるようになるだろう．このようにして有権者が，少なくとも自分の選挙区の議員に対してだけでも興味を持つようになれば，市民の政治離れが緩和される可能性もある．いずれにしろ今後もこうした活動が広められ，選挙の際の「選択の苦痛」が癒されていくよう切に願うだけである．

　今回の分析はあくまで限定的な事象によるもので，これを投票に限らない他の行動にどう結び付けるかは今後の課題としたい．その他統計処理の面でも問題は多くある．有権者の投票行動と違い，議員の投票行動は人数が限られるため統計的な無理がどうしても出てしまう．たとえばイデオロギーのデータは，非常に価値あるもので，できれば様々な分析に使いたかったのだが，母数が限られるため，そのほとんどをあきらめざるを得なかった．イデオロギーだけでなく，データの幅広い整備を行うことが議員の投票行動を研究するうえで一番必要なことであろう．これが今回の分析で痛感したことである．

本稿で用いるデータの一部（一連の政治改革運動に関わる議員グループ等の参加者名簿）は，福元健太郎学習院大学講師の全面的な協力により提供していただいたものである．また，谷口将紀東京大学助教授には，論文の構想の段階で鋭い示唆を戴いた．この場を借りて御礼の言葉を述べたい．なお，政治改革に関する谷口助教授や福元講師の研究成果は，佐々木毅編『政治改革1800日の真実』，講談社，1999年，に収められている．

（１）　大嶽秀夫「政治改革を目指した二つの政治勢力」『政界再編の研究』，有斐閣，1997年．
（２）　本書第Ｉ部第３章に詳しい．
（３）　この状況を詳しくまとめたものとして，東大法・蒲島郁夫ゼミ編『「新党」全記録』全３巻，木鐸社，1998年．
（４）　山口二郎『日本政治の課題』，岩波書店，1997年，59-64頁．
（５）　G・サルトーリ著，岡沢憲芙・川野秀之訳『現代政党学』，早稲田大学出版部，1975年，111頁．
（６）　『朝日新聞』1994年１月22日付の天声人語で同様の見解が示されている．
（７）　近年では，1980年に野党提出の大平内閣不信任決議案が自民党の非主流派の欠席により可決したことがある．より積極的な造反は，戦後から保守合同までの混乱期には頻発した．岡沢憲芙『連合政治とは何か』，NHK BOOKS，1997年，193-226頁．
（８）　加藤淳子氏は当ゼミにおいて，『アメリカン・ポリティカル・サイエンス・レヴュー』に掲載された下記論文中においては，集めたデータをすべて分析に用いたと述べている．式に使用した独立変数は自民・社民両党の分析の合計で15個である．ただし「式」は９つ（自民７，社民２）用意されている．
（９）　Junko Kato "When the Party Breaks Up: Exit and Voice among Japanese Legislators" *American Political Science Review*, Vol.92, No.4, 1998.
（10）　政治改革法案では与党案・自民党案ともに賛成した議員，与党案に賛成して自民党案に棄権した議員が自民党にいた．94年６月の首班指名選挙では１回目の投票と決選投票とで態度を変える議員などが自社ともに多数存在した．
（11）　宮澤内閣不信任決議（93年６月）の際，羽田派（後に新生党を結成）は内閣の総辞職による主流派入りを目指し賛成票を投じたが，離党を前提に動いていた武村正義のグループ（さきがけを結成）は大部分が反対もしくは棄権した．

(12) 政治資金規正法改正後のデータと研究としては，佐々木毅，吉田慎一，谷口将紀，山本修嗣編著『代議士とカネ』朝日選書625，朝日新聞社，1999年，が挙げられる．
(13) 大嶽は，こうした若手議員の動きを支えていたのは後藤田正晴や伊東正義ら引退の近づいていた長老議員であったと指摘している．後に出てくる「改革連絡協議会」もこうした動きのひとつである．大嶽，前掲論文，15頁．
(14) 石破茂や渡瀬憲明，さきがけに参加した渡海紀三朗・佐藤謙一郎らが中心．大嶽，前掲論文，8頁．
(15) 「政治改革国会」となることが期待された第121回国会の初日に提出される．しかし自民党内の党議決定もまともにできずに審議未了で廃案となる．成田憲彦「『政治改革の過程』論の試み」『レヴァイアサン』第20号，木鐸社，1997年，32-33頁．
(16) ユートピア政治研究会は独自に政治活動費を公表するなど，政治にかかるカネの問題を追及し注目を集めた．佐川急便事件後には，政治資金規正法の強化を求める「党の信頼回復を考える会」も現れた．
(17) 大嶽，前掲論文，21頁．
(18) 自民党の選挙制度調査会の会長として活躍．大嶽，前掲論文，22頁．
(19) 河野勝「93年の政治変動」『レヴァイアサン』第17号，木鐸社，1995年，36-39頁．
(20) 学者，労組リーダー，財界指導者等からなり，住友電工の亀井正夫相談役が会長を務める．92年4月結成．
(21) 佐々木毅東大教授を中心としてまとめられたこの新選挙制度案を大嶽は，後の選挙制度改革の根幹を決定したという点で大きな意味があったと指摘している．大嶽，前掲論文，7頁．
(22) 93年6月の総選挙では，社会党左派を推薦しないなどの「選別推薦」を有力労組が実施し，政治改革に熱心な日本新党や新生党の候補を応援するなどした．大嶽，前掲論文，7 - 8頁．
(23) 95年の参議院選挙では，大前を名簿トップに据えて比例区で選挙に参加している．
(24) 公職選挙法改正案，衆議院選挙区画定委員会設置法案，政治資金規正法改正案，政党助成法案．
(25) 公職選挙法改正案，政治資金規正法改正案，政治倫理法案，衆議院議員小選挙区画定審議会設置法案，政党交付金交付法案．
(26) 小選挙区での当選者をあらかじめ比例代表名簿から除き，残りの当選者を比例代表で議席を各党に分配することで決定する．小選挙区制と比例代表制を合わせて用いる点で併用制と同じだが，比例代表での分配を後に行なう

ため，運用制では超過議席は生まれない．併用制での超過議席は一般に大政党が獲得するが，運用制では大政党が獲得した超過分を各党が得票に比例して負担するので，併用制よりも大政党に有利である．運用制が自民党との妥協案として登場したのはこのためである．

(27) 当時加藤六月のグループに参加していた菅原喜重郎（無所属）を加えると40人．
(28) 朝日新聞社政治部『政界再編』，朝日新聞社，1993年，22頁．
(29) 成田，前掲論文，46頁．
(30) 総選挙後，細川と武村は野党として活動する予定であった．朝日新聞社政治部，前掲書，135頁．
(31) 社会党は，定数比が小選挙区：比例代表＝250：250，投票方法が二票制（比例区，小選挙区別々に投票），新生党は300：200・一票制（小選挙区での投票を比例区票としても計算する）．成田，前掲論文，48-49頁．
(32) 朝日新聞社政治部，前掲書，134頁．
(33) 定数比は小選挙区：比例代表＝300：171で一票制，比例代表は都道府県単位．
(34) 小選挙区：比例代表＝274：226，二票制．
(35) 成田は，強行採決では土井たか子衆議院議長の理解を得られないと細川は考えたのではないかと述べている．成田，前掲論文，50頁．
(36) 『朝日新聞』1993年11月19日付．
(37) 小選挙区：比例代表＝300：200，比例代表はブロック単位．
(38) 記名投票でないため本稿では分析できなかった．
(39) 大嶽，前掲論文，11-14頁．
(40) 河野，前掲論文，38頁．
(41) 大嶽，前掲論文，10頁．
(42) 現行政治改革に慎重なグループ．石原慎太郎，島村宜伸，平沼赳夫などいわゆる保守派と呼ばれる議員が多い．
(43) 実際に，連立与党案に賛成した自民党議員13人のうち9人が後に離党している．
(44) 河本派の谷川和穂が中心となって結成．大嶽，前掲論文，15頁．注13参照．
(45) Kato, op. cit., Table1.
(46) 安保問題や社会主義のあり方を軸にした旧来の左右対立とは若干違うことに注意．本書第I部4章参照．
(47) 社会党議員が参加している改革派議員グループ数（注83参照）の平均は1.68であるのに対し，造反議員は10分の1の0.16である．

(48)　武村官房長官の更迭を企図した．
(49)　村山委員長自身も「一・一ライン」はひどかったと述べている．しかし連立への復帰自体を拒否していたわけではなく，そのため連立側とは何度も協議し，逆に自民党には慎重に対応していた．村山富市・辻元清美『そうじゃのう……』，第三書館，1998年，30頁．
(50)　海部俊樹，野田毅らの高志会や津島雄二政調会長代理など．
(51)　細川政権時代の93年12月には社会党左派の幹部と接触を始めていた．ピーター・メア，阪野智一「日本における政界再編の方向」『レヴァイアサン』第22号，木鐸社，1998年，26頁．
(52)　「安保の問題」を社会党は呑めなかったと伝えられる．村山・辻元，前掲書，50-51頁．
　　　ただし，社会・さきがけによる提案（国連安保理常任理事国入り見送り・現行消費税率の維持など）も与党側が呑めるものではなかった．『朝日新聞』1994年6月30日付．
(53)　『朝日新聞』1994年6月30日付．
(54)　細川元首相は議場に入る際，勝算は100％だと語っている．『朝日新聞』1994年6月30日付．
(55)　当時は小選挙区の区割り法案が未成立であり，新選挙法も周知期間であったため早期に解散が行われると中選挙区で選挙が行われる可能性があった．
(56)　宮澤派からの造反は海部擁立の仕掛け人とされる津島雄二のみであった．
(57)　従属変数がダミー変数であるため，ロジスティック回帰分析を用いた．より詳しくは本書用語説明の，回帰分析の項参照．
(58)　副議長のため無所属であった鯨岡兵輔と，世論を受けて追加公認を取り消された竹下登を加えた．欠席した村田敬次郎・粕谷茂の2名は除いた．『朝日新聞』1993年11月19日付．
(59)　したがって，自民党案に棄権し連立与党案に反対した小泉純一郎は造反として扱っていない．
(60)　鯨岡，竹下両名を加えた（注58参照）．2回連続で欠席した議員は省いた．『朝日新聞』1994年6月30日付．
(61)　細川首相指名選挙の際欠席した議員，派閥を離脱した議員，政治改革法案で連立与党案に賛成または棄権をした議員，同自民党案へ欠席または反対した議員．
(62)　新民連の名簿に名を連ねている議員．
(63)　95年1月に党をやめる動きを見せた議員．
(64)　当選回数，選出選挙区都市度，選挙での強さ，資産，世襲か否か，地方政治出身か否か，官僚出身か否か．

(65) 派閥規模，派閥無所属か否か．
(66) 自分の小選挙区に自民またはさきがけの候補者がいるかどうか，選挙での強さ，資産，地方議員出身かどうか，労組の支持，愛知県または兵庫県選出かどうか．
(67) 蒲島郁夫「米全議員の対日強硬度を読む」『中央公論』1987年3月号，150-165頁．
(68) 加藤が官僚出身か否かを分析に加えたのはこのように予測したからである．
(69) 定義は，親族が過去に同一の選挙区・地域から衆議院議員として選出されているかどうかである．
(70) マイナスほど保守的．
(71) 本書第Ⅰ部第1章参照．
(72) 本書用語説明 DID の項参照．
(73) 98年の自民党総裁選の過程で一部の都市選出議員が都市新党を作ろうという動きを見せたのは，本気だったかどうかはともかく，そのあらわれである．
(74) 本書用語説明 MK 指数の項参照．
(75) 本書用語説明 RS 指数の項参照．
(76) 本書用語説明 DS 指数の項参照．
(77) ただし，イデオロギーを入れた94年6月の首相指名選挙自民党の分析（表Ⅰ-10-5）では，式を成立させるために有意なもののみ用いたため，DID 比を DS 指数と一緒に使えなかった．
(78) 旧同盟系労組であり，民社党を中心として支援．93年選挙では新党候補者も多く推薦した．
(79) 渡辺派に所属していれば1でそれ以外は0，というように各派ごとにデータ化．
(80) 両県から選出されていれば1，そうでなければ0．
(81) 佐々木編，前掲書，所収資料より．
(82) 土肥隆一は注83の9グループのうち8つに参加している．一方自民党で用意したグループ間ではほとんど重複せず，鈴木宗男が「若手議員の会」と「真の政治改革を推進する会」両方に所属しているのが唯一の例である．
(83) アクション・ニュー・デモクラシー，グループ新しい力，リーダーシップ21，シリウス，社会党改革議員連合，社会党改革連合，デモクラッツ，新政策懇話会の政治改革・党改革推進派9グループの所属の合計．
(84) 真の政治改革を求める署名に参加したかどうか，真の政治改革を進める会への参加・リベラル会への参加の合計．

(85) 注81同様，佐々木編，前掲書，所収資料より．
(86) 当時いなかった議員については欠損値ではなく「0」(非造反)として計算している．
(87) 大嶽，前掲論文，8頁．
(88) 注61参照．
(89) 残留造反議員が多いのは，91年総裁選で当時自民党幹事長だった小沢が渡辺美智雄でなく宮澤喜一を選んだことがあり，この経験から小沢と行動を共にして党を飛び出すことを渡辺派の議員がためらったためではないかという推測が成り立つ．
(90) 例えば，北海道5区の中川昭一，鈴木宗男，武部勤や千葉3区の石橋一弥，浜田靖一．
(91) 政局的な要因を少なくするため，渡辺派以外の議員（計164人）について別個に分析を行った（表Ⅰ-10-7）．
　　大体全体の分析と同じであるが，注目すべき点は次の2点である．1つ目はMK指数の負の影響が新たに有意（95％水準）となったことで，もう1つは政治改革法案での造反が正の方向に有意（90％水準）になったことである．
　　MK指数が高い議員は小選挙区になっても勝てる可能性は高いが，対抗馬が中選挙区のRS指数が高いような特定の地域に強い候補になった場合，中選挙区時代よりも苦戦を強いられる可能性がある．現行中選挙区で成功してきたという既得権から，選挙制度改革に抗するような投票行動を見せたのではないだろうか．
　　全体の分析で政治改革法造反が有意とならなかったのは，政局マターとしてこの投票を重視する議員たちと，政策マターとして重視（それは自分の選挙のためかもしれないが）している議員たちがそれぞれいたということを予想させる．
(92) ただし対象人数が減り，多数の項目を独立変数に入れては式が成立しなくなったので，独立変数は絞った．
(93) しかし海部俊樹に入れた8人は，いずれも平成維新の会の推薦を受けている．

表Ⅰ-10-7 自民党非渡辺派造反分析結果（首相指名選挙）

	94年6月首相指名選挙造反		
	係数	wald	有意確率(p)
定数	5.50	2.6	(0.11)
年齢	-0.11	4.2	(0.04)
当選回数	0.41	5.1	(0.02)
官僚	1.05	1.0	(0.33)
地方政治家	0.50	0.3	(0.60)
弁護士	2.40	2.8	(0.09)
議員秘書	-0.95	1.1	(0.30)
世襲	-0.37	0.2	(0.66)
DID比	-1.58	0.6	(0.43)
RS指数	-8.62	2.1	(0.15)
DS指数	10.43	4.1	(0.04)
MK指数	-1.28	4.5	(0.03)
宮沢派	-2.68	4.8	(0.03)
河本派	-0.54	0.4	(0.54)
平成維新の会	1.19	1.0	(0.31)
若手議員の会	3.53	11.3	(0.00)
改革連絡協議会	2.16	2.2	(0.14)
真の政治改革	-2.56	1.8	(0.18)
宮澤不信任	-0.08	0.0	(0.96)
政治改革法	2.77	3.7	(0.06)
-2 Log Likelihood		69.82	
Cox & Snell 擬似R^2		0.27	
的中率		92.7%	

N=164

第11章

政治資金の研究

――政治システムへの入力経路の分析――

梅田道生

1. はじめに

　政治において政治資金は「諸悪の根源」として弾劾の対象となる一方で，政治家の活動資源として必要不可欠なものである．なにも有権者の買収といった非合法的な使途に限らず，日常的に行われている政治家としての行動，たとえば有権者に対するパンフレットの配布，ポスターの印刷，事務所の家賃，秘書や活動員の人件費だけでもかなりの額を必要とする．大量の有権者，複数の候補者の激しい競合を前提とする民主主義の下では，通常の政治活動にすら一般人の常識を超えた多額の経費が必要とされるのはすでに必然といってもよい．たとえば1989年の「ユートピア研究会」[1]の報告[2]によれば，当時当選一回の自民党議員でも平均して5～6人のスタッフを雇い，人件費として年間平均4000万円，事務所の経費として年間1200万円近くが支出され，また郵送料だけで570万円（当時はがきに換算して14万枚分近く），合計で年間1億2000万円もの経費を使っている．自民党のように議員個人が中心となるのではなく，組織が中心となって活動を行っている政党でも，議員1人あたり同様のスタッフと活動拠点を確保し，同等に活動しようとするならば，金額に換算してほぼ同額の経費がかかることが推測できる．そしてより多くの資金が利用可能ならば，より多くの優れたスタッフを雇い，より多くの活動を行うことにより，ほかの候補よりはるかに有利な位置に立つことができる．しかしこのように政治にかかる多額の経費を自己負担できる候補者はほんの一握りである．もし政治家に対する寄付[3]をあらゆる形で禁じるのならば，政

治は大富豪の手か，あるいは強力に組織された活動家たち，いずれにせよ少数者の手にゆだねられることとなろう．だが政治家が熱心に資金源を求める一方で，何の見返りも要求せず完全なる善意で政治に投じられるカネはまったくといってよいほど無く，少しでも有利な投資先が選別されることとなる．ではいったいどのような特徴を持つ議員が資金面で優位に立つことができるのか．逆にいえば政治資金の出し手は，どのような政治家に投資するインセンティヴが働くのだろうか．

　日本における政治家の政治資金については，現在に至るまで調査がさまざまな形で試みられてきた．しかしすでに谷口が指摘しているように[4]，旧来の政治資金規正法の下では公開される政治資金の透明度が著しく低いことから，公表された資料の調査あるいはその分析は労多くして実りの少ないものであり，既存法制度の問題点の指摘が中心とならざるを得なかった．たとえばA企業がB代議士に1000万円の寄付を行おうとした場合，本来ならば一口100万円を超える寄付は寄付者を公開する必要があるが，B代議士が政治団体（指定団体）を多数作り，それぞれの団体に100万円を超えない範囲に分割して寄付を行うことにより，A企業は一切名前を公表することなく，B代議士に1000万円の寄付を行うことができた．またB代議士が自らの政治団体を「Bを囲む会」などと命名していればともかく，「現代財政研究会」などと名前をつけていた場合いったい誰の指定団体なのかはまったく不明であり，どの代議士がいくつの団体を持っているのかさえわからないといった問題が存在していたのである．

　こうした状況は93年の規正法改正によりかなりの部分が改正された．たとえば企業や団体から寄付を受け取ることのできる団体は，政治家1人につき1つの資金団体，あるいは政党に限定され，また一口5万円を超える寄付はその寄付者が公開されることとなった．つまり政治家の合法的な資金経路は①資金管理団体，②自らが代表である政党支部，③選挙時における候補者自身のサイフ（選挙費用）に限定され，これらをすべて調べれば，個々の政治家の政治資金の全体像が解明されるというわけである．

　本稿では98年に朝日新聞社と全国の国立大学教授が合同で行った調査の結

果を用いる．この調査は吉田慎一朝日新聞編集委員を中心とした朝日新聞の特集「政治家よ」シリーズ，および文部省科学研究費による全国11大学の教授からなる「政治資金の全国調査研究」プロジェクトという2つの面から構成されている．政治資金規正法の改正を受けて制度改革の趣旨を生かすべく初めて行われたこの調査は，96年10月に実施された衆議院議員選挙で小選挙区において当選，もしくは小選挙区では落選したものの比例区で復活当選した議員384名を対象として96年度の収入および支出のデータを集めたものである．このような国会議員の大部分を対象とするような調査は日本では初めてであり，日本の政治研究における大きな前進といえよう[5]．この調査結果の使用を快く許可してくださった朝日新聞社ならびに教授陣に心から感謝の意を表したい．

　筆者もデータの収集および分析に参加したが，1人の政治家のもつ政治団体のうち全国的に活動するものは自治省へ，1つの都道府県を中心に活動する団体は各都道府県選挙管理委員会へと提出先が分かれていること，各政治家が自分の選挙区の政党支部，資金管理団体，後援会をそれぞれ使い分けることにより，政治家のサイフを政治資金管理団体へと一本化し透明性を高めるという法改正の目的が見事に骨抜きにされていることなど戸惑うことばかりであった．とくに本来寄付を政党中心のものとし，個々の政治家に対する企業・団体の寄付額を制限するはずの，「政治家に対する寄付先は資金管理団体に限られ，かつ年間50万円に制限する」という制約が，政治家個人が代表を務める政党支部に対し企業が寄付をすることで見事にザルとされている事実には驚かされた．多くの場合政党の選挙区支部と資金管理団体は同一の事務所に存在し，外部からは書類上の操作に過ぎないとしか見えない（別の場所に存在すればよいというものでもないが）．

　本稿の第1の目的は現代日本の政治家と政治資金の関係を取り上げ，上記の経緯で調査された衆議院議員の収入を，議員の持つさまざまな属性により説明しようと試みることである．従来言われてきたように本当に官僚出身議員はより多くの政治資金を得ることができるのか．世襲議員は「カバン」の面で有利な点に立つことができるのか．当選回数を重ねることによりどれほ

ど多くの収入が得られるようになるのか．企業は自民党議員に対しては寄付をするインセンティヴがどれほど強まるのか．こうした素朴と言っても良い疑問に対して明確な答えを出すことが本稿の第1の目的である．すでに上記の調査結果を用いて谷口が分析を行い，議員が持つ特定の属性，たとえば当選回数，世襲の有無，職業経歴といった属性の影響を明らかとしているが[6]，本稿ではやや違った角度から分析を行う．

　本稿の第2の目的は政治家と政治資金の関係を超えて，今回の蒲島ゼミの調査全体の目的である「現代日本の政治家像」そのものに迫ることである．社会構造の長期的な変化から政治家は無縁ではいられない．「カネ」は良くも悪くも「票」と並び，社会内の諸アクターが政治の世界に対して行使する影響力の最大の資源である．今回の分析結果と現在までの政治家と政治資金の関係に関する手がかりから，日本政治の変化について何かを読み取ることができないか．日本の政治体制の長期的な構造変化に政治資金の側面から接近を試みることが本稿の第2の目的である．

　本稿にはデータ上の限界が存在する．第1に今回の蒲島ゼミでの調査が90年以降を対象としているために，個々の議員の属性として大臣経験や委員長経験，自民党政務調査会部会長などの初当選以来積み重ねたキャリアについてのデータが存在せず，当選回数などからキャリアを類推することしかできない．これは実際に議員が持つ影響力を推し量る上では大きな欠点となりうる．第2に旧政治資金規正法の下での政治資金に関する過去のデータの蓄積がない以上，時系列的な比較はそもそも不可能である．さらに中選挙区から小選挙区への移行が政治家とカネの関係にどのような変化をもたらしたのかさえ比較考量することができない．第3に議員一般を対象とすることを主眼としたため，各政党内での議員の地位や役職，たとえば個々の自民党議員の部会所属は分析に用いていない．こうした問題点を前提としながら，以下では従来行われてきた政治家と資金の関係についての議論を振り返り，理論的考察を行っていく．

2. 政治資金に関する先行研究

　すでに述べたように，旧来の政治資金規正法の下での不透明性から政治資金に関するこれまでの論議は，既存制度の問題点の指摘や特定の政治家や団体に的を絞った事例研究が中心となっており，議員の大部分を網羅するような規模での調査は，政治資金規正法の改正後に前述の調査が行われるまで皆無といってよい．しかしこうした中でもいくつかの傾向は見出すことができる．

　80年代以降，石油危機後の産業構造の変化に伴う日本国内での各産業，企業間の対立が激しくなる中，自民党に対する寄付は大きな変化を遂げた．50年代の造船疑獄以来の国民政治協会を通じた財界の「掛け捨て保険」的部分，すなわち財界が寄付の額を企業の業績を基準に横並び的に決定して取りまとめ，一括して国民政治協会を通じて自民党全体へと流れる，議員の個別の活動に対する反対給付とは無関係な部分の比重が相対的に低下したのである．そして寄付は利益誘導をより確実なものとするために，実際の政策決定にかかわる個々の政治家を直接の対象とするものに変化していった．こうした傾向には新興成長企業の官庁クライエンタリズムへの挑戦，それに対する旧来の産業による既得権保護行動や構造的不況企業による規制や保護を求める動きなどが複雑に絡み合い，多様化，複雑化の進む日本の経済界が従来のように内部で何らかのコンセンサスを形成することが困難となっていたことが，一つの要因として存在するのだろう．実際に政府の産業政策として衰退産業に対する規制や保護が強化されたのは70年代の石油危機以降である．それ以前の産業政策がある程度の競争力を持つ企業を主たる対象としており，企業側に介入への拒否感から政府との関係を限定したものにとどめる傾向があったのに対し，石油危機以降一定の分野では国際化や自由化といったイメージとは裏腹に問題が政治化される傾向が高まったと言えよう．

　こうした背景が最も端的に表われたのがリクルート事件である．これは政治的影響力が相対的に弱い新興成長企業が従来の経団連―国民政治協会というすでに確立したルートを嫌い，与野党を問わず多くの議員に直接積極的な

働きかけを行って影響力の拡大に努めている事実が図らずも発覚したケースと考えられる．(12)80年代の政治資金の問題に関しては，その金額の著しい増加や議員の資金追求行動など，金権化の糾弾が中心となる余り，石油危機後の経済構造の急激な変化が各種企業や利益団体の行動に変化をもたらしたとする政治経済学的な分析は重視されてこなかったのではないだろうか．(13)

　上記の時代背景の下で「族議員」なる存在が注目を浴びたのであるが，族議員としてとくに人気があったのは商工，農水，建設といった分野であり，これに厚生や運輸，郵政といった分野が続いた．これらの分野が人気を博したのは当然のことながら「票」と「カネ」につながりやすいことが第一にあり，これを端的に示しているのが，自民党におけるこれらの分野と対応する政務調査会の部会に属する議員の数の多さ，および長期にわたり当該部会に所属し続ける議員の当選率の高さである．(14)また数々の議員の発言からも，これらの分野が資金ルートの開拓にとって重要であることが明らかにされている．(15)

　こうした状況が55年体制の崩壊によりどのように変化したかは，前述の通りもはや比較対照することはできない．しかし現在でも80年代の「族議員」発生の前提となった条件は大きな変化を受けていない．官僚が国内の諸産業の利益を調整できた時代はもはや昔話となりつつあり，国際化の名の下に産業構造の変化はその速度をますます速めている．競争力のある産業は規制の緩和を，競争力のない産業は規制の一層の強化を求めて政治家に働きかけることは予想に難くなく，長期の不況がゼロサムゲーム的状況に拍車をかける．また一時的とはいえ「自民党＝与党」という構造が崩れたことは，企業にとって保険として寄付先を複数化させる必要性を感じさせ，また政党の離合集散は政党ではなく個別の政治家に対する寄付のインセンティヴを増しこそすれ減らすことはないだろう．とりわけ小選挙区制度においては導入当初の「候補者ではなく政党中心の選挙を実現する」といううたい文句とは裏腹に，1度選挙区において地盤を確立した議員は，政党の支援が無くとも選挙区の利益を一元的に集約することにより安定した当選を見込むことができることから，政党からの自立性を強め，企業や利益集団は利益実現のためには個々の政治

3. 分析枠組

　まず，今回分析対象とした議員は，96年に行われた衆議院議員選挙で小選挙区で当選，若しくは小選挙区では落選したものの比例区で復活当選した議員384名である．分析に用いたデータのうち，96年度の収入総額，党本部からの寄付総額，世襲に関しては98年に朝日新聞が行った調査による資料を用いる．その他の議員の持つ属性は今回の蒲島ゼミの調査によった．

　なお収入総額の数字自体の信頼性に問題が存在しないわけではない．筆者が調査結果を編集している際にも，何名かの議員の提出した報告書に幾つか信頼性を疑わせるに足る事柄が発見された．そもそも政治資金収支報告書を担当している自治省や県庁の担当者も，形式的な審査を行うのみであり，複数の報告書の連結審査は行わないため複数の団体間の収支の食い違いなどは発見できない．また甚だしい例となると，本来違法なはずの企業から後援会に対する寄付がそのまま県庁の発行する官報に記載されていた例，あるいは1件5万円以下の支出に対して適用できる「その他の支出」の項目の合計金額が3000万円を超えていた報告書が存在したことが挙げられる[16]．

　以上のようにいくつかの問題点は指摘できるが，このような問題点は例外であり，大まかな傾向としては十分に信頼できると考えられる．なぜならまず複数の団体間の資金の流れが1件5万円以上は原則として記載されることとなったために，あまりいい加減な資金の管理は別の団体との収支の食い違いなどから判明してしまうこと（今回の調査のような多大な労力を必要とするが）．また報告書の提出時には領収書は必要ないとは言え，求められた場合には提出の義務があることなどが挙げられよう．少なくとも法定費用に合わせて収支報告書が作成されるということが公然の秘密となっているような選挙費用収支報告書よりも，はるかに信頼性のおける数字といえるのではないだろうか[17]．

　以下では重回帰分析を用いて議員の持つさまざまな属性と政治資金収入総額の関係を分析する．重回帰分析を用いることにより，他の説明変数により

引き起こされている偽の相関を取り除き，実際に特定の説明変数が独立してどれほど被説明変数に影響を与えるかを検証することができる．ここでは当選回数，世襲，自民党所属，新進党所属，民主党所属，官僚経験，地方政界経験，会社役員経験，商工委員会，農水委員会，建設委員会，運輸委員会の各委員会への所属，96年衆議院選挙時のMK指数，選挙区の都市人口割合（DID人口比率）および選挙区の高齢者人口割合を説明変数とし，被説明変数として政治家の収入金額をおく．これは分析対象議員の実質的な政治資金としての収入であり，本人の政治資金管理団体，後援会，政党の選挙区支部の収入から相互の重複を除いたものである．モデルは以下の通りである．

図 I-11-モデル

$$Y_1 = \beta_0 + \sum_{j=1}^{n} \beta_j X_{j1} + u$$

Y_1 ：衆議院議員の収入金額
β_0 ：固定値
β_j ：係数
X_1 ：衆議院当選回数
X_2 ：世襲の有無
X_3 ：自民党への所属
X_4 ：新進党への所属
X_5 ：民主党への所属
X_6 ：官僚経験
X_7 ：地方政界経験
X_8 ：会社役員経験
X_9 ：商工委員会への所属
X_{10} ：農水委員会への所属
X_{11} ：建設委員会への所属
X_{12} ：運輸委員会への所属
X_{13} ：96年度総選挙時のMK指数
X_{14} ：選挙区の都市人口割合
X_{15} ：選挙区の高齢者人口割合
u ：誤差

なお本来数字で表現できないX_2からX_{12}までの属性はダミー変数で該当する場合1，該当しない場合0で表す．また分析結果で統計上有意を示さない属性はモデルから除外する．

上に示した4つの委員会への所属を説明変数として挙げたのは，これらがいずれも族議員の牙城と従来考えられてきた委員会だからである．族議員の定義についてはこれまで委員会所属よりも自民党政務調査会での部会所属が重視されてきたが，今回の分析では委員会の所属を用いることとする．その理由としては，以下の事柄が挙げられる．

①自民党では個々の議員が3つまでの部会に自由に所属でき，その結果農林，商工，建設などの人気のある部会には100人以上の衆議院議員が所属するため，関連する部会に所属するだけで資金面で有利となると判断することは拙速に過ぎること．

②96年当時の部会長・副部会長だけをとりあげるのは絶対数が小さいことから統計上問題が存在し，さらに自民党では役職が当選回数により割り振られること[21]，これらの役職に対応する当選回数の議員が，どの部会の部会長・副部会長に就任するかにより同一当選回数内での評価の比較は可能だが，部会内での真の実力者は役職からは必ずしも明らかとならないこと．
③「族」関連の役職や大臣，政務次官の経験者をすべて取り上げるには，前述の通り今回の調査（衆議院議員に関しては90年当選以降）の範囲を大きく超えること．
④所属委員会に関連する部会には自動的に所属すること．
⑤人気のある委員会への所属は競争の対象となり，長期にわたり就任し続ける確率は他の委員会と比較して低いが，こうした状況の下で所属していることには当然何らかの意味を見出すことができること[22]．
⑥自民党政務調査会の部会の役職や所属を説明変数として用いると，自民党以外の所属議員の分析が難しいこと．

また自民党以外の政党所属議員にとっても，こうした委員会への所属は魅力的なものであるはずである．たとえば86年に建設・運輸両委員会は所属希望議員の殺到により，定員が30名から35名に全会一致で増員された[23]．また82年の資料では社会労働委員会所属の野党議員にも日本医師連盟から多額の寄付が行われている[24]．

各説明変数に対する定義は以下の通りである．まず各委員会に対する所属議員は「96年の通常国会である第136回国会で当該委員会に6割以上出席した議員」と定義した．委員会所属に関しては会期半ばでの交代，あるいは若手議員に出席を肩代わりさせている議員も存在することから，単に1回でも出席した議員を委員会所属と定義することには問題が生じるためこうした定義を用いる．政党所属は96年10月に行われた衆議院議員選挙時の政党所属である．当時は政党再編の激しい時期であり，きわめて短期の間に議員の政党間の移動や新党の結成が相次いだ．実際選挙後から97年の通常国会である1月の第140回国会開始までの間に自民党に復党した新進党議員が1人ならず存在し，また太陽党が新進党からわかれて結成された．こうした変動の激しい

時期にこの定義を用いる根拠は，政治家個人に対する寄付の多くが選挙前の期間に集中して行われること，また党本部からの資金援助も同様に選挙前の期間に主に行われることがあげられる．政治資金の寄付に関して候補者の所属政党が重要であることは従来の研究の成果の通りであり，選挙はこの激動の時期における政治資金に関する適当な区切りの時点となろう．96年総選挙時のMK指数とは，今回の調査の対象となった議員が調査年に経験した衆議院議員選挙において法定得票数の何倍の票を獲得できたかを示す指数である[25]．選挙区の都市人口割合（DID人口比率）は議員が地盤とする選挙区内で都市地域に居住する人口の割合を示している[26]．都市の有権者は無党派層が多く，選挙の結果が政治的な争点に左右されやすく不安定な傾向が存在する．そのため農村地域出身の政治家のほうが議席を安定して持ち続ける傾向があるが，選挙区の都市度が政治資金の収入にどのように影響を及ぼすかを検証するために，これを説明変数とした．

なお上記の分析と平行して，非説明変数Y_2に96年総選挙時のMK指数をおき，説明変数からMK指数を除いたほかは上記のモデルと同様の重回帰分析を行い，選挙の強さと議員の属性の関係を調べる．続いて分析で用いた属性すべてに政党本部に対する資金依存度を加えた全17個の属性による相関分析を行い，政治資金収入とそれぞれの属性間の相関を調べる．また政治資金に関するいくつかの基本的な図を作成し，分析の理解の補助とする．

本稿で用いる説明変数は，同様な分析を行った谷口の用いたものと比較して，96年総選挙時の特徴よりも，議員個人の属性を重視したものとなっている[27]．これには政治資金に関する視点の違いが現れていると思われる．すなわち谷口は，「同一選挙区に強力な対抗馬が存在し，選挙が激戦となることが予測されるために，より多くの資金を必要とする」という，議員側の資金の必要性を中心とした視点をとっていると考えられる．もちろんこの視点は間違っていない．しかし本稿では，「政治資金の出し手は，どのような議員に投資するインセンティヴが働くのか」という，資金の出し手を中心とする視点を取っている．この視点の違いが，利用した説明変数の違いとなって現れたと考えられる．

4. 分析結果の予測

 ここであらかじめ分析結果を予測してみる．まず世襲や当選回数の多さ，官僚の経験は政治家の影響力を強化し，企業にとって投資するインセンティヴを増すことが考えられる．ポストが当選回数により割り振られている自民党所属議員にとっては，当選回数は政治的影響力を測るもっとも大きな指標である．また広瀬によれば，世襲議員は先代からの付き合いのある企業からの寄付，官僚経験のある議員は関連業界からの寄付が期待でき，また議員の収入はかなりの部分が多数の企業からの小規模かつ継続的な寄付（毎月5000円から2万円程度）により成り立っている[28]．こうした関係は当選回数が少ない議員にとってはとくに重要と考えられる．

 また当時政権に復帰していた自民党議員に対しては，選挙の年でもあり最低でもお付き合い程度の寄付をすることが企業としては「合理的」と考えられる．自民党長老議員による新進党を支援する企業ないし地域に対する恫喝とも取れる発言はいまだに記憶に新しいところである．一方で企業にとって新進党の業界関連議員に「保険」をかけ，影響力の確保を図るのも合理的な行動といえよう．選挙前の情勢のみでは，はたして自民党が100％確実に政権を取るかどうかは不明であり，また新進党議員との旧来からの付き合いも推測される．しかし5万円以上の寄付を行った場合企業名が公表されることから，あまり新進党に入れ込むと自民党からにらまれ後々のためにはならないことも推測される[29]．他方民主党については推測が難しい．当時の民主党は選挙前に新組織として新たに発足したばかりであり，かつ旧社会党議員が数多く参加していることから，企業にとっては「投資不適格」とまではいかなくとも，投資に対する利益がどれほど上がるか確実性に欠けるところがあった点は否めない．また関連業界に影響力を持ちやすいポスト（公職，党役職を問わず）に就任している議員が企業に重視されることも十分推測できよう．

 ここで取り上げた4種類の委員会はいずれも収入に対して正の影響を与えることを予測して取り上げたものである．従来委員会への所属が「族」の認定の際に余り重視されなかったことに当然何らかの意味があるだろうが，ま

ったく無関係と言うわけでもないだろう．

最後に取り上げた議員の選挙区に対する属性のうち MK 指数は収入に対して正，選挙区の都市人口割合は負，高齢者人口割合は正の影響をそれぞれ持つことが予測される．政治資金の出し手は投資先として候補者の「格付け」を当然行い，安全性の高い投資先を選ぶことは十分合理的である．その際あまりにも当選が危ぶまれる候補者，および実績は十分ながら有権者の投票行動の予測が困難で投資リスクが大きな候補者は，投資先からはずされることが予測できる．そこで事前の票読みで圧勝しそうな候補者，あるいは選挙区が農村部で安定した得票による勝利が期待できる候補者には投資が集中することを推測して上記の予測を行った．

5．結果

分析の結果は表Ⅰ-11-1の通りとなった．有意確率95％以上で有意を示している説明変数は，自民党所属，当選回数，新進党所属，世襲地盤後継，MK指数，官僚経験となる．商工委員会所属は有意確率94％弱で有意性を示しておりやや有意と言える．[30] なお並行して行った分析の結果はそれぞれ表Ⅰ-11-2と表Ⅰ-11-3の通りである．同時に作成した基本的な図は，図Ⅰ-11-1，図Ⅰ-11-2および図Ⅰ-11-3の通りである．これらの図においては，図の作成の過程で過度の単純化がなされ，時には個々の議員の独自性が過大に表されている．たとえば図Ⅰ-11-3における民主党当選7回の議員の収入の大きさは，ひとえに唯一の該当議員の鳩山邦夫の影響であり，民主党全体の傾向を表しているものではない．

さて自民党に対する所属が有意を示したのはほぼ予想通りと言えよう．また当選回数や世襲なども同様である．世襲議員は非世襲議員と比較して他の条件が同じ場合2800万円以上もより多くの政治資金収入を得ていることが実証された．世襲議員は比較的若く初当選をはたすことで非世襲議員と比較した場合当選回数が多い傾向があり，自民党などの保守系議員に世襲が多いことも，非世襲議員の収入平均と比較して世襲議員の収入が多い原因となっているが，こうした別の説明変数の影響を除いても資金面で大きく優位に立つ

政治資金の研究　　311

表Ⅰ-11-1　衆議院議員1996年収入重回帰

	係数（単位：円）	t	有意確率(p)
定数	-53,272,201	-2.34	(0.02)
当選回数	7,215,414	6.09	(0.00)
世襲	28,368,817	3.17	(0.00)
自民党所属	77,379,629	6.33	(0.00)
新進党所属	74,594,713	5.77	(0.00)
民主党所属	20,581,700	1.40	(0.16)
官僚経験	22,371,808	2.16	(0.03)
会社役員経験	2,662,111	0.23	(0.82)
地方政治家経験	-2,216,995	-0.28	(0.78)
商工委員会	31,342,406	1.87	(0.06)
農水委員会	12,649,153	0.75	(0.45)
建設委員会	-9,632,041	-0.61	(0.54)
運輸委員会	-18,937,458	-1.04	(0.30)
MK指数	27,681,295	3.13	(0.00)
都市人口割合	46,161	0.35	(0.72)
高齢者人口	394,162	0.26	(0.80)
補正 R^2	0.37		

N=384

表Ⅰ-11-2　衆議院議員1996年MK指数重回帰

	係数	t	有意確率(p)
定数	0.70	5.4	(0.00)
当選回数	0.02	2.7	(0.01)
世襲	0.27	5.2	(0.00)
自民党所属	0.35	5.1	(0.00)
新進党所属	0.36	4.9	(0.00)
民主党所属	0.08	0.9	(0.37)
官僚経験	0.07	1.1	(0.27)
会社役員経験	0.07	1.0	(0.30)
地方政治家経験	0.04	0.8	(0.45)
商工委員会所属	0.02	0.2	(0.81)
農水委員会所属	-0.10	-1.0	(0.33)
建設委員会所属	-0.02	-0.2	(0.82)
運輸委員会所属	0.14	1.3	(0.19)
都市人口割合	0.00	-3.5	(0.00)
高齢者人口	0.07	7.9	(0.00)
補正 R^2	0.41		

N=384

表Ⅰ-11-3　衆議院議員1996年属性相関

	実収入
実収入	1.00
資金政党依存度	-0.48
当選回数	0.38
世襲地盤後継	0.31
官僚経験	0.18
会社役員経験	0.02
地方政治家経験	-0.09
商工委員会所属	0.09
農水委員会所属	0.05
建設委員会所属	-0.04
運輸委員会所属	-0.01
MK指数	0.42
都市人口割合	-0.14
高齢者人口割合	0.20

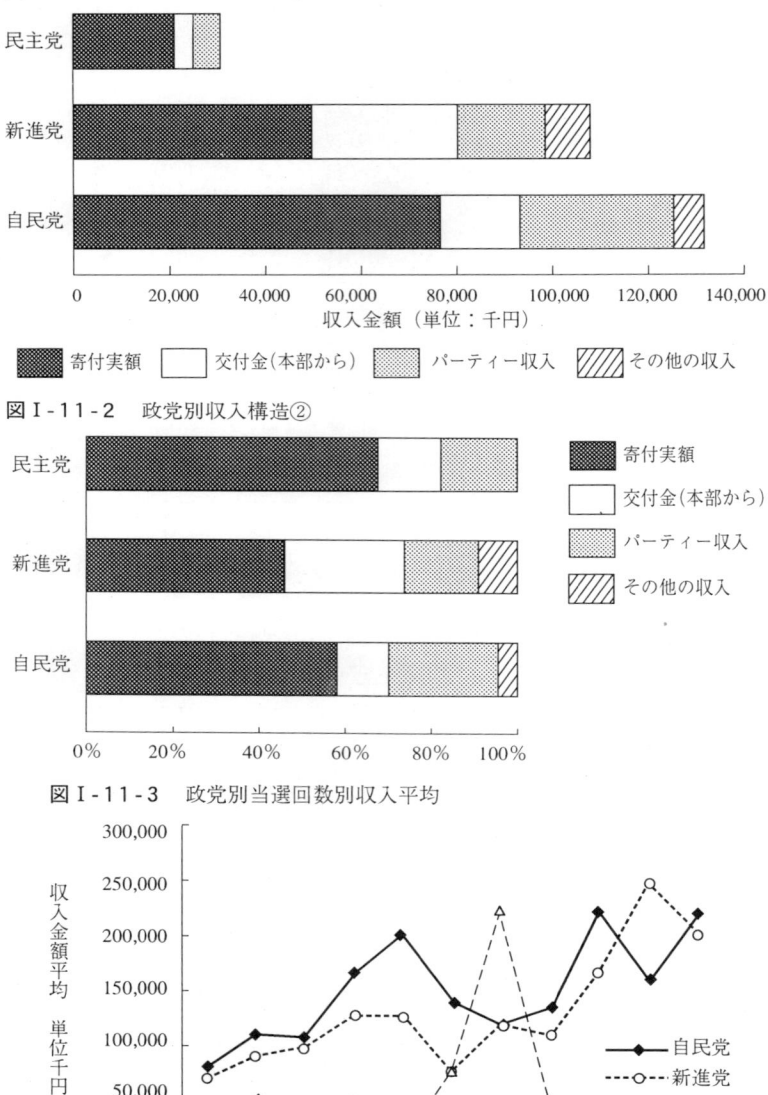

図Ⅰ-11-1　政党別収入構造①

凡例: 寄付実額　交付金(本部から)　パーティー収入　その他の収入

図Ⅰ-11-2　政党別収入構造②

凡例: 寄付実額　交付金(本部から)　パーティー収入　その他の収入

図Ⅰ-11-3　政党別当選回数別収入平均

ことが実証された．なお政治資金収入と世襲，当選回数および自民党所属との間の相関関係は表Ⅰ-11-3の通りである．単純な世襲議員か否かによる収入平均や相関の大きさの比較は，世襲議員が自民党に多いことや当選回数が大きいことから引き起こされた偽の相関である可能性が否定できないが，重回帰分析により他の属性から独立して世襲が統計上有意であることが明らかとなった．

　説明変数としては当選回数が政党所属と並び99.9％以上の有意確率を持っており，1回当選回数が増加するごとに724万円弱の収入の増加が見られる．やはり当選回数を重ねることが有力議員，ひいては安定した財政基盤への最大の影響要因であることが明らかとなった．また今回の分析では大臣経験や自民党部会長といった当選回数により割り振られている役職を分析に含めなかったことから，当選回数の影響が強調された面もあろう．最初に参考としてあげた図Ⅰ-11-3から自民党所属議員が部会長となる当選回数4回，および大臣に初めて就任する当選回数5回において著しい収入の伸びを見せていることも，この予測を補強できる．単に当選回数の増加＝収入の増加とは考えられない可能性を図Ⅰ-11-3は示しており，この点は今後の課題としたい．

　表Ⅰ-11-3の相関分析では実収入に大きな負の結果を示している民主党所属が，他の属性の影響を差し引いた重回帰分析では有意な結果を示さなかった原因としては，当時の民主党が様々な政党の出身者からなる寄り合い所帯であり，議員により活動様式が大きく異なっていたことが考えられる．しかし一方では新進党所属が有意な結果を生んでいることを考えると，他の理由もあるのかもしれない．当時の新進党は羽田グループから公明党，民社党出身議員まで含む，民主党と同様，あるいはそれ以上に多様な集団であったからである．そこで図Ⅰ-11-2を参照してほしい．自民党所属議員が収入の12％，民主党所属議員が17％弱をそれぞれ党本部に依存しているのに対し，新進党所属議員は29％を依存しており，政党本部からの個別の議員に対する資金面でのてこ入れが，寄り合い所帯であった新進党に所属することの資金面での統計上の有意を生んだといえよう．図Ⅰ-11-1からも新進党議員の党本部に対する資金依存度の大きさは明らかである．

96年選挙のMK指数はかなり大きな影響をもたらした．MK指数が0.1上昇する毎におよそ285万円もの収入の増加が見られる．俗に「政治家は選挙に落ちればただの人」といわれるが，事前にある程度予測できる集票力の強い議員がやはり投資先としての魅力をもつのであろう．あるいは財政基盤が安定した議員が，豊富な資金を活用して選挙で優勢に立つのかもしれない．この点はかなり自己実現的な予測が働くのであろう．一方都市人口や高齢者人口の割合は政治資金収入に関しては有意な結果をもたらさなかった．表Ⅰ-11-2から明らかなように，この二つの属性は，MK指数に関してはそれぞれ負と正の有意な影響を与えている．これは都市部で，高齢者人口の少ない選挙区の選出議員が，よりきわどい選挙を勝ちぬいて当選してきているということを意味している．こうした属性と政治資金収入の間に有意な関係が発見されなかったことも一つの発見といえよう．政治家は選挙区が都市，あるいは高齢者人口が多いという理由で，収入が増減するとは限らないようである．

　また官僚経験は2200万円以上の追加収入を生んでいる．予測通り官僚を経験することが政治資金の出し手との関係を強めるのであろう．また官僚出身議員が専門知識を生かして「族」となりやすいなどの傾向が働いているためかもしれない[33]．一方官僚経験は「票」には大きな影響を及ぼさないことが表Ⅰ-11-2から明らかとなった．前述の二つの選挙区要因の非有意性も考慮に入れるならば，官僚経験は狭い小選挙区の内部では大きな影響力を持ち得ず，むしろ選挙区と関連の弱い，より広域の利益と結びつきやすい傾向があるのだろうか．

　この分析結果のなかで予測を裏切ったのは，一般に族議員の牙城と考えられ，カネの源泉と考えられがちな運輸，建設，農水といった委員会に所属していることが，今回の分析においては政治資金の収入に対し統計上有意な結果を与えなかったことである．委員会所属でやや有意な結果（有意確率が94％弱）をもたらしたのは商工委員会所属のみであり，3100万円強の追加収入を生じさせている．この結果について考えられる仮説をあげてみた．
① 委員会所属が意味を持ち得るのは，与党議員に限られる．
② 関連官庁や業界への影響力の要件として委員会所属は強くない．

③ 商工委員会以外の委員会はもっぱら資金より票の源として重要である．
④ 委員会関連「族」の性格が原因となっている．

まず第1の仮説としては，こうした委員会への所属が大きな意味を持ちうるのは議員が与党に所属している場合に限られており，野党所属議員をも含んだことが統計上の非有意性を生んだのではないかという考え方が挙げられる．確かに「族議員」という概念そのものが，自民党長期政権下において自民党議員が関連官庁・業界に対して影響力を増大させた状況をあらわしたものである．しかし自民党所属議員のみで重回帰分析を行った場合にも，委員(34)会所属に対する統計上の有意性は発見されず，この仮説は検証されなかった．

第2に考えられることは，実際に関連官庁・業界に対し影響力を持ち得，その結果資金面での支援を受けうる議員の決定には，委員会所属以外の要因の影響が大きいという仮説である．たとえば公共事業の配分にかかわる影響力が，建設委員会に所属していることとは関係なく決定されているならば，関連業界の寄付は実際に影響力を持つ議員に対し行われ，委員会の所属とは無関係となるだろう．確かに従来から族議員の定義においては，当該委員会への所属はそれほど重視されてきたわけではない．今回の分析では個々の議員の経歴を分析に加えなかったが，現在の委員会所属よりは過去からの経歴の積み重ね，たとえば大臣や部会長などへの就任経験などがはるかに重視さ(35)れているのかもしれない．当選回数が政党所属を除きもっとも大きな説明変数となった背景には，こうした事実が隠されていることも予想できる．

第3に収入の説明変数として商工委員会以外の委員会所属が統計上有意性を示さなかったのは，こうした農水，建設，運輸といった委員会が「カネ」よりも「票」，つまり選挙区利益とより強固に結びついていることが原因であるという仮説があげられる．しかし表Ⅰ-11-2でも上記の委員会への所属はMK指数に対し有意な結果は与えておらず，この仮説は実証されなかった．

第4に考えられるのは，商工委員会だけが比較的有意な結果をもたらしたことから，それぞれの分野における議員と利益集団との間の関係がこうした結果の違いを生んだいう仮説である．たとえば猪口・岩井では各分野別に「族」(36)の性格の違いについて説明がなされている．この記述を参考とするならば，

商工関係議員は明確な組織化がなされず,利益を代表する業界ごとに競合・対立関係にあるために,利益団体としては大臣経験を持つなどの少数の有力議員や自民党全体に対して寄付をするのではなくて,それぞれ個別の利益代表議員に対して寄付を行うこととなり,結果として比較的多数の中堅を含む議員に寄付が行われることが統計上の有意性を生んだと推測できる.明確な組織化が進んだ分野の場合,たとえば運輸関係の議員については,少数の大臣経験者など必ずしも委員会に所属していない有力議員に利益団体の影響力の行使が集中することにより統計上の有意性が失われたのではないだろうか.

6. 結論と含意

政治家の収入を政治家個人のもつ社会的属性から分析した結果,現れた結果はかなりの部分が事前の予測を裏付けるものであった.世襲議員や官僚出身議員,および当選回数を重ねた議員がやはり資金面で優位に立つことが検証されている.こうした属性がさまざまな企業や業界団体などとのつながりを強化するのであろう.また企業や業界団体にとってはこうした議員に対して寄付を行うことが,「投資」として十分収益が期待できるメルクマールとなるのであろう.96年が衆議院議員選挙の年であり寄付の大部分が選挙直前に集中して行われることを考慮に入れるならば,当選が不確実な候補者に投資を行うインセンティヴは小さいことが十分に推測できる.MK指数の大きな議員のほうがより多くの収入を得たことが,投資先の安全性について各寄付者が十分に考慮していることを裏書しているのではないだろうか.

委員会所属については余り有意な結果が得られなかった.55年体制が崩壊し自民党が与党の座を降りる可能性が発生したことがいったいどのように業界団体や企業と政治家との関係に影響を与えたのであろうか.いまだ官僚の影響力は復活の兆しすら見えず,近い将来かつて喧伝されたほどの力を取り戻すことはないであろう.しかし「族議員」そのものが自民党の長期にわたる政権を前提としていたために,80年代に喧伝された「党高官低」といった状態はすでに前提自体が変化してしまった.利益団体や企業が資金を通じて働きかける相手はどのように変化したのか.過去の資料が存在しない以上,

政治資金を通じた関係の変化の追跡はもちろん限界がある．しかし今後の調査により，政局の変化がどのように影響を与えるかが追跡可能となるであろう．また個々の議員の過去からの役職の積み重ねを分析に加えることで，より深い分析が可能となるであろう．

　ここで今後の業界団体や企業の行動について予測してみたい．前述のように「族議員」発生の前提となった構造は大きな変化を受けていない．官庁が国内の諸産業の利益を一元的に調整できた時代はすでに筆者の世代にとっては昔話となり，国際化の波にさらされ産業構造の変化はその速度を速めこそすれ弱まることはない．比較優位にある新興産業は規制の緩和を，競争力に欠ける斜陽産業は規制や保護の一層の強化を求めて政治家に働きかけ，長期の不況がゼロサムゲーム的状況に拍車をかけている．政治と経済の結びつきがすでに不可逆的な状況になっているこの時代において，個々の業界団体や企業が自らの応援議員を求めて活動することを禁止することはもはや現実には不可能なのかもしれない．財界がかつて行った政党中心の寄付活動は国内にイデオロギー対立が存在し経済体制そのものが政治上の争点となりえ，かつ国内での産業間の対立がそれほど先鋭的ではなかった特殊な時代の産物だったのではないだろうか．

　今回の分析で商工委員会所属が有意な結果を生み出したことは，この委員会の担当分野が他の委員会と比較して著しく広い分野をカバーしているのみならず，日本の民間部門内で他の委員会の担当部門と比較してはるかに国際化の波にさらされ競争が激しく，官庁が規制や他の手段を用いて利害の調整を行うことが困難であることと無関係ではあるまい．今後規制緩和の流れの中で建設・運輸部門でも外国資本を含む新たな企業が参入することが予測され，農産物の輸入も自由化が進行している．そこでこれらの部門に属する企業や業界は従来のようにパイを「公平」に分配するために業界団体内部で利害を調整し，調整結果を派閥の領袖などの有力議員や官庁に入力するといった行動を続けることは困難となり，商工委員会関連業界と同様に個別の応援議員を求めて行動する必要が生まれるのではないだろうか．今回は取り上げなかったが，大蔵委員会が担当する銀行業界や証券業界，厚生委員会が担当

する医療や薬品業界も同様に政治に対する働きかけ方が変化していくことが予測できる．商工委員会は今後の日本政治の姿を数十年早く示したと考えられる．

　こうした政治経済的な構造の下で，それでも政治家と企業の間の癒着関係を防止しようとした場合どのような手段が考えられるだろうか．ひとつは政党により多くの助成金を与え，政治資金の獲得のために奔走するインセンティヴを低めることである．もうひとつは政治資金の収入と支出の透明性をより一層高めることにより，政治家と企業との関係を監督しようとする手法である．しかし前者は政党助成金の導入の際にも問題になったように無所属議員あるいは新しい政党にとって不利であり，有権者が自ら支援しない政党にも交付金が流れるという問題が存在する．また現在の助成額は国際的に比較して必ずしも小さなものではなく，既存政党側が現在の制度導入によりいかに自らの行動を改善したかを有権者に説明しない限り，これ以上の拡大は「お手盛り」との印象を免れ得まい．後者についても一定の限界が存在する．収入支出の公開基準金額を小さくするなど透明性を高めようと努力し，現在骨抜きにされている政治資金の質的・量的制限を実質化しようとしても，政治家と企業との間に「需給」の一致が見られる限り何らかの抜け穴が見つけられ，政治家は「見つかった奴は運が悪かった」とうそぶき続けるのみであろう．また政党や政治家の行動に対する監視の強化は政治活動の自由を制限し，監督官庁の権力の肥大を招きかねない．それではどうしたらこの構造から抜け出すことができるだろうか．

　政治家の資金調達活動についてはこれまで多くの批判が行われてきた．しかし今まで有権者側の問題についてはあまり目が向けられることがなかったように思える．民主主義とは「人民による人民のための」政治であるとされるが，今までわれわれは民主主義を本当にわれわれのものとするために何をしてきただろうか．本稿の冒頭でも述べたように今日の民主主義にとって多くのコストがかかるのは必然といえる．しかしどれだけ多くの有権者がそのコストを自ら進んで負担しようと考えてきたであろうか．民主主義の維持には多額のコストがかかるという現実に目をそむけて，ただ数年に1度の選挙

に足を向けるだけで有権者としての義務を果たした気にはなっていなかっただろうか．政治家が自ら運営資金を負担する後援会は後援会と呼べるのだろうか．かつて政治家は無給であった．「政治により金を稼ぐなどとはとんでもない」という一見もっともな考え方がその根底にはあった．しかしこの制度は政治を「教養と財産」をもつ一部の特権階級の社会とし，政治の民主化にとって大きな障害となった．現在われわれはこの教訓から何を学ぶことができるのか．有権者がコストを負担しない限り政治がますますわれわれから離れたところに進んでいくのではないか．政治家が多額の資金を企業から調達しなければならない限り政治家と企業との癒着は無くならず汚職は周期的に発生するであろう．また資金をより効率良く調達できる世襲議員や官僚出身議員に政治の世界が限定され，政治の世界が一種のギルド社会となっていく．政治を真に「われわれ」の物とするには有権者自らがそのコストを負担する覚悟が必要であろう．従来選挙の際のヴォランティアが好ましい民主主義への参加としてとらえられてきた．しかし選挙活動に熱心に参加できる人々は「時間」という今日の社会では貴重な財を豊富に持つ別の意味での「特権階級」である．カネのかからぬ選挙を主張してみたところで，結局こうした特権階級のみによって政治活動が担われるようでは民主主義が本当にわれわれのものとなったとは言えないであろう．自らが政治家としてふさわしいとして信じる人物に対し，小額でも寄付を行うといった行動が政治の真の民主化にとっては重要なことではないだろうか．たとえば毎月1000円でも寄付をしてくれる支持者が一万人集まれば，政治家は資金調達のために奔走する必要がなくなる．支持者の側からも「われわれがこれだけ寄付を行っているのになぜこれ以上の企業からの寄付が必要なのか」と政治家に問うことができよう．もちろん政治家に対する不信には根強いものがある．寄付が不正流用される恐れを防ぐため，公認会計士の監査を含め政治資金の使途の透明性を高めていくことが不可欠であろう．政治家に自浄を求めることは「百年河清を待つ」のに等しいといわれる．しかし有権者がただ「河」を座視しているのみでは，何も変わらない．まず行動を起こすことが真の変化にとって必要であり，かつ民主政治における有権者としての特権に伴う義務なのではないだろうか．

（1） 民主主義システムの下での政治資金の問題については，岡沢憲芙『政党』，東京大学出版会，1988年，184-210頁参照．例えば選挙が厳しい制限選挙であったり，有権者が名望家秩序の下に強固に組織化されている場合には政治に必要な資金はわずかであろう．自由に選択を行う有権者による競争的な選挙こそが選挙資金の高騰の最大原因なのである．
（2） 『朝日新聞』1989年4月7日付．
（3） なお従来政治家に対する寄付は献金と呼ばれるのが常であったが，筆者はこの呼び方が政治家という公的部門と寄付者という私的部門の上下関係を暗黙の前提としていると考えられ賛同できかねるため，本稿ではより中立的と考えられる寄付という表現を用いる．
（4） 谷口将紀「三つのサイフを使い分ける代議士―政治資金の全国調査研究の「協働」作業から」『朝日総研リポート』第136号，朝日新聞総合研究センター，1999年，5-6頁．
（5） なおこの調査の結果は，佐々木毅・吉田慎一・谷口将紀・山本修嗣編著『代議士とカネ―政治資金全国調査報告』，朝日新聞社，1999年，として出版されている．
（6） 谷口，前掲論文．
（7） 代表例としては岩井奉信『「政治資金」の研究―利益誘導の日本的政治風土』，日本経済新聞社，1990年．が挙げられる．
（8） たとえば従来鉄鋼・電力業界と並び「御三家」として多額の寄付を自民党に対して行ってきた銀行業界が少なくとも個別の争点については寄付額に見合った影響力を持っていたとは考えにくい．この最も端的な例が郵便貯金を巡る大蔵省と銀行業界連合の郵政省および郵政族連合に対する連敗であろう．こうした見方についてはケント・カルダー著，谷口智彦訳『戦略的資本主義』，日本経済新聞社，1994年，337-343頁．もしくは猪口孝・岩井奉信『「族議員」の研究―自民党政治を牛耳る主役たち』，日本経済新聞社，1987年，207頁を参照．これには政治との距離が近くなりすぎることに対する銀行業界の拒否感が関係していると思われる．数少ない例外が80年の銀行法改正時の影響力行使であり，このとき銀行業界は自民党でなく個々の議員に直接寄付を行う方法に切り替えることにより，大蔵省の規制強化を阻止している．同前，234-237頁参照．
（9） 岩井，前掲書，118-120頁参照．しかし財界の「掛け捨て保険」型の寄付がまったく「カネを出すが口は出さない」というきれいなものであったとも考えにくい．むしろ当時の基幹産業と銀行を中心とした政治資金カルテルを形成することにより特定企業の抜け駆けを防止し，政治の経済への過度の介

入を防止する「カネをまとめて出す代わりに口も出させない」という意図があったのではないだろうか．
(10) 官庁が自らの管轄のラインに沿った利益団体形成の促進を通じて利益集団を取り込み，利益調整を媒介として作り上げた共生関係をさす．40年代の総力戦体制の構築過程がこの共生関係の成立に大きな影響をもたらしたといえる．佐々木毅『政治学講義』，東京大学出版会，1999年，224-225頁参照．官庁と利益団体のどちらが実際にイニシアティヴを行使していたかは，分野あるいは時期により大きく異なる．
(11) 産業政策の対象の変化については，小宮隆太郎他『日本の産業政策』，東京大学出版会，1984年，第1章—第3章参照．
(12) リクルート社の行動形式については，広瀬道貞『政治とカネ』，岩波新書，1989年，104頁参照．リクルート社は以前から経団連および業界団体の割当による国民政治協会—自民党という旧来のルートを嫌い，個々の議員を対象としたルートに寄付を集中していたようである．
(13) 企業や利益団体の行動の前提条件変化については，辻中豊『利益集団』，東京大学出版会，1988年，序章参照．
(14) 猪口・岩井，前掲書，132-147頁参照．なお「族」の成立する分野としては票と金の問題のほかに，イデオロギーと政治的影響力の問題が挙げられているが，イデオロギーに関わる族議員の代表ともいえる文教族は選挙に強くないとなれない，逆にいえば票にけっしてつながらないことが指摘されている．
(15) 猪口・岩井，前掲書，127頁参照．ここでは第2次中曽根内閣で2度目の文部大臣についた海部俊樹の「建設，運輸，郵政などの資金ルートの開拓できるポストが望みだった」という発言が取り上げられている．
(16) 本稿の記述は筆者個人の作業中の経験に基づくものもあるが，より詳細には佐々木・吉田・谷口・山本，前掲書，34—37頁．
(17) Gary W. Cox and Michael F. Thies, "The Cost of Intraparty Competition: the Single Non-transferable Vote and Money Politics in Japan." *Comparative Politics Studies*, Vol.31, No.3では，日本の選挙費用収支報告書の数字を用いて分析を行っているが，残念ながら日本の政治資金の分析を行うにあたりこの数字はあまり信頼の置けるものではないといえる．
(18) 偽の相関とはある説明変数が引き起こしたように見える結果が，実際には別の説明変数により引き起こされていることである．2つの説明変数が表す属性を重ねて持つ分析対象が多い場合に起こりやすい．例えば世襲議員の収入が非世襲議員の平均より多かったとしても，世襲議員の収入の多さが自民党所属により引き起こされており，自民党議員内では世襲議員が資金面で

とくに優位に立っていなかった場合，世襲と収入の間には偽の相関が存在すると表現される．相関係数についてより詳しくは，本書用語説明の相関の項参照．

(19) 猪口・岩井，前掲書，124頁参照．これは自民党が長期にわたり与党の座を独占していた時代には，政策決定にあたり委員会という公式な場よりも部会という自民党内の非公式な場のほうが重視されていたことを示している．

(20) より正確には自らが所属する委員会に対応する部会（たとえばかつての社会労働委員会所属議員は社会部会および労働部会）のほかに2つの部会を自由に選択できる．同，103頁参照．

(21) たとえば政務調査会の部会副会長は当選2回，部会長は当選4回の議員が就任することが慣例となっていることが知られている．自民党の当選回数による人事システムに関しては佐藤誠三郎・松崎哲久『自民党政権』，中央公論社，1986年，32-51頁参照．この人事システムが55年体制の崩壊により変化したかどうかはいまだ明らかではない．

(22) 族議員にとっての委員会所属については猪口・岩井，前掲書，141-145頁参照．ある新聞記者によれば部会において当該分野の専門的な知識が重視されるのと比較して，委員会という公式な場においては，野党との交渉能力が重視される傾向が強いらしい．

(23) 同，142頁参照．

(24) 日本経済新聞社編『自民党政調会』，日本経済新聞社，1983年，127頁参照．

(25) より詳しくは本書用語説明のMK指数の項参照．

(26) より詳しくは本書用語説明のDIDの項参照．

(27) 谷口，前掲書，10-13頁．具体的には，当選回数，世襲，秘書・地方政治家経験，官僚経験，労組出身，重複立候補の有無，同一選挙区の競合政党，ライバルの当選回数，選挙区の面積および政党所属を説明変数として用いている．

(28) 広瀬，前掲書，66頁参照．

(29) 蛇足ながらパーティー券の購入ならば企業名の公開基準が緩められることを付け加えておく．小沢一郎が収入の半分近くをパーティーなどの事業収入に依存していた一因には，自民党の制裁を恐れる支援企業への「配慮」が働いていたのかもしれない．

(30) 今回の分析結果を前述の重回帰方程式で表すと

$$Y_1 = -5008 + 724 X_1 \text{（当選回数）} + 2821 X_2 \text{（世襲）}$$

$+7722 X_3$（自民党所属）
$+7401 X_4$（新進党所属）
$+2264 X_6$（官僚経験）
$+2854 X_{13}$（MK 指数）
$+ [3127 X_9$（商工委員会所属）$]$
$+u$

と表現できる．（単位，万円）

(31) 相関係数の絶対値が0.20以上の場合，2つの属性の間に弱い相関関係が存在すると考えられる．なお相関係数は2つの属性間の関係のみを扱うために，重回帰分析のように他の属性の影響を差し引いてはいないことに留意すべきである．

(32) 谷口の分析においては，当選回数を1～3，4～6，7～9，10以上と分類しており，当選4～6回の議員が7～9回の議員以上に収入を得ていることが表されているが，本稿の図 I-11-3 からはこれが自民党あるいは与党所属議員に限定された傾向であることが推測できる．谷口，前掲，11頁．

(33) 参考とするために自民党所属議員のみを対象として政党所属を説明変数から除いた重回帰分析を同様のモデルを用いて行ったところ，官僚経験は有意な変数とはならなかった（有意確率は70％以下）．新進党のみで同様に分析を行った場合には有意確率は91％強であり，"やや有意"な程度である．現在の自民党内部では官僚出身であることの資金面での利点はそれほど大きくないのかもしれない．なおこの二つの分析の結果は，次頁の表 I-11-4 および表 I-11-5 を参照されたい．

(34) 正確に言えばこの時点での与党は自民党のみではなく，社会党とさきがけも含まれるが，どちらの政党も小選挙区での当選者はわずかであり統計上は問題ないと考えられる．

(35) 自民党の長期政権期には新たな政策決定にあたり，過去の決定に関わった大臣や部会長の経験者に対して根回しが行われるのが常であったらしく，そのため「法律を一本作ればその影響は一生残る」と言われたらしい．岩井，前掲書，206-207頁．

(36) 族ごとの性格の違いについては，猪口・岩井，前掲書，181-211頁を参照．族型政策決定については，同，257-272頁．建設族の性格については日本経済新聞社，前掲書，74-75頁にも記述がある．

表 I-11-4 自民党所属衆議院議員1996年収入重回帰

	係数（単位：円）	t	有意確率（p値）
定数	33,809,544	0.87	(0.39)
当選回数	7,913,466	4.21	(0.00)
世襲地盤後継	7,857,710	0.54	(0.59)
官僚経験	17,277,004	1.02	(0.31)
会社役員経験	1,290,212	0.07	(0.94)
地方政治家経験	-15,373,493	-1.04	(0.30)
商工委員会	48,988,812	1.80	(0.07)
農水委員会	47,753,986	1.77	(0.08)
建設委員会	-16,056,886	-0.54	(0.59)
運輸委員会	-13,027,943	-0.48	(0.63)
MK指数	39,640,663	2.45	(0.02)
都市人口割合	39,883	0.17	(0.87)
高齢者人口	-1,764,676	-0.63	(0.53)
補正 R^2	0.16		

N=199

表 I-11-5 新進党所属衆議院議員1996年収入重回帰

	係数（単位：円）	t	有意確率（p値）
定数	-478,665	-0.01	(0.99)
当選回数	10,402,647	5.33	(0.00)
世襲地盤後継	46,100,087	3.01	(0.00)
官僚経験	24,137,347	1.74	(0.09)
会社役員経験	11,605,970	0.69	(0.49)
地方政治家経験	20,559,488	1.86	(0.07)
商工委員会	50,879,083	1.81	(0.07)
農水委員会	-37,358,603	-1.58	(0.12)
建設委員会	5,064,651	0.28	(0.78)
運輸委員会	-41,018,748	-0.79	(0.43)
MK指数	15,350,107	0.86	(0.39)
都市人口割合	28,239	0.15	(0.88)
高齢者人口	2,594,005	1.09	(0.28)
補正 R^2	0.46		

N=98

第12章

政治家の資産と所得
――国会議員の資産・所得と政治権力との間の相関関係――

飯間敏弘

1．はじめに

　政治家とカネ．この両者の関係は，これまで一貫して国民の大きな関心事であったし，また多くの論者がこの両者の関係を明らかにすべく様々な研究・分析を行ってきた．しかし，これら研究のほとんどは，政治家にまつわるカネの事柄の中でも特に政治資金を研究対象とし，しかも，そこにおける議論の中心は政治資金の透明性・清潔性であって，政治家の倫理がことさら重要視されてきた．政治献金，政治資金団体，政治資金パーティー，株・不動産取引，政党交付金等々……．政治資金にまつわる諸側面――政治資金の調達法からその使途，はたまたカネを媒介とした陳情と利益誘導のバーター取引，果ては不正な裏金作りや裏献金の数々に至るまで――が，そこでは語られてきた．このように，これまでの政治家をめぐるカネの議論において，所得と資産についてはほとんど論じられてこなかったのである．その理由として，資産と所得がそれほど重要なものと見なされてこなかったという事が一番の原因として考えられるが，それ以上に，政治家の所得・資産に関する資料がこれまでほとんど存在していなかったという事の方がより大きな原因だったのではないかと思われる．

　1992年12月，リクルート事件を始めとする政治腐敗によって高まった国民の政治不信を一掃すべく，「政治倫理確立のための国会議員の資産公開法」が，一連の腐敗防止措置の一環として制定された．この法律に基づいて，翌年6月に全国会議員の所得および資産が初めて公開された．その後，所得に

ついては毎年公開され，また資産についても総選挙が行われる度ごとに公開されている．だが，このように政治家の資産・所得に関する資料が，93年以降ようやく公開されるようになったにも関わらず，これに関する研究は今までのところほとんど行われておらず，ただこれら資産等の公開時に各新聞社がその紙面掲載にあわせて若干の分析を行うといった程度にすぎない．さらに，現時点ではほぼ唯一ともいえるこの新聞社による分析でさえ，それが公開時に限定されるが故に単発的であり，しかも年とともに低下していく国民の関心に比例して，最近ではその分析自体あまり行われなくなってきている．このような状況を鑑みるに，資産・所得の体系的な分析を，いま行うことの必要性は高いと言えよう．

本稿は，国会議員の資産・所得と政治権力の間の相関関係を，計量的手法を用いて明らかにしようとするものである．政治の世界において，カネはその要素として非常に重要な位置を占めていると考えられるが，それに劣らず重要な要素として位置づけられるのは政治権力であろう．そして，このカネと政治権力の間には何らかの相関関係（カネが権力を増大させる，ないし権力がカネを増大させるという関係）が存在すると考えられるが，これらカネと政治権力は政治の構成要素としてそれぞれ重要であるだけに，この両者の関係を解明することの重要性もそれだけ高いと言えよう．今回，資産と所得を，政治権力との関連性という観点から分析することにしたのも，以上のような理由からである．

先に述べたように，資産・所得に関して，ある程度の期間にわたる時系列的な分析がなされたという事例はほぼ皆無といってよい状況である．今回の分析は資産公開法によって公開された6年分の資料に基づいて行われているが，このような比較的長い期間にわたって，資産・所得を一括して論じる本稿の意義は，現在の状況に照らしてみて決して小さいものではないと思われる．

2. 分析の方法

今回，分析の対象としたのは，1993年6月から98年7月までの期間におい

て，国会に議席を有していたことのある全衆議院議員である．参議院議員に関しては，政治権力とカネを扱う本稿の性格上，参議院議員より衆議院議員の方がその対象として適当であるという理由から，今回は割愛することにした．

次に，本稿における留意点を2点，指摘しておきたい．まず1点目であるが，今回の分析は衆参両院事務局によって公開されている資料に基づいて行われているため，その公開の範囲に限定して分析がなされているという点である．その結果，所得を92年から97年までの6年分の資料に基づいて，また資産を92，93，96年の3年分の資料に基づいて分析を行うこととなった．次に2点目であるが，一部極端に多くの資産（または借入金）ないし所得を有する議員が若干名存在しているが，これら一部の極端な値を持つ標本は全体の統計の値を大きく歪ませてしまうため，ここでは保有資産（または借入金）が3億円以上の議員，ないし所得が1億円以上の議員を除外した上で分析を行っている．すなわち，実際に分析の対象となったのは，資産において，その保有する資産が—3億円から3億円の範囲内にある議員であり，また所得において，その年間所得が1億円を超えない議員である．以上の操作を行うことによって，資産については全体の4.2%の議員が，また所得については全体の0.3%の議員が分析の対象から外されることとなった．

最後に分析およびその記述の順序であるが，まず資産・所得の計量分析を行い（①全般的な特徴，②政党との関係，③当選回数との関係，④世襲との関係，の順に行う），次にこの分析を踏まえた上で資産・所得の相関モデルを構築し，最後にこれらの分析を結論としてまとめることにする．

3．資産・所得の計量分析

(1) 全般的特徴

a．資産・所得額の分布状況

まず始めに，衆議院議員は全般的にどの程度の資産・所得を有しているのかを明らかにするため，資産額および所得額の分布状況を調べる．

図Ⅰ-12-1は衆院議員が有する資産・所得の平均額の分布状況をグラフに表[3]

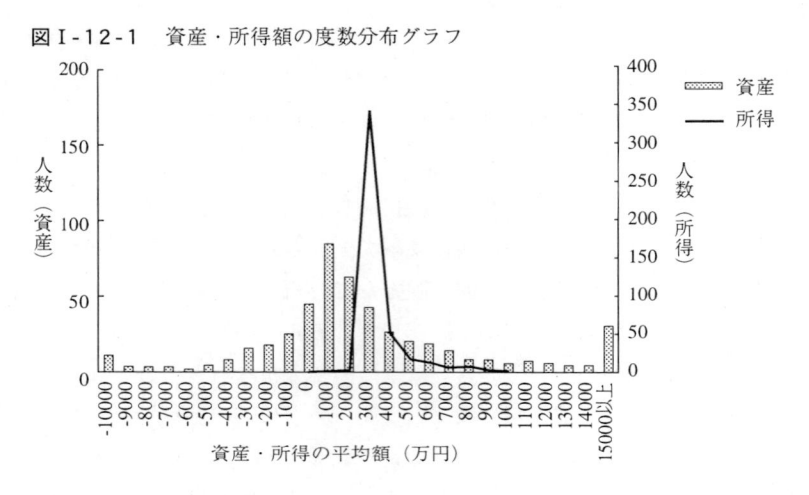

図 I-12-1 資産・所得額の度数分布グラフ

したものである．図中，資産のグラフを見ると，衆院議員の保有資産は-1000〜4000万円（中でも特に0〜3000万円）の範囲に比較的集中しているのが分かる．この範囲を中心として，グラフはほぼ左右対称の釣り鐘型の形状を示しており，この事から，資産額の分布状況は正規分布に近似していることが分かる．

次に所得のグラフを見ると，衆院議員の所得額は2000〜3000万円（特に2000〜2500万円）の範囲に集中しており，その分布形態は資産のそれに比べて極端に偏っているのが分かる．これは，国会議員の歳費が一律に2千数十万円と定められており，所得がこの歳費だけによってほぼ占められている議員が全体の3割強にものぼるためである．また，この歳費以外の給与所得として，民間会社や各種団体から顧問料や嘱託料といった名目で報酬を得ている議員が毎年全議員の半数程度にのぼっており，高額所得者のほとんどがこれらの議員によって占められている．

b．**資産・所得額の推移**

次に，衆院議員の資産・所得額が92〜96年の6年間でどのように変化していったかを見る．

図 I-12-2は資産・所得額の推移状況を示したものである．図中，資産のグ

図 I-12-2 資産・所得額の推移

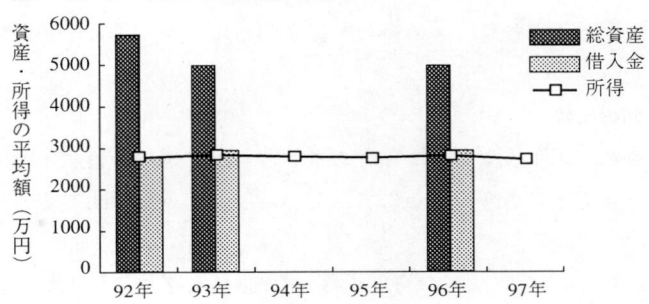

ラフは総資産，借入金（資産＝総資産―借入金）を表している．この資産のグラフにおいて最も注目すべき点は，92年から93年までのわずか1年の間に，資産額が約3割も減少しているという点である．しかも，この資産の急減は借入金の増大によってもたらされたのではなく，総資産の目減りによって生じている．このような現象が起こった原因は，バブル崩壊によって著しい地価の下落が起こった90年代前半に，議員が保有する不動産もその資産価格を大幅に下落させたこと，および93年衆議院総選挙のための選挙資金として預貯金が大幅に引き出されたことにあるのではないかと考えられる．

次に所得であるが，所得のグラフを一見して明らかなように，所得額はいずれの年度もほぼ一定の値で推移しており，その変動は非常に小幅である．このような所得の安定した推移状況は，各年度ごとにその金額が大きく変動する資産の場合と好対照をなしている．

(2) 政党との関係

数ある政党の内で，自分は一体どの政党に所属すべきなのか．そして，どこかの政党に所属したとして，その政党は果たして政権党であるのか否か．こういったことは個々の議員にとって，その政治的影響力や活動範囲，引いては政治生命にも関わる極めて重大な問題である．一般に，所属している政党の規模（すなわち所属人数）が大きければ大きいほど，また政権に参加する期間が長ければ長いほど，それに属する議員の政治権力も増大していくと

考えられる．このように考えると，政治権力とカネの関係を解明するという本稿の目的上，政党と資産・所得の関係を明らかにすることの必要性は高いと言えよう．

a．与野党間の比較

まず始めに，所属政党が政権党であるか否かが，議員の資産・所得にどの程度影響を与えるのかを明らかにするため，与野党議員の間でその資産・所得額を比較してみる．⁽⁵⁾

図Ⅰ-12-3は，与野党議員の資産・所得額の推移をグラフに表したものである．図中，資産のグラフ（棒グラフ）において注目されるのは，与党議員と野党議員との間で，その資産額の差が実に2倍近くも開いているという点であり，さらに93年に限って与野党議員の立場が逆転しているという点である．

92年と96年において政権党であったのは自民党であるから，これらの年に与党議員が野党議員の資産を凌駕しているという事実はすなわち，自民党議員がその他政党所属議員の資産を凌駕していることを意味している．これはつまり，保有資産に関して，与党議員が野党議員を上回っているというよりむしろ，自民党議員が他の政党議員を上回っていることを意味している．このように見てくると，93年は細川連立内閣の成立によって自民党が野党に転落していた年であるから，この年に与党議員と野党議員の立場が逆転しているのも当然なのである．

次に所得のグラフ（折れ線グラフ）の方に目を移すと，93年度を除くすべ

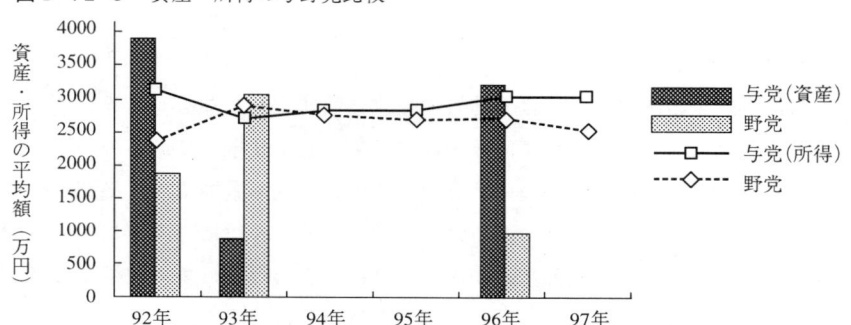

図Ⅰ-12-3　資産・所得の与野党比較

ての年度において，与党議員が野党議員をその所得額で上回っているのが見て取れる．93年度に与野党の立場が逆転しているのも，資産の場合と同様，この年に自民党が野党に転落したのが原因であり，よってこの与野党間格差は，そのまま自民党と非自民党の間の格差とみなして大過ない．[6]

b．各政党間の比較

図I-12-4は議員の資産・所得の平均額を政党別に表したものである．

まず資産について見ると，先の与野党比較で得た結果と同様，このグラフからも，自民党議員が他の政党所属議員より相対的に豊富な資産を有していることが分かる．このように非自民党議員は，その資産額がいずれも自民党より低いレベルにあるが，中でも突出しているのが，資産額をマイナスとしている日本新党とさきがけ所属の議員である．この内さきがけは，所属議員が比較的少人数（該当議員12人）である上に，党首の武村氏が-1.5億円ものマイナス資産であることが大きく影響し，平均資産額が全政党中最低という結果になった．また日本新党は，その所属議員のほとんどが1年生議員であり，それら議員の多くがマイナス資産であったことが，日本新党をさきがけに次ぐ低い順位に追いやった．[7]

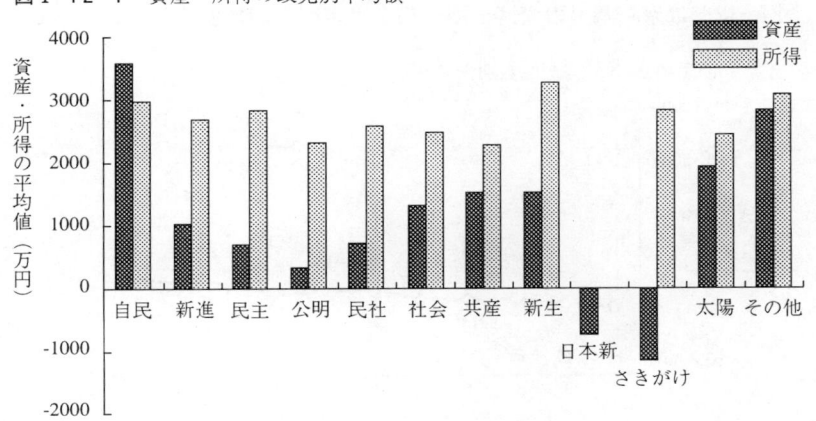

図I-12-4 資産・所得の政党別平均額

次に所得を見ると，資産の場合と同様，自民党議員が非自民党議員よりも

相対的に豊富な所得を得ていることが分かる(8)．とはいえ，この両者の格差は資産における格差ほど極端なわけでもなく，自民党の相対的優位性はわずかなものに止まっている（実際，新生党の所得は自民党のそれを上回っている）．また，相対的劣位にある非自民党議員の中でも，共産党議員の所得の低さは際だっており，その額は議員歳費をわずかに上回るにすぎない．

(3) 当選回数との関係

日本における政党（中でも特に自民党）の人事制度は，当選回数に基づく年功序列的人事（以下「当選回数別人事」と呼ぶ）を原則にしているという事実は，これまで繰り返し指摘されてきた(9)．そして，この当選回数別人事を中心に据える現在の人事制度の下では，より多くの当選を重ねた議員がより高いポスト，換言すればより大きな政治権力を獲得することが可能となる．したがって，議員の持つ政治権力がその資産・所得に関連しているとするならば，政治権力を生み出す源泉である当選回数もまた，資産・所得に関係しているはずである．このような観点に基づいて，以下，当選回数と資産・所得の関係を検討していく．

a．当選回数と資産・所得

図Ⅰ-12-5は衆院議員の資産・所得額を当選回数別に表したものである．

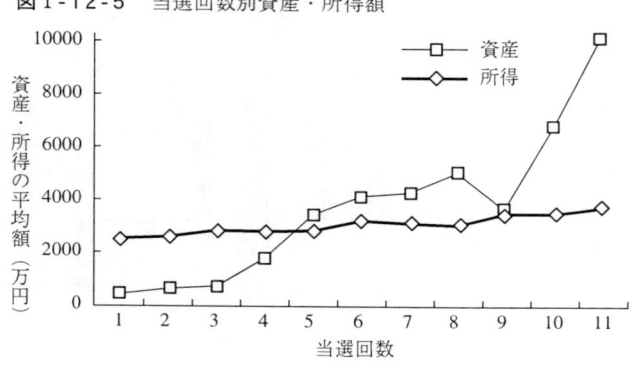

図Ⅰ-12-5　当選回数別資産・所得額

まず資産について検討すると，グラフから明らかなように，議員の当選回

数とその保有資産との間には明らかに正の相関関係が認められる．さらに注目すべきは，当選3回から5回目に至る過程で，議員の所有資産が急増している点である．当選5回目といえば，一般に入閣資格者として認められる段階であり，ここに至る前段階において議員の所有資産が急増しているという事実は，資産と政治権力との関連性を示唆するものであると言えよう．

次に所得について検討する．グラフを見ただけでは分かりにくいが，所得額は当選をより多く重ねた議員ほど大きくなっており，当選回数と所得の間に相関関係を認めることができる．しかし，グラフの勾配は資産のそれに比べて相当なだらかであり，よって所得と当選回数の相関は資産に比べると非常に弱いと言える．

(4) 世襲議員と資産
a．政治家族

ガッツマンは「公務，つまり下院議員・内閣の任命職に就いている者，外交官の伝統を有する家族」の事を指して「政治家族」と呼んだが，世襲議員とは何かを理解するにあたって，この「政治家族」というタームは非常に有効だと思われる．日本において，世襲議員は一般に「二世議員」という名称で呼ばれているが，この用語法では世襲議員に対する誤った認識を一般の人々に植え付けてしまう恐れがある．欧米と同様，日本においても，国会議員の世襲はなにも二世に限ったことでなく，三世，四世と政治家家業を連綿と継いでいる家系は少なくない．また，その継承も父子の間だけでなく，義父，兄弟，叔父(伯父)，甥など，様々な血縁関係の間で，政治家としての地盤・看板が子・孫の世代に継承されている．この様な政治家族における地盤継承は概して長い期間継続して行われており，最も長い家系ではその第一世代が明治期の第1回国会にまでさかのぼる．

政治家族における世襲候補者は先代から選挙地盤を受け継ぐことにより，選挙資源が相対的に貧弱な他の新人候補者より選挙において圧倒的に有利である．実際，多くの世襲議員が他の議員に比べてより若い年齢で初当選を果たしており，世襲議員の選挙における優位性がこの事からもうかがえる．こ

のように，世襲議員は他の議員より当選・再選が容易であり，国会（立法権）への門がより広く開かれているという意味で，権力獲得機会をより多く有していると見なすことが出来る．したがって，政治権力と資産・所得の関係を考察するにあたり，権力獲得の有効手段たる世襲と資産・所得の関係を調べることは重要であると言えよう．

b．世襲議員と非世襲議員の比較

　図Ⅰ-12-6は，世襲議員と非世襲議員の資産・所得額の推移を表したものである．

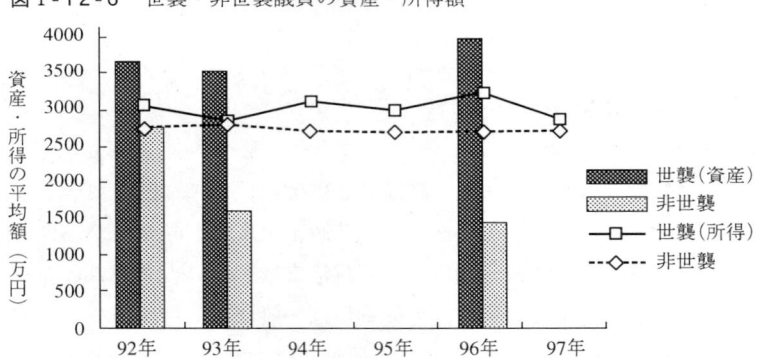

図Ⅰ-12-6　世襲・非世襲議員の資産・所得額

凡例：
- 世襲（資産）
- 非世襲
- 世襲（所得）
- 非世襲

縦軸：資産・所得の平均額（万円）、横軸：92年〜97年

　まず資産のグラフを見てみると，世襲議員は資産額で非世襲議員を一貫して上回っており，さらに93年以降に至っては，非世襲議員に2倍以上もの格差をつけているのが分かる．また，92年から93年にかけて，世襲議員が資産をほぼ維持しているのと対照的に，非世襲議員は資産を急減（ほぼ半減）させている．先の第1項（全般的特徴）において，衆院議員全体の平均資産額が92年から93年にかけて急減している点を指摘したが，その大きな要因は非世襲議員が資産を半減させたことにあったのである．

　次に所得のグラフを見ると，資産の場合と同様，世襲議員がその所得額で非世襲議員を一貫して上回っているのが分かる．しかしその格差の程度に注目すると，先の政党および当選回数における検討と同じく，その程度は資産のそれに比べてかなり小さいものとなっている．

4. 相関モデルの構築

　以上,計量分析を用いて,政治家の諸属性と資産・所得との関係を検討してきた.以上の検討を踏まえ,以下では,政治家の諸属性と資産・所得の相関関係を統計的手法によりモデル化することを試みる.

(1) 相関分析
a. 分析方法
　ここでは,資産・所得と諸属性との間の相関関係の強さを客観的に明らかにするために,両者の間の相関係数を算出してこれを検討する[16].

　政治家の諸属性と資産の間の相関係数を算出するにあたって,資産および所得を変数Yとし,諸属性を変数X_1, X_2, X_3, X_4…とした.また,この諸属性に関しては,本稿の趣旨を踏まえて,政治家の数ある諸属性の中でも特に政治権力に関わる属性だけに限定し,最終的に10の属性(変数X_1〜X_{10})を選択した.この10属性を,その変数Xがそれぞれどのような数値をとるかという説明も付けて以下に一覧する.

X_1. 当選回数：各議員の当選回数の数値をそのままとる (ex.当選6回＝6)

X_2. 与野党　：ダミー変数(与党議員＝1,野党議員＝0)

X_3. 自民　　：ダミー変数(自民党議員＝1,非自民党議員＝0)

X_4. 役職　　：下の2つの属性(「党職」と「公職」)を合わせて1つに結合させた変数である[17]

X_5. 党職　　：自民党の各役職への就任時平均当選回数をとる[18]
　　　　　　　(総裁・副総裁・党三役＝10.1,政調会の調査会長＝8.2,三役代理・本部長＝6.7,三役副職・主要委員長(国会対策・選挙対策・財務・人事)・主要局長(総務・人事・経理・調査・国際)＝5.4,政調会の部会長＝3.3,上記以外の委員長・局長＝2.9,無役職＝0)

X_6. 公職　　：国会・政府の各役職への就任時平均当選回数をとる
　　　　　　　(正副議長＝10.1,閣僚＝6.9,委員会委員長＝5.8,政務次

官＝2.5，無役職＝0）
X_7．世襲　　：ダミー変数（世襲議員＝1，非世襲議員＝0）
X_8．学歴　　：ダミー変数（大学卒＝4，短大卒＝3，高校卒＝2，中学卒＝1）
X_9．年齢　　：年齢の値をそのままとる．
X_{10}．性別　：ダミー変数（男性＝1，女性＝0）

b．相関係数検定

表Ⅰ-12-1，表Ⅰ-12-2は，先に挙げた政治家の各属性と資産・所得との間の相関係数をそれぞれ示したものである（統計的に有意な相関係数には網掛けを付している）．この各表に示された結果を，以下，資産，所得の順に検討していく．

まず資産についてであるが，表Ⅰ-12-1から見て取れるのは，「当選回数」と「年齢」の相関係数が，いずれの年も概ね0.3以上の値を示しており，よって，これら属性と資産との間に正の相関関係を認めることが出来るという点である．よって，当選回数ないし年齢が高い議員ほど，その所有する資産も多くなる傾向にあると言える．また，「自民」と「役職」も，少々弱いながら資産との間に相関関係を認めることが出来る．よって，自民党所属議員ないし地位の高い役職に就いている議員ほど，その保有資産は多くなる傾向にあると言える．さらに「党職」と「世襲」に関しても，3つの年度の平均値において弱いながら有意な結果が出ていることから，資産との相関関係を認めてよいだろう．よって，規模が大きな政党に属している議員，ないし世襲の議員であるほど，その保有資産は多くなる傾向にあると言えよう．

次に所得についてであるが，表Ⅰ-12-2の平均の欄を見ると分かるとおり，ここでの相関係数検定の結果は，先の資産についてのそれとほぼ同じ結果となっている．すなわち，ここでの結果は，所得との関連が深い属性から順に「当選回数」・「年齢」・「自民」・「役職」・「与野党」・「党職」・「世襲」となっているが，その属性の種類・序列ともに資産における結果とほぼ同一であり，ただ「与野党」が新たに加わった点が違うのみである．しかし，このように所得と関連する属性の種類・序列が，資産のそれとほぼ同じ結果になったと

はいえ，全般的な相関の強さについては両者の間に顕著な違いが見られる．すなわち全体的に見て，所得と各属性の間の相関の度合いは資産のそれに比べると概して弱く，よって政治家の諸属性は，所得以上に資産とより深く結びついていると言える．

c．小括

以上の検討から，政治家の政治権力に関わる諸属性の中でも，資産・所得と最も関連が深いのは「当選回数」であるということが分かった．確かに，「当選回数」以外にも「年齢」が比較的強い相関関係を示しているが，この「年齢」は「当選回数」に連動する属性であるので[19]，この属性はあまり重視して

表Ⅰ-12-1 資産と諸属性の間の相関係数

	92年	93年	96年	平均
当選回数	0.38	0.40	0.30	0.36
与野党	0.15	-0.20	0.17	0.04
自民	0.15	0.22	0.17	0.18
役職	0.22	0.12	0.19	0.18
党職	0.10	0.06	0.19	0.12
公職	0.14	-0.03	0.03	0.04
世襲	0.06	0.13	0.16	0.12
学歴	0.09	0.04	0.09	0.07
年齢	0.33	0.34	0.29	0.32
性別	0.06	0.01	0.01	0.03

表Ⅰ-12-2 所得と諸属性の間の相関係数

	92年	93年	94年	95年	96年	97年	平均
当選回数	0.20	0.21	0.23	0.20	0.25	0.20	0.22
与野党	0.31	-0.07	0.03	0.07	0.13	0.23	0.12
自民	0.31	0.09	0.10	0.11	0.13	0.23	0.16
役職	0.22	0.11	0.17	0.16	0.15	0.07	0.15
党職	0.00	0.17	0.17	0.17	0.07	0.10	0.11
公職	0.21	0.01	0.11	0.09	0.11	-0.01	0.08
世襲	0.11	0.03	0.14	0.11	0.18	0.12	0.11
学歴	0.10	0.08	0.05	0.02	0.01	-0.05	0.04
年齢	0.10	0.13	0.20	0.20	0.23	0.22	0.18
性別	0.09	0.06	0.04	0.04	0.01	0.05	0.05

捉えるべきでないと考える．この2属性に次いで資産・所得と深い相関関係にあるのが「自民」と「役職」である．またこれらの属性以外で，資産・所得との相関関係が認められる属性として「党職」と「世襲」を挙げることが出来る．

　以上の分析結果を総合すると，資産・所得をより多く有する議員の像が自ずと浮かび上がってくることになる．すなわちその政治家とは，「自民」党に所属し，「当選回数」を多く重ねており，その結果，「年齢」が増し，より高い「役職」に就いているような議員である．このように見てきたとき，我々は1つの興味深い関連性に気付くことになる．それは，資産・所得と当選回数別人事制度との関係である．

d．シニオリティ・ルール

　当選回数別人事制度（シニオリティ・ルール）に関しては，先の第3項において多少触れた程度であったので，この項において少し検討を加えておくことにする．

　この問題に関しては，すでに佐藤誠三郎・松崎哲久，川人貞史らがそれぞれ詳細な分析を加えている[20]．以下で行う検討は，彼らがそこで展開させた議論に基づくものである．

　当選回数別人事制度は，自民党政権が長期化するに伴って次第に制度化されていった自民党における人事慣行のことを指す．この人事制度の下では，様々な役職への就任が専ら当選回数のみを基準として行われ，自民党所属の議員は，当選を重ねるにつれ，自己の当選回数に見合った公職・党職を歴任しながら初入閣まで至るようになった．この役職の歴任の仕方（キャリア・パス）には明確なパターンが存在し，このパターンに従って自民党議員は当選年次毎に格付けされた役職に順次就任していく．そのキャリア・パスの典型的なパターンを示すと以下のようになる．

　まず，当選1回目はいわば見習い期間であるがゆえに無役職であり，当選2回で国会の各委員会の理事，政務次官，自民党政務調査会の副部会長，当選3回で同部会長に就任する．その後，当選4回目になると，中堅議員として自民党副幹事長，幹事長直属の局長など党務執行の実質的責任を分掌する

役職に起用され，当選5回でようやく入閣資格が生じる．そういっても，当選5回で入閣にあずかれる幸運な者はごく少数であり，ほとんどの議員はこの時期に国会の各委員会委員長を経験し，当選6回でようやく念願の初入閣を果たす．

以上が当選回数別人事制度下におけるキャリア・パスの典型的なパターンであるが，この人事慣行は議員が初入閣に至った時点で適用されなくなってしまう．入閣経験者が就くに足るだけの格の高い役職はその数が限られており，公職では内閣の閣僚，国会の正副議長，一部の委員会委員長（予算・議院運営）だけであり，党職では党政調会の調査会長，三役，正副総裁など，いずれも定員が若干数しかない役職ばかりである．しかも，初入閣の時点でシニオリティ・ルールの適用が終了しているため，その後いくら当選を重ねようと，これらの役職に就ける保証などない．自民党議員が初入閣後にたどる道は大きく分けて2つであり，1つは閣僚，党三役など主要な役職を歴任して有力議員となるケースであり，もう1つが，それまでのキャリア・パスをいかし，党政調会の調査会長を留任し続けるなどして，いわゆる族議員（のボス）となるケースである．

e．仮説モデルの構築

以上，自民党における当選回数別人事制度についてみてきたが，これによって，自民党では初入閣に至るまでのキャリア・パスを見事なまでに制度化したシニオリティ・ルールが確立しており，よって当選回数と役職就任との間には極めて密接な関係があることがあらためて確認された．ここで先行研究を振り返ったのも，自民党における当選回数と役職の関連性を明らかにすることによって，先の相関係数検定の最後で想起された仮説を検証することが目的であった．ここでもう一度確認しておくと，先の相関係数検定で得られた結果は，資産・所得と相関関係にある属性として6つの属性（「当選回数」・「年齢」・「自民」・「役職」・「党職」・「世襲」）が認められる，というものであった．そして，これら6つの属性のうち「世襲」以外の実に5つの属性が，自民党の当選回数別人事制度に関連しており，さらにそれら全てを一体化させると，ある1つの体系を想定することが可能となる．その想定とは，

すなわち以下のようなものである．

まず，「当選回数」は単独でも資産・所得との相関が強い属性であるが，「年齢」と「議員年数」をほとんど従属させるほどの強い影響を与え，また同時に「自民」党における「役職」と非常に密接な関係にあり，したがって「当選回数」はそれ単独の影響だけでなく，「役職」と「年齢」を経由した影響をも資産・所得に与えているのではないか．また，「当選回数」・「役職」・「自民」の3属性を結合させると，当選回数別人事制度の体系が形成されることになるが，この体系がいわば一体となって資産に対する影響を与えているのではないか（以上をモデル化すれば，図Ⅰ-12-7のようになるであろう）．

もっとも，ここで立てたモデルはあくまで仮説に過ぎず，その妥当性も現段階では，はなはだ疑わしいと言わざるを得ない．よって，このモデルをより多くの客観的なデータで裏付けするために，以下さらに詳しい分析を加えていくことにする．

f. 諸属性間の相関係数検定

以上，相関係数検定および自民党におけるシニオリティ・ルールの検討結果から，諸属性と資産・所得との関係をおおまかな形でモデル化した．しかし，この仮説モデルは当選回数とシニオリティ・ルールとの関係，および諸属性と資産・所得との関係は明らかにしているものの，その他の属性相互の関係については何ら考慮されていない．よってここで，諸属性間の相関係数を算出することによって，モデルを構成する諸属性相互の関係を明らかにする．

図Ⅰ-12-8，図Ⅰ-12-9は，仮説モデルにおける5つの属性について，それぞれの属性相互の間の相関係数を示したものである（図中の数値は相関係数を示しており，すべての数値が統計的に有意である）．これらの図を見て気がつくのは，モデル中の5つの属性は資産・所得との間だけでなく，他の属性との間でも相互に関連し合っており，しかもその相関の度合いが比較的強いということである．また，仮説モデルでは他の属性と無関係な形で存在しているとみなされていた「世襲」も，実は他の属性との関連性の中にあることが判明した．

政治家の資産と所得

図 I-12-7　資産・所得と諸属性の相関関係モデル（仮説）

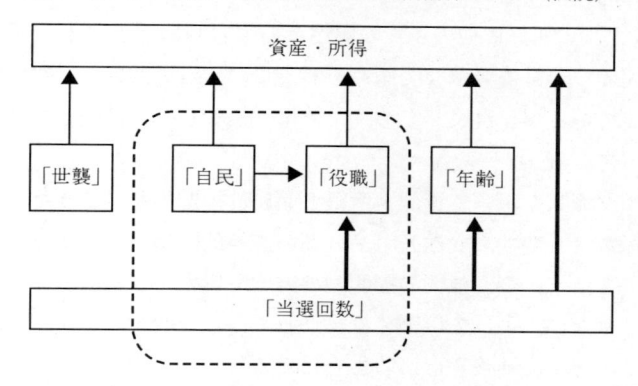

図 I-12-8　資産と諸属性の相関モデル 1

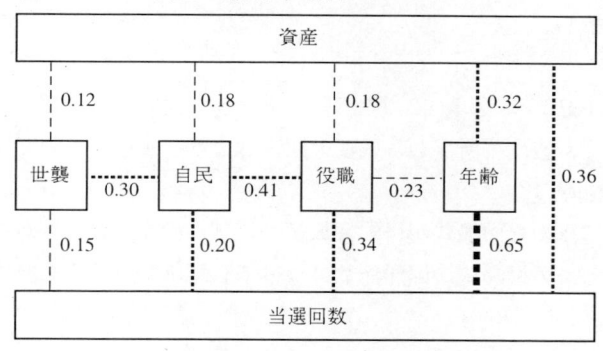

資産と世襲の相関係数: 0.12
資産と自民の相関係数: 0.18
資産と役職の相関係数: 0.18
資産と年齢の相関係数: 0.32
資産と当選回数の相関係数: 0.36

世襲と自民: 0.30
自民と役職: 0.41
役職と年齢: 0.23

世襲と当選回数: 0.15
自民と当選回数: 0.20
役職と当選回数: 0.34
年齢と当選回数: 0.65

図 I-12-9　所得と諸属性の相関モデル 1

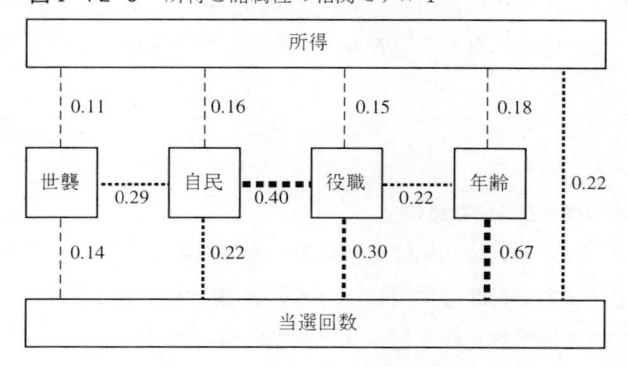

所得と世襲: 0.11
所得と自民: 0.16
所得と役職: 0.15
所得と年齢: 0.18
所得と当選回数: 0.22

世襲と自民: 0.29
自民と役職: 0.40
役職と年齢: 0.22

世襲と当選回数: 0.14
自民と当選回数: 0.22
役職と当選回数: 0.30
年齢と当選回数: 0.67

この相互関係の体系の中で，特に大きな存在となっている属性が「当選回数」であり，この属性は他の多くの属性との間で（特に「資産」・「年齢」・「役職」との間で）非常に緊密な関係にある．この「当選回数」に次いで大きな存在となっているが「自民」であり，特に「役職」と「世襲」との間で相関が強くなっている．

以上，相関係数を用いて資産・所得と諸属性の関係を見てきた．しかし，この相関係数は2変数（変数X・Y）間の直線的関係（比例関係）の強さを表すものであって，2変数間の影響力の方向や影響力の程度といったものを表すものではない．よって以下では，これらの点を明らかにすべく，回帰分析を用いてモデルの補強をはかることにする．

(2) 回帰分析

a. 分析方法

まず，図I-12-8，図I-12-9で示したモデルを構成する各要素それぞれの間（すなわち，資産・所得と各属性の間，および各属性相互の間）の回帰式をそれぞれ求める．[23]

次に，上で求めた回帰式が目的変数Yの予測に役立つのか否かを判定するため，それぞれの回帰式の回帰係数について有意確率（p値）を算出し，これを検討する．

最後に，先で求めた回帰式中の回帰係数を用いて，各要素間で作用し合っている影響力の大きさを算出し，これを相互に比較する．この回帰係数比較によって，他の要素に対する影響力をより多く有している要素が明らかになる．

以下，上で示した手順に従って分析を進め，最終的にモデルの完成をはかることにする．

b. 各要素間の標準回帰係数比較[24]

ここでは，各要素間の回帰式を求めその有意確率を検討した上で，この回帰係数を用いて各要素間で作用している影響力の大きさを明らかにする．以降では，この回帰係数を標準化させた標準回帰係数を用いて，各属性が保持

している影響力の強さを相互に比較する．

　図Ⅰ-12-10，図Ⅰ-12-11は，モデル中の各要素間の標準回帰係数（資産は92，93，96年度の平均値，所得は92〜97年度の平均値）を示したものである（図中，矢印の数値が標準回帰係数であり，全ての数値が統計的に有意である）[25]．以下これらの図を用いて，モデルに示された各要素間の影響力の大きさを，資産，所得の順に検討していく．

　まず資産について，各属性が資産に与えている直接的影響を見る．図Ⅰ-12-10で示したモデルの5つの属性のうち，資産に最も大きな影響を与えているのは「当選回数」（標準回帰係数0.45）であり，次が「年齢」（0.40）である．

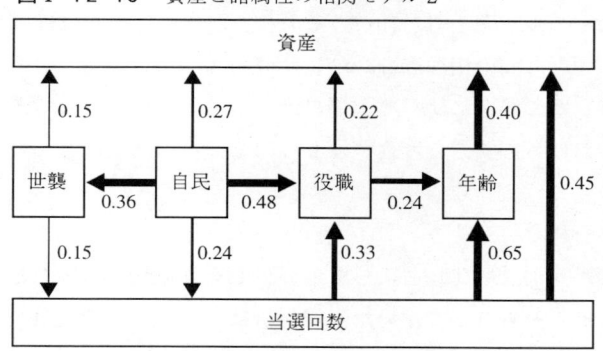

図Ⅰ-12-10　資産と諸属性の相関モデル2

図Ⅰ-12-11　所得と諸属性の相関モデル2

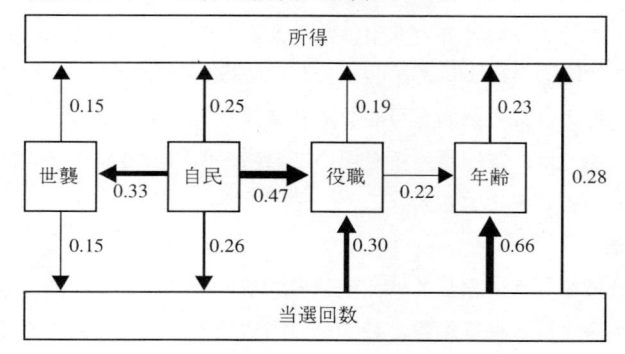

これに続いて,「自民」(0.27)と「役職」(0.22)が同程度の影響を与えている. そして,影響力の最も小さいのが「世襲」(0.15)である. 次に,各属性相互の間の影響力を比較する. 5つの属性の中で,他の属性に最も大きな影響を与えているのは「当選回数」であり,中でも「年齢」に対する影響度(0.65)が最大で,次いで「役職」に対する影響度(0.33)が大きい. この「当選回数」に次いで大きな影響力を持っているのが「自民」であり,「役職」(0.48),「世襲」(0.36)に比較的大きな影響を与えている. また,「年齢」と「役職」は,他の属性を説明する説明変数というよりもむしろ,他の属性から説明される目的変数としての性格が強くなっている. そして最後に,他の属性に対する影響力の最も低いのが「世襲」である.

次に,所得を検討する. 図Ⅰ-12-11を見て分かるように,所得のモデルは先の資産のモデル(図Ⅰ-12-10)とその相互関係の体系がほぼ同じ構造になっている. 両者の間の相違点は,「当選回数」および「年齢」の所得に対する影響力が,資産の場合に比べて大幅に低下したという点のみであり,この他の要素間における影響力の度合いは2つのモデルの間でほとんど違いがない.

(3) 重回帰分析

以上,標準回帰係数比較によって各要素間それぞれの影響力の度合いを見てきたが,そもそもここで用いた回帰分析は,ある1つの変数Yに対し,ただ1つの変数Xとの関係を明らかにするのみである. しかし総じて,ある1つの結果は複数の要因が絡み合って生起するものであり,ある1つの要因のみによって生起するなどという事はむしろまれである. ゆえに,ある結果をある1つの要因のみによって説明するだけでは充分でなく,結果を招来するものとして考えられる要因を可能な限り動員して説明することが望ましい. よってこの項では,重回帰分析[26]を用いて資産・所得と各属性との関係をより詳しく見ていくことにする.

a. 分析方法

重回帰分析を行うに際しては,重回帰関数の持つ性質上,他の独立変数と相関関係が深すぎる独立変数,および目的変数との関連が薄すぎる独立変数

を極力取り除くようにしなければならない．よって以降では，資産・所得と関連が深い5つの属性のうち，「当選回数」との相関が強すぎる「年齢」を除外した残り4つの属性（「当選回数」・「役職」・「自民」・「世襲」）を説明変数（$X_1 \cdot X_2 \cdot X_3 \cdot X_4$）に設定して，これと資産・所得（目的変数Yに設定）との関係を調べていくことにする．なお，各属性相互の間の関係については，これを重回帰分析にかける必要性が低いことから，ここでの分析では扱わないことにする．

b．各属性間の標準偏回帰係数比較

以降では，まず各属性と資産・所得の間の重回帰式を求め，式中の偏回帰係数の有意確率を検討する．その上で，各属性の標準偏回帰係数を算出し，これによって各属性の資産・所得に対する影響力の度合いを明らかにしていく．

図Ⅰ-12-12，図Ⅰ-12-13は，モデル中の各要素間の標準偏回帰係数を示したものである（矢印の数値が標準偏回帰係数である）．以下，これらの図に示された結果を，資産，所得の順に検討していく．

まず資産についてであるが，図Ⅰ-12-12を見て明らかなように，「当選回数」の資産に対する影響力は他の属性に比べて圧倒的に強く，その他3つの属性の影響力は「当選回数」に比べて極めて弱くなっている（「当選回数」の標準偏回帰係数のみが統計的に有意である）．

次に所得についてであるが，所得のモデルは資産のそれに比べて，「当選回数」および「役職」の所得に対する影響力が大きく低下する一方で，「自民」と「世襲」の所得への影響力が増大している．しかし，以上のような変化が見られるとはいえ，4つの属性のうち所得に対する最大の影響力を保持している属性は「当選回数」であるという構造に何ら変化はなく，資産と所得の2モデルは基本的に同じ構造であると見なすことが出来る（資産のモデルと同様，「当選回数」の標準偏回帰係数のみが統計的に有意である）．

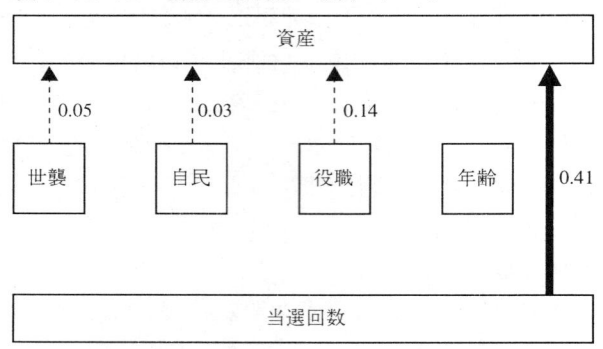

図 I-12-12　資産と諸属性の相関モデル 3

```
            資産
    ↑     ↑     ↑           ↑
  0.05  0.03  0.14         0.41
  世襲   自民   役職   年齢
            当選回数
```

図 I-12-13　所得と諸属性の相関モデル 3

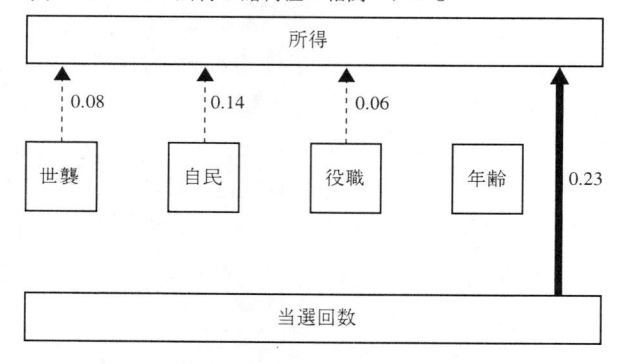

```
            所得
    ↑     ↑     ↑           ↑
  0.08  0.14  0.06         0.23
  世襲   自民   役職   年齢
            当選回数
```

(4) 小括

これまで行ってきた統計分析（相関・単回帰・重回帰）を全て総合すると，政治家の諸属性と資産，所得との関係について以下のような結論を導き出すことが可能であろう．

a．資産

資産と諸属性の相互関係の体系において，他の諸要素と最も深い関連性を持ち，かつ最も大きな影響を与えているのは「当選回数」であり，相互関係の体系を全体的に規定している基盤的要素であるといえる．この「当選回数」は，資産に対する直接的影響力が諸属性の中で最大であるばかりか，「年齢」

（および「役職」）を経由した間接的影響力をも同時に資産に対して与えているように見える。ゆえに、「年齢」は「当選回数」に次いで資産への影響が強い属性であるが、この影響力も単に見かけだけの影響力ではないかという疑念が生じてくることになる。すなわち「年齢」は、自分自身単独で資産に影響を与えているというよりむしろ、「当選回数」の資産に対する影響を媒介しているに過ぎないのではないかと推測されるのである。そして「役職」についても、これと同じ事がかなりの程度あてはまるのではないかと考えられる。

また「自民」は、「役職」と「世襲」に対して比較的強い影響力を有し、これらをある程度規定しているが、資産に対する直接的影響力はそれほど大きいわけでもない。とはいえ、「自民」の資産への影響力は「年齢」に次ぐものであるし、また他の属性に対する影響力も相当強いことから、これを「当選回数」に次ぐ基礎的要素であると捉えることも出来る。

最後に、「世襲」はその保持している影響力が全属性中最低であり、資産に対する影響力も、その他の属性に対する影響力も微々たるものに止まっている。よって「世襲」は、資産形成に関わる諸要素の相互関係の中で、最も疎外された属性であるとみなすことが出来るだろう。

以上の結果を総合した時、自ずと浮かび上がってくるのは、資産とシニオリティ・ルールの関連性である。モデル中5つの属性のうち、「世襲」は相互関係の体系の中で最も孤立した属性であり、「年齢」は「当選回数」の強い影響下にある属性である。よって、資産との関連で重要な属性として捉えられるべきは、残る3つの属性（「当選回数」・「役職」・「自民」）ということになる。そして、これら3属性を結合させると、シニオリティ・ルールの体系が形成されるのであり、この体系が一体として資産形成に影響を与えていると捉えることが可能となる。すなわち、各議員の「当選回数」が増加すると、「自民」党の「役職」序列におけるステータスが上昇し、それに伴って資産も増大する、という構図が成立するのである。

b. 所得

所得と各属性との間の相互関係の体系は、資産のそれと基本的に同じ構造である。「当選回数」および「年齢」の所得に対する影響力が、資産の場合と

比べて大きく低下している点が両者の間の目立った相違点であるが，それ以外の部分は双方の間で大きな違いは見られない．そして，資産の場合と比べてその影響力が低下しているとはいえ，「当選回数」が諸属性の中で最も大きな影響力を保持していることに変わりはない．また，この「当選回数」が相互関係の体系を全般的に規定する基礎的要素であり，直接的影響に加えて「年齢」・「役職」を介した間接的影響をも所得に与えているという基本的な構造も，資産のそれと同じである．さらに，「当選回数」・「自民」・「役職」の3属性によるシニオリティ・ルールの体系が，一体となって所得に影響を与えているという構図も変わっていない．

ただ，「当選回数」の「年齢」に対する影響力が不変であるにも関わらず，「年齢」の所得に対する影響力が低下していることから，「年齢」は単に「当選回数」の影響を所得に橋渡しするだけの媒介項ではなく，それ自身，所得に対する独自の影響力をある程度有していることが推測される[28]．

政治権力と資産・所得との関係に関し，これまで行ってきた一連の分析によって以上のような結論が導き出されたが，これは最初に立てた仮説をほぼ裏付けるものになったと考えてよいだろう．

5．結語

(1) シニオリティ・ルール──メリット・システムの代替手段

人の能力を測る客観的な基準など果たして存在するのだろうか．

ふつう素朴に考察してみれば，政治権力を生み出す最大の源泉となるものは個々人が就いている役職（ないし地位）であり，この役職を獲得するために一番必要とされるものは個々人の能力であると考えられよう．しかし，この人の能力なるものは，それに対する評価が人々の主観によって大きく左右されるものである以上，これを客観的に測る評価基準を作ることは至難の業である．よって大抵の場合はこれに代わる基準，それも数値化可能で，かつ一見して明白な基準が代用されることになる．これが一般に勤続年数と呼ばれているものであり，あらゆる時代・地域において，この客観的で明白な基準が組織におけるポスト配分の基準となってきたと言っても，それほど間違

いではないだろう．現代社会において，大抵の組織（特に会社組織）は勤続年数に応じた役職配分を行っており，中でも組織の存続が長期におよび，ゆえに組織のヒエラルキー構造が高度に整備された組織（一般には大企業）ほど，この役職分配方式が制度化されていくことになる．このような組織の最も典型をなしているのが官僚組織であり，一般にそこでは，同期の者はあるレベルのポストに至るまで全員横並びで一律に昇進していくという，入省年次に基づく同期横並び人事（同一年次同時昇進）が行われている[29]．自民党におけるシニオリティ・ルールは，まさにこのような役職分配方式が制度化されたものであり，そこでは勤続年数に類似する基準，すなわち当選回数が役職配分の最も根幹的な基準となっている[30]．すなわち，シニオリティ・ルールとは，その存立が長期およびヒエラルキー化が進んだ組織一般にみられる人事制度なのであり，何も自民党が特異な制度を採用しているというわけではない．このように，シニオリティ・ルールが普遍的な性格を有している以上，自民党における現行人事制度も，今後長期にわたって存続し続けることが考えられる．

(2) **制度としてのシニオリティ・ルール**

最初にも述べたが，本稿は政治家の政治権力と資産・所得の関係を明らかにすることを意図して書かれたものである．そしてその分析は，次のような素朴な考察，すなわち「政治権力とは個々の議員が就く役職・地位から自ずと発生するものであり，よって政治権力と資産・所得の関係とはすなわち，役職と資産・所得の関係と同義である」という考えのもとで進められた．しかし，一連の分析の結果，最重要な要素として浮かび上がってきたのは，当初考えられていた役職ではなく当選回数であった（というよりも，役職と当選回数の密接な関連性，ないしその制度としてのシニオリティ・ルールであった，という方がより適切であろう）．すなわち，政治家（ないしその諸属性）を規律しているのは，当選回数なり役職なりの個別の属性であるというよりむしろ，この両者が一体となって成立しているシニオリティ・ルールという制度である，と捉えるべきなのであって，政治家の資産・所得も，基本的には

この制度の下で規律化されていると言える．

(3) 制度への合理的対応の結果としての増加する資産・所得

「人間とは，ある社会制度の下で自己の効用を最大化するために合理的選択を行う主体である．」

　これは，社会科学系の学問においてしばしば所与の前提として用いられる人間の定義であるが，この前提は本稿における研究対象，すなわち政治権力と資産・所得の関係についてもそのまま妥当するように思われる．政党（特に自民党）という組織において，その善悪はともかくシニオリティ・ルールという制度が厳然と存在する以上，その組織の中にいる人間はこの制度を常に念頭に置きながら，それに応じた合理的選択を行っていく他ない．例えば議員の世襲化なり派閥化なりがしばしば問題にされるが，これは単に制度に対する合理的手段を用いた結果としてそうなっているに過ぎず，それを改めたいというのであれば，むしろ制度の方を変革すべきなのである．

　政治権力と資産・所得の関係も，この議論の延長線上にあると考えられる．本稿で行ってきた様々な分析の結果，政治権力と資産・所得とは互いに相関関係にあるという事実はほぼ証明されたと言ってよいと思われるが，この両者の関係も，シニオリティ・ルールという制度の存在を前提にした上で成立していることを忘れてはならない．すなわち，単に政治権力の増大が資産・所得の増大をもたらすと捉えるよりもむしろ，シニオリティ・ルールという制度に対する各議員の合理的選択の結果として資産・所得が増大していくと捉えるべきなのである．平たく言うと，シニオリティ・ルールに適合的な行動をとる議員ほど，より早く出世して高い地位を獲得し，その結果，より多くの資産・所得を手に入れられるようになるということである．そして，このシニオリティ・ルールが普遍性を持ち，よって今後容易に改変されないことが予想される以上，現在の政治権力と資産・所得の関係もまた，基本的には今の構造のまま大きな変動もなく存続し続けるものと思われる．

（1） その一例として，岩井奉信『「政治資金」の研究』，日本経済新聞社，1990年．毎日新聞政治部編『政治家とカネ』，毎日新聞社，1990年．佐々木毅・吉田慎一・谷口将紀・山本修嗣編著『代議士とカネ』，朝日新聞社，1999年．
（2） 通称，「資産公開法」．この法律の制定によって，すべての国会議員にその所得と資産の公開が義務づけられることとなった．これによって，政治家による不正蓄財行為の防止が期待されているが，家族名義資産や株式譲渡益などの報告義務がないことから，必ずしもその公開がガラス張りになっておらず，加えて虚偽報告への罰則もないことから，その実効性はかなり疑わしいものがある．
（3） 資産が92，93，96年の3年分の平均値で，所得が92，93，94，95，96，97年の7年分の平均値である．以降，「資産・所得の平均額」という表記は，すべてこの意味で用いることにする．
（4） 所得公開の対象となるのは税法上の給与所得であるため，本来の額面上の額より1割ほど低い額で歳費が報告されている．
（5） 本稿の分析における与野党議員の区分は，資産および所得の公開対象年度において各議員が与党議員であったか否かを基準として行っている．
（6） これを裏付けるものとして，自民党単独政権時代である92，96，97年に与野党間格差が拡大し，それ以外の野党ないし連立政権時代にその格差が縮小している事実を挙げることが出来る．
（7） もっとも，日本新党の党首である細川氏は，その資産額が全衆院議員中最低（約-8億円）であり，もしこれを加えていれば，間違いなく日本新党が最下位になっていた．しかし，細川氏はその資産額が-3億円以下であるために，そもそも今回の分析対象からは外されている．
（8） ただ，さきがけやその他（無所属と小政党）に属する議員は少人数であるため，平均値をとると統計上その値が極端な数値になりやすい．また，「資産公開法」は所得公開の対象者を〝昨年1年間議員であった者〟と定めているため，総選挙が行われた年は初当選議員がすべて公開対象者から除かれてしまう．日本新党の所得データが存在しないのは，このような事情からである．
（9） その一例として，佐藤誠三郎・松崎哲久，『自民党政権』，中央公論社，1986年，39-42頁．北岡伸一『自民党』，読売新聞社，1995年，135-136頁．
（10） 佐藤・松崎，前掲書，39-44頁．
（11） たとえば，当選1回議員の平均所得額が2516万円であるのに比べて，当選8回議員のそれは3225万円であり，約1.3倍に増加している．
（12） W. L. Guttsman "The Changing Social Structure of the British

Political Elite, 1886-1935", *The British Journal of Sociology*, II, 1951, p. 132.
(13) 本稿ではこの趣旨に基づいて，世襲議員の意味を広くとり，「国会議員の地盤をその親族から継承して出馬し，当選した職業政治家」と定義している．
(14) 市川太一『「世襲」代議士の研究』，日本経済新聞社，1990年，9-10頁．また，第一世代の初当選，すなわち政治家族における世襲の開始は，戦後間もない第22〜25回の4回の選挙に集中しており，全政治家族の約3割がこの時期から国会議員の世襲を始めている．
(15) 同，13-14頁．世襲候補者と他の新人候補者との間の初当選平均年齢の格差は，例えば第36回選挙で約4歳，第39回選挙で約7歳開いている．
(16) 変数X，Y間の相関を統計的に有意とするためには，一般に相関係数の絶対値が±0.2以上でなければならないが，今回の場合，標本数が約490と非常に多いため，絶対値が±0.09以上あれば足りることになる．
(17) 党職と公職を兼任している議員については，より当選回数の高い役職を優先させた．
(18) 1990年2月から1998年7月までの約8年の間になされた12回の組閣のうち，自民党の野党時代になされた組閣（細川内閣（93年8月）と羽田内閣（94年6月））を除いた10回の組閣について，各議員がそれぞれの役職に就任した時の当選回数の平均値である．
(19) 「当選回数」が増していけば，それに伴って「年齢」も自動的に増加する．だが逆に，「年齢」が上がったからといって，それに伴って「当選回数」が増加するわけではない．
(20) その一例として，佐藤・松崎，前掲書．野中尚人『自民党政権下の政治エリート』，東京大学出版会，1995年．河野勝，「自民党—組織理論からの検討」『レヴァイアサン』第9号，木鐸社，1991年．石川真澄，『データ戦後政治史』，岩波新書，1984年．川人貞史，「シニオリティ・ルールと派閥」『レヴァイアサン』第19号，木鐸社，1996年．
(21) 例えば入閣経験者の再入閣率は4割強とかなり低い．佐藤・松崎，前掲書，48頁．
(22) 佐藤・松崎は有力議員の要件を，"閣僚，党三役，正副総裁を2期以上務めた者"としている．同，50-51頁．
(23) 回帰式（$Y = aX + b$）の回帰係数aと定数bは，最小2乗法によって導き出され，これをa，bに代入することで各回帰式が求められる．
(24) 回帰係数の相互比較を行うような場合においては，単位の相違に左右されないようにするため，各変数を平均＝0，分散＝1になるように標準化した上で算出された回帰係数を使用しなければならない．

(25) モデルにおける影響力の方向（矢印の方向）は，以下の方法によって設定した．
 1．各変数間それぞれについて，標準回帰係数をその影響力の方向に応じて2つ算出する．
   （例えば，「年齢」と「役職」の間の場合，「年齢」の「役職」に対する標準回帰係数と，「役職」の「年齢」に対する標準回帰変数とを算出する．）
 2．この2つの標準回帰係数を比較し，標準回帰係数の値が大きい方の方向を採用する．
(26) ある1つの変数Yに対し，複数の変数Xとの関係を明らかにすることが出来る．
(27) 重回帰分析は独立変数Xを複数用いることによって，予測値（目的変数）Yの標準誤差を単回帰分析のそれよりも小さくすることが出来るという利点を持つが，その一方で，これら複数の独立変数のいくつかの変数の間に強い相関関係が存在する場合，XとYの相関関係が歪められてしまうという欠点も持っている．また，いたずらに多くの独立変数を含んでいる重回帰関数が，少数だが意味のある独立変数を含んでいる重回帰関数より有効であるという場合は，それほど多くない．
(28) この点は，「役職」の場合についてもある程度当てはまると考えられる．常識的に考えても，ある属性が他のある属性の完全な従属下に置かれるなどという事は，ほとんど起こり得ない．
(29) 稲継裕昭『日本の官僚人事システム』，東洋経済新報社，1996年，31-36頁
  具体的に，キャリアは課長クラスまで，ノン・キャリアは係長クラスまで，この同一年次同時昇進が適用される．また他の主要先進国についても，それぞれの人事制度は異なっているものの，程度の差はあれ日本と同じような同一年次同時昇進が行われていると言える．
(30) もっとも役職配分の基準としては，その中心となる当選回数の他に，これをいわば補完するものとして，派閥がその機能を果たしている．これらの基準のうち，当選回数を役職配分基準の縦軸とするならば，派閥はその横軸ということになろう．また当選回数は，単に勤続年数に類似しているだけの概念ではなく，「国民の審判を何度受けたか」という代議士にとって極めて重要な概念をも含んでいる．

第2部
証言篇

1998年12月3日　東京大学法学部研究室203号室にて

戦後政治と私

竹下　登

1998年12月3日
東京大学法学部研究室
203号室にて

蒲島：大変お忙しいところありがとうございます．竹下元総理のお話は，以前に日本選挙学会でお聞きしたことがありますけれども，明快で，感銘を受けた覚えがあります．今日は皆さんも戦後日本政治について様々なご示唆をいただけると思います．竹下元総理に関するご紹介は吉田先生の方にお願いします．

吉田：おはようございます．竹下さん，どうもありがとうございます．

竹下：いえいえ．

吉田：若い人が多いものですから，ちょっと簡単に，竹下登元総理の経歴をご紹介します．竹下元総理が国会議員になったのが，ちょうど40年前ですね，当選14回で，40周年のパーティーを今年の秋にやったばかりで，40年間総理大臣を，あ…(一同爆笑)．それで，国会議員になられてからは，佐藤栄作元総理に非常に可愛がられて，佐藤内閣の官房長官をしたり，田中内閣の官房長官をしたり，建設大臣，それから大平さんのときに大蔵大臣，それから中曽根さんのときもですね，大蔵大臣を4期ほど続けてやられています．

　竹下元総理は早稲田大学出身で，ここは母校ではありませんけれども，ここを母校とする官僚を多分一番使った政治家ではないかと思います．だから母校ではないけれども，部下の母校であるということで，非常にゆかりの深い方ではないかと思います．

87年から89年まで，皆さんご承知のとおり，総理大臣をおやりになりまして，その時の多分一番大きい成果は大蔵省が10年間考えて出来なかった消費税導入，まあ税制構造の転換というのですけれども，なしとげられたという大きな仕事も残されました．それでその後，92年頃から竹下さんの下にいらした有力な，まあヤング・ジェネレーションが，政界を激動させ始めて，そういう意味でいうと，政界激動のエネルギーをも養った政界のリーダーでもあるわけです．

　今日ここに集まっている学生は，基本的には大学院生と学部の学生ですが，大学院生の方は現代政治の基本文献を読んでおりますし，学部生の方は，政治家像を調査しておりまして，政治家の当選回数や昇進の道筋など，基礎データを集めて，本にしようと頑張っています．去年のゼミの学生もおり，最近『「新党」全記録』という本を出したのですが，日本新党はじめ，竹下さんの関係者が作られた党も多いのですが（一同笑），その歴史と綱領とか発言とかそういうのをすべてまとめた資料です．こういう本を作ろうというゼミでもあるわけで，今回のわれわれのゼミに極めて有益な話が聞けるのではないかを思っております．

　それで今日は「戦後政治と私」と題して，あとはもう竹下元総理にお任せすることにしますけれども，戦後の日本政治がどういうふうに推移して，自民党の長期支配がどううまく続いたのかということなどに触れてお話いただければ，ありがたいなと思っています．それではお願いします．

竹下：竹下登でございます．40年というのは国会議員を40年．総理大臣はいわゆる575日間でございます．5・7・5は俳句の語数になりますので，私の後が宇野さんという俳句の先生がなったわけでございます（一同笑）．そしたら575も及ばないで69日で終わったと，まあこういうことでございます．

　さてはて，今日はどういう話をすればいいのかと，あまりアカデミックな話も出来ないが，と考えておりましたが，まあ平素若い代議士諸君，確かに私のところは，竹下学校とか，竹下ゼミとか，まあ勝手なことをいっておりますが，よく集まります．どうも集まった諸君は私の話を聞きながら，今度選挙区に帰ったときに物知り顔して言える話のネタを仕入れにきているんだ

なあと．だから最終的に感想を聞きますと，ためになりましたというのはおりません．面白かったというのはたくさんおります．それよりも偏差値がはるかに高い皆さん方を相手にするわけでございますから，皆さん方で適当に消化していただければ，結構だと思います．

さて，私は総理大臣は575日でございますが，大蔵大臣は1585日くらいやっております．これは記録保持者でございます．先般，皆さん方の先輩である加藤紘一君に冗談で「オイ，お前さん，俺の記録を破ってみろ」と言いましたら，こう指折り計算しておりましたが，「それが済むまでは，もう一つ上にはなれません」というから（一同爆笑），俺が「そうだ」と言いましたら，「じゃあ当分自己満足も含めて記録は持っておいてください」とか冗談も言ったりしておったわけでございます．

それで，整理整頓をしてみますと，私は1924年生まれ，まあ大正13年でございます．この大正13年というのは，後に触れることにいたします．戦後政治と言うものを自分の体験の中でやや総括してみますと，昭和20年，1945年に戦争が終わって，それから10年間はですね，これはまさに戦後そのものであったと思います．だからちょうど経済企画庁の経済白書で，昭和31年に「もはや戦後ではない」という言葉が使われておりますから，まあ45年から55年までは，まさに戦後そのものであったな．それでもうだんだんと忘れがちになっておりますが，いわゆる「ガリオア」，「エロア」というものがありました．

私は，「ガリオア」というのはガバメント・アプロプリエーション・フォア・リリーフ・イン・オキュパイド・エリア，占領地救済のための資金という訳をしておりましたが，正確には，ガバメント・アンド・リリーフ，だから占領地統治と救済のための資金，ということでございます．それから「エロア」というのはエコノミック・リハビリテーション．これもフォア・オキュパイド・エリアということで，占領地の経済復興のファンド．これはマッカーサー司令部がいわゆるお金でくれたわけではないんですね．物でくれたのです．だから大きくは鉄鋼石とか，あるいは石油，そして小さくは粉ミルク，そういう物を日本政府にくれたわけです．それをその時の吉田茂総理，これは1678

日総理大臣をやった人でございますが，まあ偉かったなあと思います．あるいは占領政策でそうであったかもしれませんが，ただで配らなかったのです．応分の対価でこれを国民に売ったわけです．そのお金が見返り資金会計と申しまして，政府の歳入の方へ入るわけです．今でいうとこれは変化して，産業投資特別会計というところになるわけですが，その見返り資金会計で見ますと，昭和22年予算，1947年度の国家予算が2050億円です．それで見返り資金会計に入ったお金が1030億円なんですよ．だから半分以上ですね．そうすると今でいうと40兆円くらいもらったことになる．ちょっと比較になりませんけれども，それぐらいのものであった．そこで私は，ガリオア，エロアというのが，日本を飢えと貧困から救ってくれた，まあ占領政策の中において大きな位置付けとして考えるべきものではなかろうかなあと思っております．だからまだ10年くらい前は，昔のガリオア，エロアで日本は…というような話をする人がアメリカにもおりましたけれども，今はだいたいそんなのを知っている人がおりませんから．ただガリオアの中で留学生も出ています．だからフルブライトの留学生の前はガリオア留学生という時代があるわけです．これは本学の先輩ではですね，のちのイギリス大使をしておった木村汎君なんかがガリオアの最後で，フルブライトの第一期が国際金融をやっている行天君だったと思います．フルブライトは6300人ぐらいでございましたが，いずれにしてもフルブライトの諸君が皆集まって，このA50，アプリシエイトではないかと思うのですが，アメリカともとれますが，サンフランシスコ平和条約50周年に向けて我々も昔のことを思い出しながら貢献できることはないかという相談がこの間から行われており，私は喜んでおるのでございます．まあガリオア，エロアというのはやっぱり飢えと貧困から日本を救ったのではないかなという感じがします．

　そして昭和で言うと27年に世界銀行に加盟しております．それで53年，昭和28年にはじめて世銀の金を借りておるのです．あの池田，当時大蔵大臣の，手記でもないがそういうものを見たことがありますが，「今日も世銀の日本担当者に会えなかった．」ということが書いてあります．いちはやく借りたわけですね．27年に加盟して，28年に借りて，第1号が関西電力の火力発電でご

ざいます。それで一番最後があの東海道新幹線，名神高速。これに借りているのですよ。それで条件は全部違いますが，まあ大雑把に言って新幹線のときが5年据え置き，20ヶ年賦くらいです。そして金利が5.75%。大変安い金という感じであったのでございましょう，当時で見ればですね。まあ巧みに借りて，それでこの日本の戦後をしのいで，もはや戦後ではないというところまで来たわけでございます。当時東京はもちろんでございますが，食うに職なく，われわれは皆郷里に帰っておりました。

　それで一生懸命に米作りして，食うのに精一杯。まあどうやら食えるようになったのが，もはや戦後ではない1955年。まあこんな感じで10年が語れるのかなあ。

　それでその次の10年ですよ，今度は。65年までと言ったらいいのでしょうか。とにかく日本人はどこの大学に行っても優等生でございまして，東西両文明を巧みに調和したということも言えますが，外国から技術を覚えてきているのですよ。自動車であれ何であれ。工作機械であれ。それだからフルブライトというのは結果として日本の復興に産業面から見ても役に立った。それで本家よりも良い自動車を作るようになるし，それにまだ低賃金でございますから，一人当たり所得にしますと，昭和26年はアメリカが最高で，日本がだいたい15分の1, 14分の1くらいです。のち，昭和40年が4分の1くらいですから。それで6年前にアメリカを超えて，今は10対8くらいになって，日本が世界一になっているわけでございます。まあ本当に50年代というか，もはや戦後ではないという55年から65年の間は無借金です。だが，まだ低賃金でございますから，それで技術を盗んで，あ，盗んだのではない(笑)。技術を習得してきて，それをフルに活用して，それで輸出振興ですよ。無茶苦茶に外貨を稼ぐわけでございます。だから絢爛豪華たる高度経済成長への道というのが10年間続いたと思っておけば良いのではないかなと。大蔵省を見ましても，予算のシーリングというのがあります。いわゆる天井はここまでだと要求してきなさいという。予算というのは各省がいろいろ考えて財政当局へ，大蔵省の主計局へ，まあ要求するわけです。それを大蔵省が査定する。だから要求無きところに査定なしという言葉がございますが，どこまで要求

を持ってきたら良いかというのが，その頃は50％増しなのですよ．だから去年の倍，1.5倍までは持ってきて良いと．それを30％増し，15％増し，10％，それから7.5％，ゼロ・シーリング，マイナス・シーリングとまあ将来は先へ続くわけですが，竹下さんが大蔵大臣の頃がだいたいマイナス・シーリングと，こういうことになるわけです．したがってこの10年間はやっぱり絢爛豪華たる高度成長への道といえるのかな，とこう思います．無借金，自然増収があるわけです．当時良いものを作っては金持ちの国に，ヨーロッパであれ何であれ売って稼いだという10年間なのかなと思うわけであります．

　そこで64年でございますか，それが昭和39年で東京オリンピックの年ですね．したがって60年代はオリンピックに集中した観があったのではないかなと思います．まあ東海道新幹線も昭和39年に開通したしというようなことで．だから象徴的なものが東京オリンピックであった．それとOECDに仲間入りしたのがやっぱり昭和39年です．だからこの昭和で言えば30年代最後，それで40年代とが絢爛豪華たる繁栄の道．ちょうど39年の一人当たりの所得を見ますと，日本はアメリカの4分の1ですから，そこでOECDに仲間入りするのですよ．先進国組合ですね，まあ言ってみれば．3年前に韓国がOECDに入ったときが，日本が4万ドル，韓国が1万ドルと言っておりましたから，ハハア，世界最高の4分の1くらいの所から先進国というのだなあと，これは私自身が感じたことです．韓国は今ちょっとダウンしておりますけれども．まあ，OECDに加盟したときがアバウト1万ドルと4万ドルだったかなと．

　話が横道にそれました．それで今度は昭和で言えば40年代にちょっと歳入が，税金が少し入らなくなった．そこで初めて4千何百億円でしたか，いわゆる建設国債を発行したのです．財政法の4条というのに書いてありますが，公共事業出資には予算の範囲内において，いわゆる公債を発行することが出来るというのが，4条公債です．建設国債と俗に呼んでおりますのは，まあ建物を建てたり，道路を作ったり，橋をかけたり．国債というのは将来の国民がそれを返済するという理屈になるわけでございますが，のちの世の人も橋をわたるし，道路は歩くし，良いのではないかというので，別に借金には違いはないのですが，なんとなく良い国債と．それで赤字国債というのは，

月給が足りないからそれを借りるというわけですから、悪い国債みたいな印象付けをしましたが、借金にはどちらも違いはないのです。仕組みとしては60年間で返すことになるわけでございますが、4条国債、建設国債をずっと発行して、社会資本の整備を行ったのが、まあ言ってみれば昭和40年代とでも言った方が良いのかなと、こう思います。だから40年代には道路を作ったり橋をかけたりと、いろんなことをしていますよ。それで、まあやや安定成長、高度経済成長でない形でやっていったということでございました。

その頃のことについて僕がよく言っておったのは、だいたい日本の安定成長、今で言うと安定成長以上ですけれども、どれくらいですかと国際会議で聞かれて、僕は日本の大蔵委員会でそういう答弁をしていたこともあったので、7・6・5抜きの4・3・2・1といっていたのですよ。語呂が良いから、7・6・5抜きの4・3・2・1,7ないし6％の名目成長率、たまたま5がなくて、4％の安定成長率、それで消費者上昇分、率が3％だ。2％が失業率。それで1％が卸売物価の上昇率。7・6・5抜きの4・3・2・1と申しますと言ったら、ある国際会議のときに通訳さんがそれを直訳しまして、セブン・シックス・フォー・スリー・ツー・ワン・ウィズアウト・ファイブなどとやって(一同爆笑)、誰にも分からん。仕方がないから、俺は後から文書にして皆に配ったことがありました。

まあ、そんなような感じでありましたが、そこの所の途中でね、ご案内のように、昭和46年といった方が良いでしょうか、1971年にいわゆるニクソンのドル・ショックが起こるんですよ。それで昭和46年、1971年8月16日午前10時なんて言っておりますが、10時だったか10時30分だったか、それはわしも覚えておりません。ニクソン大統領から佐藤総理大臣に電話があって、私は官房長官でした。要するにドルの兌換制を停止するという電話で、本当に何のことか分かりませんでした。ドルの札を持っていっても金には替えてもらえんのだなあ、替えときゃ良かったなあという程度でした。だから一生懸命勉強したんですよ。国会で質問があったら困るから。ただ質問はまったくといって良いほどありませんでした。答えるこっちも分からんけれど、質問する方も分からない。実際これはあの当時としては大変な出来事ですよね。

それでドルの兌換制はこれを停止するというのを説明してくれと言うので，これは5分ばかり時間がかかりますけれど，やさしく説明したことを覚えております．

　皆さん，お金の歴史を申し上げましょう．人類がこの世に発生すれば集落を作る．集落を作れば経済活動を行うようになる．経済活動とは物々交換である．食うが為の鯖3尾と米5升．しかしそれでは不便だから，何かその間に介在するものとして出来たのが紙幣である．それで紙幣は昔から，今のように透かしまでは入っていないけれども，偽物が出来ないように印が付けてある．紙幣が出来て，この交換をするように交易をするようになったが，まあ日本で言えば江戸時代の藩札の時代，ヨーロッパで言えば陸続きですから，それぞれの国に通貨高権というのがある．通貨高権とは，高い権利と書くんです．公の権利ではありません．まあそれがあって，隣の国と交易をする，隣の藩と交易をするということになると，何か基準がなきゃいかん，というのでいわゆる金銀本位制というのが出来たわけである．それでこの時に日本は砂金が出たんですね．だから金銀の交換比率は1対5なんですよ．ヨーロッパは1対10だったんですよ．ヨーロッパがやたらと銀を持ってきて金に替えて向こうに持っていって日本の金が少なくなって，心配した時代が明治初期にはあるんでございます．だから金貨，銀貨というのは1度だけ偽が出たことがありますけれども，案外偽が出ないんですよ．目方ですから．1オンス35ドル．銅はね，卑金属と書いてあるんです．卑金属というのは，非ざるじゃないんですよ．卑しい金属と書いてある．金銀は，貴金属で銅は卑金属．補助通貨にまあ使っているわけですが，いずれにしてもジャラジャラ重い物を持って歩くのは，大変だからというので，このお札を持っていらっしゃったら金に替えてあげますというのが兌換紙幣でございます．今までの紙幣がみんなパーで，兌換紙幣というのが出来たと．その兌換制をドルが停止したという時に，金本位制というのが実際この世界からなくなったと思って良いんじゃないかなと思います．

だから分かりませんから，こっちは何のことか．水田三喜男さんが大蔵大臣で，まあ向こうの15日，こっちの16日でしたから，終戦記念日の翌日でした．わしも本当に午前10時頃だったと思うんですよ．しかし分からない人にはちょうどといった方が良いですから．

　1971年8月16日午前10時，けたたましく電話がなって，出てみたらそれはニクソン大統領であった．ドルの兌換制はこれを停止すると．なんてもっともらしいことを…（一同爆笑）．

　それでまあ一つだけ面白い話をしますと，民社党の池田禎治先生ってね，良いおじいさんがおったんだよ．俺は好きだった．その人が「おい，官房長官，官房長官．拙者は明治の人間だ．聞くは一時の恥，聞かざるは一生の恥と心得ておる．そこで一時の恥を忍んで聞くんだが，あんた円高になるって言うが，1000円になるときは頼むから教えてくれ．」って言うんだ（一同笑い）．説明がつかんから，クドクド言っておりました．そしたら，ははあ，円が強いとか弱いとか言う意味だな，うむ，そりゃ良いことだ．まてよ，円強，円弱って言うと，えんきょうさん，えんじゃくさん．まるで落語家の名前みたいだ（一同笑）．

　まあ，そんな話もありました．私が内奏に行った時に，円高とはお国のお金の価値が上がったことだねえ，という発言がありまして，もっともだなあと思ったことがございました．まあとにかく，この池田禎治先生にその後，オッサン，何であんたあんなことを聞いたんだ，と聞き質しました．実はなあと，あの頃国会議員の外遊もまだあまりない時代でございますから，議長がアメリカへ行って，それで自分はついていったと．国対委員長だったから．それで400円の闇ドルを買って土産を買って帰ろうと持っていったら，大使館でごちそうにはなるし，外へ出ても英語は分からんし，したがって皆持って帰ったと．そこで1000円になったら売ってやろうと思って（一同爆笑）．まったく素朴な話で，円高，円安なんて言うのは，まあ当時で見ればそれが日本人の共通の認識くらいだったかなと思えないわけでもないわけでございます．

　まあそういうのがありまして，そこへ持ってきてOPECですね．石油輸出国機構が，2ドル原油を12ドルに上げたんですよ．このいわゆる石油ショッ

クとドルショックと両方で，円高不況というのが起こったりするわけですね．それでなんとか赤字公債を発行しなきゃいかんようになったのが，昭和51年．赤字公債発行の最初です．その時は大平正芳さんが大蔵大臣でございました．大平さんは一橋大が母校でございますが，あー，とか，うー，とかが長い人でございます．あの，あー，とか，うー，とかを除けば立派な日本語になっている（一同爆笑）．私が大蔵大臣になる時にあの人が，「うー，そこで，あー，竹下君，うー，大蔵…」，つまり要約して言えば大蔵省出身者ではない大蔵大臣を作ってみたい，それにはあんたが適任だから，あんたがなってくれということですよ．あの，あー，とか，うー，とか言いながら．それで私もまあ，ぽちぽちなってみようかくらいの気持ちはありましたからお受けしたわけでございますが，その時に，「私はとり返しのつかんことをした」と．「いわゆる赤字公債を発行したのは私が大蔵大臣の時だ」と．それでちょっと，何と言いますかな，あの人はカトリックの方ですから，贖罪意識みたいな感じがあったのではないかと，今でも私はそういう印象が残っております．

　この大平さんが51年に発行した赤字公債からは脱却したいと思われまして，財政再建という言葉がでてくるわけでございます．それでまた政府税制調査会も昭和55年度から消費税を，一般消費税と書いてありますが，いわゆる一般消費税を導入すべく準備にとりかかるべしということで，選挙をやりまして，負けたわけではございませんが，ま，減りました，自民党が．

　それでその後私は大蔵大臣になるわけですが，その大平さんはなんとかしたいという気持ちがあったと思うんです．この国会では消費税なんかやめてしまえということでございました．だから本当に仕方がないくらいの流れになっておりました．それで消費税を廃止する，消費税をやめる国会決議を作れという空気でした．日本社会党の堀昌雄さん，民社党の竹本孫一さん，公明党の正木良明さん，分かった人だけに集まってもらって，税というのは所詮着目すべきは，所得か，資産か，消費しかないと．われわれいくらか財政通を自任しているものとして，その消費一般にかかる税制を全部否定するような決議は出来ないんじゃないかと言いました．財政再建に関する決議案という名称にしまして，「いわゆる『一般消費税（仮称）』は，その仕組み，構

造などについて，国民の理解を得るに至らなかった．よってまずは行政改革を行い，歳出の削減，合理化を行い，その上で不公平税制を是正し，抜本的税制改革を行って，財政再建を行うべきである．」という決議をやったわけです．まあ大部分の人がこれで消費税はなくなったと思って，全会一致であっという間にこの決議が通りましたが，決して消費税を永遠に否定した決議ではないというのは，その時から意識していました．（消費税導入には）それから10年かかりましたけれども．私や財政のプロには皆分かっておった話でございます．

そこでそれから，マイナス・シーリングというようなものをやってまいりました．渡辺美智雄，ミッチャンが，7.5％削減をやって，また私が大蔵大臣になって10％（テン・パーセント）削減，それからまあいわゆるマイナス・シーリングというようなものを段々とやっていったわけです．

そこで昭和57年には，とうとう人事院勧告をストップしました．いわゆる労使交渉のない公務員の給与は，第三者機関が勧告すべきだという占領下の法律がございますけれども，いわゆる人事院勧告をストップしたことがございました．その時の給与課長が，後に銀行局長になりました西村吉正君でございました．今，西村君は，早稲田で教鞭をとっておりますが，あの彼が私に話しておりました．「夜なべして家に帰ると，家内が何で自分の月給を上げんために，あんた夜なべして仕事しよるのと言います．」（一同笑）といった思い出もございます．

まあいろんなことをやりまして，結果としてこの消費税が通ったのが，この平成で言えば元年でございます．平成2年からは赤字公債はなくなりました．自然増収に支えられて．消費税が通ったからだとは私は申しません．やっぱりあの自然増収があって．その自然増収は何であったかと言いますと，これはバブルであったわけですよ．だからあんまり威張れる話ではないと思いますけれども，要するに平成2年に初めて赤字公債の発行はしなくて済んだと．それで3年くらいそれが続くわけですよ．

その後またダメになりまして．何しろ貯蓄が余計にありますから，日本の場合は公債発行が出来るわけですね．だからこの間から僕もいろんなことを

言っておりましたが，プラザ合意が13年前です．プラザ合意の時はまだG5です．当時も個人貯蓄は英米独仏足したよりも上ですよ．今でもそうです．

1200兆円金融資産があるとよく言われますが，最近クリントンさんが来た時には，僕は10兆ドルといっておきました．その方が分かりやすいと思って．10兆ドルあって，対外債権が1兆ドル，外貨準備高が2500億ドルあるんですから．それは世界の国でどこと比べてもドデカイもんですよね．フランスの中央銀行の副総裁が「竹下さん，日本は何でこんなに貯金するのか」と，個人貯蓄だけをこう見ますとね，僕は750兆円くらいかなという気がしますが，それは今でも英米独仏，イタリー，カナダを足したより多いんですよ．それでとっさに「いやあ，日本は昔，老後保障がなかったから，それで貯蓄があったんだ．もっと簡単に言って，二宮尊徳博士という人の影響を受けて，勤倹貯蓄の精神が付いたんじゃなかろうか．」（一同笑）と言ったら，フランスの副総裁が，「フランスの貯蓄シンポジウムの時に，頼むから，二宮博士を紹介してくれ．」と言われまして（一同爆笑），それはわしも答えに困ったことがありますが．まあそういう貯蓄があるから，赤字公債の発行も出来る．

そこでまあ最初の10年，次の10年，その次の10年と話しましたが，15年かかってまあ赤字公債だけは脱却したと．それで今度はまた少しおかしくなって，財政構造改革と言うものを本気で旗として掲げようではないかというので，橋本龍太郎さんが財政構造改革というものを打ち上げたんです．ところがこれは日本だけではない，世界のこの不況と言いますかいろんなことが出てきておりまして，とにかくどないにもこないにもしょうがないようになった．

そこで今度の国会で財政構造改革法を，まあ俗的に「凍結する」という，その効力を停止する法律を作った．俺もいろんな法律があるもんだなあと思って．まあ極端に言えば法律というのは男を女にする以外は何でも出来るわけですから．「財政構造改革は将来の課題として皆が心に止めておかなきゃならん．」と．その哲学さえ持っていれば，今は何でもあり（一同爆笑）．こう表現する人もおりますがね．まあその気がしないわけでもないですが．それでそういう時に戦後を振り返ってみて，ガリオア，エロアの話からしました．

それで世界銀行．世界銀行の金を最後に返した時には，私は総理をやめた翌年か翌々年でした．世界銀行の総裁が来て，「ミスター・竹下には，大変世話になった．」と．今返してもらいましたとささやかなパーティーをやりました．世界銀行というのはなかなかつつましいですから，ホテルオークラであったけれども，ごちそうは乾き物ばっかりでした（一同笑）．乾いた物ばっかりで，後は酒とビールがありました．それでパーティーをやって，国際金融のプロではないがよく知った人がそういうところに出て，そして感謝の会がありました．僕の場合は360円で借りたものを130円で返しているんですから，何だか補助金をもらったような気がして（一同笑），私の方が世話になったかなあと．

　まあその逆はありますよね．今，円借款を卒業した国，昭和58年の韓国が最初でございますが，あそこも所得が上がりました．俗称ODAにおける円借款というのは所得制限がありますから．そういう国が「竹下さん，あんたが40億ドルを決めてくれた時には仏さんに見えた．それが今は高利貸に見える．」と（一同爆笑）．倍返さなきゃいけないものだから．ただ僕は幸いですね，「あんた円で持ってなさいよ．」ということをその時言っているんですよ．円で中央銀行にあれば，そのまま円を返せば良いわけですから．ただみんな運用してドルに替えたりしておりますから．またあの頃円で持っておれと言っていた円にそれだけの信任がありませんから．だから倍返さなきゃいかんのですよ．だから高利貸に見える，と．まあそういうことも日本の場合はなく世銀借款なんていうのは本当にプラス要因だけだったなあと，こんな感じがするわけでございます．

　あとに質問の時間が必要ですから，あとまあ8分ぐらい話をしますとですね，戦後政治というものを見て，村山富市さん，総理大臣でしたね．あれは大正13年，私といっしょの1924年生まれ．僕が2月26日，彼が3月3日なんですよ．だから5日僕が兄貴だ．しかし眉毛が長いから，貫禄は向こうにある（一同笑）．仲が良いんですよ．仲が良いというか，同世代的意識だね．大正13年生まれから多くなるんです，代議士は．明治から言いますと，衆議院

議員500人中，明治は，明治40年原健三郎，45年桜内義雄，大正に入って，大正2年奥野誠亮，同じく田辺国男，大正3年がなくて，大正4年が村山達雄，鯨岡兵輔，大正5年小沢辰男，大正6年がなくて，大正7年中曽根康弘，同じく三ツ林弥太郎，大正8年相沢英之，山下徳夫，それから宮沢喜一，大正9年越智伊平，山原健二郎，大正10年山中貞則，大正11年石橋一弥，大正12年原田昇左右，坂本三十次，それで大正13年から11人になるんですよ．僕の所から．何でかといいますと，私もパイロットですよね．陸軍特別操縦見習士官ですよ，当時の．現役の海軍兵学校，士官学校に行った人は戦死しておりますが，われわれ予備役，学徒動員組は戦死しようにも，飛行機の方がなくなっちゃった（一同笑）．だから戦死が少ない．そこで11年から増えるわけですよ．

この前の選挙前に，だいたい見て，ははあ，明治大正が70人おるなあと思いました．そして戦後生まれが140おるなと．それでこの前の選挙後に見たら，明治大正が50で，戦後が190になってます．その話をした時に，中山太郎君というこれも大正13年，私と同じ年ですが，彼が外務大臣をしたりして，「あー，こりゃ，竹下さん．良い数字だね．日本人の血圧の上と下で，70と140．」（一同笑），「ああ，お前さんも医学博士だったなあ．」と初めて彼が医学博士であったことを思い出した（一同笑）．今は低血圧と高血圧になっているんですけれども．

さてまあそれで村山さんが僕に来てくれというから，まあ行きました．ホテルオークラに部屋がとってあって，どうも聞いてみると，河野洋平ちゃんが外務大臣で，橋本龍ちゃんが通産大臣であるから，おそらく為替が円高で80円までなった時に，答弁をどうしたら良いか，竹下さんでも呼んで話してみなされば気休めになるんじゃないかということを言ったんじゃないですか，それで呼ばれました．それでまあ，「村山さん，心配しなさんなよ．あんたも漁師町，俺も山の中だ．ドルだのポンドだの，数えたことも見たこともない俺でもやれたんだから，あんた大丈夫だよ．」と．そしたら「あんたは練習に練習を重ねて総理大臣になられたが，わしは練習なしになったから…．」（一同笑）それでまあ，「質問があったら，答え方は一つしかないよ．『世界先進

各国とも，今の為替レートは必ずしもファンダメンタルズを適正に反映しておるとは思っていない．よって，Ｇ７はじめ緊密な連絡をとりながら，適時適切弾力的な運営をします．』これしかないんじゃないか．」（一同笑）こう言いましたら，手帳に書いておりましたから，やっぱりそんな質問があって，やってました．そしたらファンダメンタルズの方を，難しかったかどうか，省略して（一同爆笑）．「適時適切弾力的にやります．」こう言っておけば，間違いはないですわな．

　何でもかんでも「適時適切弾力的にやります．」そこでまあ，二人にそういう共通認識があったから，村山さんの名誉も考えながら，いささか彼の名誉を傷つけることもあるかも知れんが，ちょっと話したことを整理すると，「竹下さんね，55年体制，すなわち，自民，社会，それなりの功罪はいろいろある．あんたはとにかく裕福だったから，昼の大学へ行きなさった．わしはおやじが熱心で旧制中学を出してくれた．だが晩の大学へ行った．」と．明治の夜学のことでしょう．「それでお互い勤労動員をやって，あっという間に兵隊に行った．そしてあっという間に帰ってきた．それであの頃は民主主義とは…．」

　それでもう一つ，読書傾向なんて言うのは自ずから決まっているんですよ．マルクスはもちろんないわけですから，『三太郎の日記』阿部次郎さんとか，ちょっとハイカラな所で，アンドレ・ジイドの『狭き門』とかね．『哲学以前』とかね．そういうのを読んでいるんですよ．それで戦争がすんで解放されて，マルクスを読まざれば学生でなし，なんていうような感じもありましたがね，それも乱読しておりますよ．そこで，「民主主義，民主運動というのは所詮労働運動か，農村青年団運動かしかなかった．あんたはそれで学校の先生になって，農村青年団運動をやりなさった．わしは県庁に入って労働運動をやった．そして占領下に，アメリカの占領軍が言うことをすべて聞くわけにはいかん．時にはわれわれがデモをやった．そしてあなた方は，ああいうのがおるもんだから思うように行きませんよと説明していなさったのであろう．そして日本に力が付いてきて西側は，アメリカ・サイドは，自由民主党さんが担当した．そしてもっとあんたの言うことを聞きたいと思うんだが，社会党

がおって…．われわれの方はもっと共産圏，言ってみればソ連ですね，もっと仲良くしたいもんだが，自由民主党がおって…．といいながらあんたみたいな人がおって，僕という意味ではございませんが，貿易保険なんかもちゃんと相談して，友好商社方式で共産圏貿易もやった．いってみれば非常にずるい二刀流外交であったかもしれん．しかしそれが一つの国益として世界中の金が集まったことも間違いない．しかしソ連が崩壊した．経済には競争原理の伴わないものはダメだということになったから，ある意味において，あんたと俺の時代は終わったねえ．」と，こういう感じがあるんですよ．

　お互いに共通しておる認識かなと思うんです．だからまあ確かにあの55年体制の功罪というのは，二刀流外交のようなものにあったかもしれないが，それなりに機能して，それで考えてみれば，われわれの時代は既に終わったと言えないこともないなあ．まあこういう感じがいたしておる所です．

　それでこの前私は国会に出て40年になって，その時の挨拶でちょっと自分の心境を言おうと思って，言わなかったんですが，(手帳を開きつつ)「人様に長生きと迷惑をかけたかなあ．時移り，新世紀を迎えようとしておるこれからは，静かに歴史書を読み，ひっそりと我が人生を偲んでゆくか，老兵は消え去るのみか．されど体で学んだことを誰かに伝えたい気持ちもある．老兵は消え去るのみ．平成の語り部．とつおいつ，結論に至らざるは，身の不徳か．我慢我慢を美徳とするはうぬぼれか．」こういうのが，竹下登の心境であるなあ，ということで第一ラウンドを終了いたします．(一同拍手)

蒲島：どうもありがとうございました．質問をしてもらいますが，名前をまず言ってからしてください．

竹下：(煙草に火を付けながら) サミットに参りますと，全体会議には灰皿はありません．大蔵大臣会議の所だけにはあります．なぜなら財政物資だからであります(一同爆笑)．

木村：よろしいですか．学部生の木村と申します．よろしくお願いします．先程農村青年団運動の話がありましたが，いわゆるジバン・カンバン・カバ

ンといいますか，そうしたものがない中で，どうして政治家の道を歩まれようと思われたのでしょうか．

竹下：いやね，まったくなかったわけじゃないんですよ．じいさんが郡会議員やっていたり，親父が県会議員をやっていたりした時代がありました．僕は戦争の最後は少年飛行兵学校のグライダーの先生をしていたわけですよ．飛行機はないわけだから，グライダーで勘を覚えておく．それと柔道の先生をしていた．そう体は大きくなく，柔道は引き分け専門で（一同爆笑）．

　戦争が終わって，島根に帰りましたときには，かなりの距離を歩いて帰った．山が荒れててね，地肌をあらわにさらした，まさに国敗れて山河ありという感じがしたわけですよ．それで，二度と戦争のない国をつくるために政治家になろうと．

　やっぱり早稲田に入ったときに，中野正剛先輩なんかが大隈講堂に来て演談されるのを聞いたりしていたから政治指向ではあったんでしょうね．そしてまあ，青年団運動，そこには中学卒業から大学卒業までおるわけだな．職業も違えば学歴も違う．それがその地域に住んでいるというだけで青年運動をやった．それで島根県では当時青年団に4万数千人おりましてね．半分くらいはまだ有権者じゃないんですよ．

　日本の民主化の一つであった農地改革が行われたあと，天候不順か何かで出来が悪いと，せっかく耕作者が農地を獲得したのにまた誰かに売って小作になってしまう．そうなっちゃいかんというんで，農業災害保障法というのが，保険理論を含めて，政府で出来たわけですよ．その仕事を県会議員のときにしていたんですよ．料率改定なんていうのも，誰も分かる人がいないものですから．当時家畜保険も作りましたよ．人間の保険だと思って結構ですが，あの頃は耕運機がまだいきわたってないから，牛が耕運機代わりでね．それで当時農家はどこでも一頭は飼っておるわけだ．2頭，3頭飼っている人もいる．そうすると皆，保険に一頭だけ入れるんですよ．それで太郎牛，次郎牛，三郎牛とおっても，どれが風邪をひいても来るから，赤字になるわね，こりゃ．保険料を払わないからね．そんな矛盾も感じたりして，それで家畜保険を少し徹底させようと思った．島根県に今は3万5千頭ですが，当

時4万3千頭いたんですよ．牛の健康診断を獣医師会でやってもらって，一頭一票と青年団の一人一票とを計算すると，9万票あるなと思って選挙に出てみたら，本当に9万7千票あって，圧倒的に最高点ですよ．

だから運があったということで，自己に大変な素質があったとは思いませんが，ほどほどの，まあ何といいましょうか，村長とかそういうことをした家に育ったというのも，ジバン・カンバンの何かになったんじゃないかなと思います．それから日本に2000軒，今は1600軒くらいですが，お酒のメーカーがあって，私のところは上から1993番目なんですよ（一同笑）．3番下に宇野酒造があって，俺は安心した（一同爆笑）．だからまあ酒くらいは人より自由だったが，それがカンバンの中へ計算できるか，まあそんなところですかね．

木村：ありがとうございます．

小宮：学部生の小宮です．政治家像ということで質問ですけれども，最近の新党ブームとか，93年以後の激動の中で当選してきた政治家というのは，結構政党を移動している方とか多いですよね．そういった人たちと，55年体制の中でずっとやってきた人たちの間に，政党に対する忠誠度とか，そうした意識の違いとかはありますか．

竹下：それは実感とかはありますかね．私は初入閣が47歳で，内閣官房長官．あの頃は，大臣になることだけではなくて，ならないことに誇りを持っていた人もいたんですよ．今は当選5回するとどうのこうのというようなことがありますけれども．あの頃でもありますのは，私は人様の恥にならないように調べているんですけれども，「片山おりくち君提出によるおいかさらまさ予算」というのがあるんですよ．「片山哲君提出による追加更正予算」を「おいかさらまさ予算」と．でも字に書けば一緒だからいいんですけど，それは冗談でいったのではなく，本当に間違えていったと．しかし風格は昔の人の方がありました．

母校の先輩である椎名悦三郎先生なんていうのは，僕が官房長官のときに外務大臣で，ある時野党から質問をされました．「国際連合に加盟するのに，北朝鮮が加盟したら韓国は席を蹴ってでるだろう．」というような質問でし

た．両方とも入っていないんですよね．誰かが「蹴る席がねえよ．」といったら，椎名さんがこう押さえて答弁に立って，「ああ，あなたはかつて台北から北京に代表権が移ったときのことをおっしゃいましたね．国連というのはそういうギシギシしたところであってはいけません．もっとも南北朝鮮とも入っておりませんが．」というのを小さな声でいわれたんですよ．

それで「椎名さん，あんたとぼけてばっかりいるかと思ったら，なかなかいい答弁をなさいますね．」といったら，「大臣の一人前とは，相手が軽蔑されたと感じないように答弁をすることだ．」と．やっぱり椎名さんは味わいのある人だなと思ったら，明くる日今度は答弁書を持ってこられて，1番目の質問に2番目の文を読まれました（一同爆笑）．

相手が「それは次の質問に対する答えだ．」と．「昨日は良かったけれども，今日はいけませんでしたね．」というと，「うん，たまにはなあ．」と（一同爆笑）．そういう風格のある人がおったね．

今はどちらかというとそれらしくなってきておって，それで都市と農村の対立とか，生産者と消費者の対立とか，そういうものを持ち込むことによって，自分自身を顕在化していこうとするような傾向が多少あるなあと思います．だから僕がよくいっておりますのは，東京の方が一番月給取りが多いから，所得税を一番たくさん収めていらっしゃいます．それを長崎の干拓の方へ注ぎ込んで，ムツゴロウを征伐するようなことをしてはいかんという演説は，まあどちらかといえば，都市と農村，生産者と消費者をあぶりだすことによって自らを顕在化するというようなことで，それは止めた方がいいでしょうと．

農村出身の人に一番分かるのは，これはいつも黙っているんですがね，いわゆる住民税ですね．だいたい農村では98％，100％，99％は納めているわけですよ．だいたい住民税というのは人口割にすると40％ちょっとですよね．それが大阪のあるところでは89とか，90％なんですよ．89とか90とかは普通なら良いと思いますが，逆にいえば10％は納めていないというわけですから．だから選挙には行かんやら，税金は納めんやら，それで文句ばっかり言っている．そういうところへは国費は投入すべきではない，なんてことは言って

はならないよ，とこういってみんなに教えているんですよ．
　選挙制度は私は専門でございますが，絶対というのはないんですよね．小選挙区で一人になりますと，多少オールラウンド・プレーヤーにならなきゃいかん．そしてできるだけテレビに出ることを考えなきゃいかんというような傾向が，いくばくかあるんじゃないかと．それでこの間も，私は予算委員長というのをやっていて，初めて本会議に上がりました．昔は先輩から演説されるものですから，派手な演説をするようなことを控えていたんですが，それが少し顕在化してきたというきらいがあります．
　皆さん松下政経塾も出ていらっしゃるし，それから近ごろ理工系が多いから．早稲田も理工科の人が多いんですよ．若い人が私に，「先生のときは試験がありましたから．」といわれて，そういわれてみればなあと思ったこともありましたが．理工系の人に聞いてみると，「ただ理数が好きだったからいっただけで，別に政治家になって悪いなんてことはないでしょ．」なんてこといっていますが，みんな読み書きそろばんはできるんですよ．「おいかさらまさ予算」はなくなりました．この前あったのは，「このような予算は『しょうじょ』すべきである」．『削除』ですよ．『しょうじょ』を6回もいった人がおりました．あとから原稿を置いていったら，原稿には『削除』と書いてある（一同爆笑）．だから本人に注意しなくても，何かのときに注意してあげた方が良いんじゃないかといっておきましたが，まあその程度はあります．
　昔は「おいかさらまさ予算」があったり，大野伴睦先生なんていう立派な先生がおられたりした．「警察官職務執行法は，日本のために大事である．若い諸君は頑張ってもらいたい．拙者は中身はまったく分からんけれども．」なんていわれた（一同爆笑）．そういう風格のある人はいた．政党に対する愛着心などは多少落ちているなあと思うことはあります．
　やはりソ連が崩壊して，いわゆる冷戦体制が世界的になくなって，それでその変動期．今日の朝日新聞に後藤田正晴さんがちょっと出ておって，あと3回くらい選挙をしないと安定せんのかなと書いてありましたが，私も時たまそんな気がします．
　それでも私の選挙区へ竹下さんに反対のための演説へ行くというようなと

きにはたいがい電話がかかってきます．あしからずくらいの電話は．ああ，いいよと．まあ昔僕が応援した人ですけれども，その辺は年寄りの方がおおらかに考えなきゃいかんのじゃないかなと．後藤田さんに一度いわれたことがありますが，「タケさんの話は言葉は明確だが，意味不明なことが多い．」今のお話もややそれに近かった（一同笑）．

小宮：ありがとうございました．

尾野：法学部の尾野と申します．いわゆる55年体制下での派閥と，現在の派閥というものの違いというのは何かありますか．

竹下：まだ正確に分析しておりませんが，55年体制下における派閥というのは，要するに中選挙区でございますから，5人区が一番多い．だから5派閥ないといかん，というような論理からでてきました．

それで選挙区を3つ，4つに分類しますと，まず安逸的選挙区というのが一つありまして，安逸をむさぼりながら当選してくると僕はいっておったのですが，各党から1名でて，それで選挙をやる．それで次の当選をするためには，自分と同じ党の候補者をいかにして出さないかというのが，自分の選挙運動である．2番目は安定的選挙区．これは3人区ですね．自民2，社会1が長く続いた選挙区がありました．それから競争的選挙区．これは2人だったら3人にしよう，1人だったら2人にしようということで，同じ党同士のものが，切磋琢磨する．それから殺戮的選挙区（一同笑）．3人のところに3人出したり，5人のところに5人出したり．（相手を殺そうとするしぐさをしつつ）誰かを殺さなきゃ，生き延びない．そうして凌ぎを削って過半数をとって，多数を持ってきたと．

そこでなにぶん小選挙区となりましたから，派閥というのものの，竹下派だったら竹下先生とともにとか，まあ私は佐藤派でしたから佐藤先生とともにとか，そういうものがなくなってきた．派閥は自ずから変身してくる．それから派閥が選挙資金の場所になっておりましたから，集める．私は4000人，月1万円の後援会を作るのに20年かかりました．だから私は自治省で一度誉められたことがありました．「会費収入4億8千万円」とこう書いてあるわけですから．4000人ですからね，12万円が．だからよく作ったものだなと自分

でも思いましたが，誰かがそういうのをやらないといけなかった．それが今では公的助成というのがあります．僕は心の中では賛成じゃございませんでした．やっぱり会計検査が入ってきたりして，これはいけないと．出来るだけ自由な金を集めた方が良いという考え方でした．

したがって，派閥が変質したのは，資金面での締めつけがきかなくなったからというようなことも言えるんじゃないかと思います．どちらが良いとか悪いとかいうことではございません．

選挙制度には絶対というのがないという話をちょっとしましたのは，ちょうど昭和55年にですねベネチア・サミットがありました．それで大平さんがお亡くなりになりましてね．私が大蔵大臣，佐々木義武君が通産大臣，大来佐武郎さんが外務大臣で，サミットに参りました．加藤紘一君が官房副長官で，大平さんの写真を持って．ちょうどそのときに日本で選挙があったんです．そうしたら大勝しまして，明朝，会議にいったらみんなが「コングラチュレーション，コングラチュレーション」という．そこでフランスの人が「ミスター・タケシタ，得票率は何％あったか」と聞く．私のところは5人区ですから，30％もとれば大最高点ですね．「ほほう，このオッサン，威張っている割にたった30％しかないのか」という顔をして（一同爆笑）．

フランスは単純小選挙区ですから，過半数がないときには必ず2回戦をやっていますね．イタリーでその時にやっていたのがいわゆる純粋比例代表制．「純粋比例代表制が一番いい．民意をそのまま反映する．フランスでは少数意見が反映されないではないか．」と．そうしたらフランスの人が「5割の支持がある人は，どういう少数意見があるかを理解できる人だ．」と説明した．そうしたら，ドイツが「まてまて，だから俺の方は両方の良いところをとってやっているんだ．」というような話があった．選挙制度について会議で僕はそんな話をさせられたんですよ．総理大臣がいない場合は，だいたい外務大臣がサミットの中心になりますけれども，あの大来佐武郎先生はノー・バッジだったという点もあるんでしょうが，遠慮して，まあ選挙制度のことだから私に話をさせたんでしょう．だからまあ選挙制度というのは，絶対はないと．

日本も明治23年7月1日が第1回選挙ですから．その時は地租15円だね．

それで日本の人口が3990万．北海道，沖縄は選挙がないんですね．そのときに，日本一人口の多いのは187万の新潟で，2番は186万の東京でした．だから米のあるところに人間がおったというわけだね．それで昭和21年のときの人口は，北海道が1番で，2番が東京でした．今は東京が1番で，2番が大阪，3番神奈川，4番愛知，5番埼玉県．6番が北海道，7番が千葉，それで8番が兵庫，9番が福岡，10番が静岡．関東の方へ固まっている．だから人口動態と問題，それを俺が平成の語り部として伝えようかと思って自己満足していると（一同笑）．

それともう一つだけ．消費税，間接税の歴史を申しますとね，間接税はどこで出来たかというと，やっぱり物品税なんですよ．昭和12年，支那事件と書いてありますが，不拡大方針をとっていたから，1年だけは事変とはいわなくて事件といっていたんですね．それでその時に戦時特別令みたいな形で，贅沢品10品目に物品税がかかっているんですよ．それはべっこう細工みたいなものに．ただ写真機と写真フィルムが贅沢品だったんですね，その当時は．そして最後は104品目となって，昭和16年には歯磨きも入っているんですよ．歯とは指に塩をつけて磨くものであって，歯磨きは贅沢だと思われていた．それから割り箸ね．それが昭和20年以降解除されていくんですね．それでまあいろいろありまして，コーヒー，ココア，ウーロン茶，これには税をかけてもいいが，紅茶は日本でも出来るからかけてはならんと．それから桐の箪笥は日本の伝統技術があるからそれはやめて，ケヤキの箪笥はかけても良いとかね．まあいろんなことが出来てきて，やっぱり広く薄く消費の段階で調達するものを作ろうではないかというのが，いわゆる一般消費税，とまあこういうことになるわけでございます．

しかしなかなか話が難しうございますから，最初に話したように，およそこの世に人類が発生してから集落を作る，外部からこれを保護するために城壁をつくり，力のある者は石を運び，力無き者は炊き出しをする．すなわち社会共通の経費とは労役の提供によってまかなわれておったものである．しかし先程もちょっといいましたが，お金というものが出来た．その途端から，体の丈夫なものと病弱なものとで所得の差が生じてくる．そこで能力に応じ

て負担してもらおうというのが所得税の思惑であると。そして受ける利益に応じて負担すべきであるというのが消費税というものである，というような税制の理論がございます。誰でもお互い年をとるんだから，やっぱり老後の問題については，広く薄く，消費の段階で調達することにしようではないか，それで福祉目的税であると僕は説明しておったんですが，それを説明すると2分30秒かかるんですよ（一同爆笑）。それで土井たか子先生が「ダメなものはダメ」というとこれは2秒ですむわけです（一同爆笑）。

あの土井たか子先生とは仲良うしておりますが，議長のときに，山中貞則さんが俺の後ろから，「タケさん，あんただけは今日投票するときに，議長も消費税の入ったこの法律に賛成なんだから，議長にありがとうございますっていいなさいよ」といったことがあります。そしたら土井さんは「『ダメなものはダメ』といったのは，あれは売上税のときで，消費税のときじゃないわね」なんていって（一同爆笑）。

それからもう一つ，みなさん方へのお願いはねえ，3人以上子供さんを産んでよということよ。平均寿命は昭和22年に初めて男性が50.1になったんですからね，急速に伸びたんですよ。日本，アイスランド，スウェーデン，ノルウェー，オランダ，イスラエル，デンマーク，スイス，ギリシャ，カナダ，これが平均寿命のベスト10ですよ。だから厚生省に，おい，日本人が今のように1.39だったら，何年たったら日本人が一人になるかって聞いた。平均寿命が伸びないとか，平成3年の男女出生比率，それから外国人との結婚もなしと前提に置けば，等比級数でやれば出るはずだと。それでそうするとね，2080年で6200万になるんですよ。それから3500年で日本人が一人になるんですよ。だからいかん。一人になっちゃう…（一同爆笑）。

だからみなさん方に義務として3人ずつ（一同爆笑）産んでもらわなきゃいかん。これは政策にするのはなかなか難しいんですよ。3番目の子供から扶養控除を増やすとか，まあいろんなことをいっても。16歳から22歳の人を扶養するものは，控除を割り増しにするというときに，教育減税。かっこいいですよね。俺は大飯食らい減税だなと思っておりましたが（一同笑），だがやりました。まあ，本来は小さい子ほど手がかかるとか，奥さん方には，塾

の金がかかりますからなんてことをいったりして．

　まあ税制というのは財政学じゃないんですね．しょせん社会心理学の分野であると，まあ思いながら，とにかく今のお願いは，子供さんをたくさん産んでくださいということ．これだけは人数がいなくちゃいかんからね．

原田：学部生の原田と申します．国会議員が果たすべき役割として，たとえば国政を見るとか，地方の声を聞くとか，そういう2択があると思うんですけれども，一方で地方の利益誘導ばかりする人については国政をちゃんと見なければいけないという議論もありますし，では地方の声は誰がどうやって届けるかという問題もあると思います．その辺はどうお考えですか．また他の議員ですとか，いままでの議員の方というのは，どのように考えていらっしゃるんでしょうか．

竹下：まあねえ，選挙民の要望の中に，全体的に見て少しわがままだなあと思うようなこともないわけではございませんが，その地域の代表である限りにおいては，やはり地域のことはしっかりと頭の中にインプットしておくべきだと，私は思っております．そもそも憲法前文に「日本国民は，正当に選挙された国会における代表者を通じて行動する」と書いてありますから，選挙区というのはやっぱり大事です．そもそも国政というのは「国民の信託によるものであり，その権力は代表者がこれを行使し，その福利は国民がこれを享受する」ですか，憲法前文，まあ憲法学者じゃありませんけれども，そんなことを認識しておりますから，インプットは絶えずしていなきゃいかん．それで何が国益に反して，利益誘導しているかという判定は個人個人が，まあ難しいところだな，マスコミさん，どうぞおやりください．それに耐えて出るものが本当の政治家だと思っておれば良いんじゃないかなと思っております．

小林：学部生の小林といいます．政治家の若返りについて聞きたいんですけれども，欧米に比べて日本では若返りといわれたときには50歳とか60歳と話が出てくると思うんですが，それでは10歳くらいちょっと感じが違うんじゃないかと思っています．それとこれだけ激動しているにもかかわらず，長老議員の方が未だ力を持っている裏舞台のことを考えると，若い人が出られる

ような環境がないのではないでしょうか．そうであれば，政治家になりたい人たちが少なくなるような気がします．竹下元総理はその点についてどういう方向になるべきなのか，それから若い人が政治家になれないのはどうしてなのかという点についてどうお考えなのか，お聞きしたいのですが．

竹下：いや，それは私も34歳のときには国政に出ておりましたし，県会に出たのは27歳のときです．意志さえあれば，要するに有権者の自宅を全部回れば出られますよ（一同笑）．自分が高邁なる理想を背負っている，それだけを話して自己満足しておっては政治家にはなれない．だからその全有権者の家を，一軒一軒挨拶するくらいのファイトさえあれば，誰でもできると，こう思っております．それから長老支配というのは，僕は支配なんかしていないんですから（一同爆笑）．

　あの原健三郎先生，明治40年生まれの91歳かな，俺がこの間，「50, 60花ならつぼみ，70, 80働きざかり，90になって迎えがきたら，100まで待てと追い返せ」（一同爆笑）というのを，「In his fifties and sixties, a man is like a flower but flesh and full of potential」と書いてやりまして，あの人は戦前ですけれどもアメリカに留学しておるから，この英語を見て，「タケちゃん，こりゃ案外ようできとるなあ．」と．それで「If death should knock at his door, he should say, "Not now, wait until I turn one hundred years old."」のところを110にしてくれ」と（一同爆笑）．これは，京都の環境会議のときにジェット・プログラムで来ていた人が「50, 60花ならつぼみ，70, 80働きざかり，90になって迎えがきたら，100まで待てと追い返せ」というのをうまく訳してくれたからね，それを持って歩いているんですよ．原健三郎さんは，I turn one hundred years oldを110にしてくれというわけです．まあ若い人がどんどん出てくることは良いことだし，自分らも若かったんだし，長老支配だけは打破しなきゃいかん．だから老兵は消え去るのみ，平成の語り部，とつ老いつ…．毎日苦労しておるというのが心境だと（一同笑）．

小野：学部生の小野と申します．最大派閥のボスとしての竹下さんにお聞きしたいんですが，今まで政治を引っ張ってきた人には小沢一郎さんとか，梶山静六さんとか，野中広務さんとか，だいたい旧竹下派の方が多いんですけ

れども，あの派閥の規模とか資金力とかそういうもの以外に，旧竹下派出身の方に何か共通したものがあるという風に見られていますか．
竹下：私は今，佐藤栄作先生の家で留守番をしているんですよ．日本庭園もあるから，よく大使館の人が自宅に来たいといって，まあ外交官ですから本国へ「何月何日，元総理大臣竹下登氏の自宅を訪ね会談をした」なんていう報告を送れば，なんぼか点が上がるということもあるかもしれないが（一同笑），いらっしゃいます．

その時の質問が，各会派を見てもだいたい竹下派の人が威張っておられます，大将になっておられますと．どうしてですかという質問，これが一番困りましてね．それでいうことを決めているんですよ．先生よりは生徒の方が初めから良く出来ておりますと（一同笑）．ただ今でもあの人たちが私の事務所へ出入りするのに何の躊躇も感じない，ということはありますよね．だからおっかないおじさんじゃなく，やさしいおじさんじゃなかったかなと思います．
渡辺：創政会をお作りになったときに，派閥というものが機関として必要になったということをおっしゃっていたのですが，岸総理とか，三木総理はどちらかというと派閥を解消しようといっていらっしゃったと思います．竹下先生は派閥は必要であるとお考えですか，変わるべきだとお思いですか．
竹下：それはね，若干飛躍はありますが，派閥でギシギシやるのはやめようやという空気はありました．だが中選挙区制である限りは，派閥があって，それぞれが切磋琢磨することでいいんじゃないかと，こういう意味でいいました．それで創政会という言葉をお使いになられましたが，あの創政会には，それこそ今お話にあった梶山君やら野中君やら小沢君らがいたと．それはねえ，ある意味において，田中派ですから．佐藤派，田中派で人数は余計におるし，総裁候補がいなくて，みんな今度は誰を担ごう，「箱根山，籠に乗る人，担ぐ人，そのまたわらじを作る人」で，いつまでもわらじばっかり作っているわけにもいかんから，それには誰かいねえかなと．それには丁度竹下さんがおるじゃないかというような形で，勉強会として出来たわけでございます．まあ派閥肯定的な考えは中選挙区である限りは，ある程度必要だとい

う気持ちは当時ありました．だがおもしろおかしく書くには，派閥栄枯とか書いた方が良いんですから，野中さんが今，経政会，平成会ですか，まあ100人にならんように抑えているなんてことをいっていましたけれども，数の論理が支配するというマスコミの論調などに対する自己抑制みたいなのは働いているんじゃないかなと思います．

蒲島：もう時間を過ぎましたので，ここでゼミを終えたいと思いますが，今日は大変お忙しいところどうもありがとうございました．（一同拍手）

竹下：いえいえ．おわびしなきゃならんのは，ここでたばこを吸って，それは大蔵大臣だから，財政物資だから勘弁せよといいましたが，一本一円上がったね（一同笑）．3000億本吸われているんですよ．だからたばこ屋の手数料が10銭としますと，2700億円．今度上げたのは国鉄の赤字と林野の赤字のため．林野の赤字はですね，たばこの煙を森が吸ってくれていると，因果関係があるんですが（一同笑），国鉄の赤字というのは，やたら禁煙席ばかり多くして．来年アメリカがおそらく1ドル50セント上げますから，アメリカは400円たばこになって，ヨーロッパ並みになって，北欧三国は750円から800円．200円たばこは日本とアメリカだけですから，上げたら上げた分は介護保険あたりにいいなと心の中では思っていましたが．さて，国鉄とたばこの因果関係がどこにあるか，考えたら「キセル乗車」という言葉がありまして（一同爆笑）．以上でございます．（一同拍手の中を退室）

（テープ起こし：尾野嘉邦，小宮京）

附　録

政治年表

年月日	内閣	政治
1990年		
2月18日		第39回総選挙．自民追加公認含め286
2月21日		
2月27日		第118回特別国会（〜6月26日）
2月28日	第2次海部	第2次海部内閣成立
3月11日		
4月1日		学習指導要領の改訂．小・中・高校入学式での日の丸掲揚と君が代斉唱が義務化
4月5日		選挙制度審が小選挙区比例制を答申
4月26日		
7月9日		
7月13日		
8月2日		
8月15日		閣僚18人が靖国参拝
8月28日		
8月30日		多国籍軍への10億ドル支出決定
9月14日		多国籍軍への10億ドル追加支出決定
10月1日		
10月12日		第119回臨時国会（〜11月10日）
10月16日		PKO法案提出
11月5日		PKO法案衆院で廃案に
11月12日		
11月17日		
11月18日		大田昌秀沖縄県新知事に就任
11月22日		
12月2日		
12月10日		第120回通常国会（〜翌5月8日）
12月29日	第2次海部改造	第2次海部改造内閣発足
1991年		
1月17日		
1月24日		多国籍軍への90億ドル追加支出決定
2月27日		
4月7日		都知事に鈴木俊一4選
4月8日		
4月24日		ペルシャ湾への掃海艇派遣決定
5月15日		
6月3日		
7月10日		
7月17日		

政党	社会・国際
自民275, 社会136, 公明45, 共産16, 民社14 自民党中曽根派が渡辺派へ衣替え 社会党委員長に土井たか子再選 民社党, 大内啓伍新委員長に就任 共産党書記局長に志位和夫就任	リトアニア共和国, ソ連から独立を宣言 第16回主要先進国首脳会議（ヒューストン） イラク軍クウェート侵攻 ドイツ統一 即位の礼 長崎の雲仙・普賢岳が噴火 英, サッチャー首相辞任. メージャー首相就任 日本人初の宇宙飛行士, 秋山豊寛氏宇宙へ
 自民党小沢幹事長辞任, 後任小渕恵三 自民党安倍晋太郎元幹事長死去	湾岸戦争始まる 湾岸戦争終結 雲仙普賢岳で大規模火砕流発生 ロシア共和国大統領にエリツィン就任 第17回主要先進国首脳会議（ロンドン）

7月23日		
8月 5日		第121回臨時国会（〜10月4日）政治改革関連3法案国会提出
8月15日		閣僚12人が靖国参拝
8月19日		
8月20日		
8月21日		
8月24日		
9月30日		政治改革関連3法案廃案
10月27日		
10月28日		
11月 5日	宮澤	第122回臨時国会（〜12月21日）宮澤内閣発足
11月28日		
12月 3日		衆院でPKO協力法案可決
12月10日		PKO法案事実上廃案に
12月25日		
12月30日		
1992年		
1月13日		共和汚職で阿部文男代議士逮捕
1月22日		脳死臨調答申
1月24日		第123回通常国会（〜6月21日）
1月26日		
2月 8日		
4月29日		
5月22日		
6月 3日		
6月15日		PKO協力法成立
7月 6日		
7月25日		
7月26日		第16回参院通常選挙．自民党改選の過半数確保
8月 7日		第124回臨時国会（〜8月11日）
8月15日		閣僚15人が靖国参拝
8月27日		
9月12日		
9月20日		
10月14日		金丸信議員辞職
10月17日		
10月26日		

社会党委員長に田辺誠	イトマン事件．河村前社長，許永中氏ら逮捕
	ソ連でクーデター発生 ソ連のエストニア共和国が独立を宣言 ラトビア共和国も独立を宣言 ゴルバチョフ大統領，ソ連共産党書記長を辞任，共産党解消を提唱
自民党総裁に宮澤喜一	西武が広島を破って日本一に
自民党，加藤六月ら「政眞会」結成	
	ゴルバチョフ大統領辞任，ソ連消滅(26日) 旧ソ連11カ国で独立国家共同体(CIS)発足
	貴花田史上最年少優勝（19歳5か月） アルベールビル冬季五輪開催 ロサンゼルスで黒人暴動発生
日本新党結成（党首，細川護煕）	地球サミットがリオデジャネイロで開催 第18回主要先進国首脳会議（ミュンヘン） バルセロナオリンピック開幕
自民68，社会22，公明14，共産6，民社3，日本新4	
金丸信自民党副総裁辞任	
野坂参三共産党名誉議長解任	毛利衛宇宙飛行士，宇宙へ
	ルイジアナ州で服部剛丈君射殺事件 西武がヤクルトを破って日本一に

10月 30日		第125回臨時国会（〜12月10日）
11月 3日		
12月 12日	宮澤改造	宮澤改造内閣発足
12月 18日		
12月 24日		
1993年		
1月 1日		
1月 6日		
1月 13日		
1月 19日		
1月 22日		第126回通常国会（〜6月18日）
1月 27日		
3月 6日		金丸信元自民党副総裁を脱税容疑で逮捕
3月 25日		
3月 27日		
4月 8日		
4月 17日		民間政治臨調，「運用制」提案
4月 23日		
5月 4日		
5月 15日		
6月 9日		
6月 14日		国会全議員，初の資産公開
6月 18日		宮澤内閣不信任決議案可決，衆議院解散
6月 21日		
6月 23日		
6月 29日		ゼネコン汚職で石井仙台市長逮捕
7月 7日		
7月 12日		
7月 18日		第40回総選挙．自民過半数割れ，社会党惨敗，新党3党躍進
7月 22日		宮澤首相退陣表明
7月 30日		
8月 5日		第127回特別国会（〜8月28日）
8月 9日	細川	細川連立内閣発足
8月 15日		閣僚5人が靖国参拝
9月 17日		第128回臨時国会（〜翌1月29日）
9月 25日		
9月 27日		ゼネコン汚職で本間宮城県知事逮捕
9月 29日		

江田五月を中心に政策研究会「シリウス」発足 自民党小沢グループが羽田派を結成 田辺社会党委員長辞任	米国大統領選で民主党のクリントン候補圧勝
社会党委員長に山花貞夫 新党さきがけ結成（代表，武村正義） 新生党結成（党首，羽田孜） 自民223，社会70，新生55，公明51，日本新35，共産15，民社15，さきがけ13，社民連4，無所属30 自民党総裁に河野洋平 社会党委員長に村山富市	EC市場統合 山形県新庄市中学生マット死事件 皇太子妃，小和田雅子さんに決定 曙が64代横綱に 熊本地裁，水俣病訴訟で国と県の行政責任を認める判決 江沢民総書記が国家主席に カンボジアで日本人ボランティア射殺 天皇，皇后両陛下が初の沖縄訪問 カンボジアで文民警察官死去 Jリーグ開幕 皇太子「結婚の儀」 第19回主要先進国首脳会議（東京） 北海道南西沖地震，死者不明230名余 連合・山岸会長3選

10月 27日		第3次臨時行政改革推進審議会の最終答申
11月 1日		
11月 1日		
12月 14日		コメ市場部分開放決定
12月 16日		田中角栄元首相死去
1994年		
1月 1日		
1月 28日		細川首相と河野自民党総裁が会談, 政治改革関連法案修正で合意
1月 31日		第129回通常国会（～6月29日）
2月 4日		
2月 12日		
3月 11日		中村喜四郎代議士逮捕
4月 8日		細川首相辞意表明
4月 17日		
4月 18日		
4月 20日		
4月 25日		
4月 26日		社会党連立離脱
4月 28日	羽田	羽田内閣成立
5月 1日		
5月 22日		
5月 27日		
6月 8日		
6月 22日		製造物責任（PL）法成立
6月 23日		自民党, 内閣不信任決議案提出
6月 25日		羽田内閣総辞職
6月 27日		
6月 29日		
6月 30日	村山	村山内閣成立. 自・社・さ連立政権
7月 8日		
7月 8日		
7月 8日		
7月 15日		
7月 18日		第130回臨時国会（～7月22日）
7月 19日		アイヌ初の国会議員（萱野茂）誕生
7月 20日		村山首相「自衛隊は合憲」「日米安保は必要」「日の丸・君が代を尊重していく」などと答弁
7月 28日		
8月 15日		閣僚7人が靖国参拝

	ヤクルトが西武を破って日本一に 欧州連合条約（マーストリヒト条約）発効
	北米自由貿易協定（NAFTA）発効
参院に統一会派「新緑風会」誕生	リレハンメル冬季五輪開催
渡辺元自民党副総裁，離党表明(19日撤回) 鹿野道彦ら「新党みらい」結成 太田誠一，柿澤弘治ら「自由党」結成 5党派により新統一会派「改新」結成	
社会民主連合が解党 民社党，米沢隆新委員長	F1ドライバー，アイルトン・セナ死去 経団連新会長に豊田章一郎氏
連立与党は海部元首相を首相候補に擁立	松本サリン事件
海部ら新会派「高志会」結成	第20回主要先進国首脳会議（ナポリ） 北朝鮮の金日成主席死去 日本人女性初宇宙飛行士，向井千秋さん宇宙へ
社会党中執委，基本政策転換を決定	

8月31日		
9月22日		与党内調整で消費税率97年4月から5％に決着
9月30日		第131回臨時国会（〜12月9日）
10月6日		
10月13日		
10月29日		
11月2日		年金改革法成立
11月3日		
11月20日		大田沖縄県知事再選
12月5日		
12月9日		被爆者援護法成立
12月10日		
12月21日		
12月25日		改正公選法施行
1995年		
1月16日		
1月17日		
1月20日		第132回通常国会（〜6月18日）
2月14日		
2月22日		
3月20日		
3月30日		
4月7日		村山首相が伊勢神宮参拝
4月9日		東京新都知事に青島幸男，大阪新府知事に横山ノック当選
5月1日		メーデーに首相が初参加
5月2日		
5月11日		
5月15日		地方分権推進法成立
5月16日		
5月29日		
6月5日		介護休業法成立
6月9日		戦後50年の国会決議採択
6月15日		
7月23日		第17回参議院選挙．新進党躍進
8月4日		第133回臨時国会（〜8月8日）
8月8日	村山改造	村山改造内閣発足
8月15日		閣僚9人が靖国参拝
9月4日		
9月15日		渡辺美智雄元副総理死去

社会党に政策集団「新民主連合」誕生	
	連合，芦田甚之助新会長選出 大江健三郎氏ノーベル文学賞受賞 巨人が西武を破って日本一 つくば医師一家殺人事件
公明党「分党」決定 民社党，日本新党，新生党など解党 新進党結成 柿澤，大内ら新党「自由連合」結成	
山花ら新会派「民主」結成	阪神淡路大震災
山花ら新党結成を先送り	ロッキード裁判，田中元首相の有罪確定 地下鉄サリン事件 国松警察庁長官が狙撃される
	野茂英雄氏がメジャーリーグデビュー 核不拡散条約（NPT）無期限延長を採択 オウム真理教教祖・麻原彰晃氏逮捕
山花ら新会派「民主の会」結成	
	第21回主要先進国首脳会議（ハリファックス）
自民49，新進40，社会16，共産8，さきがけ3	
	沖縄県で米海兵隊員らが女子小学生に暴行

9月22日		
9月28日		大田沖縄県知事，土地調査への代理署名拒否
9月29日		第134回臨時国会（〜12月15日）
10月2日		橋本通産相，副総理に
10月26日		
10月30日		
11月1日		新食糧法施行
12月6日		東京協和・安全二信組の不正融資に絡んだとして，山口敏夫代議士逮捕
12月8日		改正宗教法人法成立
12月22日		
12月27日		
1996年		
1月1日		
1月4日		村山首相ら9閣僚，伊勢神宮参拝
1月5日		村山首相退陣表明
1月11日	第1次橋本	第135回臨時国会（〜1月13日）橋本内閣発足
1月16日		
1月19日		
1月22日		第136回通常国会（〜6月19日）
2月3日		
2月9日		住専処理法案を閣議決定
2月12日		
2月16日		薬害エイズ問題で菅直人厚相が謝罪
2月21日		
3月3日		
3月4日		住専問題で国会が空転
3月23日		
3月28日		金丸信元自民党副総裁死去
3月29日		
4月1日		
4月12日		日米両政府，沖縄の普天間基地返還合意
5月1日		メーデーに自民党首相が初参加
5月9日		
5月31日		薬害エイズ問題で厚生事務次官ら処分
6月7日		住専処理法案が衆院通過
6月25日		消費税5％を閣議決定
6月27日		

自民党総裁に橋本龍太郎	
	ヤクルトがオリックスを破って日本一に
	東京地裁がオウム真理教に解散命令
	高速増殖炉「もんじゅ」に事故発生，運転中止
山花ら新党「市民リーグ」結成	
新進党，小沢一郎新党首	
新社会党・平和連合発足	
	スペースシャトル，エンデバー号打ち上げ
村山，社会党委員長に再選	
日本社会党が社会民主党に党名変更	
羽田グループが発足（新進党）	
ローカル・ネットワーク・オブ・ジャパン（Jネット）発足	
	作家司馬遼太郎氏死去
新党協議を棚上げ（社民党・さきがけ）	
新社会党・平和連合が新社会党に党名変更	
	台湾初の総統直接選挙で李登輝当選
	東京HIV訴訟が和解
船田元と鳩山由紀夫「新党目指す」で一致	
社民党，新党づくりは困難と判断	2002年サッカーW杯の日韓共同開催決定
	第22回主要先進国首脳会議（リヨン）

7月 4日		
7月 12日		
7月 19日		
7月 23日		
7月 29日		橋本首相が靖国参拝
8月 4日		
8月 15日		6閣僚が靖国参拝
8月 25日		
8月 28日		
9月 10日		橋本首相と大田沖縄県知事が会談
9月 17日		
9月 18日		
9月 27日		第137回臨時国会，冒頭で衆院解散
9月 28日		
10月 20日		新制度で第41回総選挙
10月 24日		
10月 30日		
11月 3日		憲法公布50周年
11月 5日		
11月 7日	第2次橋本	第138回特別国会（～11月12日） 第2次橋本内閣発足，社さ閣外協力へ
11月 21日		
11月 29日		第139回臨時国会（～12月18日）
12月 4日		
12月 16日		厚生省官僚16人処分
12月 17日		
12月 20日		地方分権推進委員会が第1次勧告
12月 26日		
1997年		
1月 2日		
1月 6日		
1月 20日		第140回通常国会（～6月18日）
1月 29日		友部達夫参院議員逮捕
1月 31日		

「リベラル96」が発足（社民党） 羽田グループ「興志会」が解散（新進党）	ロシア大統領選でエリツィン再選 英チャールズ皇太子とダイアナ妃，離婚発表 米アトランタで五輪開幕 大阪・堺市で病原性大腸菌O-157の集団食中毒
	新潟県巻町で原発建設の是非を問う初の住民投票 『男はつらいよ』寅さん役の渥美清氏死去
鳩山，さきがけ離党 船田，鳩山新党に不参加を表明	国連総会，包括的核実験禁止条約(CTBT)採択
民主党設立委員会発足 社民党，新党移行断念，分裂へ	
民主党結党（代表，菅直人，鳩山由紀夫） 土井たか子，社民党党首に 自民239，新進156，民主52，共産26，社民15，さきがけ2，無所属10 船田ら新会派「21世紀」結成	オリックスが巨人を破り日本一に
	米大統領選でクリントン再選
	大蔵省が阪和銀行に業務停止命令
羽田が新進党離党を正式表明	岡光前厚生事務次官逮捕 ペルーの日本大使公邸を左翼ゲリラ(MRTA)が襲撃
羽田ら離党，「太陽党」結成	
久保亘前蔵相が離党表明（社民党）	ロシアのタンカー・ナホトカ沈没 オウム真理教への破防法適用棄却

2月12日		
2月19日		
2月24日		橋本首相と米国務長官会談
3月11日		
4月1日		
4月2日		
4月17日		駐留軍用地特別措置法改正案成立
4月22日		
4月25日		
5月1日		
5月8日		「アイヌ新法」成立
5月15日		沖縄復帰25周年
5月20日		参議院50周年
5月27日		
6月9日		環境影響評価（アセスメント）法成立
6月11日		女子保護規定を撤廃．改正独禁法成立
6月16日		医療保険改正法，金融監督庁設置法が成立
6月17日		臓器移植法成立
6月18日		
7月1日		
7月8日		地方分権推進委員会が第2次勧告
8月1日		
8月31日		
9月3日		行政改革会議，中間報告を決定
9月5日		
9月6日		
9月8日		
9月11日	第2次橋本改造	第2次橋本改造内閣発足
9月18日		
9月22日		佐藤孝行総務庁長官，首相に辞表提出
9月23日		日米両国政府が新しい日米防衛協力のための指針に合意
9月25日		
9月29日		第141回臨時国会（～12月12日）
10月3日		
10月8日		
10月9日		地方分権推進委員会が第4次勧告
10月23日		
11月11日		中国首相来日
11月16日		
11月17日		
11月24日		

	北朝鮮の黄総書記亡命
	中国の鄧小平死去
	動燃東海事業所の再処理工場内で事故発生
	消費税5％がスタート
	「愛媛玉ぐし料訴訟」で最高裁が違憲判決
	日本大使館公邸占拠事件解決
	大蔵省，日産生命保険に業務停止命令
旧公明党が「公友会」結成（新進党）	英国総選挙で労働党圧勝，ブレア首相就任
	土師淳君殺害事件（酒鬼薔薇事件）
細川護熙元首相，新進党離党表明	
	香港が中国に返還
新井将敬自民復党で会派「21世紀」解散	永山則夫死刑囚に対し刑執行
	ダイアナ元英皇太子妃，交通事故死
自民党，衆院で過半数	マザー・テレサ死去
	北野武監督がベネチア国際映画祭で金獅子賞受賞
橋本首相が自民党総裁選で無投票再選	
民主党，一人代表制に（代表，菅直人）	
共産党，宮本顕治中央委員会議長引退	
	連合新会長に鷲尾悦也氏
	北朝鮮，金正日総書記に
	ヤクルトが西武を破って日本一に
	サッカー日本代表W杯初出場決定
	北海道拓殖銀行が経営破綻
	山一証券，自主廃業決定

11月 25日		
11月 28日		財政構造改革法（財革法）が成立
12月 1日		
12月 2日		対人地雷禁止条約署名を閣議決定
12月 3日		行政改革会議，最終報告決定
12月 9日		介護保険法が成立
12月 12日		改正公選法成立．投票時間を2時間延長
12月 18日		
12月 25日		
12月 27日		
12月 30日		
1998年		
1月 7日		
1月 12日		第142回通常国会（〜6月18日）
1月 23日		
2月 7日		
2月 16日		金融安定化2法が成立
2月 19日		新井将敬代議士が自殺
3月 19日		NPO法が成立
4月 27日		
5月 11日		
5月 12日		サッカーくじ法が成立
5月 21日		
5月 28日		
6月 1日		自社さ連立解消
6月 5日		金融システム改革法が成立
6月 9日		中央省庁等改革基本法が成立
6月 10日		
6月 22日		金融監督庁発足（大蔵省より分離独立）
7月 12日		第18回参院選．自民惨敗，民共躍進
7月 24日		
7月 25日		
7月 30日	小渕	第143回臨時国会（〜10月16日），小渕内閣発足
8月 15日		13閣僚靖国参拝
8月 22日		
8月 31日		

	宇宙飛行士・土井隆氏が日本人初の宇宙遊泳 温暖化防止京都会議開幕
新進党党首に小沢再選 細川新党「フロムファイブ」発足 新進党解党正式決定 「自由党」,「国民の声」,「新党友愛」,「新党平和」,「黎明クラブ」,「改革クラブ」発足	
野党6党が統一会派「民主友愛太陽国民連合」(民友連)を結成 国民の声,太陽党,フロムファイブ合流して「民政党」に 野党4党が合流して新しい「民主党」結成 自民45,民主27,共産15,公明9,自由6,社民5,無所属19 自民党総裁に小渕恵三	長野冬季五輪開催 インドが24年ぶりの地下核実験 インドネシア,スハルト大統領辞任 パキスタンが初の地下核実験 サッカーW杯フランス大会開幕 和歌山で毒物カレー事件 全国高校野球選手権大会で横浜高が優勝 北朝鮮がテポドン発射

9月 28日		
10月 16日		野党案を丸のみした金融再生関連法が成立
10月 20日		
10月 23日		
10月 26日		
11月 7日		
11月 15日		稲嶺惠一が現職大田昌秀を破り沖縄県知事に
11月 19日		自民と自由，連立政権で基本合意
11月 27日		第144回臨時国会（〜12月14日）
11月 30日		
12月 11日		財革法の凍結法が成立
12月 13日		
12月 19日		
12月 28日		

	ドイツ，16年続いたコール政権に幕
新党さきがけが解党	長銀の一時国有化決定
	横浜が西武を破って日本一に
新党平和と公明が合流して新「公明党」発足	
自民，山崎派が旗揚げ	
自民，森喜朗が三塚派継承	
自民，加藤派が旗揚げ	日債銀の一時国有化決定
新党「参議院クラブ」結成	

『朝日年鑑』をもとに作成．

国会会期日程表

国会	開会	内閣	発足日	閉会日, [ ]=解散, ( )=事実上閉幕	会期	延長	合計
117(通常)	89.12.15			[90.1.24]	41		41
118(特別)	90.2.27	第2次海部	90.2.27	90.6.26	120		120
119(臨時)	90.10.12			90.11.10	30		30
120(通常)	90.12.20	第2次海部改造	90.12.29	91.5.8	140		140
121(臨時)	91.8.5			91.10.4	61		61
122(臨時)	91.11.5	宮澤	91.11.5	91.12.21(91.12.20)	47		47
123(通常)	92.1.24			92.6.21(92.6.19)	150		150
124(臨時)	92.8.7			92.8.11	5		5
125(臨時)	92.10.30			92.12.10	36	6	42
		宮澤改造	92.12.12				
126(通常)	93.1.22			[93.6.18]	148		148
127(特別)	93.8.5	細川	93.8.9	93.8.27	10	13	23
128(臨時)	93.9.17			94.1.29	90	45	135
129(通常)	94.1.31	羽田	94.4.28	94.6.29	150		150
		村山	94.6.30				
130(臨時)	94.7.18			94.7.22	5		5
131(臨時)	94.9.30			94.12.9	65	6	71
132(通常)	95.1.20			95.6.18	150		150
133(臨時)	95.8.4			95.8.8	5		5
		村山改造	95.8.8				
134(臨時)	95.9.29			95.12.15	46	32	78
		第1次橋本	96.1.10				
135(臨時)	96.1.11			96.1.13	3		3
136(通常)	96.1.22			96.6.19	150		150
137(臨時)	96.9.27			[96.9.27]	1		1
138(特別)	96.11.7	第2次橋本	96.11.7	96.11.12	6		6
139(臨時)	96.11.29			96.12.18	20		20
140(通常)	97.1.20			97.6.18	150		150
		第2次橋本改造	97.9.11				
141(臨時)	97.9.29			97.12.12	75		75
142(通常)	98.1.12			98.6.18	150	8	158
143(臨時)	98.7.30	小渕	98.7.30	98.10.16	70	9	79
144(臨時)	98.11.27			98.12.14	18		18
		小渕第1次改造	99.1.14				
145(通常)	99.1.19			99.8.13	150	57	207
		小渕第2次改造	99.10.5				

『朝日年鑑98年版』,『朝日新聞』による.会期は,事実上の閉幕ではなく会期切れで計算.

出典一覧

ここで取りあげているものは一部であり，全データベースの出典の詳細は，エル・デー・ビーを通じて別途配布するコードブックを参照されたい．

〈政治家プロフィール・データ〉
(1)学歴，卒業大学名，卒業学部，職歴，血縁・世襲
　『朝日選挙大観』(朝日新聞社)，『現代政治家人名事典』(日外アソシエーツ，1999年)，『衆議院要覧』(衆議院事務局)，『参議院要覧』(参議院事務局)．
(2)所得資産
　『朝日新聞』，『読売新聞』，衆議院事務局及び参議院事務局の原本資料．

〈政党・会派データ〉
(1)会派
　『衆議院公報』,『参議院公報』,参議院事務局保有データ，朝日新聞社保有データ．
(2)会期別開会時所属政党
　『朝日新聞』，東大法・蒲島郁夫ゼミ編『「新党」全記録』(第Ⅰ巻～第Ⅲ巻，木鐸社，1998年)，自治省政党助成室資料．
(3)離党・入党行動
　『國会要覧(14版)』(国政情報センター，1998年)『朝日新聞』,『読売新聞』,自治省保有資料．
(4)自民党派閥
　『国会便覧』(日本政経新聞社)．

〈役職関連データ〉
(1)公職
　『官報(号外)衆議院会議録』,『官報(号外)参議院会議録』(議長・副議長および政治倫理審査会の会長・理事)．『朝日新聞』(内閣総理大臣・国務大臣・政務次官)．『官報(号外)衆議院委員会会議録』,『官報(号外)参議院委員会会議録』(常任・特別委員会の委員長・理事，両院協議会の議長・副議長・委員)．
(2)自民党役職
　『国会便覧』,『自由新報』,自民党提供資料，『朝日新聞』．
(3)公明党(旧)，公明新党，新党平和，公明党(新)，公明，黎明クラブ役職
　『国会便覧』,『公明新聞』,『朝日新聞』．
(4)民社党役職

『国会便覧』，『週刊民社』．
(5)社会党役職
　『国会便覧』，『社会新報』，『日本社会党史』．
(6)社民党役職
　『国会便覧』，『社民新報』．
(7)社民連役職
　『国会便覧』，『社民連リポート』．
(8)共産党役職
　『国会便覧』，『赤旗』，『前衛』，『朝日新聞』．
(9)日本新党，新党さきがけ，新生党，太陽党役職，連立政権役職
　東大法・蒲島郁夫ゼミ編『「新党」全記録』，『国会便覧』，『朝日新聞』，『衆議院公報』．
(10)新進党役職
　『新進』，『衆議院公報』．
(11)民主党(旧)役職
　『国会便覧』，『CLUB-D』(旧民主党機関紙)，『朝日新聞』，『衆議院公報』，民主党ホームページ．
(12)民主党(新)役職
　『国会便覧』，『月刊民主』，『朝日新聞』，『衆議院公報』，民主党ホームページ．
(13)自由党役職
　自由党提供資料．

〈国会関連データ〉
(1)会期別在職
　『朝日選挙大観』．
(2)首相指名選挙，内閣不信任決議案，法律案，予算案投票行動
　『官報（号外）衆議院会議録』，『官報（号外）参議院会議録』，『朝日新聞』，『毎日新聞』，『読売新聞』．
(3)議員立法
　国立国会図書館所蔵『議員提出法律案』．
(4)委員会出席
　『官報（号外）衆議院委員会会議録』，『官報（号外）参議院委員会会議録』．
(5)本会議出席
　『官報（号外）参議院会議録』．

〈選挙関連データ〉
(1)選挙区，公認政党，得票数

自治省選挙部集計データ,『国会便覧』,『朝日選挙大観』,MKK データ・コードブック.
(2)相対得票数,絶対得票数,MK 指数,RS 指数,DS 指数
水崎節文『総選挙データ・ベースの開発とその利用』(エル・デー・ビー).
本データは水崎教授作成のデータ・ベース(JED-M 及び JED-M Ver. 2.0)を森裕城氏が加工したものである.
(3)各選挙区データ(人口,面積,世帯数,就業者等)
国勢調査,建設省国土地理院,「住民基本台帳に基づく全国人口・世帯数表」(自治省).

国会議員データ

序文

　1998年10月に始まった東京大学法学部蒲島郁夫ゼミの目的は，現代日本政治を分析するのに不可欠な，国会議員個人に関する詳細な情報をデータベースとして構築することにあった．本巻はゼミ生の論文を主としているが，これもゼミで集めたデータを用いて執筆されたものである．本来ならばここでデータベースを全て公開するのだが，当ゼミでまとめたデータは1冊もしくは数冊の本として出版するには膨大であり，データベースとして活用するにはCD-ROMが最適なメディアであると考え，政治家のプロフィールと国会活動に関する一部のデータのみを載せることとした．なお，CD-ROM版のデータベースはレヴァイアサン・データ・バンクより発行される予定である．

議員名に関する注意

　国会議員の名前には，注意しなければならない点がいくつかある．ここでは，「通称」を持つ議員と難読など漢字に関する注意事項を集めた．

通称名・本名照応表

A 本名	通称	議院	B 本名	通称	議院
鈴木栄治	森田健作	参議院→衆議院	山田　勇	横山ノック	参議院
林　寛子	扇　千景	参議院	今泉隆雄	いずみたく	参議院
山﨑順子	円より子	参議院	下村　泰	コロムビア・トップ	参議院
西川玲子	松あきら	参議院	猪木寛至	アントニオ猪木	参議院
林久美子	但馬久美	参議院	西野康雄	旭堂小南陵	参議院
前島英三郎	八代英太	参議院→衆議院	大鷹淑子	李香蘭	参議院

　1997年まで参議院では，議員が芸名など本名以外の名前で活動することができなかった．この関係で，会議録など公式の文書上で2つの名前を持つ議員が存在する．芸名など通称名を持つ議員で，参議院の規則が改められる前に当選し98年以降も在職している，もしくは衆議院に鞍替えした議員が名前を2つ持つことになる．表Aはそのような議員である．名前が2つあると，特に議員の国会活動において継

続的な観察をする際に不便なことこの上ない．本ゼミデータの訂正作業で，「2人の田中昭一」と並び最も注意を要したのはこの2つの名前を持つ議員たちである．これに対し，規則改正以前にのみ参議院に所属していた議員は名前が2つあるわけではないが，記録上はまったく見知らぬ名前になっており，通称名に慣れ親しんだ有権者を混乱させる．その顕著な例を示したのが表Bである．なお，衆議院議員や規則改正後当選した参議院議員にも通称と本名のある議員（たとえば不破哲三）がいるが，官報や選挙結果等で本名が記載されることはほとんどなく，混乱を生じることはない．

本ゼミのデータベース作成上で発生したミスの大部分は，議員名の誤解・混乱を原因としている．この表は，表記や読みに注意を必要とする議員を一覧にしたものである．一覧に掲載される基準は以下のとおりであるが，本ゼミの失敗の経験をなるべく活かすよう努めた．なお，基準を満たすかどうかの判断は本ゼミ生の独断に拠っている．

衆議院議員

議員名	注意		越智伊平	難読「おち」
青山丘	難読「たかし」		越智通雄	難読「おち」
青山二三	難読「ふみ」		小野寺五典	難読「いつのり」
赤城徳彦	難読「のりひこ」		河上覃雄	難読「のぶお」非JIS漢字
浅井美幸	難読「よしゆき」		瓦力	難読「つとむ」
荒井聰	難読「さとし」		神崎武法	難読「たけのり」
石田祝稔	難読「のりとし」		久間章生	難読「きゅうまふみお」
井上普方	難読「ひろのり」		草野威	難読「たけし」
今枝敬雄	難読「のりお」		倉成正	「ただし」
今村修	難読「おさみ」			（父親「まさかず」と混同）
岩國哲人	難読「てつんど」		倉成正和	「まさかず」
上田卓三	難読「たくみ」			（息子「ただし」と混同）
魚住汎英	難読「ひろひで」		栗原裕康	「ひろやす」
内海英男	難読「うつみ」			（父親「ゆうこう」と混同）
生方幸夫	難読「うぶかた」		栗原祐幸	「ゆうこう」
浦野烋興	難読「やすおき」			（息子「ひろやす」と混同）
江崎鐵磨	難読「てつま」		鴻池祥肇	難読「よしただ」
江渡聡徳	難読「えとあきのり」		高村正彦	難読「こうむら」
衛藤晟一	難読「せいいち」		古賀敬章	難読「たかあき」
大島理森	難読「ただもり」		輿石東	「興石」と誤記
大野功統	難読「よしのり」		今田保典	難読「こんたやすすけ」
大原一三	難読「いちぞう」		斉藤斗志二	難読「としつぐ」
近江巳記夫	難読「みきお」		斉藤節	難読「まこと」
大矢卓史	難読「たかし」		坂井弘一	難読「ひろいち」
小川元	難読「はじめ」		坂口力	難読「ちから」
小沢鋭仁	難読「さきひと」		坂本三十次	難読「みそじ」
			笹山登生	難読「たつお」

佐藤静雄	参議院議員に同姓同名	御法川英文	難読「みのりかわ」
佐藤剛男	難読「たつお」	宮本一三	難読「いちぞう」
左藤恵	難読「めぐむ」	村岡兼造	難読「かねぞう」
塩谷立	難読「しおのやりゅう」	目片信	難読「まこと」
渋谷修	難読「しぶたに」	茂木敏充	難読「もてぎとしみつ」
島村宜伸	「宣伸」と誤記	保岡興治	難読「おきはる」
菅義偉	難読「すがよしひで」	山中燁子	難読「あきこ」
鈴木淑夫	難読「よしお」	米津等史	難読「ひとし」
仙谷由人	難読「せんごくよしと」	若松謙維	難読「かねしげ」
滝実	難読「まこと」	渡辺具能	難読「ともよし」
達増拓也	難読「たっそ」	鰐淵俊之	難読「わにぶち」
田中昭一(社)	熊本選出（96年選挙前まで）		
田中昭一(自)	千葉選出（96年選挙以後）	**参議院議員**	
田名部匡省	難読「まさみ」	議員名	注意
谷垣禎一	難読「さだかず」	穐山篤	難読「あきやま」
田村元	難読「はじめ」	阿南一成	難読「かずなり」
月原茂皓	難読「しげあき」	池田幹幸	難読「よしたか」
東家嘉幸	難読「とうやよしゆき」	諫山博	難読「いさやま」
外口玉子	難読「とぐち」	石井一二	難読「いちじ」
冨沢篤紘	難読「あつひろ」	石渡清元	難読「いしわたきよはる」
中井洽	難読「ひろし」	齋正敏	難読「いとう」
長勢甚遠	難読「ながせじんえん」	稲村稔夫	難読「としお」
中村力	難読「りき」	入澤肇	難読「はじむ」
中山成彬	難読「なりあき」	海野義孝	「うみの」
中山正暉	難読「まさあき」		(「うんの」と誤読)
錦織淳	難読「にしこうり」	海野徹	「うんの」
西田司	難読「まもる」		(「うみの」と誤読)
西野陽	難読「あきら」	大城眞順	難読「しんじゅん」
西銘順治	難読「にしめじゅんじ」	大鷹淑子	難読「よしこ」
額賀福志郎	難読「ぬかが」	大浜方栄	難読「ほうえい」
荻野浩基	「荻（おぎ）」と誤記	合馬敬	難読「おおまけい」
萩山教厳	難読「きょうごん」	笠井亮	難読「あきら」
	「荻（おぎ）」と誤記	風間昶	難読「ひさし」
浜田靖一	難読「やすかず」	鎌田要人	難読「かまだかなめ」
速見魁	難読「いさお」	上山和人	難読「かみやまかずと」
原田昇左右	難読「しょうぞう」	河本英典	難読「かわもとえいすけ」
春名真章	難読「なおあき」非JIS漢字		「こうもと」と誤読
東力	難読「ひがしちから」	菅野壽	難読「かんのひさし」
平賀高成	難読「たかしげ」		「すがの」と誤読
保坂展人	難読「のぶと」	聴涛弘	難読「きくなみ」
桝屋敬悟	難読「ますや」	木俣佳丈	難読「よしたけ」
松原脩雄	難読「しゅうお」	喜屋武真栄	難読「きやんしんえい」
松本惟子	難読「ゆいこ」	日下部禧代子	非JIS漢字
三野優美	難読「よしみ」女性と誤解	久世公堯	難読「くぜきみたか」

国会議員データ

沓掛哲男	難読「くつかけ」	坪井一宇	難読「かずたか」
沓脱タケ子	難読「くつぬぎ」	長峯基	難読「もとい」
鴻池祥肇	難読「よしただ」	南野知恵子	難読「のおの」
木暮山人	難読「やまと」	野間赳	難読「たけし」
輿石東	難読「こしいしあずま」	萩野浩基	「荻（おぎ）」と誤記
	「興石」と誤記	林紀子	難読「としこ」
小林元	難読「もと」	針生雄吉	難読「はりう」
斉藤滋宣	難読「しげのぶ」	福田宏一	難読「ひろいち」
齋藤勁	難読「つよし」	二木秀夫	難読「ふたつぎ」
桜井規順	難読「のりよし」	前畑幸子	難読「さちこ」
佐藤静雄	衆議院議員に同姓同名	三重野栄子	難読「しげこ」
志苫裕	難読「しとま」	向山和人	難読「むかいやまかずと」
志村哲良	難読「てつろう」	村田誠醇	難読「せいじゅん」
下村彝	難読「ゆたか」非JIS漢字	守住有信	難読「もりずみ」
庄司中	難読「あたる」	森暢子	難読「のぶこ」
陣内孝雄	難読「じんのうち」	八百板正	難読「やおいた」
菅川健二	難読「すげかわ」		「坂」と誤記
須藤美也子	難読「すとう」	安恒良一	「垣」と誤記
髙橋令則	難読「よしのり」	矢田部理	難読「おさむ」
谷本巍	難読「たかし」	山崎力	難読「つとむ」
月原茂皓	難読「しげあき」	山下芳生	難読「よしき」
対馬孝且	難読「たかかつ」	和田教美	難読「たかよし」
統訓弘	難読「つづきくにひろ」	藁科満治	難読「わらしなみつはる」
常田享詳	難読「たかよし」		

　難読…漢字が読めないか，漢字から予想される発音と実際の読みが違う場合を集めた．ただし漢字をそのまま音読みしたような場合は原則として除いた．本ゼミでは，表計算ソフトを使ってデータ編集作業をするとき，半角カタカナで表わした名前を議員データを並べる基準として用いたが，「読み」を間違えこのデータの順番が狂ってしまうことがあった．

　誤記…本書に掲載された論文，資料等の原稿段階で実際に見られた漢字の間違いを中心に集めた．ただし「男」と「夫」や「郎」と「朗」のような頻発するようなものは除いた．

　非JIS漢字が用いられた名前である…人名用漢字の旧字体等，普通のワープロソフトでは表記できない漢字を使用している場合が何件かある．本ゼミの作業過程では似た字を当てて対応した．ただし草冠の旧字体等，新字体とほとんど変わらないものは，新字体に統一した．

　同姓同名…例は少ないが最も混乱を招いた．

　誤読する可能性がある…同じ漢字を使うが読みの違うものが存在する「姓」を挙げた．「名」には同様の例が多く，一部を難読として掲載するにとどめた．

誤解・混同…何らかの事情で誤解・混同が生じる恐れがあると判断されたもの．

データの概要

　ここで取り上げる議員データは，99年1月現在の「所属政党」，「漢字名」「学歴」「職歴」という3つのプロフィール・データ，「投票行動」「委員会出席数」「議員立法発議数」「本会議出席数・出席率（参議院議員のみ）」という国会活動データである．並び順は「読み仮名」の順になっており，同姓同名の田中昭一議員については在任期間が先の社会党議員を前，96年選挙で初当選した自民党議員を後とした．

　国会活動データは議員の任期を単位としている．衆議院は90年2月～93年6月，93年8月～96年9月，96年11月～98年6月，参議院は90年2月～92年6月，92年8月～95年6月，95年8月～98年6月に区分され，「委員会出席数」「議員立法発議数」「本会議出席数・出席率」の各データは各任期で合計されたものを示している．

　「投票行動」で取り上げたのは，造反が見られた首相指名選挙の内閣不信任決議案と自由投票が採用された法律案である．

凡例等

　「学歴」は基本的に最終学歴を載せ，大学・大学院については全て載せた．卒業・修了等は省き，中退のみ記した．大学は「大」大学院は「大院」と略し，大学卒業後同じ大学の大学院に入った場合は「同院」とした．外国語学部の場合は学部名でなく学科名を示した．大学院の専攻は，研究科が不明の場合のみカッコに入れて示した．小中高の「～県立」は省いた．

　「職歴」で「～省」など省庁名で表記されているのは，その省庁の官僚だったことを示す．「報道」は報道関係者，「医療」は医療関係者，「団体」は団体役員，「労組」「農協」「漁協」はそれぞれの役員を示す．「学法」「医法」「財団」「社団」「社福」はそれぞれ学校・医療等法人の役員である．学者は教授・助教授については大学・学部名とともに表記し，講師についてもなるべく示した．ただし多数の大学名を挙げていた場合には省略した．「秘書」は国会議員秘書の略で，官房長官秘書官を含めて大臣秘書官は「大臣秘書」と表記した．

　「投票行動」のうち首相指名選挙と内閣不信任決議案および政治改革法与党案については「造反」と判断されたものについて網掛けをしている．党議拘束に反して実際に投票ないし棄権をした場合と，朝日，毎日，読売の各新聞のいずれかにおいて党議に反したという記述がなされている場合の「欠席」を「造反」とした．ただし，議員本人及び関係者が「風邪」などの理由を主張している場合は造反とはみなさなかった．また，会派にのみ所属している議員の行動は造反とはみなさなかった．例えば96年11月の首相指名選挙の際，参議院社民党会派の一部議員が菅直人民主党代表に投票しているが，この議員たちはすでに民主党に入党しており（会派変更手

続きが未完了)，造反としなかった．副議長で党籍を離脱している場合は，党籍を有しているものとして扱った．党籍を有していても，会派に所属していない場合は無所属として処理した．投票者の記名をしなかった，決選投票用の投票用紙を一回目に出した，姓のみ書いて無効となったなどの議員個人の単純なミスは造反とみなさなかった．

投票行動の凡例は次の表の通りである．

「議長」	議長であるため投票に参加せず．				「―」	議席なし	
「棄権」	棄権または退席．（参議院）						
「欠席」	棄権，退席，欠席または投票者記載なしの無効票．（衆議院）						
「小沢一」	小沢一郎	「神崎」	神崎武法	「武村」	武村正義	「不破」	不破哲三
「小沢辰」	小沢辰男	「菅」	菅　直人	「土井」	土井たか子	「細川」	細川護熙
「小渕」	小渕恵三	「河野」	河野洋平	「橋本」	橋本龍太郎	「村山」	村山富市
「海江田」	海江田万里	「小島」	小島慶三	「羽田」	羽田　孜	「矢田部」	矢田部理
「海部」	海部俊樹	「笹野」	笹野貞子	「浜四津」	浜四津敏子	「山花」	山花貞夫

　「議員立法発議数」は発議者として名前が記されている法案の本数を示している．本数の多い方から，衆議院では20位まで，参議院では10位まで網掛けを施した．見出しの下にある数字は平均の値である．

　「本会議出席数・出席率」「委員会出席数」で調査した国会は，第120回（91年），第123回（92年），第126回（93年），第129回（94年），第132回（95年），第136回（96年），第140回（97年），第142回（98年）の各通常国会である．本書では基本的に90年からデータを集めているが，総選挙があった関係で90年には通常国会は開催されていないので，本会議・委員会どちらもこの年のデータは足されていない．

　常任委員会，特別委員会の出席のみを調査対象としており，調査会，分科会，小委員会等については調査していない．閉会中，閉会後開催の委員会についても調査していない．国務大臣，政府委員，議長，副議長として出席している場合は出席扱いとしていない．「委員外の出席者」として会議録に記載されている場合も出席扱いとはしなかった．出席数の多い方から，衆議院では20位まで，参議院では10位まで網掛けを施した．見出しの下にある数字は平均の値である．

衆議院議員				90.2〜93.6			93.8〜96.9		
名前	所属政党 99.1現在	学歴	職歴	宮澤内閣不信任決議案	委員会出席数	議員立法発議数	首相指名選挙		
							93.7	94.4	94.6①
					51	1.1	細川	羽田	村山
逢沢一郎	自民	慶大工	松下政経塾,学法	反	46	0	河野	河野	村山
相沢英之	自民	東京帝大法	大蔵省,財団,団体	反	59	0	河野	河野	村山
愛知和男	自民	東大法	会社員,大臣秘書	賛	26	0	細川	羽田	海部
愛野興一郎	自民	中大法	会社員,農協,経済団体,佐賀県議	賛	91	0	細川	羽田	海部
青木宏之	自由	阪大法	秘書,愛知県議				細川	羽田	海部
青木正久		東京帝大法	報道	反	37	0			
青山丘	自由	慶大法	会社員,瀬戸市議				細川	羽田	海部
青山二三	公明	奈良高	足利市議,栃木県議				細川	羽田	海部
赤城徳彦	自民	東大法	農水省,秘書	欠	114	0	河野	河野	海部
赤羽一嘉	公明	慶大法	会社員				細川	羽田	海部
赤松広隆	民主	早大政経	会社員,労組,愛知県議	賛	20	0	細川	羽田	村山
赤松正雄	公明		報道,秘書						
秋葉忠利	社民	東大理,同院博士,MIT院博士	広島修道大教授,報道	賛	49	0	細川	欠	村山
浅井美幸		東京歯医専	大阪府議	賛	22	0			
浅野勝人	自民	早大政経	報道	反	182	0			
東祥三	自由	創価大院博士(国際経済)	国連職員	賛	40	0	細川	羽田	海部
安住淳	民主	早大社学	報道						
麻生太郎	自民	学習大政経,スタンフォード大院,ロンドン大院	会社役員,団体	反	42	0	河野	河野	村山
阿部昭吾		法大法	教師,秘書,農業団体,山形県議	賛	47	2	細川	羽田	海部
安倍晋三	自民	成蹊大法	会社員,秘書,大臣秘書				河野	河野	村山
安倍晋太郎		東大法	報道,大臣秘書		0	1			
阿部文男		北大林修	北海道議	反	5	0			
阿部未喜男		熊本通信講習所	郵便局職員,労組,労働団体	賛	90	5			
安倍基雄	自由	東大法,ペンシルベニア大院	大蔵省				細川	羽田	海部
甘利明	自民	慶大法	会社員,秘書	反	65	0	河野	河野	村山
網岡雄		岐阜薬専	薬剤師,団体,愛知県議,秘書	賛	41	0	細川	羽田	白票
荒井聰		東大農	農水省,北海道幹部				細川	羽田	村山
新井将敬		東大経済	会社員,大蔵省,大臣	反	67	0	河野	羽田	海部

国会議員データ（衆議院）

94.6 村山内閣不信任案決	96.1	政治改革法自民案	政治改革法与党案	委員会出席数	議員立法発議数	首相指名選挙 96.11	小渕内閣不信任案 98.7	臓器移植法金田案	臓器移植法中山案	臓器移植法修正中山案	サッカーくじ法案	委員会出席数	議員立法発議数
				53	2.7	橋本	小渕	①	②			53.5	1.6
村山	橋本	反	賛	反	52	1	橋本	小渕	反	反	賛	賛	79	0
村山	橋本	反	賛	反	44	0	橋本	小渕	反	賛	賛	賛	55	0
海部	小沢一	賛	反	賛	14	35	小沢一	小渕	反	反	賛	欠	38	0
海部	小沢一	賛	反	賛	80	0	小沢一		賛		欠	賛	24	0
海部	小沢一	賛	反	賛	61	0	小沢一	菅	賛	反	反	欠	反	52	0
海部	小沢一	賛	反	賛	42	5	小沢一	菅	賛	賛	欠	欠	賛	賛	48	0
海部	小沢一	賛	反	賛	89	0	小沢一	神崎	賛	反	賛	賛	反	65	0
海部	橋本	反	賛	賛	63	0	橋本	小渕	反	反	賛	賛	賛	77	0
海部	小沢一	賛	反	賛	62	4	小沢一	神崎	賛	賛	反	賛	賛	反	47	5
村山	白票	反	賛	賛	41	0	菅	菅	賛	賛	反	賛	賛	賛	11	0
海部	小沢一	賛	反	賛	73	0	小沢一	神崎	賛	賛	反	反	欠	73	1
村山	白票	反	反	賛	65	0	橋本	土井	反	反	賛	賛	反	64	7
						橋本	小渕	反	反	賛	賛	賛	43	0
海部	小沢一	賛	欠	欠	67	0	小沢一	菅	賛	賛	反	賛	反	46	0
						菅	菅	賛	賛	反	賛	賛	賛	55	6
村山	橋本	反	賛	反	22	0	橋本	小渕	反	反	賛	賛	賛	15	0
海部	小沢一	賛	反	賛	43	0								
村山	橋本	反	賛	反	90	0	橋本	小渕	欠	反	賛	賛	賛	96	0
海部	小沢一	賛	反	賛	80	4	小沢一	菅	賛	反	反	反	賛	34	2
村山	橋本	反	賛	反	47	0	橋本	小渕	反	反	賛	賛	賛	77	0
村山	橋本	反	反	賛	63	0								
村山	橋本	反	反	賛	70	0								
海部	小沢一	賛	賛	賛	36	0	橋本		反		反	賛	賛	49	0

氏名	党派	学歴	経歴	賛否					
荒井広幸	自民	早大社学	秘書,福島県議				細川	羽田	海部
有川清次	自民	鹿屋高	鹿屋市議,鹿児島県議	賛	62	0	細川	羽田	海部
粟屋敏信	無所属	東大法	建設省,大臣秘書	賛	110	0	細川	羽田	海部
飯島忠義	自民	早大教育	会社員,横浜市議						
家西悟	民主	西宇治中	大阪HIV薬害訴訟原告団代表						
井奥貞雄	自民	飾磨工業高	会社員,会社役員,団体	賛	149	0	細川	羽田	海部
五十嵐広三		旭川商業高	会社役員,旭川市長	賛	62	0	細川	羽田	村山
五十嵐ふみひこ		東大文	報道				細川	白票	村山
池田元久	民主	早大政経	報道,労組	賛	62	3			
池田行彦	自民	東大法	大蔵省,大臣秘書	反	28	0	河野	河野	村山
池田隆一		北海道教大札幌	教師,労組,小樽市議				細川	羽田	村山
池坊保子	公明	学習大文中退	学法,財団						
池端清一	民主	早大法	教師,労組	賛	50	1	細川	羽田	村山
石井郁子	共産	北大院教育博士	大阪教大助教授,婦人団体						
石井啓一	公明	東大工	建設省				細川	羽田	海部
石井紘基	民主	中大法,早大院,モスクワ大院	学者				細川	羽田	海部
石井智		宇治山田高	会社員,伊勢市議,三重県議,財団	賛	77	2	細川	羽田	村山
石井一	民主	甲南大経済,スタンフォード大院政治	団体	賛	42	5	細川	羽田	海部
石垣一夫	公明	新宮高	プロ野球選手,高槻市議,大阪府議				河野	河野	村山
石川要三	自民	早大政経	青梅市議・市長,会社役員	反	50	0			
石毛鍈子	民主	日本女大社会福祉,同院修士	飯田女子短大教授						
石崎岳	自民	京大文	報道						
石田勝之	改革	日大法	大臣秘書,埼玉県議				細川	羽田	海部
石田幸四郎	公明	明大商	報道	賛	0	0	細川	羽田	海部
石田祝稔		創価大院文	東京都職員	賛	133		細川	羽田	海部
石田美栄		津田塾大学芸	教師,中国短大英文科教授				細川	羽田	海部
石橋一弥	自民	日本農士学校	公平村議・村長,東金市助役・市長	反	29	0	河野	河野	海部
石破茂	自民	慶大法	会社員,会社役員	賛	63	1	河野	羽田	海部
石橋大吉	民主	安来第二中	安来市職員,労組	賛	68	2	細川	羽田	白票
石原慎太郎		一橋大法	作家,参院議員	反	24	0	河野	河野	村山
石原伸晃	自民	慶大文	報道	反	85	0	河野	河野	村山
一川保夫	自由	三重大農	農水省,石川県議						
市川雄一	公明	早大第二商	報道	賛	4	1	細川	羽田	海部
井出正一		慶大経済,同院修士	会社員,団体	反	56	0	細川	羽田	村山

村山	橋本	反	賛	反	83	0	橋本	小渕	反	反	反	賛	賛	賛	100	0
海部	小沢一	賛	反	賛	71	2	小沢一	小渕	賛	欠	反	賛	賛	賛	55	14
							橋本	小渕	反	反	反	賛	賛	賛	100	0
							菅	菅	賛	賛	賛	反	欠	反	51	0
海部	小沢一	賛	反	賛	120	4	橋本	小渕	反	反	反	賛	賛	賛	60	0
村山	橋本	反	反	賛	19	0										
村山	橋本	反	反	賛	116	0										
							菅	菅	賛	賛	賛	反	反	反	81	9
村山	橋本	反	賛	反	21	0	橋本	小渕	反	反	欠	欠	賛	賛	8	0
村山	橋本	反	反	賛	135	0										
							小沢一	神崎	賛	賛	反	賛	賛	反	56	1
村山	橋本	反	反	賛	60	1	菅	菅	賛	賛	反	賛	反	賛	36	1
							不破	菅	賛	賛	反	反	反	反	45	0
海部	小沢一	賛	反	賛	116	33	小沢一	神崎	賛	賛	賛	反	賛	反	72	8
海部	小島	反	反	賛	29	0	菅	菅	賛	賛	賛	反	反	反	59	1
村山	橋本	反	反	賛	37	0										
海部	小沢一	賛	反	賛	21	18	小沢一	菅	賛	賛	反	賛	反	欠	30	7
							小沢一	菅	賛	賛	欠	欠	賛	賛	61	0
							橋本	小渕	反	反	反	賛	賛	賛	62	0
							菅	菅	賛	賛	賛	反	反	反	83	1
							橋本	小渕	反	反	反	賛	賛	賛	102	0
海部	小沢一	賛	反	賛	87	0	小沢一	小沢辰	賛	賛	賛	反	賛	賛	48	3
海部	小沢一	賛	反	賛	11	37	小沢一	神崎	賛	賛	反	賛	反	反	25	9
海部	小沢一	賛	反	賛	67	1										
海部	一	賛	反	賛	37	0										
白票	橋本	反	賛	反	41	0	欠	小渕	反	反	反	賛	賛	賛	27	0
海部	小沢一	賛	賛	賛	54	0	橋本	小渕	反	反	賛	反	反	賛	50	0
村山	橋本	反	反	賛	63	0	菅	菅	賛	賛	反	賛	欠	反	38	0
村山	一	一	賛	反	5	0										
村山	橋本	反	賛	反	47	0	橋本	小渕	反	反	賛	反	反	賛	38	2
							小沢一	菅	賛	賛	反	賛	反	賛	75	0
海部	小沢一	賛	反	賛	1	35	小沢一	神崎	賛	賛	反	賛	反	賛	29	0
村山	橋本	反	反	賛	27	0										

氏名	党派	学歴	職歴	投票					
伊藤英成	民主	名大経済	会社員,労組	賛	143	3	細川	羽田	海部
伊藤公介	自民	法大法	会社員,秘書	反	33	0	河野	河野	村山
伊藤茂	社民	東大経済		賛	24	7	細川	羽田	村山
伊藤宗一郎	議長	東北帝大法	報道,大臣秘書	反	22	0	河野	河野	村山
伊藤達也	自民	慶大法	松下政経塾,米連邦議会政策スタッフ				細川	羽田	海部
伊藤忠治	民主	三重短大法経	電電公社職員,労組,労働団体	賛	36	0			
伊東秀子		東大文	弁護士	賛	72	1	細川	羽田	村山
伊東正義		東京帝大法	農水省,農業団体	欠	7	0			
糸山英太郎		日大経済	会社役員,参院議員				欠	白票	白票
稲垣実男	自民	早大第二政経	秘書,大臣秘書				河野	河野	海部
稲葉大和	自民	中大法	秘書,大臣秘書,財団				河野	河野	河野
稲村利幸		学習大・早大政経	秘書,大臣秘書		1	0			
井上一成	自由	同志社大経済	三島町議,摂津市長,会社役員,社福	賛	41	0	細川	羽田	村山
井上喜一	自由	東大法	農水省	賛	31	0	細川	羽田	海部
井上普方		徳島大医	医師,徳島県議	賛	52	1			
井上義久	公明	東北大工	団体,報道	賛	66	9			
伊吹文明	自民	京大経済	大蔵省,大臣秘書	反	29	4	河野	河野	海部
今井勇		東京帝大工	内務省,建設省	欠	0	0			
今井宏	自民	早大政経中退	草加市議・市長				細川	羽田	海部
今枝敬雄		陸軍航空学校	秘書,愛知県議	反	28	0			
今津寛		中大法	旭川市議,北海道議,会社役員	欠	99	0	河野	河野	海部
今村修		法大法通信制	労組,青森市議・県議				細川	羽田	村山
今村雅弘	自民	東大法	国鉄職員						
岩國哲人	民主	東大法	会社員,会社役員,出雲市長						
岩佐恵美		早大文	会社員,団体				不破	不破	不破
岩浅嘉仁	自由	早大社学	秘書,徳島県議				細川	羽田	海部
岩下栄一	自民	早大院政治修士	秘書,熊本県議,団体						
岩田順介	民主	西日本短大法科	福岡県職員,労組	賛	53	1	細川	羽田	村山
岩垂寿喜男		中大専門部法科	労組,団体	賛	36	6	山花	欠	村山
岩永峯一	自民	中大法中退	信楽町議,滋賀県議						
岩村卯一郎		法大法	秘書,大臣秘書,新潟県議	反	123	0			
岩屋毅		早大政経	秘書,大分県議	欠	96	0			
上草義輝		早大政経	秘書	反	64	2			
上田晃弘		神奈川大法	会社員				細川	羽田	海部
上田勇	公明	東大農,コーネル大院経営修士	農水省				細川	羽田	海部
上田清司	民主	法大法,早大院					細川	羽田	海部

海部	小沢一	賛	反	賛	55	0	小沢一	菅	賛	賛	反	賛	反	賛	18	7
村山	橋本	反	賛	反	89	0	橋本	小渕	反	反	反	賛	賛	賛	37	0
村山	橋本	反	反	反	34	0	橋本	土井	反	反	反	反	反	反	24	5
村山	橋本	反	賛	反	12	0	橋本	小渕	長	長	長	長	長	長	0	0
海部	小沢一	賛	反	賛	92	0	小沢一	小渕	欠	反	反	反	反	賛	51	0
							菅	菅	賛	賛	反	賛	反	反	49	1
村山	—	—	反	賛	26	0										
欠	橋本	欠	賛	欠	8	0										
村山	橋本	反	賛	反	43	1	橋本	小渕	反	反	賛	賛	賛	19	0
村山	橋本	反	賛	反	63	0	橋本	小渕	反	反	反	反	賛	68	0
村山	橋本	反	反	賛	33	1	菅	白票	欠	欠	反	反	反	欠	36	0
海部	小沢一	賛	反	賛	46	1	小沢一	菅	賛	賛	反	賛	賛	欠	94	8
							小沢一	神崎	賛	賛	賛	反	賛	反	50	0
白票	橋本	反	賛	反	90	7	橋本	小渕	反	反	反	賛	賛	賛	41	0
海部	小沢一	賛	反	賛	43	34	小沢一	小渕	反	反	反	賛	賛	賛	69	6
海部	小沢一	賛	賛	反	84	0										
村山	橋本	反	反	賛	165	1										
							橋本	小渕	反	反	反	反	賛	88	0
							小沢一	菅	賛	賛	欠	欠	反	反	95	0
白票	不破	賛	反	反	87	0										
海部	小沢一	賛	反	賛	71	0	小沢一	菅	賛	賛	反	賛	賛	反	43	2
							小渕								1	0
村山	橋本	反	反	反	46	0	菅	菅	賛	賛	反	賛	賛	反	24	0
村山	橋本	反	反	反	19	0										
							橋本	小渕	反	反	反	賛	賛	賛	100	0
海部	小沢一	賛	反	賛	38	0										
海部	小沢一	賛	反	賛	78	0	小沢一	神崎	賛	賛	反	賛	反	反	93	5
海部	小沢一	賛	反	賛	95	5	小沢一	菅	賛	賛	賛	反	賛	反	108	8

氏名	党	学歴	経歴	賛否					
			政治						
植竹繁雄	自民	青学大商	会社員,秘書	反	63	0			
上田卓三		扇町第二商業高	団体	賛	35	2			
上田哲		京大法	教師,報道,労組,参院議員	賛	36	0			
上田利正		甲府工業高	電気通信省職員,電電公社職員,労組	賛	41	0			
上野建一		明大法中退	千葉県議		20	1			
上原康助	民主	北山高	公選教育委員,労組	賛	62	2	細川	羽田	村山
魚住汎英		成城大経済	菊池市議,熊本県議,団体	賛	59	0			
宇佐美登		早大理工	松下政経塾,秘書				細川	羽田	村山
臼井日出男	自民	中大経済	秘書,会社役員	反	49	4	河野	河野	村山
宇都宮真由美		愛媛大法文	弁護士	賛	54	0			
内海英男		中大法	秘書	反	90	0			
宇野宗佑		神戸商大中退	滋賀県議,秘書	反	0	0	河野	河野	白票
生方幸夫	民主	早大文	報道,学者						
浦野烋興		学習大政経	警視庁職員,会社員,秘書	反	38	0	河野	河野	村山
漆原良夫	公明	明大法	弁護士						
江口一雄	自民	千葉大園芸	千葉県議,学法	反	54	0			
江崎鐵磨	自由	立教大文	秘書,大臣秘書,学法				細川	羽田	海部
江崎真澄		日大経済	秘書	反	1	0			
江田五月		東大法	裁判官,参院議員	賛	45	2	細川	羽田	海部
枝野幸男	民主	東北大法	弁護士				細川	羽田	村山
江渡聡徳	自民	日大法,同院法	社福職員,八戸短大講師						
衛藤晟一	自民	大分大経済	大分市議・県議	反	87	0	河野	河野	村山
衛藤征士郎	自民	早大政経,同院政治	玖珠町長,参院議員	反	94	0	河野	河野	村山
江藤隆美	自民	宮崎農専	宮崎県議				河野	河野	村山
遠藤乙彦	公明	慶大経済	外務省	賛	62	1	細川	羽田	海部
遠藤和良	公明	静岡大工短大	報道	賛	45	1	細川	羽田	海部
遠藤武彦	自民	中大文	農協,山形県議	反	29	0			
遠藤利明	自民	中大法	秘書,山形県議				細川	羽田	海部
遠藤登		天童高定時制	天童市議,山形県議,団体	賛	86	2	細川	羽田	村山
大石千八		早大商	報道	賛	58	0	河野	河野	村山
大石秀政	自民	早大教育中退	秘書						
大石正光		立教大文	会社員,大臣秘書,秘書	反	54	1	河野	羽田	海部
大出俊		逓信官吏練習所	郵便局職員,労組	賛	20	1	細川	羽田	村山
大内啓伍		早大法		賛	0	0	細川	羽田	海部
大木正吾		日大専門部法中退	郵便局職員,電気通信省,電電公社職員,	賛	44	0	細川	羽田	海部

					橋本	小渕	反	反	反	欠	欠	賛	40	0

村山	橋本	反	反	賛	67	1	橋本	菅	反	反	反	欠	賛	88	0
村山	橋本	反	反	賛	65	0								
村山	橋本	反	賛	欠	10	0	橋本	小渕	反	反	賛	賛	賛	83	4
白票	橋本	反	賛	反	0	0	菅	菅	賛	賛	賛	賛	反	91	3
村山	橋本	反	賛	反	60	0								
							小沢一	神崎	賛	賛	反	反	反	64	0
							橋本	小渕	反	反	賛	賛	賛	31	0
海部	小沢一	賛	反	賛	57	0	小沢一	菅	賛	賛	反	反	欠	78	0
海部	小沢一	賛	反	賛	40	35								
村山	橋本	反	反	賛	100	3	菅	菅	賛	賛	反	反	反	66	16
							橋本	小渕	反	反	反	賛	賛	177	0
村山	橋本	反	賛	反	107	0	橋本	小渕	反	反	反	賛	賛	43	2
村山	橋本	反	賛	反	69	0	橋本	小渕	反	反	反	賛	賛	51	0
村山	橋本	反	賛	反	74	0	橋本	小渕	反	反	賛	賛	賛	51	0
海部	小沢一	賛	反	賛	37	0	小沢一	神崎	賛	賛	反	反	反	44	4
海部	小沢一	賛	反	賛	48	3	小沢一	神崎	賛	賛	反	賛	反	44	3
							欠	小渕	反	反	賛	反	賛	9	0
海部	橋本	反	反	賛	50	0	橋本	小渕	反	反	賛	反	賛	76	0
村山	橋本	反	反	賛	45	0								
村山	欠	欠	賛	反	5	0	橋本	小渕	反	反	反	賛	賛	129	0
海部	白票	賛	賛	賛	47	0								
村山	橋本	反	反	賛	19	0								
海部	橋本	反	反	賛	0	0								
村山	欠	反	反	賛	47	0								

氏名	党派	学歴	経歴	賛否					
			労組,参院議員						
大口善徳	公明	創価大法	弁護士				細川	羽田	海部
大島理森	自民	慶大法	報道,青森県議	反	81	0	河野	河野	村山
太田昭宏	公明	京大院修士	団体				細川	羽田	海部
太田誠一	自民	慶大経済,同院経済博士	福岡大助教授	反	46	0	河野	羽田	海部
大谷忠雄		中大経済	愛知県議,学法				細川	羽田	海部
大塚雄司		慶大経済	東京都議	反	15	0			
大野明		慶大法	会社役員	反	9	4			
大野松茂		川越農業高	埼玉県議,狭山市長						
大野由利子	公明	京大薬	医療,報道	賛	51	2	細川	羽田	海部
大野功統	自民	東大法	大蔵省	反	68	0	河野	河野	村山
大畠章宏	民主	武蔵工大院工修士	会社員,労組,茨城県議	賛	66	9	細川	羽田	海部
大原一三	自民	東大法	大蔵省	反	60	5	河野	河野	白票
近江巳記夫	公明	関西大経済	大阪市議	賛	39	0			
大村秀章	自民	東大法	農水省,徳島市幹部						
大森猛	共産	阪大工中退	秘書,神奈川県議						
大矢卓史		関西大文	秘書,大阪府議,社団				細川	羽田	海部
岡崎トミ子		福島女子高	報道,労組	賛	32	0	細川	羽田	村山
岡崎宏美		明石南高	兵庫県職員,労組	賛	64	1	山花	欠	村山
岡島正之	自由	日大文中退	千葉県議	賛	53	0	細川	羽田	海部
岡田克也	民主	東大法	通産省	賛	166	0	細川	羽田	海部
緒方克陽		鳥栖工業高	国鉄職員,労組	賛	46	0	細川	羽田	村山
岡田利春		釧路工業学校	労組	賛	60	1			
岡部英男	自民	法大工	茨城県議						
小川国彦		中大法	秘書,千葉県議	賛	18	2			
小川元	自民	学習大政経	会社員,会社役員,秘書				河野	河野	村山
小川信		山口大農	農協,団体	賛	92	4			
沖田正人		西南学院専経済	労組,渋谷区議,東京都議	賛	50	1			
奥田敬和		早大政経	報道,会社役員,石川県議	賛	23	0	細川	羽田	海部
奥田建	民主	日大理工	会社役員						
奥田幹生	自民	早大政経	教師,報道,京都市議・府議	反	80	0	河野	河野	村山
奥野誠亮	自民	東京帝大法	内務省,自治庁	反	51	0	河野	河野	村山
奥山茂彦	自民	桃山高	京都市議,社福						
小此木八郎	自民	玉川大文	秘書,大臣秘書				河野	河野	村山
小此木彦三郎		早大文	会社役員,横浜市議		16	0			
長田武士		八王子高定時制		賛	39	0			
小里貞利	自民	加治木高	鹿児島県議	反	25	0	河野	河野	村山
長内順一	公明	北海学園大経済	会社員,札幌市議				細川	羽田	海部
小沢一郎	自由	慶大経済,		賛	1	0	細川	羽田	海部

海部	小沢一	賛	反	賛	47	1	小沢一	神崎	賛	賛	反	賛	賛	賛	118	10
村山	橋本	反	賛	反	73	1	橋本	小渕	反	反	反	賛	賛	賛	111	0
海部	小沢一	賛	反	賛	50	0	小沢一	神崎	賛	賛	反	反	反	賛	71	1
海部	橋本	賛	賛	賛	53	0	橋本	小渕	反	反	賛	賛	賛	賛	28	3
海部	一	賛	反	賛	12	0										
							橋本	小渕	反	反	反	賛	賛	賛	109	0
海部	小沢一	賛	反	賛	62	1	小沢一	神崎	賛	賛	賛	反	賛	反	27	3
村山	橋本	反	賛	反	50	0	橋本	小渕	反	反	反	賛	賛	賛	77	6
海部	橋本	反	反	賛	60	0	菅	菅	賛	賛	反	賛	賛	賛	36	5
村山	橋本	反	賛	反	29	0	橋本	小渕	反	反	反	賛	賛	賛	75	1
海部	小沢一	賛	反	賛	24	1	小沢一	神崎	賛	賛	賛	反	賛	反	24	0
							橋本	小渕	反	反	反	賛	賛	賛	104	0
							不破	菅	賛	賛	反	反	反	反	64	1
海部	白票	欠	反	賛	39	0										
村山	橋本	反	賛	反	35	0										
村山	矢田部	反	反	反	22	0										
海部	小沢一	賛	反	賛	87	0	小沢一	菅	賛	賛	反	賛	賛	賛	28	0
海部	小沢一	賛	反	賛	67	3	小沢一	菅	賛	賛	反	賛	賛	反	113	1
村山	橋本	反	反	賛	61	0										
								小渕	反				賛		34	0
村山	橋本	反	賛	反	48	1	橋本	小渕	反	反	反	賛	賛	賛	50	3
海部	小沢一	賛	反	賛	45	13	小沢一			賛	賛	欠	欠	賛	欠	10	0
																0
村山	橋本	反	賛	反	17	0	橋本	小渕	反	反	反	反	賛		32	0
村山	橋本	反	賛	反	23	0	橋本	小渕	反	反	反	賛	賛	賛	25	0
							橋本	小渕	反	反	反	賛	賛	賛	100	0
村山	橋本	反	賛	賛	90	0	橋本	小渕	反	反	反	賛	賛	賛	62	0
村山	橋本	反	賛	反	20	0	橋本	小渕	反	反	反	賛	賛	賛	27	0
海部	小沢一	賛	反	賛	82	4	小沢一	神崎	賛	賛	反	反	賛	反	41	1
海部	小沢一	賛	反	賛	0	39	小沢一	菅	賛	賛	欠	賛	欠	欠	0	7

氏名	党派	学歴	経歴	賛否					
		院中退							
小沢和秋		東大法	会社員,労組,福岡県議	賛	72	0			
小澤克介		慶大法	会社員,弁護士	賛	59	8			
小澤潔	自民	旧制国立中	国立町議・市議,東京都議	反	60	0	河野	河野	村山
小沢鋭仁	民主	東大法	会社員				細川	白票	村山
小沢辰男	改革	東京帝大法	内務省,厚生省,会社役員	欠	29	0	細川	羽田	海部
越智伊平	自民	相模原工科学校	愛媛県議	反	42	1	河野	河野	村山
越智通雄	自民	東大法	大蔵省,大臣秘書	反	39	0	河野	河野	村山
小野信一		成城大経済	釜石市議,団体	賛	58	1			
小野晋也	自民	東大工,同院工修士	松下政経塾,愛媛県議				河野	河野	村山
小野寺五典	自民	東京水産大海洋環境工,東大院法	宮城県職員,松下政経塾,東北福祉大助教授						
小渕恵三	自民	早大文,同院政治中退		反	19	5	河野	河野	村山
尾身幸次	自民	一橋大商	通産省	反	61	1	河野	河野	村山
海江田万里	民主	慶大法	秘書,評論家				細川	羽田	海部
貝沼次郎		新潟大理	原燃公社職員,団体	賛	76	1	細川	羽田	海部
海部俊樹	無所属	中大専門部法,早大法	秘書	反	0	1	河野	河野	海部
嘉数知賢	自民	早大政経	会社役員,沖縄県議						
柿澤弘治	自民	東大経済	大蔵省,大臣秘書,参院議員	反	14	0	河野	羽田	海部
鍵田節哉	民主	大工大附高夜間中退	労組,会社役員						
鍛冶清		明治工専	北九州市議	賛	38	0			
梶山静六	自民	日大工	会社役員,茨城県議	反	7	6	河野	河野	村山
粕谷茂	自民	日大法文	東京都議	反	33	0	河野	河野	村山
片岡武司		中京大文	会社員,秘書	反	50	0	河野	河野	海部
加藤紘一	自民	東大法,ハーバード大修士	外務省	反	6	4	河野	河野	村山
加藤繁秋		丸亀高	郵便局職員,団体,秘書	賛	49	3			
加藤卓二	自民	明大専門部法	会社役員	反	66	0	河野	河野	村山
加藤万吉		電機学校	会社員,労組	賛	60	6	細川	羽田	村山
加藤六月	自由	陸軍士官学校,旧制姫路高	秘書	欠	7	1	細川	羽田	海部
金子一義	自民	慶大経済	会社員,秘書,大臣秘書	反	61	0	河野	河野	村山
金子原二郎		慶大文	会社員,会社役員,長崎県議	反	85	0	河野	河野	村山
金子徳之介		東北大農	福島市幹部,保原町	賛	84	1	細川	羽田	海部

村山	橋本	反	賛	反	59	0	橋本	小渕	反	反	反	反	反	賛	54	0
村山	橋本	反	反	賛	90	2	菅	菅	賛	賛	反	賛	賛	賛	63	0
海部	小沢一	賛	反	賛	23	1	小沢一	小沢辰	賛	賛	反	賛	賛	賛	0	2
村山	橋本	反	賛	反	71	0	橋本	小渕	反	反	反	賛	賛	賛	31	0
村山	橋本	反	賛	反	70	1	橋本	小渕	反	反	反	賛	賛	賛	58	0
村山	橋本	反	賛	反	68	0	橋本	小渕	反	反	反	賛	賛	賛	50	0
								小渕		反				賛	60	0
村山	橋本	反	賛	反	10	6	橋本	小渕	反	欠	反	賛	賛	賛	1	0
村山	橋本	反	賛	反	57	1	橋本	小渕	反	反	反	賛	欠	賛	31	0
海部	海江田	欠	反	賛	85	0	菅	菅	賛	賛	賛	反	反	反	83	8
海部	小沢一	賛	反	賛	48	38										
海部	小沢一	賛	賛	欠	1	20	小沢一	白票	賛	賛	反	賛	賛	賛	1	2
							橋本	小渕	反	反	反	賛	賛	賛	63	0
海部	橋本	反	賛	反	40	0	橋本	小渕	反	反	反	賛	賛	賛	33	0
							小沢一	菅	賛	賛	反	賛	賛	賛	58	2
村山	橋本	反	賛	反	20	0	橋本	小渕	反	反	反	賛	賛	賛	0	0
村山	橋本	反	欠	欠	19	8	橋本	小渕	反	反	反	欠	賛	欠	17	0
村山	橋本	反	賛	反	39	0										
村山	橋本	反	賛	反	5	3	橋本	小渕	反	反	反	賛	賛	賛	1	5
村山	橋本	反	賛	反	53	0	橋本	小渕	反	反	反	賛	賛	賛	33	3
村山	橋本	反	反	賛	34	0										
海部	小沢一	賛	反	賛	57	17	小沢一	菅	賛	賛	反	反	反	賛	46	0
村山	橋本	反	賛	反	64	0	橋本	小渕	反	反	賛	賛	欠		23	0
村山	橋本	反	賛	反	75	0	橋本		反		欠	欠	欠		22	0
海部	欠	欠	反	賛	20	1										

				長,団体,農協						
金子満広	共産	鉄道教習所	国鉄職員,労組	賛	39	0			
金田英行	自民	中大法	北海道開発庁,大臣秘書				河野	河野	村山
金田誠一	民主	函館東高	函館市職員・市議				細川	白票	村山
金丸信		東農大農	会社役員		3	0			
狩野勝		中大法	千葉県議	反	130	0	河野	河野	村山
鹿野道彦	民主	学習大政経	秘書	反	26	2	河野	羽田	海部
亀井静香	自民	東大経済	警察庁	反	12	0	河野	河野	村山
亀井久興	自民	学習大政経	会社員,秘書,会社役員,参院議員	反	35	0			
亀井善之	自民	慶大経済	会社員,秘書	反	65	4	河野	河野	村山
鴨下一郎	自民	日大医,同院医博士	医師,学法,医法				細川	羽田	海部
唐沢俊二郎		東大法	会社員	反	58	0	河野	河野	村山
河井克行	自民	慶大法	松下政経塾,広島県議						
河合正智	公明	中大法	会社員,岐阜県議				細川	羽田	海部
川内博史	民主	早大政経	会社員,会社役員						
河上覃雄	公明	中大文	団体	賛	63	1	細川	羽田	海部
川崎寛治		京都帝大法	教師,労組,秘書	賛	49	6			
川崎二郎	自民	慶大商	会社員	反	60	0	河野	河野	村山
川島實		名城大理工	愛知県議,会社役員,団体	賛	58	0	細川	羽田	海部
川端達夫	民主	京大工,同院工修士	会社員,労組	賛	80	2	細川	羽田	海部
川俣健二郎		早大政経	会社員,労組	賛	44	0			
河村たかし	民主	一橋大商	会社役員				細川	羽田	海部
河村建夫	自民	慶大商	会社員,秘書,山口県議	反	97	0	河野	河野	海部
瓦力	自民	中大法	秘書	反	23	0	河野	河野	村山
神崎武法	公明	東大法	検事	賛	16	11	細川	羽田	海部
神田厚	民主	早大文	教師,秘書	賛	55	2	細川	羽田	海部
菅直人	民主	東工大理	弁理士	賛	111	15	細川	羽田	村山
菊地福治郎		早大政経	秘書				河野	河野	村山
岸田文雄	自民	早大法	会社員,秘書				河野	河野	村山
岸田文武		東大法	商工省,通産省		15	0			
貴志八郎		青陵高	団体,和歌山市議・県議	賛	44	1			
木島日出夫	共産	東大法中退	弁護士,労組	賛	78	0			
岸本光造	自民	神奈川大商経,法大院修士(政治)	和歌山県議,京都短大教授				河野	河野	村山
北川石松		関西大法中退	寝屋川市議,大阪府議,会社役員	反	20	0			
北側一雄	公明	創価大法	弁護士	賛	91	8	細川	羽田	海部
北川昌典		日南高	日南市職員,労組,市	賛	60	0			

						不破	菅	賛	賛	反	反	反	反	29	0
村山	橋本	反	賛	反	70	0	橋本	小渕	反	反	反	賛	賛	賛	64	0
村山	橋本	反	反	賛	51	0	菅	菅	賛	賛	賛	反	反	欠	46	2
村山	橋本	反	賛	反	96	0										
海部	小沢一	賛	賛	反	33	44	小沢一	菅	賛	賛	反	賛	賛	賛	27	1
村山	橋本	欠	賛	反	2	2	橋本	小渕	反	反	反	賛	賛	欠	0	0
							橋本	小渕	反	反	反	反	反	賛	16	0
村山	橋本	反	賛	反	47	0	橋本	小渕	反	反	反	賛	賛	賛	78	0
海部	小沢一	賛	反	賛	61	0	小沢一	小渕	反	反	反	反	反	賛	99	4
村山	橋本	反	賛	反	24	0										
							橋本	小渕	反	反	反	欠	賛	賛	84	0
海部	小沢一	賛	反	賛	51	0	小沢一	神崎	賛	賛	賛	反	反	賛	52	0
							菅	菅	賛	賛	賛	反	反	賛	148	6
海部	小沢一	賛	反	賛	34	1	小沢一	神崎	賛	賛	反	賛	反	反	85	0
村山	橋本	反	賛	反	72	0	橋本	小渕	反	反	反	賛	賛	賛	32	0
海部	小沢一	賛	反	賛	73	2										
海部	小沢一	賛	反	賛	55	2	小沢一	菅	賛	賛	反	賛	賛	賛	25	3
海部	小沢一	賛	反	賛	43	3	小沢一	菅	賛	賛	賛	反	賛	反	44	6
海部	橋本	反	賛	反	23	0	橋本	小渕	反	反	反	賛	賛	賛	76	5
村山	橋本	反	賛	反	15	3	橋本	小渕	反	反	反	賛	賛	賛	16	0
海部	小沢一	賛	反	賛	14	2	小沢一	神崎	賛	賛	反	賛	反	反	24	7
海部	小沢一	賛	反	賛	16	0	小沢一	菅	賛	賛	反	賛	賛	反	45	0
村山	橋本	反	反	反	11	0	菅	菅	賛	賛	賛	賛	賛	反	7	8
村山	橋本	反	賛	反	68	0	橋本				反	賛	賛		26	0
村山	橋本	反	賛	反	120	0	橋本	小渕	反	反	反	賛	賛	賛	89	0
							不破	菅	賛	賛	反	反	反	反	97	30
村山	橋本	反	賛	反	142	0	橋本	小渕	反	反	反	賛	賛	賛	47	0
海部	小沢一	賛	反	賛	75	6	小沢一	神崎	賛	賛	反	賛	反		85	2

氏名	党派	学歴	経歴	投票					
北川正恭		早大商	日南市職員,労組,市三重県議	反	46	0	河野	羽田	海部
北沢清功	社民	旧制松本工業学校	穂高町議,長野県議	賛	49	0	細川	羽田	村山
北橋健治	民主	東大法					細川	羽田	海部
北村哲男	民主	中大法	弁護士,財団,労組,参院議員						
北村直人	自民	酪農学園大獣医	獣医師,農協,秘書	賛	96	0	細川	羽田	海部
北脇保之	民主	東大法	自治省,福岡市幹部						
木部佳昭	自民	中大専門部法中退	秘書,大臣秘書	反	20	0	河野	河野	村山
木間章		旧制高岡中	高岡市職員,労組,市議	賛	42	4			
木村隆秀	自民	東京経大経済	会社員,会社役員,学法,秘書,愛知県議						
木村太郎	改革	東洋大法	秘書,青森県議						
木村守男		日大法	青森県議	欠	42	0	細川	羽田	海部
木村義雄	自民	中大商	会社員,秘書,香川県議,会社役員	反	80	0	河野	河野	村山
久間章生	自民	東大法	農水省,長崎県幹部,県議,社福	反	56	0	河野	河野	村山
旭道山和泰	無所属	亀津中	関取(最高位小結)						
草川昭三	公明	旧名古屋第一工業学校	会社員,労組	賛	99	0	細川	羽田	海部
草野威		東京外事専中退	横浜市議	賛	32	0			
串原義直		下条実科中	秘書,飯田市議,長野県議	賛	73	0			
鯨岡兵輔	自民	早大商	会社員,足立区議,東京都議	反	25	0	河野	河野	村山
工藤巌		東大法	教師,岩手県幹部,盛岡市長		8	0			
工藤堅太郎		中大商	会社役員,岩手県議,団体				細川	羽田	海部
久野統一郎	自民	早大理工	会社員,秘書,会社役員	反	109	0	河野	河野	村山
久保哲司	公明	大阪市大法	大阪府職員				細川	羽田	海部
熊谷市雄	自民	黒川農業高	農協,団体						
熊谷弘	民主	一橋大社会	通産省,財団,参院議員	賛	9	0	細川	羽田	海部
熊代昭彦	自民	東大法	厚生省,大臣秘書				河野	河野	村山
倉田栄喜	公明	創価大法	弁護士	賛	90	3	細川	羽田	海部
倉成正		東京帝大法	会社員,団体職員,長崎県幹部	反	63	0			
倉成正和	自民	早大理工,同院理学,MIT院政	電電公社職員,会社員,大臣秘書						

国会議員データ（衆議院） 431

海部	一	一	賛	反	3	1								
村山	橋本	反	反	反	41	0	橋本	土井	反	反	賛	反	反	欠	79	0
海部	小沢一	賛	反	賛	59	7	小沢一	菅	賛	賛	反	反	反	反	56	3
							菅	菅	賛	賛	賛	反	反	反	70	5
海部	小沢一	賛	反	賛	57	0	小沢一	小渕	反	反	反	反	反	賛	39	0
							小沢一	菅	賛	賛	反	賛	反	反	86	5
村山	橋本	反	賛	反	18	6	橋本	欠	反	欠	反	賛	賛	欠	12	0
							橋本	小渕	反	反	反	賛	賛	賛	70	0
							小沢一	小沢辰	賛	賛	反	賛	賛	欠	54	0
海部	一	一	反	賛	25	0								
村山	橋本	反	賛	反	131	0	橋本	小渕	反	反	反	反	反	賛	46	1
村山	橋本	反	賛	反	54	0	橋本	小渕	反	欠	欠	賛	賛	0	0
							小沢一	神崎	賛	賛	反	賛	賛	賛	70	0
海部	小沢一	賛	反	賛	85	0	小沢一	神崎	賛	賛	反	反	反	賛	44	1
村山	橋本	反	欠	欠	0	0	橋本	小渕	反	反	欠	欠	欠	欠	2	0
海部	小沢一	賛	反	賛	64	0								
村山	橋本	反	賛	反	53	0	橋本	小渕	反	反	反	欠	賛	賛	50	0
海部	小沢一	賛	反	賛	85	0	小沢一	菅	賛	賛	反	賛	賛	賛	63	0
							橋本	小渕	反	反	反	賛	賛	賛	85	0
海部	小沢一	賛	欠	欠	5	0	白票	菅	賛	欠	反	賛	賛	賛	23	0
村山	橋本	反	賛	反	139	0	橋本	小渕	反	反	反	賛	賛	賛	53	2
海部	小沢一	賛	反	賛	43	3	小沢一	菅	賛	賛	反	賛	賛	反	51	16
								小渕			反			賛	20	0

氏名	党派	学歴	経歴						
		治修士							
栗原博久	自民	新潟大農	新潟県職員,秘書				河野	河野	村山
栗原裕康	自民	慶大経済	会社員,秘書,静岡県議				河野	河野	村山
栗原祐幸		東京帝大法	農協,参院議員	反	0	0			
栗本慎一郎	自民	慶大経済,同院経済博士	明大法教授				細川	羽田	海部
桑原豊	民主	早大法	石川県職員,団体,労組,県議						
玄葉光一郎	民主	上智大法	松下政経塾,会社員,福島県議				河野	羽田	村山
小池百合子	自由	関学大中退,カイロ大文	ｱﾗﾋﾞｱ語通訳,報道,参院議員				細川	羽田	海部
小泉純一郎	自民	慶大経済	秘書	反	6	0	河野	河野	村山
小泉晨一		早大文	会社役員,団体				細川	羽田	海部
小岩井清		日大工中退	労組,市川市議,千葉県議	賛	93	3			
鴻池祥肇		早大教育	会社役員,団体	反	73	0			
河野太郎	自民	ｼﾞｮｰｼﾞﾀｳﾝ大(比較政治)	会社員,会社役員						
河野洋平	自民	早大政経	会社員	反	7	0	河野	河野	村山
高村正彦	自民	中大法	弁護士	反	60	0	河野	河野	村山
河本三郎	自民	日大理工	会社員,秘書,参院議員						
河本敏夫		日大法文	会社役員	反	0	0	河野	欠	欠
古賀一成	民主	東大法	建設省	欠	75	0	細川	羽田	海部
古賀敬章		東大法	会社員,会社役員,山口県議,社福				細川	羽田	海部
古賀誠	自民	日大商	秘書	反	47	1	河野	河野	村山
古賀正浩	自民	東大法	農水省,福岡県幹部	賛	59	0	細川	羽田	海部
穀田恵二	共産	立命大文	京都市議				不破	不破	不破
小坂憲次	自民	慶大法	会社員,秘書	欠	92	0	河野	羽田	海部
輿石東		都留短大教育	教師,労組	賛	33	1	細川	羽田	白票
小杉隆	自民	東大教育	報道,東京都議	反	43	1	河野	河野	村山
小平忠正	民主	慶大	会社員,牧場経営	賛	69	1	細川	羽田	海部
小谷輝二		陸軍技能者養成所	大阪府議	賛	35	0			
児玉健次	共産	広島大文,同院修士	教師,労組,団体	賛	86	0			
後藤茂		拓殖大商		賛	41	6	細川	羽田	白票
後藤田正晴		東京帝大法	内務省,警察庁	反	44	0	河野	河野	村山
五島正規	民主	岡山大医	医師	賛	63	1	細川	羽田	村山
木幡弘道	民主	慶大法	秘書,福島県議				細川	羽田	海部
小林興起	自民	東大法,ﾍﾟﾝｼﾙﾍﾞﾆｱ大院	通産省	反	74	0			
小林多門	自民	明大政経	秘書,八王子市議,東京都議						

村山	橋本	反	賛	反	107	0	橋本	小渕	反	反	欠	欠	反	賛	78	1
村山	橋本	反	賛	反	93	0	橋本	小渕	反	賛	賛	賛	賛	賛	45	0
海部	橋本	反	反	賛	62	0	橋本	小渕	反	反	反	反	反	賛	42	0
							菅	菅	賛	賛	反	反	賛	反	45	6
村山	橋本	反	反	賛	110	1	菅	菅	賛	賛	賛	反	反	反	53	0
海部	小沢一	賛	反	賛	53	3	小沢一	菅	賛	欠	反	賛	賛	欠	68	6
村山	橋本	反	欠	反	23	0	橋本	小渕	反	反	賛	賛	賛	賛	0	0
海部	橋本	反	反	賛	61	0										
							橋本	小渕	反	反	反	反	反	欠	70	0
村山	橋本	反	賛	反	8	0	橋本	小渕	反	反	反	賛	賛	賛	0	0
村山	橋本	反	賛	反	20	3	橋本	小渕	欠	反	賛	賛	賛	賛	0	0
							橋本	小渕	反	反	反	賛	賛	賛	57	0
欠	欠	欠	賛	反	0	5										
海部	小沢一	賛	反	賛	31	1	小沢一	菅	賛	賛	賛	反	反	賛	46	4
海部	小沢一	賛	反	賛	61	1										
村山	橋本	反	賛	反	44	0	橋本	小渕	反	反	賛	賛	賛	賛	10	0
海部	小沢一	賛	反	賛	52	0	小沢一	小渕	賛	反	反	賛	賛	賛	41	3
白票	不破	賛	反	反	117	0	不破	菅	賛	賛	反	反	反	反	61	1
海部	小沢一	賛	賛	賛	138	1	小沢一	小渕	賛	欠	反	賛	賛	賛	97	8
村山	橋本	反	反	賛	84	1										
村山	橋本	反	賛	反	72	0	橋本	小渕	反	反	賛	賛	賛	賛	20	6
海部	橋本	賛	反	賛	44	1	菅	菅	賛	賛	賛	反	賛	反	44	0
							不破	菅	賛	賛	反	反	反	反	73	0
村山	海江田	欠	反	賛	64	0										
村山	橋本	反	賛	欠	75	8										
村山	橋本	反	反	賛	61	2	菅	菅	賛	賛	反	賛	賛	賛	73	1
海部	小沢一	賛	反	賛	92	0	小沢一	菅	賛	賛	反	反	賛	賛	84	0
							橋本	小渕	反	反	賛	賛	賛	賛	41	0
							橋本	小渕	反	反	反	賛	賛	賛	153	0

氏名	党	学歴	職歴	賛否			首相指名		
小林恒人		川西農業高	国鉄職員,労組	賛	28	0			
小林守	民主	東京教大文	鹿沼市職員,栃木県議,労組	賛	89	7	細川	羽田	村山
小松定男		北豊島工業高	会社員,労組,埼玉県議	賛	53	0			
小宮山重四郎		早大政経,日大法文	報道,日大商講師	反	21	0	河野	河野	村山
小森龍邦		府中高	府中市議,団体	賛	55	2	細川	欠	村山
今田保典	民主	溝延中	会社員,労組,団体						
近藤昭一	民主	上智大法	報道						
権藤恒夫	自由	九州電気工学専	専売公社職員,団体,福岡市議・県議	賛	17	0	細川	羽田	海部
近藤鉄雄		一橋大経済	大蔵省,大臣秘書	反	27	0	河野	河野	村山
近藤元次		日大理工	相川町議,新潟県議,団体	反	1	0	河野	—	—
近藤豊		東京外大スペイン語	外務省				細川	羽田	海部
斉藤一雄		明大商	労組,東京都議	賛	40	1			
齋藤邦吉		東京帝大法	内務省,労働省		1	0			
斉藤鉄夫	公明	東工大理,同院修士	会社員				細川	羽田	海部
斉藤斗志二	自民	上智大経済,ワシントン大	会社員,会社役員,団体	反	49	0	河野	河野	村山
斎藤文昭		慶大法	秘書,福島県議				河野	河野	村山
斉藤節		北海道学芸大化学,北大院理	教師,富山大・創価大教授	賛	35	0			
坂井隆憲		早大政経	大蔵省	反	86	0	河野	河野	村山
坂井弘一		摂南工専	会社役員,和歌山市議・県議	賛	8	0			
阪上善秀	自民	神戸学院大法	秘書,宝塚市議,兵庫県議						
坂上富男	民主	日大法文	教師,弁護士,団体,税理士,三条市議				細川	羽田	村山
坂口力	公明	三重県立大院医	医師				細川	羽田	海部
坂本剛二	自民	中大経済	いわき市議,福島県議	反	78	0	河野	羽田	海部
坂本三十次	自民	東北帝大法	石川県公選教育委員	反	18	0	河野	河野	村山
桜井郁三	自民	日大法	秘書,藤沢市議						
桜井新	自民	早大理工	会社員,会社役員,新潟県議	反	25	0	河野	河野	村山
櫻内義雄	自民	慶大経済	会社員,秘書,会社役員,参院議員	長	0	0	河野	河野	村山
桜田義孝	自民	明大商	会社役員,柏市議,千葉県議						
左近正男		市岡高	大阪市職員,労組	賛	50	12	細川	羽田	海部
笹川堯	自民	明大法中退	会社員,団体	賛	23	0	河野	羽田	海部
佐々木憲昭	共産	大阪市大院経営博士							

村山	橋本	反	反	賛	41	0	菅	菅	賛	賛	賛	反	賛	反	56	3
村山	一	一	賛	反	4	0										
村山	矢田部	反	反	反	53	0										
							小沢一	菅	賛	賛	反	賛	欠	賛	61	2
							菅	菅	賛	賛	賛	反	反	反	87	4
海部	小沢一	賛	反	賛	4	2	小沢一	菅	賛	欠	反	賛	賛	欠	29	1
村山	橋本	反	賛	反	93	0										
一	一	一	賛	反	0	0										
海部	一	欠	反	賛	5	0										
海部	小沢一	賛	反	賛	79	1	小沢一	神崎	賛	賛	反	賛	賛	反	89	0
村山	橋本	反	賛	反	84	0	橋本	小渕	反	反	反	反	賛	賛	38	0
村山	橋本	反	賛	欠	80	0										
村山	橋本	反	賛	反	66	0	橋本	小渕	反	反	反	賛	賛	賛	81	0
							橋本	小渕	反	反	反	賛	賛	賛	83	0
村山	橋本	反	反	賛	127	2	菅	菅	賛	賛	賛	反	反	反	32	9
海部	小沢一	賛	反	賛	33	27	小沢一	神崎	賛	賛	反	賛	賛	反	67	19
海部	小沢一	賛	賛	欠	33	5	小沢一	小渕	賛	反	反	賛	賛	賛	33	0
村山	橋本	反	賛	反	30	3	橋本	小渕	反	欠	反	賛	賛	欠	0	5
							橋本	小渕	反	反	反	賛	賛	賛	105	0
村山	橋本	反	賛	反	74	0	橋本	小渕	反	反	欠	賛	賛	賛	55	0
村山	橋本	反	賛	反	28	0	橋本	小渕	反	反	欠	賛	賛	欠	30	0
							橋本	小渕	反	反	反	賛	賛	賛	94	0
海部	橋本	反	反	賛	44	3										
海部	小沢一	賛	賛	賛	59	1	橋本	小渕	反	反	反	賛	賛	賛	29	0
							不破	菅	賛	賛	反	反	反	反	75	1

氏名	党派	学歴	職歴	賛否	数1	数2	首相1	首相2	首相3
佐々木秀典	民主	早大法,同院法	弁護士,団体	賛	62	3	細川	羽田	村山
佐々木洋平	自由	東農大農	岩手県議						
佐々木陸海	共産	信州大文理	報道,秘書				不破	不破	不破
笹木竜三	無所属	早大政経,同院政治修士	松下政経塾				細川	羽田	海部
笹山登生	自由	慶大経済	会社員,秘書				細川	羽田	海部
佐田玄一郎	自民	北大工	会社員,会社役員,秘書,大臣秘書	反	73	0	河野	河野	村山
佐藤観樹		早大政経	秘書,報道	賛	39	14	細川	羽田	白票
佐藤敬治		東京帝大文	教師,大館市長	賛	81	3			
佐藤謙一郎	民主	東大経済	報道,秘書,神奈川県議,参院議員	反	79	0	細川	羽田	村山
佐藤孝行	自民	明大政経	秘書,会社役員	反	0	5	河野	河野	村山
佐藤茂樹	公明	京大法	会社員,団体				細川	羽田	海部
佐藤静雄	自民	高崎経大経済	会社員,秘書,北海道議				河野	河野	海部
佐藤信二	自民	慶大法	会社員,参院議員	反	58	0	河野	河野	村山
佐藤祐弘		高津高定時制	報道	賛	67	0			
佐藤泰介		愛知教大教育	教師,労組	賛	38	1	細川	羽田	白票
佐藤敬夫	民主	成蹊大政経	会社員,会社役員,団体	反	42	0	細川	羽田	海部
佐藤隆		東農大農経	会社員,秘書,参院議員		11	0			
佐藤剛男	自民	東大法	通産省,秘書				河野	河野	海部
佐藤勉	自民	日大工	会社員,会社役員,栃木県議						
佐藤恒晴		福島高	団体職員,労組,団体,福島市議	賛	61	0			
佐藤徳雄		旧制郡山商業学校	教師,労組,団体	賛	22	0			
左藤恵	自民	京都帝大法	逓信院,郵政省	賛	50	4	細川	羽田	海部
佐藤守良		中大法	大臣秘書	賛	44	1	細川	羽田	海部
鮫島宗明		東大,同院農博士	農水省				細川	羽田	海部
沢田広		日大文理	労組,大宮市議,埼玉県議	賛	82	0			
沢藤礼次郎		盛岡農林専	教師,労組,岩手県議,団体	賛	40	0	細川	羽田	村山
志位和夫	共産	東大工					不破	不破	不破
塩川正十郎		慶大経済	布施市助役	反	12	4	河野	河野	村山
塩崎潤		東京帝大法	大蔵省	反	23	0			
塩崎恭久		東大教養,ハーバード大院修士	会社員,大臣秘書				河野	河野	村山
塩田晋	自由	京大経済	労働省,大臣秘書,福岡県幹部						
塩谷立		慶大法	財団	反	114	0	河野	河野	白票

村山	橋本	反	反	賛	102	0	菅	菅	賛	賛	賛	反	反	反	59	2
							小沢一	菅	賛	賛	反	賛	賛	賛	101	0
白票	不破	賛	反	反	53	0	不破	菅	賛	賛	反	反	反	反	58	3
海部	小沢一	賛	反	賛	66	0	小沢一	菅	賛	賛	賛	反	賛	賛	37	1
海部	小沢一	賛	反	賛	50	1	小沢一	小渕	賛	反	賛	反	賛	賛	22	0
村山	橋本	反	賛	反	70	0	橋本	小渕	反	反	反	賛	賛	賛	46	0
村山	橋本	反	反	賛	38	2										
村山	白票	欠	反	賛	30	0	菅	菅	賛	賛	反	反	反	反	19	1
村山	橋本	反	賛	反	6	0	橋本	小渕	反	反	反	賛	賛	賛	0	0
海部	小沢一	賛	反	賛	65	1	小沢一	菅	賛	賛	反	賛	反	賛	76	3
海部	橋本	反	賛	賛	60	0	橋本	小渕	反	反	反	賛	賛	賛	55	0
村山	橋本	反	賛	反	26	0	橋本	小渕	反	反	反	欠	欠	賛	11	0
村山	橋本	反	賛	賛	61	0										
海部	一	一	賛	反	6	0	小沢一	菅	賛	賛	反	賛	賛	賛	37	2
白票	橋本	反	賛	反	76	0	橋本	小渕	反	反	賛	反	反	賛	94	0
							橋本	小渕	反	反	反	賛	賛	賛	83	0
海部	小沢一	賛	反	賛	69	3	小沢一	小渕	賛	欠	反	反	反	賛	23	0
海部	小沢一	賛	反	賛	21	1										
海部	小沢一	賛	反	賛	74	4										
村山	橋本	反	反	賛	36	0										
白票	不破	賛	反	反	5	0	不破	菅	賛	賛	反	反	反	反	5	0
村山	橋本	反	賛	反	25	8										
村山	一	反	賛	反	41	0										
							小沢一	菅	賛	賛	反	賛	賛	賛	26	4
白票	橋本	反	賛	反	90	0										

氏名	党	学歴	経歴	賛否	歳	当			
志賀一夫		東京商大中退	滝根町議,福島県議	賛	65	0	河野	河野	村山
志賀節		早大文	秘書	反	56	0	河野	河野	村山
七条明		東農大醸造	徳島県議,会社役員				河野	河野	村山
実川幸夫	自民	法大法	秘書,大臣秘書,千葉県議				細川	羽田	海部
柴野たいぞう		中大法,カリフォルニア・コースト大経営博士	財団,会社役員				細川	羽田	海部
渋沢利久		早大第二政経中退	秘書,江戸川区議,東京都議	賛	10	0			
渋谷修		東海大工中退	団体	賛	58	3			
嶋崎譲		九大旧制院特別研究生(政治)	九大法教授	賛	40	0	細川	羽田	白票
島聡	民主	名大経済	松下政経塾,報道						
島津尚純	民主	早大法	会社員,秘書						
島村宜伸	自民	学習大政経	会社員,大臣秘書	反	47	0	河野	河野	村山
自見庄三郎	自民	九大医,同院	大学講師,秘書	反	76	0	河野	河野	村山
清水勇		旧制早大附工業高	労組,団体	賛	68	4			
下地幹郎	自民	中央学院大商	会社役員						
下村博文	自民	早大教育	会社役員,団体,東京都議						
城島正光	民主	東大農	会社員,労組						
白川勝彦	自民	東大法	弁護士				河野	河野	村山
白沢三郎		早大政経	新潟県議				細川	羽田	海部
白保台一	公明	日大法	秘書,沖縄県議						
新藤義孝	自民	明大文	川口市職員・市議,会社役員						
新村勝雄		東京高等師範3年修了	福田村長,野田市議・市長	賛	44	0			
新盛辰雄		旧制鹿児島実業学校	会社員,労組	賛	85	3			
末松義規	民主	一橋大商,プリンストン大院中東研究修士	外務省						
菅野悦子		港高	会社員	賛	61	0			
菅義偉	自民	法大法	秘書,大臣秘書,横浜市議						
菅原喜重郎	自由	同志社大神	東山町長,学法	賛	35	0			
杉浦正健	自民	東大経済	会社員,弁護士	反	19	0			
杉山憲夫	自民	旧制裾野高	会社役員,清水町議,静岡県議	賛	24	0	細川	羽田	海部
鈴木喜久子		中大法	弁護士	賛	63	3			
鈴木俊一	自民	早大教育	団体,秘書	反	106	0	河野	河野	村山
鈴木恒夫	自民	早大政経	報道,秘書,大臣秘書	反	42	0			

村山	橋本	反	賛	反		98	0							
村山	橋本	反	賛	反		150	0							
海部	小沢一	賛	反	賛		81	0	小沢一	小渕	反	反	賛	賛	賛	59	0
海部	小沢一	賛	反	賛		51	0							
村山	海江田	反	反	賛		24	0							
								小沢一	菅	賛	賛	反	賛	反	賛	130	4
								小沢一	菅	賛	賛	賛	反	反	賛	60	0
村山	橋本	反	賛	反		44	0	橋本	小渕	反	反	賛	賛	賛	14	3
村山	橋本	反	賛	反		67	1	橋本	小渕	反	反	反	賛	賛	賛	35	1
								橋本	小渕	反	反	賛	賛	賛	98	0
								橋本	小渕	反	反	賛	賛	賛	97	0
								小沢一	菅	賛	賛	賛	賛	欠	反	93	0
村山	橋本	反	賛	反		42	0	橋本	小渕	反	反	賛	賛	賛	12	5
海部	小沢一	賛	反	賛		65	3	小沢一	神崎	賛	賛	反	欠	欠	反	44	0
								橋本	小渕	反	反	賛	賛	賛	96	0
								菅	菅	賛	賛	賛	反	賛	賛	82	6
								橋本	小渕	反	反	反	賛	賛	賛	81	0
								小沢一	菅	賛	賛	賛	反	賛	賛	52	0
								橋本	小渕	反	反	反	賛	賛	賛	66	5
海部	小沢一	賛	反	賛		20	0	橋本	小渕	反	反	反	賛	賛	賛	29	0
村山	橋本	反	賛	反		80	0	橋本	小渕	反	反	反	賛	賛	賛	64	0
								橋本	小渕	反	反	反	賛	賛	賛	28	0

氏名	党派	学歴	経歴	賛否					
鈴木久		磐城高	電電公社職員,労組,いわき市議,福島県議	賛	49	5			
鈴木宗男	自民	拓大政経	秘書,大臣秘書	反	88	0	河野	河野	海部
鈴木淑夫	自由	東大経済	会社員,会社役員						
須藤浩		立教大法	四街道市職員・市議				細川	羽田	海部
須永徹		群馬大工業短大部	会社員,秘書,労組		41	0			
砂田圭佑	自民	中大経済	秘書,会社役員						
砂田重民		立教大経済	秘書,大臣秘書			0			
住博司		早大政経	報道	反	105	0	河野	河野	村山
関晴正		青森師範	教師,労組,青森市議・県議,団体	賛	63	0			
関谷勝嗣	自民	中大法	会社員,秘書,団体	反	34	0	河野	河野	村山
関山信之		三条高	秘書,新潟県議	賛	21	0	細川	羽田	白票
瀬古由起子	共産	京都府大家政	医療,瀬戸市議,労組						
仙谷由人	民主	東大法中退	弁護士	賛	76	0			
園田修光	自民	日大法	鹿児島県議						
園田博之	無所属	日大経済	会社員,労組,秘書	反	57	2	細川	羽田	村山
高市早苗	自民	神戸大経営	松下政経塾,米議会職員,報道,会社役員				河野	羽田	海部
高木陽介		創価大法	報道				細川	羽田	海部
髙木義明	民主	下関工業高	会社員,労組,長崎市議・県議	賛	70	0	細川	羽田	海部
高沢寅男		東大経済		賛	36	1			
髙鳥修	自民	東大法	能生町長,新潟県議	反	50	0	河野	河野	村山
高橋一郎	自民	東京工専中退	中野区議,東京都議	賛	47	0	細川	羽田	海部
髙橋辰夫		中大経済	秘書,大臣秘書,北海道議				欠	河野	村山
髙見裕一		追手門学院大経済中退	団体				細川	羽田	村山
田川誠一		慶大法	報道,労組,大臣秘書,秘書	賛	1	0			
滝実	自民	東大法	自治省,奈良県副知事,財団						
田口健二		大村高	大村市職員,労組	賛	42	2	細川	羽田	白票
竹内勝彦		東京電機大工	会社員,報道	賛	35	0			
竹内猛		日大法文	団体	賛	53	1	細川	羽田	村山
竹内譲		京大法	会社員				細川	羽田	海部
竹内黎一		東大経済	報道,大臣秘書				河野	河野	村山
竹下登	自民	早大商	教師,島根県議	反	0	0	河野	河野	村山
武部勤	自民	早大法	北海道議,秘書	反	69	0	河野	河野	海部
武部文		米子商蚕学校商	郵便局職員,労組	賛	45	0			
武村正義	さき	東大教育・経済	自治省,八日市市長,滋賀県知事	反	48	6	細川	羽田	村山
竹村幸雄		堀川高	京都市議	賛	98	5			

海部	橋本	反	賛	反	96	2	橋本	小渕	反	反	反	賛	賛	賛	43	0
海部	小沢一	賛	反	賛	55	1	小沢一	菅	賛	賛	反	賛	反	賛	100	16
							橋本	小渕	反	反	反	賛	賛	賛	115	0
村山	橋本	反	賛	反	66	0	橋本		反	欠	反	賛	反	欠	65	1
村山	橋本	反	賛	反	77	0	橋本	小渕	反	反	反	賛	賛	賛	74	0
白票	白票	反	反	賛	23	1	不破	菅	賛	賛	反	反	反	反	81	1
							菅	菅	賛	賛	反	賛	欠	反	21	2
							橋本	小渕	反	反	反	賛	賛	賛	78	0
村山	橋本	反	反	賛	16	0	橋本	武村	反	反	反	賛	賛	賛	23	12
海部	小沢一	賛	賛	賛	64	3	橋本	小渕	反	反	反	賛	賛	賛	54	0
海部	小沢一	賛	反	賛	99	0										
海部	小沢一	賛	反	賛	101	2	小沢一	菅	賛	賛	反	賛	賛	賛	99	0
村山	橋本	反	賛	反	90	0	橋本	小渕	反	反	反	賛	賛	賛	56	0
海部	小沢一	賛	反	賛	38	0	橋本	小渕	反	反	反	賛	賛	賛	43	0
村山	橋本	反	賛	反	55	0										
村山	橋本	反	反	賛	52	0										
							橋本	小渕	反	反	反	賛	賛	賛	93	0
村山	橋本	反	反	賛	45	0										
村山	橋本	反	反	賛	49	0										
海部	小沢一	賛	反	賛	53	2										
村山	橋本	反	賛	反	59	0										
村山	欠	反	賛	反	0	0	橋本	小渕	反	反	反	賛	賛	賛	0	0
海部	橋本	反	賛	反	85	0	橋本	小渕	反	反	反	賛	賛	賛	87	5
村山	橋本	反	反	賛	1	0	橋本	武村	反	反	欠	欠	賛	賛	15	10

氏名	党派	学歴	職歴						
竹本直一	自民	京大法,カリフォルニア大院	建設省						
武山百合子	自由	中大文	大学職員				細川	羽田	海部
田澤吉郎		早大政経	青森県議	反	22	0	河野	河野	村山
橘康太郎	自民	早大政経,同院商	会社員,会社役員,富山県議,団体				河野	河野	村山
達増拓也	自由	東大法	外務省						
田中和德	自民	法大法	秘書,川崎市議,神奈川県議						
田中慶秋	民主	東海大工	会社員,労組,神奈川県議						
田中甲	民主	立教大社会	市川市議,千葉県議				細川	羽田	村山
田中秀征		東大文,北大法	秘書,福山大教授	反	51	1	細川	羽田	村山
田中昭一		熊本逓信講習所	電電公社職員,労組	賛	57	0	細川	羽田	白票
田中昭一	自民	法田中	船橋市議,千葉県議						
田中恒利		日大専門部社会	教師,団体,農協	賛	49	2	細川	羽田	村山
田中直紀		慶大法	会社員,会社役員				河野	河野	村山
田中眞紀子	自民	早大商	会社役員				河野	河野	村山
棚橋泰文	自民	東大法	通産省,弁護士						
田名部匡省		立教大経済	アイスホッケー選手,青森県議	反	10	0	細川	羽田	海部
田邉國男	自民	早大政経	会社役員,山梨県知事	反	55	0			
田辺広雄		関学専政経	名古屋市議	反	77	0			
田邊誠		逓信官吏練習所	逓信・郵政省職員,労組,群馬県議	賛	6	0	細川	羽田	白票
田並胤明		熊谷高	郵政省職員,労組,埼玉県議	賛	38	7			
谷垣禎一	自民	東大法	弁護士,税理士,秘書	反	99	0	河野	河野	村山
谷川和穂	自民	慶大法,同院政治,ハーバード大院(自治行政)	学者	反	44	1	河野	河野	村山
谷口隆義	公明	大阪府大経済	公認会計士,税理士				細川	羽田	海部
谷畑孝	自民	関西大法	池田市職員,団体,参院議員						
谷村啓介		同志社大経済	報道,岡山市議・県議	賛	58	1			
谷洋一	自民	旧神戸第一商業学校	団体,村岡町議・町長,兵庫県議	反	38	5	河野	河野	村山
田野瀬良太郎	自民	名古屋工大工	五条市議,奈良県議,学法,社福				河野	河野	海部
田端正広	公明	同志社大経済	報道				細川	羽田	海部
玉城栄一		宮古高,参院速記者養成所	那覇市議	賛	52	1			
玉置一弥	民主	同志社大法	会社員						
玉澤徳一郎	自民	早大院政治	秘書,富士大助教授				河野	河野	村山

					橋本	小渕	反	反	反	賛	反	賛	77	0
海部	欠	賛	反	賛	51	33	小沢一	菅	賛	賛	反	賛	賛	欠	61	0
村山	橋本	欠	賛	反	8	0									
村山	橋本	反	賛	反	84	0	橋本	小渕	反	反	反	賛	賛	賛	74	0
							小沢一	菅	賛	賛	反	賛	賛	賛	68	2
							橋本	小渕	反	反	反	賛	賛	賛	167	0
							小沢一	菅	賛	賛	反	賛	賛	賛	62	8
村山	橋本	反	反	賛	86	0	菅	菅	賛	賛	賛	反	反	反	52	1
村山	橋本	反	反	賛	27	0									
白票	橋本	反	反	賛	85	1									
							橋本	欠	反	反	反	賛	賛	賛	66	0
村山	橋本	反	反	賛	43	0									
村山	橋本	反	賛	反	52	0									
村山	橋本	反	賛	反	44	0	橋本	小渕	反	反	反	反	反	欠	26	1
							橋本	小渕	反	反	反	賛	賛	賛	147	0
海部	小沢一	賛	反	賛	47	3									
							欠	小渕	反	反	反	賛	賛	賛	20	0
白票	欠	反	反	賛	36	0									
村山	橋本	反	賛	反	89	1	橋本	小渕	反	反	反	反	反	賛	8	0
村山	橋本	反	賛	反	67	3	橋本	小渕	反	反	反	賛	賛	賛	45	5
海部	小沢一	賛	反	賛	98	0	小沢一	菅	賛	賛	反	賛	賛	賛	72	5
							橋本	小渕	反	反	反	賛	賛	賛	65	
村山	橋本	反	賛	反	37	0	橋本	小渕	反	反	反	賛	賛	賛	47	0
白票	橋本	反	賛	反	77	0	橋本	小渕	反	反	反	賛	賛	賛	113	0
海部	小沢一	賛	反	賛	38	1	小沢一	神崎	賛	賛	反	賛	賛	反	46	0
							小沢一	菅	賛	賛	反	賛	賛	賛	44	3
村山	橋本	反	賛	反	21	0	橋本	小渕	反	反	反	反	反	賛	33	5

氏名	党派	学歴	職歴						
田村憲久	自民	千葉大法経	秘書						
田村元		慶大法	教師,秘書,会社員	反	0	0	河野	河野	村山
樽床伸二	民主	阪大経済	松下政経塾,秘書				細川	羽田	海部
田原隆		九大工	建設省	反	18	0	河野	河野	村山
近岡理一郎	自民	陸軍士官学校	真室川町議,山形県議,会社役員,団体	反	33	0	河野	河野	村山
千葉国男		中大法	団体,報道				細川	羽田	海部
中馬弘毅	自民	東大経済	会社員	反	35	0	河野	河野	村山
塚田延充		東大経済	会社員				細川	羽田	海部
塚原俊平		成蹊大政経	会社員,団体	反	17	0	河野	河野	村山
塚本三郎		中大法		賛	10	0			
月原茂皓		東北大法	防衛庁,大臣秘書				細川	羽田	海部
辻一彦	民主	千葉農専	教師,団体,参院議員	賛	62	2	細川	羽田	村山
辻第一	共産	京大附医学専門部	医師	賛	80	0			
津島雄二	自民	東大法	大蔵省	反	60	5	河野	河野	海部
辻元清美	社民	早大教育	会社員						
土田龍司		法大法	市議秘書				細川	羽田	海部
土屋品子	無所属	聖心女大文,香川栄養学校栄養士・製菓	料理研究家,フラワーアーティスト,会社役員						
筒井信隆		早大法	弁護士,労組,団体	賛	70	0			
常松裕志		東大経済	会社員,団体	賛	39	0			
寺前巌	共産	京都青年師範	教師,労組,京都府議,団体	賛	50	0	不破	不破	不破
土井たか子	社民	京都女大英文中退,同志社大法,同院	同志社大・関学大講師	賛	38	4	細川	羽田	村山
戸井田三郎		中大法	秘書,大臣秘書	反	107	0	河野	河野	村山
戸井田徹	自民	獨協大法	秘書,大臣秘書						
土肥隆一	民主	東京神大院	団体,秘書	賛	40	1	細川	羽田	海部
東家嘉幸	自民	熊本県農業技術員養成所	会社役員	反	33	1	河野	河野	村山
渡海紀三朗		早大理工	会社員,秘書	反	39	0	細川	羽田	村山
時崎雄司		専大法	団体,労組	賛	51	1			
徳田虎雄		阪大医	医師	反	38	0	細川	羽田	海部
外口玉子		東大医衛生看護,ボストン大看護修士	医療,東京都職員	賛	63	0			
戸田菊雄		仙台鉄道教習所	労組,参院議員	賛	55	0			
戸塚進也		日大法	通産省,掛川市議,団体,静岡県議,参院議員	反	82	4			
冨沢篤紘	改革	慶大法	会社員,会社役員,大和市議,神奈川県議						
富田茂之	公明	一橋大法	弁護士				細川	羽田	海部

							橋本	小渕	反	反	反	賛	賛	賛	111	0
村山	橋本	反	賛	反		1	0									
海部	小沢一	賛	反	賛		42	1	小沢一	菅	賛	賛	反	反	反	反	40	3
村山	橋本	反	賛	反		20	0									
村山	橋本	反	賛	反		48	0	橋本	小渕	反	反	反	賛	欠	賛	11	0
海部	小沢一	賛	反	賛		65	2									
村山	橋本	反	賛	反		48	0	橋本	小渕	反	反	反	反	反	賛	43	0
海部	小沢一	賛	反	賛		31	0									
村山	橋本	反	賛	反		10	0	橋本		欠		反	欠	欠		10	0
海部	小沢一	賛	反	賛		72	0									
村山	橋本	反	賛	賛		49	0	菅	菅	賛	賛	反	賛	賛	反	52	0
							不破	菅	賛	賛	反	反	反	反	43	0
海部	橋本	反	賛	反		28	5	橋本	小渕	反	反	反	賛	賛	賛	70	0
							土井	土井	反	欠	賛	反	反	反	48	2
海部	小沢一	賛	反	賛		52	0									
							橋本	小渕	反	欠	反	賛	賛	欠	71	1
白票	不破	賛	反	反		66	0	不破	菅	賛	賛	反	反	反	反	38	0
村山	橋本	長	長	長		0	0	橋本	土井	反	反	反	反	反	反	11	0
村山	橋本	反	賛	反		54	1									
							橋本	小渕	反	反	反	賛	賛	賛	99	0
海部	笹野	欠	反	賛		84	3	小沢一	菅	賛	賛	賛	反	賛	賛	49	3
村山	橋本	反	賛	反		64	1	橋本	小渕	反	反	欠	欠	賛	賛	38	0
村山	橋本	反	反	賛		41	1									
海部	橋本	反	反	賛		37	0									
							小沢一	小沢辰	賛	賛	反	賛	賛	賛	44	4
海部	小沢一	賛	反	賛		75	3	小沢一	神崎	賛	欠	反	賛	反	反	114	4

氏名	党派	学歴	職歴	賛否	得票		首相指名1	首相指名2	首相指名3
富塚三夫		明大政経	会社員,労組	賛	57	0			
豊田潤多郎		東大法	大蔵省,団体				細川	羽田	海部
虎島和夫	自民	旧制五島中	会社員,福江市議,長崎県議	反	56	0	河野	河野	村山
鳥居一雄		電通大通信別科	報道	賛	35	1	細川	羽田	海部
永井英慈	民主	慶大法	神奈川県議				細川	羽田	海部
永井孝信		鉄道教習所中等部	国鉄職員,労組	賛	54	1	細川	羽田	白票
永井哲男		東北大法	弁護士				細川	羽田	村山
中井洽	自由	慶大経済	秘書	賛	92	1	細川	羽田	海部
中尾栄一	自民	青学大文,早大院(社会政策)	秘書,団体,会社役員	反	5	0	欠	河野	海部
中川昭一	自民	東大法	会社員	反	94	1	河野	河野	白票
中川智子	社民	鶴見女子短大国文	団体						
中川秀直	自民	慶大法	報道,秘書				河野	河野	村山
中川正春	民主	ｼﾞｮｰｼﾞﾀｳﾝ大国際政治	三重県議						
中桐伸五	民主	岡山大医	医師,団体,労組						
中沢健次	民主	夕張北高	夕張市職員,労組	賛	48	1			
中島章夫		大阪外大中国語,東大文	文部省				細川	白票	村山
中島源太郎		慶大経済	会社役員		8	1			
中路雅弘	共産	京大法中退	団体						
中島武敏	共産	北大予科,東大文中退					不破	不破	不破
中島衛		中大経済	会社員,団体	賛	20	0	細川	羽田	海部
中島洋次郎	無所属	慶大商	報道	反	16	0	河野	河野	海部
永末英一		東京帝大法	満鉄職員,京都市議,大学講師,府議,参院議員	欠	4	0			
長勢甚遠	自民	東大法	労働省,大臣秘書,団体	反	82	0	河野	河野	村山
中曽根康弘	自民	東京帝大法	内務省	反	0	0	河野	河野	欠
中谷元	自民	防衛大理工	自衛官,秘書,大臣秘書	反	121	0	河野	河野	村山
中田宏	無所属	青学大経済	松下政経塾,秘書				細川	羽田	海部
中西啓介	自由	早大政経	秘書,団体	賛	63	0	細川	羽田	海部
中西績介	社民	三重農林専	教師,労組	賛	58	1	細川	羽田	村山
中野寛成	民主	関西大法	豊中市議	賛	103	7	細川	羽田	海部
中野清	改革	明大政経	川越市議,埼玉県議,会社役員						
中野正志	自民	東北学院大法	秘書,宮城県議						
長浜博行		早大政経	松下政経塾,会社員,会社役員,秘書				細川	羽田	海部
中林よし子	共産	島根大教育	教師						
中村巖		早大法	弁護士,東海大短大	欠	40	2			

海部	小沢一	賛	反	賛	42	0							
村山	橋本	反	賛	反	52	0	橋本	小渕	反 反 反 賛 賛 賛	36	5
海部	小沢一	賛	反	賛	17	0					
海部	小沢一	賛	反	賛	40	2	小沢一	菅	賛 賛 賛 反 反 反	51	0
村山	橋本	反	反	賛	62	0					
村山	橋本	反	反	賛	98	2					
海部	小沢一	賛	反	賛	48	40	小沢一	菅	賛 賛 反 賛 賛 賛	87	3
海部	橋本	反	賛	反	6	0	橋本	小渕	反 反 欠 欠 賛 賛	7	0
白票	橋本	反	賛	反	31	1	橋本	小渕	反 反 反 賛 賛 賛	46	0
							土井	土井	反 欠 賛 反 反 反	72	1
村山	橋本	反	賛	欠	24	3	橋本	小渕	反 反 反 欠 賛 賛	43	0
							小沢一	菅	賛 賛 反 反 反 賛	121	6
							菅	菅	賛 賛 反 賛 賛 反	46	2
							菅	菅	賛 賛 賛 反 反 賛	40	1
村山	橋本	反	反	賛	23	0					
							不破	菅	賛 賛 反 反 反 反	32	0
白票	不破	賛	反	反	60	0	不破	菅	賛 賛 反 反 反 反	49	0
海部	小沢一	賛	反	賛	23	0					
白票	橋本	反	賛	反	30	0	橋本	小渕	反 反 反 賛 賛 賛	55	0
村山	橋本	反	賛	反	84	0	橋本	小渕	反 反 反 賛 賛 賛	62	0
海部	橋本	欠	賛	反	0	0	橋本	小渕	反 反 賛 欠 賛 賛	0	0
村山	橋本	反	賛	反	93	0	橋本	小渕	反 反 反 賛 賛 賛	39	1
海部	小沢一	賛	反	賛	49	0	小沢一	菅	賛 賛 賛 反 反 賛	30	1
海部	一	一	反	賛	3	0	小沢一	菅	賛 賛 反 賛 賛 賛	8	2
村山	橋本	反	賛	賛	42	0	橋本	土井	反 反 反 反 反 賛	41	3
海部	小沢一	賛	反	賛	22	42	小沢一	菅	賛 賛 反 賛 反 賛	17	3
							小沢一	小沢辰	賛 賛 賛 反 賛 賛	57	4
							橋本	小渕	欠 反 反 賛 賛 賛	147	0
海部	小沢一	賛	反	賛	59	0					
								菅	賛 賛 反	36	0

氏名	会派	学歴	経歴	投票	当選回数	落選回数	首相指名1	首相指名2	首相指名3
			助教授						
中村鋭一	自由	同志社大商	教師,報道,参院議員						
中村喜四郎	無所属	日大法	秘書	反	14	2	河野	欠	欠
中村正三郎	自民	慶大法	会社員,秘書,会社役員	反	20	0	河野	河野	村山
仲村正治	自民	那覇高	会社役員,那覇市議,沖縄県議	賛	18	0	細川	羽田	海部
中村時広		慶大法	会社員,愛媛県議				細川	羽田	海部
中村正男		西野田工業高	会社員,労組	賛	54	5	細川	羽田	海部
中村力		東大法	郵政省				河野	白票	白票
中山太郎	自民	大阪高等医専	大阪府議,参院議員	反	25	0	河野	河野	村山
中山利生	自民	日大法文	秘書,団体,会社役員	反	16	0	河野	河野	村山
中山成彬	自民	東大法	大蔵省	反	17	1			
中山正暉	自民	中大法	秘書,大臣秘書,大阪市議	反	49	0	欠	河野	海部
並木正芳	改革	埼玉大教養	所沢市議,埼玉県議						
楢崎弥之助		九州帝大法	秘書	賛	71	0	細川	羽田	欠
二階堂進		南カリフォルニア大政経,同院国際関係	外務省嘱託,海軍司政官	反	0	0	河野	河野	河野
二階俊博	自由	中大法	秘書,大臣秘書,和歌山県議	賛	66	0	細川	羽田	海部
西岡武夫		早大教育	報道,会社役員,団体	欠	16	4	河野	羽田	海部
西川公也	自民	東京農工大院農	栃木県職員,会社役員,県議						
西川太一郎	自由	早大商	秘書,東京都議				細川	羽田	海部
西川知雄	改革	東大法,ハーバード大院修	建設省,弁護士						
錦織淳		東大法	弁護士,団体,財団				細川	羽田	村山
西田猛	自由	東大法,ハーバード・ロースクール	自治省,大宮市幹部,米国弁護士,国連ナミビアPKO日本隊長						
西田司	自民	旧制松山農業学校	長浜町議・町長	反	45	1	河野	河野	村山
西中清		京都工業繊維大工芸	報道	賛	27	1			
西野陽	自由	関西大法	大阪府議						
西博義	公明	徳島大工,同院工修士・広島大院	和歌山高等工専助教授				細川	羽田	海部
西村章三	自由	立命大法	秘書,大阪府議						
西村眞悟	自由	京大法	神戸市職員,弁護士,労組役員				細川	羽田	海部
西銘順治		東京帝大法	外務省職員,沖縄群島政府職員,琉球政府立法院議員,琉球政府幹部,那覇市長,				河野	河野	村山

国会議員データ（衆議院）　　　　　　　449

							小沢一	菅	賛	賛	反	賛	賛	欠	28	0
欠	橋本	反	賛	反	0	0	橋本	小渕	欠	反	欠	欠	賛	賛	11	0
村山	橋本	反	賛	反	100	2	橋本	小渕	反	反	反	賛	賛	賛	0	0
海部	小沢一	賛	反	賛	51	1	小沢一	小渕	反	反	反	賛	賛	賛	53	0
海部	小沢一	賛	反	賛	59	0										
海部	白票	欠	反	賛	45	0										
海部	橋本	賛	賛	反	19	0										
村山	橋本	反	賛	反	46	0	橋本	小渕	反	欠	反	賛	賛	賛	25	1
村山	橋本	反	賛	反	46	1	橋本	小渕	反	反	反	反	賛	賛	83	0
							橋本	小渕	反	反	反	賛	賛	賛	71	0
海部	橋本	反	賛	反	12	0	橋本	小渕	反	反	反	賛	賛	賛	77	0
							小沢一	小沢辰	賛	賛	反	賛	反	賛	67	1
海部	白票	欠	反	賛	13	0										
欠	橋本	反	賛	反	31	0										
海部	小沢一	賛	反	賛	36	25	小沢一	菅	賛	賛	反	賛	賛	欠	38	1
海部	小沢一	賛	賛	賛	22	43	小沢一		賛		反	反	反		18	2
							橋本	小渕	反	反	反	賛	賛	賛	130	0
海部	小沢一	賛	反	賛	70	0	小沢一	菅	賛	賛	賛	反	賛	賛	87	0
							小沢一	小沢辰	賛	賛	欠	賛	賛	反	93	9
村山	橋本	反	反	賛	94	4										
							小沢一	菅	賛	賛	反	賛	反	賛	80	4
村山	橋本	反	賛	反	57	1	橋本	小渕	反	反	反	賛	賛	賛	42	0
							小沢一	菅	賛	賛	反	反	反	賛	49	5
海部	小沢一	賛	反	賛	48	0	小沢一	菅	賛	賛	反	賛	賛	賛	48	2
							小沢一	菅	賛	賛	反	賛	賛	欠	27	0
海部	小沢一	賛	反	賛	86	1	小沢一	菅	賛	賛	欠	欠	賛	賛	77	1
村山	欠	欠	賛	反	9	0										

氏名	党	学歴	経歴	賛否	得票	他	投票1	投票2	投票3
			県知事						
丹羽兵助		関学大神中退	会社役員,守山町議,愛知県議			1			
丹羽雄哉	自民	慶大法	報道,秘書	反	22	0	河野	河野	村山
額賀福志郎	自民	早大政経	報道,茨城県議	反	90	4	河野	河野	村山
根本匠	自民	東大経済	建設省,秘書				河野	河野	村山
野坂浩賢		法大高等商業部	会社員,労組,団体,鳥取県議	賛	61	0	細川	羽田	村山
能勢和子	自民	高知赤十字高等看護学院	医療,団体						
野田聖子	自民	上智大外国語	会社員,岐阜県議				河野	河野	海部
野田毅	自由	東大法	大蔵省	反	38	1	河野	河野	海部
野田実		京大農	大蔵省	反	136	0	河野	河野	村山
野田佳彦		早大政経	松下政経塾,千葉県議				細川	羽田	海部
野中広務		旧制園部中	国鉄,園部町議・町長,京都府議,団体,副知事,会社役員	反	35	0	河野	河野	村山
野呂昭彦		慶大工,同院工	会社員,秘書,大臣秘書	反	97	0	河野	河野	海部
野呂田芳成	自民	中大法	建設省,参院議員	反	28	1	河野	河野	村山
萩野浩基	自民	駒大仏教,早大院政治,駒大院	学者,参院議員						
萩山教厳	自民	立命大法	秘書,富山県議,農協	反	120	0	河野	河野	村山
橋本龍太郎	自民	慶大法	会社員,大臣秘書	反	12	1	河野	河野	村山
蓮実進	自民	明大政経	秘書,財団				河野	河野	河野
長谷川峻		早大専門部政経	報道,秘書,大臣秘書		11	0			
長谷百合子		お茶大文教育,同院(現代政治思想史)	評論家	賛	43	1			
畑英次郎	民主	旧武蔵工専中退	日田市職員,秘書,市長,団体	賛	47	0	細川	羽田	海部
畠山健治郎	社民	秋田農業講習所	秋田県職員,労組,団体,大館市長				細川	羽田	村山
羽田孜	民主	成城大経済	会社員	賛	19	0	細川	羽田	海部
鉢呂吉雄	民主	北大農	農協	賛	73	2	細川	羽田	村山
初村謙一郎		明大政経,南カリフォルニア大院修士	秘書,大臣秘書,長崎県議				細川	羽田	海部
鳩山邦夫	民主	東大法	秘書	欠	16	0	細川	羽田	海部
鳩山由紀夫	民主	東大工,スタンフォード大院工博士	専大経営助教授,秘書	反	120	4	細川	羽田	村山
葉梨信行	自民	北大理,同院理	秘書	反	35	0	欠	河野	村山
馬場昇		熊本工専,工業教員養成所	教師,労組,団体	賛	41	2			
濱田健一	社民	鹿児島大教育	教師,労組				細川	羽田	村山

国会議員データ（衆議院）

村山	橋本	反	賛	反	25	0	橋本	小渕	反	反	反	賛	賛	賛	22	0
村山	橋本	反	賛	反	120	5	橋本	小渕	反	反	反	賛	賛	賛	22	0
村山	橋本	反	賛	反	104	0	橋本	小渕	反	反	反	賛	賛	賛	104	0
村山	橋本	反	反	賛	11	0										
							橋本	小渕	反	反	反	賛	賛	賛	111	1
海部	橋本	反	賛	反	97	0	橋本	小渕	反	反	反	賛	賛	賛	45	0
海部	小沢一	賛	賛	反	70	18	小沢一	菅	賛	賛	賛	反	反	欠	15	13
村山	橋本	反	賛	反	50	0	橋本	小渕	反	反	反	賛	賛	賛	34	0
海部	小沢一	賛	反	賛	115	0										
村山	橋本	反	賛	反	32	2	橋本	小渕	反	反	欠	欠	欠	賛	69	0
海部	小沢一	賛	賛	欠	34	2										
村山	橋本	反	賛	反	57	0	橋本	小渕	反	反	反	欠	賛		44	0
							小沢一	小渕	反	反	反	反	賛	賛	56	0
村山	橋本	反	賛	反	73	0	橋本	小渕	反	反	反	反	賛	賛	68	0
村山	橋本	反	賛	反	3	5	橋本	小渕	反	反	欠	欠	賛	賛	0	0
村山	橋本	反	賛	反	134	0	橋本	小渕	反	反	反	賛	賛	賛	26	0
海部	小沢一	賛	反	賛	29	1	小沢一	菅	賛	賛	反	賛	賛	賛	25	0
村山	橋本	反	反	賛	73	0	橋本	土井	反	反	賛	反	反	反	96	2
海部	小沢一	賛	反	賛	15	15	小沢一	菅	賛	賛	反	賛	賛	賛	43	2
村山	橋本	反	反	賛	49	0	菅	菅	賛	賛	反	賛	賛	欠	55	1
海部	小沢一	賛	反	賛	67	1										
海部	小沢一	賛	反	賛	28	0	菅	菅	賛	賛	反	賛	賛	賛	40	0
村山	橋本	反	反	賛	33	1	菅	菅	賛	賛	賛	賛	賛	賛	19	3
村山	橋本	反	賛	反	12	0	橋本	小渕	反	反	反	賛	賛	賛	68	0
村山	橋本	反	反	欠	77	0	橋本	土井	反	反	賛	反	反	反	86	3

氏名	党	学歴	経歴	賛否					
浜田幸一		旧制木更津中	団体,富津町議,千葉県議	反	57	0			
浜田卓二郎		東大法	大蔵省	反	50	0			
浜田靖一	自民	専大経営	大臣秘書,秘書				河野	河野	海部
浜野剛		中大経済	会社員,会社役員	反	45	0	河野	河野	村山
早川勝		愛知大法経,立教大院経済博士		賛	63	9	細川	羽田	村山
林大幹		小見川農学校,金けい学院	農協	反	33	0			
林幹雄	自民	日大芸術	秘書,千葉県議				河野	河野	村山
林義郎	自民	東大法	通産省,大臣秘書	反	34	0	河野	河野	村山
葉山峻	民主	早大文中退	藤沢市議・市長						
速見魁		佐世保市立中	労組,長崎県議		1	0			
原口一博	民主	東大文	松下政経塾,佐賀県議						
原健三郎	自民	早大政経,オレゴン大院修士	報道	反	0	0	河野	河野	村山
原田憲		明大専門部政治中退		反	62	0	河野	河野	村山
原田昇左右	自民	東京帝大工	農林省,運輸省	反	52	0	河野	河野	村山
原田義昭	自民	東大法	通産省	反	62	0			
春田重昭		熊本工業高	会社員,守口市議,大阪府議	賛	45	0			
春名眞章	共産	高知大教育	団体						
日笠勝之		慶大商	報道	賛	96	10	細川	羽田	海部
東順治	公明	北九大外国語	報道,団体	賛	46	0	細川	羽田	海部
東力		東大教養,ジョージ・ワシントン大院博士	大蔵省,大臣秘書	反	29	1			
東中光雄	共産	同志社大法	弁護士,団体,労組	賛	145	0	不破	不破	不破
肥田美代子	民主	大阪薬大薬	医療,作家,参院議員						
日野市朗	民主	中大法,同院	弁護士,団体,労組	賛	36	11	細川	羽田	白票
桧田仁	自民	京都府立医大医	医師,広島県議						
平泉渉		東大法	外務省,団体,会社役員,参院議員	反	27	0	河野	河野	村山
平賀高成	共産	静岡大工短大	労組						
平沢勝栄	自民	東大法,デューク大院修士	警察庁						
平田辰一郎		東大工	通産省,学者	反	77	0			
平田米男	公明	名大法中退	弁護士	賛	125	5	細川	羽田	海部
平沼赳夫	自民	慶大法	会社員,秘書	反	53	2	河野	河野	村山
平野博文	民主	中大理工	会社員,秘書,労組,団体						
平林鴻三	自民	東大法	自治省,大臣秘書,鳥取県幹部,知事				河野	河野	村山

海部	橋本	反	賛	賛	100	0	橋本	小渕	反	反	反	賛	賛	賛	82	0
村山	橋本	反	賛	反	8	0									
村山	橋本	反	反	賛	58	0									
村山	橋本	反	賛	反	78	0	橋本	小渕	反	反	反	賛	賛	賛	107	0
村山	橋本	反	賛	反	15	0	橋本	小渕	反	反	反	賛	賛	賛	30	0
							菅	菅	賛	賛	賛	反	反	反	39	0
							小沢一	菅	賛	賛	反	賛	反	欠	92	3
村山	橋本	反	賛	反	3	0	橋本	小渕	反	反	反	賛	賛	賛	1	0
村山	橋本	反	賛	反	60	0									
村山	橋本	反	賛	反	59	1	橋本	小渕	反	反	反	賛	賛	賛	34	1
							橋本	小渕	反	反	賛	賛	賛	欠	26	0
							不破	菅	賛	賛	反	反	反	反	78	0
海部	小沢一	賛	反	賛	30	24		神崎		賛			反		10	0
海部	小沢一	賛	反	賛	34	2									
白票	不破	賛	反	反	153	0	不破	菅	賛	賛	反	反	反	反	133	0
							菅	菅	賛	賛	賛	反	反	反	100	1
村山	橋本	反	反	賛	41	0	菅	菅	賛	賛	反	反	反	反	62	0
							橋本	小渕	反	反	反	賛	賛	賛	84	1
村山	橋本	反	賛	反	20	0									
							不破	菅	賛	賛	反	反	反	反	65	0
							橋本	小渕	反	反	欠	欠	賛		59	0
海部	小沢一	賛	反	賛	69	33	小沢一	神崎	賛	賛	反	賛	反	反	94	2
村山	橋本	反	賛	反	10	0	橋本	小渕	反	反	反	賛	賛	賛	59	0
							白票	菅	賛	賛	反	反	反	反	54	1
村山	橋本	反	賛	反	54	0	橋本	小渕	反	反	反	賛	賛	賛	29	0

氏名	党	学歴	経歴	賛否	数	数			
弘友和夫		中大経済	秘書,北九州市議				細川	羽田	海部
広野允士		東大工	通産省				細川	羽田	海部
深田肇	社民	中大法中退	団体,杉並区議,参院議員						
深谷隆司	自民	早大法	台東区議,東京都議	反	55	4	河野	河野	村山
吹田愰		柳井商業学校	城南村長,田布勢町長,山口県議	欠	19	4	細川	羽田	海部
福岡宗也	民主	明大法	弁護士,団体						
福島譲二		東京帝大法	大蔵省,三重県幹部,大臣秘書		0	1			
福島豊	公明	京大医,同院中退	医師				細川	羽田	海部
福田康夫	自民	早大政経	会社員,秘書,大臣秘書	反	52	0	欠	河野	村山
福留泰蔵	公明	東大工	会社員,団体				細川	羽田	海部
福永信彦	自民	中大法	秘書,大臣秘書	反	162	0	河野	河野	村山
藤井孝男	自民	成城大経済	会社員,秘書,参院議員				河野	河野	村山
藤井裕久	自由	東大法	大蔵省,参院議員	賛	69	0	細川	欠	海部
藤尾正行		上智大専門部新聞	報道,団体	反	11	0	欠	河野	欠
伏木和雄		化学工業学校中退	神奈川県議	賛	43	7			
藤木洋子	共産	関学大文	芸能人,団体	賛	71	1	不破	不破	不破
藤田スミ	共産	三国丘高	大阪府議	賛	71	1	不破	不破	不破
藤田高敏		専検	会社員,労組,愛媛県議	賛	57	0			
藤田幸久	民主	慶大文	団体						
藤波孝生	自民	早大商	三重県議	反	6	0			
藤村修	民主	広島大工	団体				細川	羽田	海部
藤本孝雄	自民	東大法	電電公社職員,秘書				河野	河野	村山
藤原房雄		室蘭工大電気工	通産省職員,報道,参院議員	賛	68	1			
伏屋修治		岐阜師範	教師	賛	46	0			
二田孝治	自民	中大法	会社員,秘書,秋田県議	反	23	1	河野	河野	村山
二見伸明	自由	早大院政治修士	報道	賛	42	3	細川	羽田	海部
船田元	自民	慶大文,同院社会修士		賛	29	0	細川	羽田	海部
冬柴鐵三	公明	関西大法	弁護士	賛	90	1	細川	羽田	海部
古川元久	民主	東大法	大蔵省						
古堅実吉	共産	関西大法	弁護士,労組,琉球政府立法院議員,県議	賛	74	1	不破	不破	不破
古屋圭司	自民	成蹊大経済	会社員,秘書,大臣秘書	反	87	0	河野	河野	白票
不破哲三	共産	東大理	労組	賛	3	0	不破	不破	不破

首相1	首相2	票1	票2	票3	数1	数2	首相1	首相2	票1	票2	票3	票4	票5	票6	数1	数2
海部	小沢一	賛	反	賛	55	34										
海部	小沢一	賛	反	賛	69	34	橋本	土井	反	反	賛	反	反	賛	42	2
村山	橋本	反	賛	反	87	0	橋本	小渕	反	反	欠	欠	賛	賛	64	0
海部	小沢一	賛	反	賛	33	24										
							小沢一	菅	賛	賛	反	反	欠	反	33	2
海部	小沢一	賛	反	賛	67	1	小沢一	神崎	賛	賛	反	賛	賛	反	85	2
村山	橋本	反	賛	反	67	0	橋本	小渕	反	反	反	賛	賛	賛	53	0
海部	小沢一	賛	反	賛	74	0	小沢一	神崎	賛	賛	反	賛	賛	賛	36	3
村山	橋本	反	賛	反	153	0	橋本	小渕	欠	反	反	賛	賛	賛	70	1
村山	橋本	反	賛	反	31	0	橋本	小渕	反	反	反	賛	賛	賛	29	0
海部	小沢一	賛	反	賛	29	0	小沢一	菅	賛	賛	賛	反	反	欠	44	4
欠	橋本	反	賛	反	18	0										
							不破	菅	賛	賛	反	反	反	反	35	0
白票	不破	賛	反	反	71	0	不破	菅	賛	賛	反	反	反	反	48	1
							菅	菅	賛	賛	賛	反	賛	反	77	1
							橋本	小渕	反	反	反	賛	欠	賛	19	0
海部	小沢一	賛	反	賛	57	0	小沢一	菅	賛	賛	反	反	反	賛	45	4
村山	橋本	反	賛	反	18	0	橋本	小渕	反	反	反	賛	賛	賛	10	0
村山	橋本	反	賛	反	67	0	橋本	小渕	反	反	反	賛	賛	賛	48	0
海部	小沢一	賛	反	賛	17	37	小沢一	菅	賛	賛	反	賛	欠	賛	27	1
海部	小沢一	賛	反	賛	21	0	橋本	小渕	反	反	反	賛	賛	賛	46	3
海部	小沢一	賛	反	賛	110	6	小沢一	神崎	賛	賛	反	賛	賛	反	58	6
							菅	菅	賛	賛	賛	反	反	反	54	6
白票	不破	賛	反	反	59	1	不破	菅	欠	賛	反	反	反	反	52	0
白票	橋本	反	賛	反	57	0	橋本	小渕	反	反	反	賛	賛	賛	44	0
白票	不破	賛	反	反	0	0	不破	菅	賛	賛	反	反	欠	反	0	0

氏名	政党	学歴	職歴	投票					
保坂展人	社民	新宿高定時制中退	教育ジャーナリスト						
星野行男		中大法	弁護士,小千谷市長	賛	156	0	細川	羽田	海部
細川護熙		上智大法	報道,熊本県知事,参院議員				細川	羽田	海部
細川律夫	民主	明大法	弁護士	賛	55	7	細川	羽田	白票
細田博之	自民	東大法	通産省,秘書	反	102	1	河野	河野	村山
細谷治通		東大法	国鉄職員,秘書	賛	69	0	細川	羽田	村山
穂積良行	自民	東大法	農水省	反	62	2	河野	河野	村山
堀内光雄	自民	慶大経済	会社役員				河野	河野	村山
保利耕輔	自民	慶大法	会社員,会社役員	反	40	0	河野	河野	村山
堀込征雄	民主	中大法	団体職員,労組	賛	85	12	細川	羽田	海部
堀之内久男	自民	海軍兵学校	中郷村長,宮崎県議,都城市長				河野	河野	海部
堀昌雄		大阪帝大医	医師	賛	65	3			
前島秀行	社民	早大政経		賛	60	2	細川	羽田	村山
前田武志	民主	京大工,同院工	建設省,秘書	賛	48	0	細川	羽田	海部
前田正	改革	関西大工	会社役員	欠	120	0			
前原誠司	民主	京大法	松下政経塾,京都府議				細川	羽田	村山
牧野聖修		中大法	静岡市議・県議				細川	羽田	海部
牧野隆守	自民	東大法	通産省	反	33	0			
正森成二		東大法	弁護士,団体	賛	63	0	不破	不破	不破
増子輝彦		早大商	秘書,福島県議	反	138	0	河野	羽田	海部
増岡博之		早大政経	団体,会社役員	反	45	0			
増田敏男	自民	熊谷高中退	熊谷市議,埼玉県議,市長	賛	128	0	細川	羽田	海部
桝屋敬悟	公明	創価大法	山口県職員				細川	羽田	海部
町村信孝	自民	東大経済	通産省	反	71	0	河野	河野	村山
松浦昭		東大法	農水省	賛	79	0			
松浦利尚		奉天第一中	労組	賛	70	0			
松岡利勝	自民	鳥取大農	農水省	反	80	0	河野	河野	村山
松岡満壽男		早大政経	会社役員,光市長,参院議員				細川	羽田	海部
松崎公昭	民主	早大商	柏市議,千葉県議,会社役員,団体						
松沢成文	民主	慶大法	松下政経塾,神奈川県議				細川	羽田	海部
松下忠洋	自民	京大農	建設省,団体				河野	河野	村山
松田岩夫		東大法	通産省	賛	31	0	細川	羽田	海部
松永光	自民	中大専門部法,早大法	検事,大臣秘書,弁護士	反	64	0	河野	河野	河野
松浪健四郎	自由	日本大体育,日大院文博士	スポーツ選手,専大教授						
松原脩雄		東大法	弁護士,秘書	賛	57	7			
松前仰		早大理工	会社員,宇宙開発事業団職員,東海大教授	賛	47	0	細川	羽田	村山

国会議員データ（衆議院）

						土井	土井	反	欠	賛	反	反	反	90	5
海部	小沢一	賛	反	賛	24	0									
海部	小沢一	賛	反	賛	0	2	小沢一		賛		反	賛	賛	1	2
村山	橋本	反	反	賛	129	0	菅	菅	賛	賛	反	反	反	37	3
村山	橋本	反	賛	反	54	0	橋本	小渕	反	反	賛	賛	欠	85	1
村山	橋本	反	反	賛	40	0									
村山	橋本	反	賛	反	89	0	橋本	小渕	反	反	賛	賛	賛	50	0
村山	橋本	反	賛	反	35	0	橋本	小渕	反	反	反	欠	欠	18	0
村山	橋本	反	賛	反	51	2	橋本	小渕	反	反	賛	賛	賛	5	0
海部	小沢一	欠	反	賛	50	1	小沢一	菅	賛	賛	反	賛	賛	61	7
白票	橋本	反	賛	反	97	1	橋本	小渕	反	反	賛	賛	賛	30	0
村山	橋本	反	反	賛	50	1	橋本	土井	反	反	賛	反	反	賛	51	0
海部	小沢一	賛	反	賛	55	2	欠	菅	賛	賛	反	賛	欠	57	5
							小沢一	小沢辰	賛	賛	反	賛	賛	36	1
村山	橋本	反	反	賛	93	3	菅	菅	賛	賛	反	反	反	89	0
海部	海江田	欠	反	賛	40	0									
							橋本	小渕	反	反	賛	賛	賛	55	0
白票	不破	賛	反	反	46	0	不破			反	反	欠		16	0
海部	小沢一	賛	欠	賛	66	0									
海部	小沢一	賛	反	賛	65	6	小沢一	小渕	反	反	賛	賛	賛	80	0
海部	小沢一	賛	反	賛	75	2	小沢一	神崎	賛	賛	反	賛	欠	94	0
村山	橋本	反	賛	反	36	1	橋本	小渕	反	反	反	欠	賛	35	0
村山	橋本	反	賛	反	65	0	橋本	小渕	反	反	賛	賛	賛	33	0
海部	小沢一	賛	反	賛	61	37									
							小沢一	菅	賛	賛	賛	反	賛	賛	68	1
海部	小沢一	賛	反	賛	70	1	小沢一	菅	賛	賛	反	賛	賛	86	1
村山	橋本	反	賛	反	156	0	橋本	小渕	反	反	賛	賛	賛	83	0
海部	小沢一	賛	賛	賛	76	0									
村山	橋本	反	賛	反	23	0	橋本	小渕	反	反	反	賛	賛	41	0
							小沢一	菅	賛	賛	反	賛	欠	賛	54	3
村山	橋本	反	反	賛	51	0									

氏名	党	学歴	職歴	賛否					
松本和那	自民	明大商	会社役員,千葉県議						
松本十郎		東京帝大法	大蔵省	反	68	0			
松本純	自民	東京薬大薬	薬剤師,横浜市議						
松本善明	共産	東大法	弁護士				不破	不破	不破
松本惟子	民主	京都高	会社員,労組,団体						
松本龍	民主	中大法	会社員,団体,秘書	賛	41	2	細川	羽田	村山
真鍋光広		東大法	大蔵省	反	83	0			
丸谷佳織	公明	藤女大文	フリーパーソナリティ						
三浦久		明大法	弁護士,労組	賛	35	1			
三沢淳	自由	江津工業高	プロ野球選手						
水田稔		長崎県航空機乗員養成所	会社員,労組,児島市議,岡山県議	賛	54	4			
水野清		東北大経済	報道,大臣秘書	反	6	0	河野	河野	村山
光武顕		東大院社会科学修士	長崎県職員,会社役員,九州文化学院短大助教授,県議	欠	91	0			
三塚博	自民	日大農獣医,早大法	秘書,団体,宮城県議	反	1	4	河野	河野	村山
三ツ林弥太郎	自民	埼玉県青年師範,奉天予備士官学校	教師,埼玉県議	反	40	0	河野	河野	村山
三野優美		大川農業学校獣医畜産	秘書,香川県議	賛	56	4	細川	羽田	村山
御法川英文	自民	明大政経	秋田県議,大臣秘書	反	71	0	河野	河野	海部
三原朝彦		一橋大法,ダグハマーショルド大院,カールトン大院国際関係論	秘書,大臣秘書	反	60	0	細川	羽田	村山
宮腰光寛	自民	京大法中退	会社役員,団体,富山県議,						
宮崎茂一		東京帝大工	内務省,運輸省	反	32	0	河野	河野	村山
宮里松正		日大法	弁護士,琉球政府副主席,副知事,団体	反	93	1	河野	河野	村山
宮澤喜一	自民	東京帝大法	大蔵省,大臣秘書,参院議員	反	0	0	河野	河野	村山
宮路和明	自民	東大法	農水省	反	63	0	河野	河野	村山
宮下創平	自民	東大法	大蔵省	反	20	0	河野	河野	村山
宮島大典	自民	一橋大社会	秘書,長崎県議						
宮地正介	公明	早大政経	秘書	賛	88	5	細川	羽田	海部
宮本一三	自民	一橋大経済,ハーバード大院	大蔵省				細川	羽田	海部
武藤嘉文	自民	京大法	会社役員,団体	反	13	0	河野	河野	村山
武藤山治		早大政経,同院中退	秘書,教師,栃木県議	賛	55	1			
村井仁	自民	東大経済	通産省	賛	51	1	細川	羽田	海部
村岡兼造	自民	慶大経済	秋田県議	反	27	0	河野	河野	村山
村上誠一郎	自民	東大法	秘書,大臣秘書	反	85	1	河野	河野	村山

						橋本	小渕	反	反	反	賛	賛	賛	65	0
白票	不破	賛	反	反	103	0	橋本	小渕	反	反	反	賛	賛	賛	126	0
							不破	菅	賛	賛	反	反	反	82	28
							菅	菅	賛	賛	賛	反	反	49	1
村山	橋本	反	反	賛	60	1	菅	菅	賛	賛	賛	賛	欠	反	38	0
							小沢一	神崎	賛	賛	賛	反	反	反	69	0
							小沢一	菅	賛	賛	反	賛	反	賛	56	0
村山	橋本	欠	賛	反	8	0									
村山	橋本	反	賛	反	6	7	橋本	小渕	反	反	反	賛	賛	賛	1	0
村山	橋本	反	賛	反	51	0	橋本	小渕	反	反	反	賛	賛	賛	27	0
村山	橋本	反	反	反	95	0									
海部	橋本	反	賛	反	38	0	橋本	小渕	反	反	反	賛	賛	賛	82	0
村山	橋本	反	反	賛	53	4									
						0									
村山	橋本	反	賛	反	30	0									
村山	橋本	反	賛	反	48	0									
村山	橋本	反	賛	反	0	5	橋本	小渕	反	反	反	賛	賛	賛	0	0
村山	橋本	反	賛	反	42	0	橋本	小渕	反	反	反	賛	反	賛	70	0
村山	橋本	反	賛	反	7	1	橋本	小渕	反	反	反	賛	賛	賛	19	0
								小渕		反				賛	30	0
海部	小沢一	賛	反	賛	52	3	小沢一	神崎	賛	賛	賛	賛	賛	賛	59	0
海部	小沢一	賛	反	賛	54	36	小沢一	小渕	賛	賛	反	賛	賛	賛	69	4
村山	橋本	反	賛	反	17	0	橋本	小渕	反	反	欠	欠	欠	賛	2	0
海部	小沢一	賛	反	賛	52	6	小沢一	小渕	欠	反	反	賛	反	賛	81	9
村山	橋本	反	賛	反	28	1	橋本	小渕	反	反	反	賛	賛	賛	7	0
村山	橋本	反	賛	反	60	0	橋本	小渕	反	反	反	賛	賛	賛	68	5

氏名	党派	学歴	経歴	賛否	得票		首相指名		
村田敬次郎	自民	京大法	自治庁,大臣秘書,愛知県幹部	反	43	0	河野	河野	村山
村田吉隆	自民	京大法	大蔵省,大臣秘書	反	85	0	河野	河野	村山
村山喜一		台南師範	教師,労組,鹿児島県議	賛	0	0			
村山達雄	自民	東京帝大法	大蔵省	反	68	0	欠	河野	村山
村山富市	社民	明大専門部政経	労組,大分市議,県議	賛	17	8	細川	羽田	村山
目片信	自民	比叡山高	会社役員,団体,滋賀県議						
目黒吉之助		法大院政治修士	新潟県議,団体	賛	84	4			
望月義夫	自民	中大法	秘書,清水市議,静岡県議						
持永和見	自民	東大法	厚生省	反	67	0	河野	河野	村山
茂木敏充	自民	東大経済,ハーバード大ケネディ・スクール修士(政治・政策科学)	会社員,報道,評論家,会社役員				細川	羽田	海部
元信尭		東京水産大増殖	静岡県職員,浜松市議	賛	61	4			
森井忠良		早大法	電電公社職員,労組,呉市議,広島県議	賛	86	5	細川	羽田	村山
森英介	自民	東北大工	会社員	反	96	0	河野	河野	村山
森田健作	自民	明学大法中退	俳優,参院議員						
森田一	自民	東大法	大蔵省,大臣秘書	反	27	4	河野	河野	村山
森本晃司		関西大経済・法		賛	69	3	細川	羽田	海部
森山眞弓	自民	東大法	労働省,参院議員						
森喜朗	自民	早大商	報道,秘書	反	25	1	河野	河野	村山
矢追秀彦		阪大歯	医師,参院議員	賛	20	0			
矢上雅義	自民	上智大経済	会社役員,団体				細川	羽田	海部
矢島恒夫	共産	埼玉大文理	教師,労組				不破	不破	不破
八代英太	自民	石和高	報道,芸能人,参院議員						
保岡興治	自民	中大法	弁護士,裁判官				河野	河野	海部
安田修三		中大法	会社員,労組,秘書,富山県議	賛	49	2			
安田範		早大専門部法律	栃木県職員,秘書,宇都宮市議,県議	賛	58	4			
谷津義男	自民	法大法	秘書,群馬県議,団体	反	36	0	河野	河野	村山
柳沢伯夫	自民	東大法	大蔵省,大臣秘書	反	117	6	河野	河野	村山
柳田稔		東大工	会社員,労組,秘書	賛	80	0	細川	羽田	海部
柳本卓治	自民	早大,同院修士(世界経済)	秘書,大阪市議	反	99	0			
簗瀬進		東北大法	栃木県職員,弁護士,	賛	116	0	細川	羽田	村山

村山	橋本	反	欠	欠	45	4	橋本	小渕	反	反	反	賛	賛	賛	29	5
村山	橋本	反	賛	反	70	0	橋本	小渕	反	反	賛	反	賛	79	1
村山	橋本	反	賛	反	84	0	橋本	小渕	反	反	反	賛	賛	賛	61	0
村山	橋本	反	反	賛	0	0	橋本	土井	反	反	欠	欠	反	賛	3	0
							橋本	小渕	反	反	反	賛	賛	賛	73	0
							橋本	小渕	反	反	賛	賛	賛	80	3
村山	橋本	反	賛	反	81	1	橋本	小渕	反	反	反	賛	賛	賛	51	0
海部	橋本	反	反	賛	117	1	橋本	小渕	反	反	反	賛	賛	賛	98	0
村山	橋本	反	反	賛	90	1									
村山	橋本	反	賛	反	35	0	橋本	小渕	反	反	賛	賛	賛	81	0
								小渕		反			賛	8	0
村山	橋本	反	賛	反	32	0	橋本	小渕	反	反	賛	賛	賛	27	0
海部	小沢一	賛	反	賛	62	2									
							橋本	小渕	反	反	賛	賛	賛	43	1
村山	橋本	反	賛	反	8	6	橋本	小渕	反	反	賛	賛	賛	3	5
海部	小沢一	賛	反	賛	78	3	小沢一	小渕	欠	反	反	賛	賛	賛	95	1
白票	不破	賛	反	反	105	0	不破	菅	賛	賛	反	反	反	97	0
							橋本	小渕	反	反	反	賛	賛	46	0
海部	橋本	欠	賛	反	55	6	橋本	小渕	反	反	反	賛	賛	賛	36	10
村山	橋本	反	賛	反	71	0	橋本	小渕	反	反	賛	賛	賛	54	0
村山	橋本	反	賛	反	34	2	橋本	小渕	反	反	反	欠	賛	44	3
海部	小沢一	賛	反	賛	105	1									
							橋本	小渕	反	反	賛	賛	賛	賛	42	0
村山	橋本	反	反	賛	56	1									

氏名	党	学歴	経歴	投票	得票	落選	首相1	首相2	首相3
			県議,団体						
矢野絢也		京大経済	会社員,大阪府議	賛	0	0			
薮仲義彦		中大経済中退		賛	54	1			
山内弘		旧制弘前中	労組,青森県議	賛	44	1			
山岡賢次		慶大法	会社員,参院議員				河野	羽田	海部
山口俊一	自民	青学大文	徳島県議	欠	152	0	河野	河野	海部
山口泰明	自民	日大法	秘書,会社員,会社役員						
山口鶴男		旧制桐生工専	教師,労組,群馬県議	賛	38	2	細川	羽田	村山
山口敏夫		明大法	労働省,大臣秘書	賛	25	0	細川	羽田	海部
山口那津男		東大法	弁護士	賛	68	1	細川	羽田	海部
山崎泉		上五島高	郵便局職員,労組				細川	羽田	村山
山崎拓	自民	早大商	会社員,福岡県議	反	34	0	河野	河野	村山
山崎広太郎		九大法	福岡市議				細川	羽田	海部
山下元利		東京帝大法	大蔵省,大臣秘書	反	64	0	河野	—	—
山下徳夫	自民	明大専門部法,専大法	佐賀県議,団体	反	22	0	河野	河野	村山
山下八洲夫		中大法中退	秘書,団体	賛	109	4	細川	羽田	村山
山田英介		明大商	団体,司法書士	賛	36	2	細川	羽田	海部
山田宏		京大法	松下政経塾,東京都議				細川	羽田	海部
山田正彦		早大法	弁護士				細川	羽田	海部
山中燁子	改革	津田塾大学芸	北海学園大人文教授						
山中邦紀		東京外大,東大法,同院法中退	教師,秘書,弁護士	賛	37	0			
山中貞則	自民	台北第二師範	報道,鹿児島県議				河野	河野	河野
山中末治		川西航空工学校	会社員,八幡町長・市長	賛	34	0			
山名靖英		立命大経営	京都府議				細川	羽田	海部
山花貞夫	民主	中大法	弁護士,労組	賛	19	2	細川	羽田	村山
山原健二郎	共産	二松学舎専国語漢文	報道,教師,高知県公選教育委員,労組,県議	賛	33	0	不破	不破	不破
山村新治郎		学習大政経中退	秘書,団体		28	0			
山本公一	自民	慶大経済	会社員,会社役員,愛媛県議				河野	河野	村山
山本幸三	自民	東大経済,コーネル大院経営	大蔵省,大臣秘書				細川	羽田	海部
山本譲司	民主	早大教育	秘書,東京都議						
山本孝史	民主	立命大産社,ミシガン州大院人間修士	団体				細川	羽田	海部
山本拓		法大文	福井県議	反	109	0	河野	羽田	海部
山元勉	民主	滋賀大学芸	教師,労組	賛	47	0	細川	羽田	白票
山本有二	自民	早大法	弁護士,高知県議	欠	84	0	河野	河野	海部
横内正明	自民	東大法	建設省,広島県幹部				河野	河野	村山

海部	小沢一	賛	反	賛	48	26								
海部	橋本	反	賛	賛	104	0	橋本	小渕	反	反	反	賛	賛	賛	77	1
							橋本	小渕	反	反	賛	賛	賛	87	0
村山	橋本	反	反	賛	39	0								
海部	欠	賛	反	賛	2	0								
海部	小沢一	賛	反	賛	85	1								
村山	橋本	反	反	賛	141	0								
村山	橋本	反	賛	賛	16	4	橋本	小渕	反	反	賛	賛	賛	1	5
海部	小沢一	賛	反	賛	63	1								
一	一	一	賛	反	0	0								
村山	橋本	反	賛	反	39	0	橋本	小渕	反	反	反	賛	欠	30	0
村山	橋本	反	賛	賛	116	0								
海部	小沢一	賛	反	賛	31	24								
海部	小沢一	賛	反	賛	142	5								
海部	小沢一	賛	反	賛	64	0								
							小沢一	小沢辰	賛	賛	賛	反	反	欠	57	0
白票	橋本	反	賛	反	20	1	橋本	小渕	反	欠	反	賛	賛	賛	19	0
海部	小沢一	賛	反	賛	63	3								
村山	海江田	欠	反	賛	21	1	菅	菅	賛	賛	反	反	反	62	1
白票	不破	賛	反	反	22	1	不破	菅	賛	賛	反	反	反	31	0
村山	橋本	反	賛	反	147	0	橋本	小渕	反	反	賛	賛	賛	43	0
海部	小沢一	賛	反	賛	78	0	小沢一	小渕	反	反	反	反	賛	68	3
							菅	菅	賛	賛	賛	反	賛	反	57	0
海部	小沢一	賛	反	賛	79	3	小沢一	菅	賛	賛	反	反	反	64	8
海部	小沢一	賛	賛	反	45	2								
村山	橋本	反	反	賛	36	0	菅	菅	賛	反	賛	賛	賛	34	6
海部	橋本	反	賛	反	89	0	橋本	小渕	反	反	賛	賛	賛	58	0
村山	橋本	反	賛	反	149	0	橋本	小渕	反	反	賛	賛	賛	40	2

氏名	党派	学歴	経歴	投票	得票	落選回数	首班1	首班2	首班3
横路孝弘	民主	東大法	弁護士,労組,北海道知事						
横光克彦	社民	北九大外国語	芸能人				細川	羽田	村山
与謝野馨	自民	東大法	会社員,大臣秘書	反	113	1	河野	河野	村山
吉井英勝	共産	京大工	会社員,堺市議,大阪府議,参院議員	賛	66	0	不破	不破	不破
吉井光照		防府高	防府市議,山口県議	賛	58	2			
吉岡賢治		豊岡高,電電公社鈴鹿電通学園	電電公社職員,労組,豊岡市議,団体	賛	42	0	細川	羽田	海部
吉川貴盛	自民	日大経済	秘書,会社役員,北海道議						
吉田治	民主	早大法	松下政経塾,大阪薫英女子短大教授				細川	羽田	海部
吉田和子		女子美大芸術	教師,団体	賛	56	4			
吉田公一	民主	宇都宮大農,明大政経中退	東京都職員,練馬区議,都議				細川	羽田	海部
吉田正雄		東京物理学校	教師,労組,参院議員	賛	36	1			
吉田幸弘	自由	愛知学院大歯,同院歯	歯科医師						
吉田六左エ門	自民	早大理工	会社員,新潟県議,会社役員,団体						
米沢隆		京大法	労組,宮崎県議	賛	29	3	細川	羽田	海部
米田建三	自民	横浜市大商	秘書,横浜市議,大臣秘書				河野	羽田	海部
米津等史	自由	東海大政経	会社員						
若林正俊		東大法	農水省				河野	河野	村山
若松謙維	公明	中大商	公認会計士				細川	羽田	海部
和田一仁		明大政経	商工省,秘書,財団	賛	97	1			
和田貞夫		大阪成器商業	大阪府職員,府議	賛	68	4	細川	羽田	白票
和田静夫		専大院法	労組,東京都職員,参院議員	賛	53	0			
渡瀬憲明		陸軍仕官学校,明大法	秘書,大臣秘書	欠	45	2	河野	河野	村山
渡部一郎		東大工	報道	賛	41	6			
渡辺栄一		名古屋高商	太田町長,美濃加茂市長	反	16	0			
渡邊嘉藏		東海高等小	団体,労組,岐阜市議・県議	賛	61	0	細川	羽田	村山
渡辺浩一郎		日大院理工博士	会社員,秘書,団体				細川	羽田	海部
渡部恒三	副議長	早大文,同院政治修士	福島県議,農協	賛	30	0	細川	羽田	海部
渡辺周	民主	早大政経	報道,秘書,静岡県議						
渡辺省一		中大経済	秘書,大臣秘書,北海道議	反	31	0	河野	河野	村山
渡辺具能	自民	九大工	運輸省						

						菅	菅	賛	賛	賛	反	賛	反	19	0
村山	橋本	反	反	賛	99	0	橋本	土井	反	反	反	賛	賛	賛	65	5
村山	橋本	反	賛	反	7	2	橋本	小渕	反	反	反	賛	賛	賛	19	1
白票	不破	賛	反	反	99	0	不破	菅	賛	反	反	反	反	反	67	1
海部	笹野	欠	反	賛	54	0										
							橋本	小渕	反	反	反	賛	賛	賛	57	0
海部	小沢一	賛	反	賛	64	0	小沢一	菅	賛	賛	反	賛	反	賛	60	0
海部	小沢一	賛	反	賛	73	0	小沢一	菅	賛	賛	反	賛	賛	賛	60	2
							小沢一	菅	賛	賛	反	賛	反	賛	60	0
							橋本	小渕	反	反	反	賛	賛	賛	105	0
海部	小沢一	賛	反	賛	2	39										
海部	小沢一	賛	賛	反	65	1	橋本	小渕	反	反	反	賛	反	賛	29	0
							小沢一	菅	賛	賛	反	賛	反	賛	56	0
村山	橋本	反	賛	反	107	0										
海部	小沢一	賛	反	賛	58	0	小沢一	神崎	賛	賛	反	賛	賛	賛	54	7
村山	橋本	反	反	賛	59	0										
村山	橋本	反	賛	反	42	4										
村山	橋本	反	反	賛	20	0										
海部	小沢一	賛	反	賛	49	0										
海部	小沢一	賛	反	賛	6	15	小沢一	菅	賛	賛	反	賛	賛	賛	0	0
							菅	菅	賛	賛	賛	反	賛	賛	57	6
村山	橋本	反	賛	反	27	0										
							橋本	小渕	反	反	反	賛	賛	賛	95	0

渡辺秀央		拓大政経	大臣秘書	反	17	0		
渡辺博道	自民	早大法	松戸市職員,会社役員,千葉県議					
渡辺美智雄		東京商大附商学専門部	税理士,栃木県議,団体	反	6	0	河野 河野	海部
渡部行雄		東京物理学校中退	司法書士,福島県議,団体	欠	0	1		
渡辺喜美	自民	早大政経,中大法	秘書,大臣秘書					
綿貫民輔	自民	慶大経済	会社役員,富山県議	反	42	1	河野 河野	村山
鰐淵俊之	自由	北大獣医	釧路市職員,市議,市長					

海部	―	反	賛	反	5	0		橋本	小渕	反	反	反	賛	賛	賛	111	0
								橋本	小渕	反	反	反	賛	賛	賛	91	3
村山	橋本	反	賛	反	24	3		橋本	小渕	反	反	反	欠	欠	賛	58	5
								小沢一	菅	賛	賛	反	賛	賛	賛	48	0

参議院議員 名前	所属政党 99.1現在	学歴	職歴	90.2〜92.6 委員会出席数 35.4	議員立法発議数 0.4	本会議出席数	本会議出席率 0.9	92.8〜95.6 首相指名選挙 93.8	94.4
								細川	羽田
会田長栄		石川中	教師,労組,団体,財団	32	0	47	100%	細川	羽田
青木薪次		鉄道教習所	国鉄職員,労組	23	1	34	72%	細川	羽田
青木幹雄	自民	早大法中退	秘書,漁協,島根県議	25	0	46	98%	河野	河野
青島幸男		早大商	芸能人					白票	白票
赤桐操		匝嵯中	郵便局職員,労組	24	0	45	96%	細川	羽田
穐山篤		甲府工業高	国鉄職員,労組	50	2	44	94%	細川	羽田
秋山肇		早大法	団体,会社役員,東京都議	40	0	46	98%		
浅尾慶一郎		東大法,スタンフォード大院経営修士	会社員						
朝日俊弘	民主	京大医	医師,労組						
芦尾長司		京大法	自治省,大臣秘書,宮崎県・兵庫県副知事,会社役員,財団						
阿曽田清	自由	東農大農	農協,秘書,団体,熊本県議						
足立良平	民主	関西大経済	会社員,労組	63	0	44	94%	細川	羽田
阿南一成	自民	東大教育	文部省,警察庁,財団						
阿部幸代	共産	お茶大文教育	教師,越谷市議						
阿部正俊	自民	東北大法	厚生省,大臣秘書						
荒木清寛	公明	創価大法	弁護士					細川	羽田
有馬朗人	自民	東大理	東大総長						
粟森喬		金沢大附高	電電公社職員,労組	40	0	43	91%	細川	羽田
伊江朝雄		東北帝大法	運輸省	29	0	44	94%	河野	河野
池田治		中大法	秘書,弁護士	36	0	45	96%	細川	羽田
池田幹幸	共産	大阪外大中国語	会社員						
諫山博		九大法文	弁護士,団体、衆院議員	35	0	47	100%		
石井一二	自連	甲南大経済,オレゴン大院	会社員,兵庫県議	41	0	45	96%	河野	羽田

国会議員データ（参議院）

94.6 村山首相問責決議案	政治改革法与党案	委員会出席数 53.9	議員立法発議数 0.4	本会議出席数	本会議出席率	95.8〜98.6 首相指名選挙 96.1	首相指名選挙 96.11	臓器移植法修正中山	サッカーくじ法	委員会出席数 80.4	議員立法発議数 0.4	本会議出席数	本会議出席率
村山	反	賛	45	0	62	77%							
村山	反	賛	33	0	76	94%	橋本	橋本	賛	欠	22	0	40	38%
村山	反	反	35	0	73	90%	橋本	橋本	賛	賛	28	0	97	93%
白票		反	21	0	47	58%							
村山	反	賛	26	0	80	99%	橋本	橋本	棄	賛	83	0	96	92%
村山	反	棄	89	2	78	96%							
							橋本	菅	反	賛	102	1	104	100%
									賛	賛	31	1	65	88%
							小沢一	小沢一	賛	反	94	0	89	86%
海部	賛	賛	94	1	76	94%	小沢一	小沢一	賛	賛	64	1	102	98%
							不破	不破	反	反	90	0	103	99%
							橋本	橋本	賛	賛	154	0	102	98%
海部	賛	賛	86	0	80	99%	小沢一	小沢一	賛	反	98	1	103	99%
海部	欠	賛	59	3	68	84%							
村山	反	反	59	0	73	90%							
海部	棄	賛	55	0	73	90%							
海部	賛	賛	56	0	77	95%	小沢一	小沢一	賛	反	40	0	93	89%

氏名	党派	学歴	経歴						
石井道子	自民	東京薬大薬	医療,埼玉県議	57	0	44	94%	河野	河野
石川弘	自民	東大法	農水省	71	0	47	100%	河野	
石田美栄	民主	津田塾大学芸	教師,中国短大教授,衆院議員						
石原健太郎		慶大法	会社員,農業,衆院議員	64	0	46	98%		
石渡清元	自民	慶大商	医法,神奈川県議	58	0	47	100%	河野	河野
泉信也	自由	九大工	運輸省					細川	羽田
磯村修		中大法	報道	72	0	46	98%	細川	羽田
板垣正		陸軍航空士官学校,中大法	会社員,団体	39	0	43	91%	河野	河野
一井淳治		東大法	弁護士	22	0	42	89%	細川	羽田
市川一朗	自民	東大法	建設省						
市川正一		神戸工業高	国鉄職員,労組	32	0	45	96%	不破	不破
市田忠義	共産	立命大第二法	会社員,労組						
糀正敏		立命大理工	僧侶,団体	52	0	44	94%	細川	白票
伊藤基隆	民主	富岡高	郵便局職員,労組						
糸久八重子		千葉大教育	教師,労組	30	4	45	96%	細川	羽田
稲村稔夫		北大農林専門部	教師,団体,三条市長	76	0	47	100%	細川	羽田
乾晴美		徳島大学芸	教師	29	4	44	94%	細川	羽田
井上吉夫	自民	熊本工業高	会社員,出水市議,鹿児島県議	31	0	42	89%	河野	河野
井上計		広島県立師範附東小	会社役員,団体	32	0	39	83%	欠	羽田
井上章平		京大工	建設省	81	0	47	100%	河野	河野
井上孝		京都帝大工,同院	建設省	42	0	46	98%	河野	河野
井上哲夫		名大法	会社員,弁護士,団体	53	0	46	98%	細川	羽田
井上美代	共産	中大法	外務省職員,団体						
井上裕	自民	東京歯科医専	千葉県議,団体,衆院議員	8	0	45	96%	河野	河野
猪木寛至		寺尾中中退	プロレス選手	26	0	38	81%	白票	羽田
猪熊重二		中大法	教師,弁護士	37	0	46	98%	細川	羽田
今井澄	民主	東大医	医師,団体					細川	羽田
今泉昭	民主	早大文	労組						
今泉隆雄		舞台芸術学院本科	作曲家	30	0	28	60%		
入澤肇	自由	東大法	農水省						
岩井國臣	自民	京大工,同院工修士	建設省,財団						
岩城光英	自民	上智大法	会社員,いわき市議,福島県議,いわ						

国会議員データ（参議院）

村山	反	反	72	0	75	93%	橋本	橋本	賛	賛	91	0	103	99%
		反	38	0	29	97%	橋本	橋本	賛	賛	76	0	100	96%
							小沢一	小沢一	賛	賛	92	2	100	96%
			8	0	23	92%								
白票	反	反	61	0	80	99%	橋本	橋本	賛	賛	105	0	103	99%
海部	賛	賛	74	1	76	94%	小沢一	小沢一	賛	反	97	0	99	95%
海部	欠	賛	85	0	75	93%								
棄	棄	反	33	1	77	95%	橋本	橋本	賛	賛	114	0	101	97%
村山	反	賛	89	2	75	93%	橋本	橋本	賛	欠	70	0	81	78%
							小沢一	小沢一	賛		63	1	68	100%
欠	賛	反	44	0	70	86%								
村山	賛	反	51	0	70	86%	橋本	菅	賛	賛	141	0	102	98%
村山	反	賛	45	2	74	91%								
村山	反	反	65	1	72	89%								
海部	欠	賛	51	0	66	81%								
村山	反	反	51	0	78	96%	橋本	橋本	賛	賛	46	0	98	94%
海部	賛	賛	41	0	64	79%								
村山	反	反	49	0	74	91%								
村山	反	反	20	0	79	98%	橋本	橋本	賛	賛	35	0	99	95%
海部	棄	賛	73	1	67	83%								
村山	反	反	38	0	74	91%	橋本	橋本	賛	賛	73	1	103	99%
海部	欠	賛	25	0	64	79%								
海部	賛	賛	81	1	80	99%	小沢一	小沢一	棄	反	126	1	104	100%
村山	反	賛	64	3	74	91%	橋本	菅	賛	欠	56	0	79	76%
							小沢一	小沢一	賛	賛	118	0	102	98%
							橋本	橋本	賛	賛	87	0	93	89%

氏名	所属	学歴	経歴						
			き市長,団体						
岩佐恵美	共産	早大文	会社員,団体,衆院議員						
岩崎純三	自民	日大法文	真岡町議・市長,団体	14	0	44	94%		河野	河野
岩崎昭弥		彦根工専	岐阜市職員,労組,市議・県議					細川	羽田
岩瀬良三	無所属	横浜市大文理	千葉県幹部,財団,団体						
岩永浩美	自民	中大商中退	秘書,佐賀県議,社福						
岩本荘太	無所属	東大農	農水省,石川県副知事						
岩本久人		法大法通信制中退	島根県職員,労組,島根県議	30	1	39	83%	細川	羽田
岩本政光		北大工	北海道議	23	0	40	85%		
上杉光弘	自民	東農大社会通信教育農業	団体,宮崎県議	36	0	47	100%	河野	河野
上田耕一郎		東大経済	報道	30	0	44	94%	不破	不破
上野公成	自民	東大工	建設省					河野	河野
上野雄文		専大短大法律実務	栃木県職員,労組,県議	29	0	46	98%	細川	羽田
魚住裕一郎	公明	東大法	弁護士						
牛嶋正		京大経済,阪大院経済博士	名古屋市大経済教授					細川	羽田
宇都宮徳馬		京都帝大経済中退	会社役員,衆院議員	0	0	5	11%		
有働正治		熊本大教育	教師,報道					不破	不破
海野義孝	公明	中大経済	会社員,会社役員						
浦田勝		九州学院,日大法	熊本県議,農協					欠	河野
海野徹	無所属	静岡大人文	会社員,静岡市議・県議						
江田五月	民主	東大法	裁判官,衆院議員						
海老原義彦	自民	東大農	総理府						
江本孟紀	民主	法大経営	プロ野球選手,芸能人					白票	羽田
遠藤要		白石高等小	宮城県議	44	0	44	94%	河野	河野
及川一夫		逓信講習所	逓信省職員,労組	21	0	39	83%	細川	羽田
及川順郎		日大理工	報道	46	0	43	91%	細川	羽田
大河原太一郎		東京帝大法	農水省,大臣秘書	23	0	45	96%	河野	河野
扇千景	自由	神戸高,宝塚音楽学校	俳優					河野	羽田
大木浩		東大法	外務省	22	0	44	94%	河野	河野
大久保直彦		早大政経	会社員,団体,衆院議員,財団					細川	羽田

国会議員データ（参議院）

村山	反	反	57	0	72	89%	橋本	橋本	賛	賛	74	0	101	97%
村山	反	賛	79	0	44	79%								
							小沢一	小沢一	賛	賛	119	0	100	96%
							橋本	橋本	賛	賛	120	0	91	88%
村山	反	賛	48	0	57	70%								
村山	反	反	42	0	80	99%	橋本	橋本	賛	賛	27	0	104	100%
不破	賛	反	49	0	79	98%	不破	不破	反	反	62	0	101	97%
村山	反	反	99	0	79	98%	橋本	橋本	賛	賛	79	0	99	95%
村山	反	賛	48	0	76	94%								
							小沢一	小沢一	賛	反	71	1	102	98%
海部	賛	賛	63	0	79	98%	小沢一	小沢一	賛	反	112	1	102	98%
不破	賛	反	100	0	79	98%	不破	不破	反	反	146	0	103	99%
							小沢一	小沢一	反	反	104	0	103	99%
村山	反	反	45	0	71	88%	橋本	橋本	賛	賛	41	0	85	82%
							橋本	橋本	賛	賛	98	0	103	99%
海部	欠	賛	37	0	70	86%	橋本	橋本	反	賛	65	0	96	92%
村山	反	反	83	0	80	99%	橋本	橋本	賛	賛	54	0	98	94%
村山	反	賛	81	0	76	94%	橋本	橋本	棄	賛	68	2	98	94%
海部	賛	賛	22	1	79	98%	小沢一	小沢一	賛	反	51	0	103	99%
村山	反	反	48	0	72	89%	橋本	橋本	賛	賛	106	0	103	99%
海部	賛	賛	31	0	52	93%	小沢一	小沢一	賛	反	62	0	101	97%
村山	反	反	68	0	77	95%	橋本	橋本	賛	賛	64	0	96	92%
海部	賛	賛	33	1	79	98%	小沢一	小沢一	賛	反	28	0	103	99%

氏名	党	学歴	経歴						
大沢辰美	共産	川崎高等看護学院	医療,労組,三田市議						
大島友治		京都帝大農	農協,栃木県幹部	36	0	44	94%		
大島慶久	自民	愛知学院大歯	歯科医師,名古屋市議	82	0	46	98%	河野	河野
大城眞順		文教学校外語,ミズーリ州大政治	琉球政府立法院議員,沖縄県議,衆院議員	20	0	35	74%		
太田淳夫		東大文	会社員	68	0	45	96%		
大鷹淑子		北京翊教女学院	芸能人	26	0	43	91%		
太田豊秋	自民	法大経済	会社役員,団体,福島県議					河野	河野
大塚清次郎		佐賀商業学校	鹿島市議,佐賀県議	19	0	35	74%	河野	河野
大野明		慶大法	会社役員,秘書,衆院議員						
大野つや子	自民	国府台女子学院高							
大浜方栄		熊本医大附医学専門部	医師,団体	33	0	47	100%	河野	河野
大渕絹子	社民	都立第三商業高定時制	会社員,労組	26	0	41	87%	細川	羽田
合馬敬		東大法	農水省	74	0	46	98%	河野	河野
大森昭		法大法中退	逓信省職員,労組	26	0	47	100%	細川	羽田
大森礼子	公明	津田塾大学芸	検事,弁護士						
大脇雅子	社民	名大法	弁護士,中大法助教授					細川	欠
岡崎トミ子	民主	福島女子高	報道,労組,衆院議員						
小笠原貞子		札幌高等女学校	団体	19	0	40	85%		
岡田広		東京帝大文	芝浦工大短大教授,団体	15	0	45	96%		
緒方靖夫	共産	東京外大中国語	報道						
岡利定	自民	東大法	郵政省					河野	河野
岡野裕	自民	京大法	郵政省	49	0	46	98%	河野	河野
岡部三郎		東大農	農水省	28	0	45	96%	河野	河野
小川勝也	民主	日大法	秘書						
小川仁一		岩手師範	教師,労組,衆院議員	72	1	47	100%	細川	羽田
小川敏夫	民主	立教大法	裁判官,検事,弁護士						
奥村展三	さき	立命大文中退	会社役員,甲西町議,滋賀県議						

村山	反	反	72	0	80	99%	橋本	橋本	賛	賛	76	0	100	96%
村山	反	反	64	0	49	88%	橋本	橋本	賛	賛	76	0	96	92%
村山	反	反	66	0	61	75%					0	0		
							橋本				0	0	3	100%
								橋本	賛	賛	57	0	89	86%
欠	反	反	50	0	71	88%								
村山	反	反	76	0	73	90%	橋本	橋本	反	欠	101	1	76	73%
白票	棄	反	31	0	64	79%								
村山	反	賛	73	0	79	98%	小沢一	小沢一	反	反	83	0	102	98%
村山	反	反	74	2	69	85%	橋本	橋本	反	反	77	3	96	92%
										棄	23	0	35	97%
							不破	不破	反	反	99	0	101	97%
村山	反	反	130	0	79	98%	橋本	橋本	賛	賛	66	0	104	100%
村山	反	反	27	0	72	89%	橋本	橋本	賛	賛	50	0	97	93%
村山	反	反	30	0	79	98%	橋本	橋本	賛	賛	56	0	102	98%
							小沢一	小沢一	反	賛	151	1	101	97%
村山	反	反	85	1	75	93%								
							橋本	橋本	賛	賛	81	4	101	97%

氏名	党	学歴	経歴						
長田裕二		東京帝大法	逓信省,郵政省	32	0	46	98%		
尾辻秀久	自民	東大教養中退	団体,鹿児島県議	52	0	46	98%	河野	河野
小野明		小倉師範	教師,労組	0	0				
小野清子		東京教大体操	体操選手	27	0	43	91%	河野	河野
鹿熊安正	自民	東農大農経	富山県職員・県議	92	0	47	100%	河野	河野
景山俊太郎	自民	早大法,同院政治修士	秘書,島根県議						
笠井亮	共産	東大経済	団体,報道						
笠原潤一		長良高	岐阜市議・県議					河野	河野
風間昶	公明	札幌医大医	医師					細川	羽田
梶原清		京大法	運輸省,大臣秘書	22	0	47	100%		
梶原敬義	社民	大分大経済	会社員,労組	34	0	36	77%	細川	羽田
粕谷照美		東京府立女子師範	教師,労組	24	3	47	100%		
片上公人		神戸大経済	神戸市職員,報道	23	0	35	74%	細川	羽田
片山虎之助	自民	東大法	自治庁,岡山県副知事	59	0	47	100%	河野	河野
勝木健司	民主	早大法	会社員,労組	50	3	44	94%	細川	羽田
加藤修一	公明	北見工大,北大院地球環境	会社員,小樽商大教授						
加藤武徳		中大法	内務省,岡山県知事	18	0	44	94%		
加藤紀文	自民	中大商	秘書,大臣秘書					河野	河野
金田勝年	自民	一橋大経済	大蔵省						
狩野明男		慶大法	衆院議員,団体,学法	11	0	26	55%		
加納時男	自民	東大法,慶大経済通信教育	会社員,会社役員,学法						
狩野安	自民	共立女大中退	団体	17	0	15	100%	河野	河野
鎌田要人	自民	東京帝大法	内務省,自治庁,静岡県副知事,鹿児島県知事	39	0	47	100%	河野	河野
釜本邦茂	自民	早大商	サッカー選手						
神谷信之助		東亜同文書院	報道,労組,京都府職員	24	0	45	96%		
上山和人		鹿児島大教育	教師,労組,団体					細川	羽田
上吉原一天		東大法	自治省,宇都宮市助役						
亀井郁夫	自民	東大法	会社員,会社役員,広島県議						
亀谷博昭	自民	仙台第一高	報道,秘書,宮城県議						

村山	反	反	41	0	69	85%	橋本	橋本	賛	賛	87	0	102	98%
白票	反	反	40	0	74	91%	橋本	橋本	賛	賛	49	0	101	97%
村山	反	反	36	0	74	91%	橋本	橋本	賛	賛	74	0	101	97%
							橋本	橋本	賛	賛	74	0	104	100%
							不破	不破	反	反	120	1	102	98%
白票	反	反	45	0	53	95%	橋本	橋本	賛	欠	69	0	85	82%
海部	賛	賛	92	0	79	98%	小沢一	小沢一	賛	反	157	0	98	94%
村山	反	賛	61	0	65	80%	橋本	橋本	賛	賛	86	0	103	99%
海部	賛	賛	55	0	80	99%	小沢一	小沢一	賛	欠	41	1	69	66%
村山	反	反	78	0	74	91%	橋本	橋本	賛	賛	88	0	101	97%
海部	賛	賛	55	2	74	91%	小沢一	小沢一	賛	賛	53	0	83	80%
							小沢一	小沢一	反	反	130	0	98	94%
村山	反	反	98	0	78	96%	橋本	橋本	賛	賛	72	0	92	88%
							橋本	橋本	賛	賛	128	0	97	93%
村山	反	反	60	1	74	91%	橋本	橋本	賛	賛	76	0	98	94%
村山	反	反	71	0	74	91%	橋本	橋本	賛	賛	60	0	104	100%
							橋本	橋本	賛	賛	176	0	95	91%
村山	反	賛	93	2	76	94%	橋本	橋本	反	欠	45	2	69	66%
								橋本	賛	欠	30	0	57	77%
							橋本	橋本	賛	賛	96	0	99	95%

氏名	党	学歴	経歴						
萱野茂		二風谷尋常小	団体 平取町議,北大文講師						
刈田貞子		東京学芸大中退		23	1	46	98%	細川	羽田
川橋幸子	民主	東北大法	労働省,所沢市助役					細川	羽田
川原新次郎		鹿屋農学校	専売公社職員,鹿児島県議,喜入町長	3	0	10	21%		
河本英典	自民	慶大商	会社員,会社役員					欠	羽田
菅野壽	社民	日大医	医師,団体	29	3	45	96%	細川	羽田
喜岡淳		大阪市大商	団体	47	0	46	98%	細川	羽田
聴濤弘		京大経済中退	報道					不破	不破
岸宏一	自民	早大政経	会社役員,金山町議・町長,団体						
北岡秀二	自民	明大政経	会社役員,徳島県議						
北澤俊美	民主	早大法	秘書,長野県議					細川	羽田
北修二		空知農業学校	奈井江町議,農協,団体	65	0	46	98%	河野	河野
北村哲男		中大法	弁護士,財団	70	1	45	96%	細川	羽田
紀平悌子		聖心女子専門部歴史	団体,秘書	21	0	44	94%	細川	村山
木俣佳丈	民主	一橋大商	団体職員						
木宮和彦		旧制静岡高	教師	42	0	44	94%	欠	河野
木村仁	自民	東大法	自治省,静岡県副知事						
喜屋武真栄		沖縄県師範	琉球政府,団体	47	0	39	83%	欠	白票
釘宮磐		明学大社会	団体,大分県議					細川	羽田
日下部禧代子	社民	福岡女大文,ﾛﾝﾄﾞﾝ大政経	日女大・淑徳短大講師,報道	25	3	46	98%	細川	羽田
久世公堯	自民	東大法	自治省,大分県幹部	23	0	47	100%	河野	河野
沓掛哲男		東大工	建設省	41	0	40	85%	河野	河野
沓脱タケ子		大阪女子高等医専	医師,大阪市議,団体	41	1	47	100%		
国井正幸	自民	立命大文	農協						
国弘正雄		ﾊﾜｲ州大,ｶﾘﾌｫﾙﾆｱ大	学者,報道	79	0	42	89%	欠	白票
久野恒一	自民	千葉大医,同院医	医師,医法,団体,茨城県議						
久保田真苗		慶大法	労働省	31	4	43	91%	細川	羽田
久保亘	民主	広島文理大文	教師,労組,鹿児島県議	39	0	43	91%	細川	羽田

	反		10	0	17	57%	橋本	菅	反	欠	115	0	87	84%
海部	賛	賛	67	0	79	98%								
村山	反	賛	75	0	64	79%	橋本	菅	反	賛	122	0	91	88%
海部	棄	賛	66	0	76	94%	橋本	橋本	賛	欠	74	0	82	79%
村山	反	賛	48	2	76	94%	橋本	橋本	賛	欠	41	0	66	63%
村山	反	反	48	0	64	79%								
不破	賛	反	23	0	76	94%	不破	不破	反	反	38	0	78	75%
							橋本	橋本	賛	賛	96	0	103	99%
海部	賛	賛	47	0	74	91%	小沢一	小沢一	反	賛	78	2	67	64%
村山	反	反	40	0	72	89%								
白票	欠	賛	75	2	73	90%								
村山	棄	反	25	0	61	75%								
白票	反	反	50	0	75	93%	橋本	橋本	賛	賛	42	2	91	88%
欠	棄	反	37	0	35	43%								
海部	賛	賛	136	0	76	94%	小沢一	小沢一	賛	賛	55	0	70	67%
村山	反	賛	75	2	75	93%	橋本	橋本	反	棄	93	0	95	91%
村山	反	反	66	0	80	99%	橋本	橋本	賛	賛	127	0	100	96%
村山	反	反	105	0	80	99%	橋本	橋本	賛	賛	104	0	95	91%
							笹野	白票	賛	欠	103	0	93	89%
村山	棄	反	22	1	56	69%								
村山	反	賛	42	1	70	86%								
村山	反	賛	26	0	65	80%	橋本	橋本	賛	賛	67	0	90	87%

氏名	党派	学歴	経歴						
熊谷太三郎		京都帝大経済	会社役員,福井市議・市長,団体	16	0	17	74%		
倉田寛之	自民	成城大経済	千葉県議	26	0	47	100%	河野	河野
栗原君子		安田女子高	熊野町議,団体					細川	白票
栗村和夫		旧制宇都宮農専	小牛田町長	17	0	21	45%		
黒柳明		早大文	報道	17	0	45	96%	細川	羽田
郡司彰	民主	明学大社会中退	会社員,労組,団体						
小池晃	共産	東北大医	医師,団体						
小池百合子		関学大中退,カイロ大文	アラビア語通訳,報道						
小泉親司	共産	千葉大教育	秘書,報道						
鴻池祥肇	自民	早大教育	会社役員,団体,衆院議員						
河本三郎		日大理工	会社員,秘書					河野	河野
木暮山人		日本歯科医専,法大法	日本歯大講師,団体	40	0	47	100%	河野	羽田
輿石東	民主	都留短大教育	教師,労組,衆院議員						
小島慶三		東京商大	企画院,商工省,通産省,会社役員,財団					細川	羽田
後藤正夫		横浜工業高	会社員,内閣技術院,行政管理庁,大分大学長	33	0	46	98%		
小西博行		高知大農	会社員,学者	22	1	40	85%		
木庭健太郎	公明	創価大法	報道	54	5	45	96%	細川	羽田
小林正		横浜国大学芸	教師,労組	48	3	47	100%	細川	羽田
小林元	民主	京大法	茨木県職員,県幹部,財団						
小宮山洋子	民主	成城大学芸	報道						
小山一平		上田中	上田市議,長野県議,上田市長	20	0	47	100%		
小山孝雄	自民	山形大文理	大臣秘書,秘書,団体,財団,社団						
小山峰男	民主	東北大法	長野県職員・副知事						
近藤忠孝		都立大人文	弁護士,団体,労組	35	0	46	98%		
斎藤栄三郎		早大商	報道	60	0	45	96%		
斉藤滋宣	自民	中大経済	秘書,秋田県議						
斎藤十朗	議長	慶大商	会社員,大臣秘書	18	0	47	100%	河野	河野
齋藤勁	民主	神奈川大第二法	横浜市職員,労組,横浜市議						
斎藤文夫		慶大経済	会社員,秘書,神奈川県議	54	0	47	100%	河野	河野

村山	反	反	32	0	78	96%	橋本	橋本	賛	賛	40	0	103	99%
村山	反	反	66	2	76	94%	矢田部	矢田部	反	反	54	1	96	92%
海部	賛	賛	27	0	70	86%								
			10	0	25	100%								
							橋本	橋本	反	賛	120	1	104	100%
棄	反	反	74	0	77	95%	橋本				50	0	30	100%
海部	賛	賛	54	0	79	98%	小沢一	小沢一	賛	欠	49	0	71	68%
海部	賛	賛	73	0	53	95%	橋本	橋本	欠	反	104	0	65	63%
海部	賛	賛	34	4	60	74%	小沢一	小沢一	賛	反	78	1	102	98%
海部	賛	賛	46	0	73	90%								
							小沢一	小沢一	賛	賛	88	0	104	100%
							橋本	橋本	賛	賛	96	0	96	92%
							小沢一	小沢一	反	賛	107	1	97	93%
村山	反	反	24	0	80	99%	長	長	長	長	38	0	104	100%
							橋本	土井	反	賛	147	1	98	94%
白票	反	反	90	0	77	95%	橋本	橋本	賛	賛	106	0	101	97%

氏名	党派	学歴	職歴						
坂野重信	自民	東京帝大工	内務省,建設省	38	0	43	91%	河野	河野
桜井規順		静岡高	労組	88	0	47	100%	細川	羽田
櫻井充	民主	東京医歯大医,東北大院医	医師						
佐々木知子	自民	神戸大法	明石市職員,検事,作家,弁護士						
佐々木満		東大法	厚生省,秋田県幹部	10	0	39	83%	河野	河野
笹野貞子	民主	同志社大法,同院法	報道,堺女子短大教授,団体	22	0	46	98%	細川	羽田
佐藤昭郎	自民	東大農	農水省,団体,財団						
佐藤三吾		庄内農芸学校	労組	69	0	46	98%	細川	羽田
佐藤静雄		東北大法	福島県出納長					河野	河野
佐藤泰介	民主	愛知教大教育	教師,労組,衆院議員						
佐藤泰三	自民	岩手医専	医師,川口市議,団体,埼玉県議					河野	河野
佐藤道夫	二院	東北大法	検事						
佐藤雄平	無所属	神奈川大経済	秘書,大臣秘書						
沢田一精		京都帝大法	内務省,建設省,熊本県副知事・知事	24	0	43	91%	河野	河野
沢たまき	公明	山脇学園短大文	芸能人,会社役員						
三治重信		京都帝大農	内務省,労働省	30	0	41	87%		
山東昭子		文化学院文	芸能人	18	0	46	98%		
椎名素夫	無所属	名大理	会社員,会社役員,財団,社団,衆院議員					細川	羽田
塩崎恭久	自民	東大教養,ハーバード大院行政修士	会社員,大臣秘書,衆院議員						
塩出啓典		京大工	会社員						
重富吉之助		九大経済	総理府,大臣秘書	11	0	16	67%		
志苫裕		佐渡農業学校	新潟県職員・県議					細川	羽田
篠崎年子		長崎県女子師範	教師,佐世保市議,長崎県議	37	3	44	94%	細川	羽田
嶋崎均		東京帝大法	大蔵省						
島袋宗康	二院	旧制市岡第二中中退	那覇市議,沖縄県議,団体					細川	白票
清水嘉与子	自民	東大医	厚生省,医療,団体	36	0	47	100%	河野	河野
清水澄子	社民	丸岡高等女学校	労組,秘書,団体	46	1	43	91%	細川	羽田
清水達雄		東大農	建設省					河野	河野

村山	反	反	57	0	75	93%	橋本	橋本	賛	欠	67	0	89	86%
村山	反	賛	59	0	63	78%								
村山	反	反	25	0	71	88%	橋本	橋本	賛	賛	45	0	91	88%
海部	欠	賛	54	0	75	93%	笹野	白票	反	反	64	1	95	91%
欠	反	反	46	0	65	80%								
村山	反	反	60	0	79	98%	橋本	橋本	賛	賛	85	0	91	88%
村山	反	反	117	0	77	95%	橋本	橋本	賛	欠	82	0	93	89%
							白票	白票	反	反	84	0	86	83%
村山	反	反	33	0	64	79%								
							橋本				13	0	29	97%
海部	欠	賛	35	0	75	93%	白票	白票	賛	反	58	0	83	80%
							橋本	橋本	賛	賛	106	0	100	96%
村山	反	反	52	2	77	95%	橋本	欠	欠	反	29	0	53	51%
村山	反	賛	64	1	78	96%								
							橋本				10	0	19	50%
白票	反	反	50	0	71	88%	白票	白票	反	欠	62	1	55	53%
河野	反	反	31	0	76	94%	橋本	橋本	賛	賛	82	0	96	92%
村山	反	欠	68	0	71	88%	橋本	橋本	反	賛	102	1	94	90%
村山	反	反	68	0	78	96%	橋本	橋本	賛	賛	86	2	95	91%

氏名	党派	学歴	経歴						
志村哲良		北大理中退	会社員,会社役員					河野	河野
下稲葉耕吉		東大法	内務省,警察庁,大臣秘書	21	0	47	100%	河野	河野
下条進一郎		東京帝大法	大蔵省	25	0	46	98%	河野	河野
下村泰		北辰電機青年学校	芸能人	33	1	43	91%	白票	白票
庄司中		東京物理学校中退	労組,団体	27	0	46	98%	細川	羽田
白浜一良	公明	京大文		50	0	45	96%	細川	羽田
新坂一雄		同志社大経済	報道	22	1	21	91%		
陣内孝雄	自民	京大工,同院工修士	建設省	27	0	45	96%	河野	河野
新間正次		蒲郡高	芸能人					細川	白票
末広真樹子	自民	同志社大文	芸能人,会社役員						
菅野久光	副議長	北海道第三師範	教師,旭川市議,労組	56	3	47	100%	細川	羽田
菅川健二	改革	東大法	自治省,広島県幹部						
鈴木和美		郡山商業学校	専売公社職員,労組	30	0	42	89%	細川	羽田
鈴木省吾		東京帝大農	郵便局職員,福島県議,農協,団体	14	0	31	66%	河野	河野
鈴木政二	自民	日大法	知立市議,秘書,愛知県議						
鈴木貞敏		東大法	警察庁	26	0	39	83%	河野	河野
鈴木正孝	自民	中大法	防衛庁						
須藤美也子	共産	鶴岡南高	会社員,労組,団体,山形県議						
須藤良太郎	自民	東大農	農水省	97	0	47	100%	河野	河野
関口恵造		東京歯専	歯科医師,団体	49	0	47	100%		
関根則之		東大法	自治庁,静岡県副知事	50	0	23	96%	河野	河野
世耕政隆		日大医	近大総長,日大医教授,衆院議員	12	0	38	81%	河野	河野
瀬谷英行		中大法	国鉄職員,労組	37	0	46	98%	細川	羽田
田浦直	自民	長崎大医	医師,長崎県議						
高井和伸		愛知大法経	郵政省職員,裁判官,弁護士	47	0	47	100%		
高木健太郎		九州帝大医	新潟医大,新潟大名誉教授,名古屋市大学長	0	0				
高木正明		中大法	秘書,北海道議	44	0	42	89%	欠	河野
高桑栄松		北海道帝大医,北大院修士,	北大医教授	38	2	36	77%	細川	羽田

村山	反	反	37	0	76	94%	橋本	橋本	賛	欠	33	0	60	58%
村山	反	反	99	1	80	99%	橋本	橋本	賛	棄	86	0	104	100%
村山	反	反	28	0	49	60%								
白票	反	反	65	1	79	98%								
村山	反	賛	53	1	77	95%								
海部	棄	賛	62	1	72	89%	小沢一	小沢一	賛	反	67	0	100	96%
村山	反	反	55	0	72	89%	橋本	橋本	賛	賛	138	0	96	92%
白票		反	23	0	48	94%	橋本	橋本	反	欠	61	0	82	79%
村山	反	賛	52	3	70	86%	橋本	菅	賛	欠	64	0	100	96%
							小沢一	小沢一	賛	賛	84	1	97	93%
村山	反	賛	27	0	77	95%	橋本	橋本	賛	欠	40	0	72	69%
村山	反	反	21	0	66	81%	橋本	橋本	賛	欠	18	0	46	44%
							橋本	橋本	賛	賛	137	0	96	92%
無効票	反	反	55	0	76	94%	橋本	橋本	賛	賛	45	0	103	99%
							小沢一	小沢一	賛	賛	90	0	102	98%
							不破	不破	反	反	135	0	102	98%
村山	棄	反	58	0	69	85%	橋本	橋本	賛	賛	88	0	103	99%
村山	反	反	47	1	80	99%	橋本	橋本	賛	賛	113	0	96	92%
村山	反	反	11	0	44	54%	橋本	欠	棄	欠	35	0	59	57%
村山	反	賛	54	1	80	99%	橋本	橋本	賛	反	77	0	101	97%
			38	1	25	100%	小沢一	橋本	賛	賛	99	0	73	70%
村山	反	反	35	0	52	64%	橋本	橋本	賛	賛	75	0	93	89%
海部	賛	賛	34	0	77	95%								

氏名	党派	学歴	経歴						
高崎裕子		ピッツバーグ大院公衆衛生						不破	不破
高嶋良充	民主	北大法	弁護士,労組	18	0	38	81%		
高野博師	公明	城東工業高	枚方市職員,労組						
		東京外大中国語	外務省						
高橋紀世子	無所属	立教大文	社団						
高橋清孝		花巻農業学校	農協,岩手県議	14	0	36	77%		
高橋令則	自由	早大法	会社員,報道,岩手県出納長・副知事						
武田邦太郎		東京帝大文	会社員,農業,農協					細川	羽田
武田節子		宮城県立女子第三高	会社員,団体					細川	羽田
武見敬三	自民	慶大法,同院政治博士	東海大教授,報道						
竹村泰子	民主	聖和大教育中退	衆院議員	70	4	43	91%	細川	羽田
竹山裕	自民	慶大法	会社員	30	0	47	100%	河野	河野
田沢智治		日大法	社団,学法	23	0	45	96%	河野	河野
但馬久美	公明	神戸山手女高	芸能人						
田代由紀男		東亜同文書院	会社員,一町田村長,熊本県議	17	0	32	68%		
立木洋	共産	東北人民大	会社員	34	0	47	100%	不破	不破
田中直紀	自民	慶大法	会社員,会社役員,衆院議員						
田中正巳		東京帝大法	衆院議員	65	0	47	100%		
田名部匡省	無所属	立教大経済	アイスホッケー選手,青森県議,衆院議員						
田辺哲夫		中大法	弁護士,新宿区議,東京都議	16	0	41	87%	河野	河野
谷川寛三		東京帝大法	大蔵省,衆院議員	32	0	45	96%		
谷川秀善	自民	阪大法	大阪府職員,大臣秘書,副知事						
谷畑孝		関西大法	池田市職員,団体	35	1	42	89%	細川	羽田
谷林正昭	民主	魚津工業高	会社員,労組						
谷本巍	社民	日大専門部工,同大法・経済	団体	36	1	44	94%	細川	羽田
種田誠		中大法	弁護士	51	1	46	98%	細川	羽田
田渕勲二		旧制福知山工専	労組	32	0	40	85%		
田渕哲也		大阪帝大工中退	会社員,労組	36	0	47	100%		
田村公平	自民	早大政経	報道,秘書						
田村秀昭	自由	防衛大,京大	航空自衛隊	79	0	47	100%	細川	羽田

不破	賛	反	50	0	71	88%						
							小沢一	小沢一	反	反	117	0	103	99%
							小沢一	小沢一	賛	反	84	0	98	94%
海部	反	賛	100	1	80	99%	橋本	白票	反	棄	52	0	99	95%
海部	賛	賛	51	2	79	98%	小沢一	小沢一	賛	反	62	1	103	99%
							橋本	橋本	賛	賛	123	0	99	95%
村山	反	賛	102	5	75	93%	橋本	菅	反	反	113	1	97	93%
村山	反	反	40	0	78	96%	橋本	橋本	賛	賛	84	0	100	96%
村山	反	反	76	0	79	98%	橋本	橋本	賛	賛	94	1	102	98%
							小沢一	小沢一	反	反	118	1	98	94%
不破	賛	反	28	0	75	93%	不破	不破	反	反	77	0	95	91%
村山	棄	反	45	0	50	62%					0	0		
							橋本	橋本	賛	賛	134	0	104	100%
村山	反	賛	60	0	68	84%								
村山	反	賛	42	1	73	90%	橋本	橋本	反	棄	66	0	101	97%
白票	反	賛	79	0	65	80%								
							橋本	橋本	反	欠	85	0	103	99%
海部	賛	賛	29	0	80	99%	小沢一	小沢一	賛	賛	96	0	99	95%

氏名	党派	学歴	職歴						
千葉景子	民主	院工博士 中大法	弁護士	16	1	38	81%	細川	羽田
月原茂皓	自由	東北大法	防衛庁,大臣秘書,衆院議員						
対馬孝且		旧制小樽中中退	会社員,労組	29	2	46	98%		
土屋義彦		中大商	埼玉県議	1	0	40	85%		
続訓弘	公明	中大法,同経済	東京都職員・副知事,財団					細川	羽田
都築譲		東大法	労働省						
常田享詳	自民	東京薬大	会社員,医療,会社役員,鳥取市議・県議						
常松克安		松坂北高	松坂市議	80	0	47	100%	細川	羽田
角田義一	民主	京大法	弁護士,群馬県議	49	2	45	96%	細川	羽田
坪井一宇		関西大法	大阪府議					河野	河野
鶴岡洋	公明	早大商	会社員,秘書,衆院議員	27	1	46	98%	細川	羽田
鶴保庸介	自由	東大法	秘書						
寺崎昭久	民主	茨城大文理	会社員,労組	58	0	47	100%	細川	羽田
寺沢芳男		早大政経,ペンシルベニア大院ウォートン・スクール	会社員,会社役員					細川	羽田
照屋寛徳	無所属	琉球大法文	弁護士,沖縄県議,団体						
田英夫	社民	東京帝大経済	報道,労組	35	3	46	98%	細川	白票
堂本暁子	無所属	東京女大文	報道	47	1	44	94%	細川	羽田
富樫練三	共産	日本社会事業大	浦和市職員,労組,市議						
戸田邦司	自由	横浜国大工	運輸省						
友部達夫	無所属	海軍兵学校,東京都立大人文	会社員						
内藤正光	民主	東大理,同院	会社員,労組						
直嶋正行	民主	神戸大経営	会社員,労組					細川	羽田
名尾良孝		中大法	弁護士,埼玉県議	9	0	20	87%		
中尾則幸		早大文	報道					細川	白票
長尾立子		東大文	厚生省,団体						
仲川幸男		伊予農学校	松山市議,愛媛県議,団体	73	0	45	96%		
中川義雄	自民	神奈川大工中退	広尾町職員,北海道職員,道議						
中川嘉美		慶大法	会社員,衆院議員	55	0	46	98%	細川	羽田
中島眞人	自民	拓大商	教師,漁協,山梨県議						

村山	反	賛	27	2	71	88%	橋本	土井	反	反	54	0	84	81%

海部	賛	賛	95	0	79	98%	小沢一	小沢一	賛	反	54	0	96	92%
		賛	33	1	29	97%	小沢一	小沢一	反	欠	90	3	85	82%
							小沢一	小沢一	賛	欠	94	0	95	91%

海部	賛	賛	51	0	63	78%							
村山	反	賛	60	3	73	90%	橋本	橋本	反	賛	145	0	101	97%
村山	反	反	35	0	61	75%	橋本	橋本	賛	賛	37	0	86	83%
海部	賛	賛	35	0	73	90%	小沢一	小沢一	賛	反	29	1	92	88%

海部	賛	賛	80	1	72	89%	小沢一	小沢一	賛	棄	110	0	104	100%
海部	賛	賛	44	2	73	90%	小沢一	小沢一	賛	賛	75	0	102	98%

						橋本	橋本	反	反	112	2	85	82%
村山	反	反	21	1	68	84%	橋本	橋本	反	反	90	1	96	92%
村山	反	賛	76	0	71	88%	橋本	橋本	反	欠	45	2	101	97%

						小沢一	小沢一	賛	賛	114	1	104	100%
						小沢一	小沢一	欠	欠	18	0	30	29%

海部	賛	賛	91	1	78	96%	小沢一	小沢一	賛	賛	80	1	87	84%
村山	棄	反	62	1	66	81%	橋本	菅	反	棄	86	0	102	98%
								賛	賛	56	0	48	65%

海部	賛	賛	93	1	79	98%							
						橋本	橋本	賛	賛	114	1	103	99%

氏名	所属	学歴	職歴						
中曽根弘文	自民	慶大商	会社員,秘書	28	0	44	94%	河野	河野
永田良雄		東大法	建設省	31	0	44	94%	河野	河野
中西一郎		東京帝大法	農水省	22	0	43	91%		
中西珠子		津田英学塾	教師,GHQ職員,ILO職員,財団,学法	40	4	37	79%	細川	羽田
永野茂門		陸軍士官学校,阪大	警察予備隊,陸上自衛隊,会社役員	40	0	45	96%	細川	羽田
中野鉄造		東農大専門部農経	佐賀市議	26	0	47	100%		
中原爽	自民	日本歯大,同院,日大医	日本歯大教授,同大学長,団体						
仲道俊哉	自民	大分大学芸	教師,大分県議						
長峯基	自民	福岡大薬	会社員,宮崎県職員,県議						
中村敦夫	無所属	東京外大マレー・オランダ語中退	芸能人,報道						
中村鋭一		同志社大商	教師,報道	33	0	47	100%	細川	羽田
中村太郎		早大法	会社役員,山梨県議	34	0	42	89%		
楢崎泰昌		東大法	大蔵省,大臣秘書					河野	河野
成瀬守重	自民	早大政経	団体,財団	86	0	45	96%	河野	河野
西岡瑠璃子		土佐高	報道,労組,団体	33	1	40	85%	細川	白票
西川潔	無所属	三稜中	芸能人	33	0	47	100%	細川	羽田
西田吉宏	自民	洛陽高中退	京都府議	74	0	44	94%	河野	河野
西野康雄		近大農,大阪府大院農修士	講談師	36	0	42	89%	細川	白票
西山登紀子	共産	京大文	京都市職員,労組					不破	不破
南野知惠子	自民	阪大医附助産婦学校	医療,山口大医技短大・日赤看護大教授,団体					河野	河野
野沢太三	自民	東大工	国鉄職員	65	0	47	100%	河野	河野
野末陳平		早大文	TV作家	36	0	47	100%	河野	羽田
野田哲		笠岡商業学校	福山市職員,労組	28	2	45	96%		
野別隆俊		京都長岡園芸専	農協,宮崎市職員,労組,市議,県議	54	1	45	96%	細川	羽田
野間赳	自民	明大政経	愛媛県議					河野	河野
野村五男		早大政経	秘書,茨城県議	57	0	44	94%	河野	河野
萩野浩基		駒大仏教,早大院政治,駒大院	東北福祉大学長	13	0	20	100%	細川	羽田
橋本敦	共産	京大法	教師,弁護士,労組	75	0	47	100%	不破	不破
橋本孝一郎		松坂商業学校	会社員,労組	27	0	41	87%		

白票	反	反	70	0	78	96%	橋本	橋本	賛	賛	115	1	97	93%
村山	反	反	82	0	79	98%	橋本	橋本	賛	賛	91	1	102	98%
海部	賛	賛	29	2	72	89%								
海部	賛	賛	27	0	80	99%	小沢一	小沢一	賛	反	38	1	100	96%
							橋本	橋本	賛	賛	161	0	100	96%
							橋本	橋本	賛	賛	97	0	101	97%
海部	賛	賛	55	1	79	98%								
村山	反	反	47	0	77	95%	橋本	橋本	賛	賛	89	0	99	95%
村山	反	反	85	0	77	95%	橋本	橋本	賛	賛	134	0	104	100%
村山	棄	反	28	0	51	63%								
土井	反	反	49	0	80	99%	橋本	橋本	反	反	75	0	104	100%
村山	反	反	95	0	70	86%	橋本	橋本	賛	賛	108	1	102	98%
村山	賛	反	57	0	61	75%								
不破	賛	反	56	0	79	98%	不破	不破	反	反	80	0	98	94%
村山	反	反	56	0	74	91%	橋本	橋本	賛	賛	80	2	100	96%
村山	反	反	51	0	78	96%	橋本	橋本	賛	欠	91	0	96	92%
海部	賛	賛	27	0	76	94%								
村山	反	賛	91	0	72	89%								
白票	反	反	124	0	75	93%	橋本	橋本	賛	欠	81	0	89	86%
白票	反	反	77	0	78	96%	橋本	橋本	賛	賛	74	0	78	75%
海部	棄	賛	46	0	64	79%								
不破	賛	反	88	1	78	96%	不破	不破	反	反	72	10	101	97%

氏名	党派	学歴	経歴						
橋本聖子	自民	駒大附苫小牧高	スピードスケート・自転車選手,会社役員						
長谷川清	民主	大分工業高	会社員,労組					細川	羽田
長谷川信		早稲田高等学院中退	会社役員,長岡市議,新潟県議	0	0				
長谷川道郎	自民	法大法	会社役員,秘書						
馳浩	自民	専大文	教師,レスリング選手						
畑恵	自民	早大文	報道						
畑野君枝	共産	横浜国大教育	教師,団体						
八田ひろ子	共産	端陵高	会社員,岡崎市議,愛知県議						
服部三男雄	自民	東大法	検事,弁護士					河野	河野
服部安司		中央商科短大商	上牧村長,奈良県議,衆院議員	7	0	24	51%		
初村滝一郎		旧制五島中	漁協,団体,長崎県議	32	0	46	98%		
鳩山威一郎		東京帝大法	大蔵省	0	0	0	0%		
浜田卓二郎	無所属	東大法	大蔵省,衆院議員						
浜本万三		向東高等小	会社員,労組,団体	24	3	46	98%	細川	羽田
浜四津敏子	公明	慶大法	弁護士					細川	羽田
林田悠紀夫		東京帝大法	農水省,茨城県幹部,大臣秘書,京都府知事	22	0	34	72%	河野	河野
林紀子	共産	群馬大学芸	報道,団体	37	0	47	100%	不破	不破
林芳正	自民	東大法,ハーバード大ケネディ行政大院	会社員,大臣秘書,秘書						
原文兵衛		東京帝大法	内務省,警察庁	32	0	46	98%	長	長
針生雄吉		東北大医,同院医	医師	41	0	47	100%		
日笠勝之	公明	慶大商	衆院議員						
肥田美代子		大阪薬大	薬剤師,作家	47	0	46	98%	細川	羽田
日出英輔	自民	東北大法	農水省,大臣秘書,団体						
平井卓志		学習大政経	会社員,報道,会社役員	27	0	34	72%	欠	河野
平田健二	民主	旭化成工科学院	会社員,労組,団体						
平田耕一	自民	慶大経済	会社員,会社役員,団体						
平野清		神奈川大法経	報道	31	0	47	100%		
平野貞夫	自由	法大法,同院社会修士	衆院事務局職員,秘書					細川	羽田
弘友和夫	公明	中大経済	秘書,北九州市議,衆院議員						

						橋本	橋本	賛	賛	71	0	98	94%
海部	賛	賛	65	0	78	96%	小沢一	小沢一	賛	賛	64	0	92	88%
						小沢一	小沢一	賛	賛	148	0	104	100%
						橋本	橋本	賛	賛	123	1	102	98%
						小沢一	橋本	賛	賛	91	0	102	98%
村山	反	反	93	0	77	95%	橋本	橋本	賛	欠	58	0	62	60%
村山	反	賛	19	1	72	89%								
海部	賛	賛	33	4	80	99%	小沢一	小沢一	賛	反	67	1	89	86%
村山	反	反	47	0	70	86%	橋本	橋本	賛	欠	34	0	100	96%
不破	賛	反	70	0	79	98%								
						橋本	橋本	賛	賛	207	0	104	100%
長	長	長	26	0	80	99%								
村山	反	賛	104	1	73	90%								
村山	棄	反	13	0	46	57%	小沢一	小沢一	賛	反	42	1	103	99%
						小沢一	小沢一	反	欠	128	0	101	97%
						橋本	橋本	賛	欠	113	0	99	95%
海部	賛	賛	35	0	75	93%	小沢一	小沢一	賛	賛	58	1	103	99%

氏名	党	学歴	経歴						
広中和歌子	民主	お茶大文教育,ﾌﾞﾗﾝﾀﾞｲｽ大院文化人類修士	評論家	31	0	42	89%	細川	羽田
深田肇		中大法中退	杉並区議,団体	20	1	43	91%	細川	羽田
福島瑞穂	社民	東大法	弁護士						
福田宏一		渋川中	会社員,秘書,大臣秘書	37	0	43	91%		
福間知之		旧制市岡中	会社員,労組	25	1	44	94%		
福本潤一	公明	東大農,同院農博士	愛媛大助教授						
福山哲郎	無所属	同志社大法,京大院法修士	会社員,松下政経塾						
藤井孝男		成城大経済	会社員,秘書	56	0	47	100%		
藤井俊男	民主	蔵前工業高	会社員,越谷市議,埼玉県議						
藤江弘一		東大法	自治庁						
藤田雄山		慶大商	会社員,秘書	79	0	47	100%	河野	
二木秀夫		山口大工	学法,団体,宇部市長	14	0	34	72%	河野	河野
渕上貞雄	社民	浮羽高	会社員,労組	39	0	43	91%	細川	羽田
筆坂秀世	共産	伊丹高	会社員,秘書						
古川太三郎		中大法	東京都職員,弁護士	25	1	43	91%	細川	羽田
保坂三蔵	自民	立教大法	会社員,台東区議,東京都議						
星川保松		早大法	司法書士,尾花沢町職員・市議,山形県議,市長	34	0	46	98%	細川	羽田
星野朋市	自由	早大政経	会社員,会社役員	86	0	46	98%	河野	羽田
細川護熙		上智大法	報道,熊本県知事						
細谷昭雄		秋田大学芸	教師,秋田県議,衆院議員	73	1	43	91%	細川	羽田
堀利和	民主	明学大文	団体	28	1	44	94%	細川	羽田
本田良一	民主	北九大中国語	電電公社職員,熊本市議・県議						
前川忠夫	民主	神奈川工業高定時制	会社員,労組						
前島英三郎		石和高	報道,芸能人	36	0	47	100%	河野	河野
前田勲男		慶大法	会社員,大臣秘書,秘書	41	0	46	98%	河野	河野
前畑幸子		南山大文,中京大院	税理士	39	1	45	96%	細川	羽田
真島一男		中大法,一橋大院法学	建設省	59	0	43	91%	河野	河野
増岡康治		東京帝大工	内務省,建設省						河野

国会議員データ（参議院）

海部	賛	賛	54	0	72	89%	小沢一	小沢一	賛	反	91	0	94	90%
村山	反	賛	27	1	61	75%								
							小沢一	小沢一	反	反	100	1	98	94%
			9	0	25	100%								
			9	0	22	100%								
			15	0	25	100%								
村山	反	反	41	0	74	91%	橋本	橋本	賛	賛	63	0	100	96%
村山	反	賛	103	0	78	96%	橋本	橋本	反	反	43	0	86	83%
							不破	不破	反	反	65	0	100	96%
海部	欠	賛	64	0	67	83%								
							橋本	橋本	賛	賛	159	0	104	100%
村山	棄	賛	54	1	66	81%								
海部	賛	賛	64	0	78	96%	小沢一	小沢一	賛	賛	108	0	104	100%
			13	0	22	88%								
村山	反	賛	33	0	55	68%								
白票	反	賛	77	0	75	93%								
							橋本	橋本	反	賛	115	1	98	94%
村山	反	反	54	0	70	86%								
村山	反	反	42	0	73	90%	橋本	橋本	賛	賛	34	0	62	60%
村山	反	賛	42	0	63	78%								
村山	反	反	47	0	73	90%	橋本	橋本	賛	欠	48	0	82	79%
村山	反		18	0	45	94%								

氏名	所属	学歴	経歴						
益田洋介	公明	早大理工,ロンドン大法	会社員,英国弁護士,会社役員						
松あきら	公明	横浜雙葉学園高中退,宝塚音楽学校	芸能人						
松浦功		東京帝大法	内務省,自治庁,北九州市助役,財団	24	0	47	100%	河野	河野
松浦孝治		和歌山大経済	会社員,徳島県議,団体	28	0	44	94%	河野	河野
松岡滿壽男	無所属	早大政経	会社員,光市長,衆院議員						
松尾官平		中大経済中退	三戸町公選教育委員,青森県議	25	0	28	60%	細川	羽田
松崎俊久	無所属	日本医大	医師,東京都職員,琉球大医教授						
松田岩夫	無所属	東大法	通産省,衆院議員						
松谷蒼一郎	自民	東大工	建設省,団体					河野	河野
松前達郎	無所属	東北大工	東海大教授	26	0	44	94%	細川	羽田
松村龍二	自民	東大法	警察庁						
松本英一		明大政経	秘書,会社役員	1	0	20	43%	欠	欠
円より子	民主	津田塾大学芸	報道					細川	羽田
真鍋賢二	自民	岐阜大農	秘書,大臣秘書						
三浦一水	自民	早大商	会社員,農協,団体,熊本県議						
三重野栄子	社民	九州帝大経済	教師,会社員,労組,筑紫野市議	58	1	46	98%	細川	羽田
三上隆雄		弘前高中退	農協,団体,相馬村議	60	1	39	83%	細川	羽田
三木忠雄		中大商	団体	21	0	43	91%		
水島裕	自民	東京慈恵医大医,東大院生物博士	聖マリアンナ医大内科教授						
水野誠一	無所属	慶大経済	会社員,会社役員,団体						
溝手顕正	自民	東大法	会社員,会社役員,団体,三原市長						河野
三石久江		大泊高等女学校		40	0	46	98%	細川	白票
峰崎直樹	民主	一橋大経済,同院修士	労組					細川	羽田
峯山昭範		近大法	会社員,団体,報道	26	0	46	98%		
宮崎秀樹		東京医大院博士	医師,団体	26	0	46	98%	河野	河野

					小沢一	小沢一	賛	反	115	0	103	99%
					小沢一	小沢一	賛	反	94	0	103	99%
村山	反	反	37	0	76	94%	橋本	橋本	賛	賛	38	0	95	91%
村山	反	反	73	0	80	99%	橋本	橋本	賛	欠	76	0	92	88%
海部	賛	賛	36	0	73	90%	小沢一	小沢一	賛	賛	39	0	104	100%
									1	0	4	100%
村山	反	反	82	0	78	96%	橋本	橋本	賛	欠	55	1	75	72%
村山	反	賛	38	0	68	84%	橋本	橋本	賛	欠	42	0	86	83%
						橋本	橋本	賛	賛	105	0	102	98%
欠		賛	0	0	0	0%								
海部	賛	賛	38	1	55	98%	小沢一	小沢一	反	欠	65	1	100	96%
						橋本	橋本	賛	賛	100	0	101	97%
						橋本	橋本	賛	賛	109	0	96	92%
村山	反	賛	75	1	61	75%	橋本	橋本	賛	賛	157	1	103	99%
村山	反	欠	73	1	53	65%								
						小沢一	小沢一	賛	賛	76	0	95	91%
						橋本	橋本	賛	賛	57	0	97	93%
村山	棄	反	42	0	52	93%	橋本	橋本	賛	賛	88	0	96	92%
村山	欠	反	35	0	76	94%								
村山	反	賛	111	1	77	95%	橋本	菅	反	欠	49	0	74	71%
白票	反	反	54	0	55	98%	橋本	橋本	賛	賛	59	0	101	97%

氏名	党	学歴	経歴						
宮沢弘		東京帝大法	内務省,自治庁,千葉県副知事,広島県知事	31	0	44	94%	河野	河野
宮田輝		明大専門部商	報道	0	0				
宮本岳志	共産	和歌山大教育中退	団体						
向山和人		早大附高等工学校	会社役員,伊那市議,長野県議,団体,衆院議員	22	0	41	87%		
村上正邦	自民	拓大政経	秘書	15	0	47	100%	河野	河野
村沢牧	社民	中大法	労組,長野県議	38	2	40	85%	細川	羽田
村田誠醇		日大法	団体	28	2	45	96%	細川	羽田
本岡昭次	民主	兵庫師範予科	教師,労組,財団,団体	35	0	33	70%	細川	羽田
本村和喜		立命大法	秘書,福岡県議	8	0	16	70%		
森下博之	自民	法大法	会社員,秘書,高知県議,団体						
守住有信		京都帝大文,東大経済	郵政省	23	0	32	68%	欠	河野
森田健作		明学大法中退	芸能人					細川	河野
森田次夫	自民	都立第四商業高	団体						
森暢子		岡山大教育	教師,労組	50	2	43	91%	細川	羽田
森本晃司	公明	関西大経,同大法	財団職員,衆院議員						
森山裕	自民	鶴丸高	会社役員,鹿児島市議						
森山眞弓		東大法	労働省	30	0	44	94%	河野	河野
八百板正		旧制福島中中退	団体,衆院議員	6	0	20	43%		
安恒良一		旧制鞍手中	会社員,労組	30	0	27	57%	細川	羽田
安永英雄		福岡師範	教師,労組	13	0	37	79%	細川	羽田
矢田部理		中大法	弁護士,団体	33	0	40	85%	細川	欠
柳川覺治		早大政経	文部省	41	0	46	98%	河野	河野
柳田稔	民主	東大工	会社員,労組,秘書,衆院議員						
簗瀬進	民主	東北大法	栃木県職員,弁護士,県議,団体,衆院議員						
矢野哲朗	自民	慶大法	会社役員,栃木県議					河野	河野
矢原秀男		近大法	会社員,尼崎市議,兵庫県議	21	0	46	98%	細川	羽田
山内俊夫	自民	早大教育	会社員,団体,香川						

村山	反	反	50	0	78	96%	橋本	橋本	賛	欠	87	0	98	94%
白票	反	反	34	0	80	99%	橋本	橋本	賛	賛	33	0	103	99%
村山	反	賛	54	2	55	68%	橋本	橋本	賛	賛	50	0	99	95%
村山	反	賛	76	0	68	84%								
海部	欠	賛	58	0	70	86%	笹野	小沢一	賛	賛	86	3	78	75%
村山	反	反	42	0	69	85%	橋本	橋本	賛	賛	51	0	99	95%
河野	反	反	65	0	71	88%	橋本	橋本	賛		31	0	71	68%
村山	反	賛	26	1	56	69%								
村山	反	反	22	0	73	90%	橋本				14	1	28	93%
村山	反	賛	18	0	51	63%								
村山	反	賛	25	0	32	40%								
村山	反	反	44	2	70	86%	矢田部	矢田部	反	反	66	0	85	82%
村山	反	反	57	0	76	94%								
村山	反	反	67	0	77	95%	橋本	橋本	賛	賛	81	0	93	89%
海部	賛	賛	44	0	74	91%								

氏名	党派	学歴	経歴						
			県議						
山岡賢次		慶大法	会社員	17	0	44	94%		
山口光一		早大政経		72	0	47	100%		
山口哲夫		釧路湖陵高定時制	釧路市職員,労組,市長	21	2	38	81%	細川	欠
山崎竜男		中大法,青森医専	医師,秘書	0	0	1	25%		
山崎力	改革	中大法	報道,秘書,大臣秘書						
山崎正昭	自民	日大法	会社員,大野市議,福井県議					河野	河野
山下栄一	公明	京大法,大阪市大法修士	教師					細川	羽田
山下八洲夫	民主	中大法中退	秘書,財団,衆院議員						
山下芳生	共産	鳥取大農	団体						
山下善彦	自民	早大政経	会社員,秘書,静岡県議						
山田勇		神戸楠高等小	芸能人	39	0	41	87%	細川	羽田
山田健一		国際基督教大教養	秘書,山口県議	30	1	40	85%	細川	羽田
山田耕三郎		旧制膳所中	会社員,労組,下阪本村長,大津市議,滋賀県議,市長	26	0	43	91%		
山田俊昭		中大法	弁護士	1	0	7	100%		
山中郁子		早大第二文	電電公社職員,労組	33	0	47	100%		
山本一太	自民	中大法,ジョージタウン大院国際政治修士	国連職員,秘書						
山本保	公明	名大農,東大院教育博士	厚生省						
山本富雄		旧制高崎中	会社役員,草津町議,群馬県議	15	0	46	98%	河野	河野
山本正和	社民	大阪薬専	教師,労組,団体	36	2	39	83%	細川	羽田
横尾和伸		東工大	厚生省					細川	羽田
横溝克己		早大理工,同院理工学中退	早大理工教授						
吉岡吉典	共産	旧制松江高中退	報道	53	0	44	94%	不破	不破
吉川春子	共産	中大法	八潮市議	46	0	45	96%	不破	不破
吉川博		都立第三師	十四山村長,愛知	18	0	26	55%	欠	河野

			7	0	20	80%						
村山	反	反	65	1	72	89%	矢田部	矢田部	反	反	67	0	89	86%
							小沢一	小沢一	賛	賛	75	0	97	93%
村山	反	反	105	0	66	81%	橋本	橋本	賛	賛	39	1	81	78%
海部	賛	賛	82	0	79	98%	小沢一	小沢一	反	反	82	1	84	81%
							不破	不破	反	反	117	1	100	96%
海部		賛	27	0	51	63%						
村山	反	賛	42	0	67	83%						
	賛		6	0	15	100%	白票	白票	反	反	60	0	92	88%
							橋本	橋本	賛	賛	168	0	104	100%
							小沢一	小沢一	賛	反	125	2	104	100%
村山		反	14	0	54	67%						
村山	反	賛	71	2	72	89%	橋本	橋本	棄	賛	116	1	99	95%
海部	賛	賛	71	1	76	94%	小沢一	小沢一	賛	欠	88	0	65	63%
不破	賛	反	103	0	80	99%	不破	不破	反	反	151	1	103	99%
不破	賛	反	62	0	79	98%	不破	不破	反	反	94	11	103	99%
村山	棄	反	32	0	46	57%						

		範	県議						
吉川芳男	自民	早大政経	新潟県議	41	0	45	96%	河野	河野
吉田達男		中大法	鳥取県議,団体,財団	61	0	44	94%	細川	羽田
吉田之久	民主	京大文	会社員,奈良県議,衆院議員	11	0	19	91%	細川	羽田
吉村剛太郎	自民	早大政経	会社員,福岡県議					河野	河野
依田智治	自民	東大法	警察庁,大臣秘書,会社役員,団体						
若林正俊	自民	東大法	農水省,衆院議員						
脇雅史	自民	東大工	建設省						
和田教美		和歌山商業高	報道,政治評論家	27	0	47	100%	細川	羽田
渡辺四郎		旧制日田林工学校	福岡県職員,労組	18	0	36	77%	細川	羽田
渡辺孝男	公明	東北大医	医師						
渡辺秀央	自由	拓大政経	秘書,大臣秘書,衆院議員						
和田洋子	民主	会津女子高	福島県議						
薬科満治	民主	明学大経済,早大院経済中退	会社員,労組					細川	羽田

村山	反	反	52	0	75	93%	橋本	橋本	賛	賛	81	0	102	98%
村山	反	賛	38	0	74	91%								
海部	賛	賛	35	2	74	91%	小沢一	小沢一	賛	賛	52	1	99	95%
白票	反	反	104	0	78	96%	橋本	橋本	賛	賛	73	0	96	92%
							橋本	橋本	賛	賛	135	0	100	96%
海部	賛	賛	45	3	74	91%								
村山	反	賛	71	0	67	83%	橋本	橋本	反	反	97	0	96	92%
							小沢一	小沢一	賛	反	101	0	102	98%
							小沢一	小沢一	賛	賛	99	1	104	100%
村山	反	賛	73	0	80	99%	橋本	橋本	反	賛	70	0	94	90%

第Ⅰ巻あとがき

　私は子どものころ，知り尽くした家の近所を離れ，遠くへ遊びに行く癖があった．たぶん多くの人が同様の癖を持っており，ずいぶんと親に迷惑をかけていたのではないだろうか．そして，こんな悪ガキへの対策として，どの家庭でも「〜よりむこうへは行ってはいけません」といった約束を交わすのである．我が家では，「バス通り」と言われる大きな道路が国境となった．

　ある日，バス通りのむこうにある湿地に，密かに遊びに行こうとしていた私は，国境付近の壁に奇妙なものを発見した．ひらがなで書かれた苗字に，子供にも読める漢字にふりがなをふった名前，そしてインパクトのある顔写真が添えられた紙が，その壁に貼られていたのだ．物知りの兄は，こういうものなんだと説明をしてくれたが，私には全くわけがわからなかった．なぜ玄関でもないところに自分の名前を写真入りで掲げるのか，そしてなぜ同じものを2枚並べるのだろうか．これが私の政治との出会いである．

　1998年10月に始まり，4桁全ての数字が変わろうとしている現在も続いている第2期蒲島ゼミには，政治というものに対する異常とも思える興味と探究心，そしてパワーを持った20人の学生が集まった．20人のパワーは実際凄まじく，本書第Ⅰ巻の担当である私をはじめ，第Ⅱ巻担当の小宮，CD-ROM担当の今井などまとめをする者はみな，続々とあがってくるゼミ生の「成果」を前にうれしい悲鳴と，時にはうれしくない悲鳴を上げながら仕事に励んだものである．本書に収められた論文編に関しては，一般のゼミによくあると聞くモチベーションや参加意識の低下はほとんどなく，私の仕事はこれらの作品をいかに秩序立て，素早く完成させるかということだけであった．

　私が論文担当となったのは，本来の〆切である3月末から4ヶ月経った7月のことであるが，この時点では自分のを含めて試作品論文や「やっつけ」論文が大半であり，中には構想途中のものもあった．この状況を脱するのに「脅す」という手段しか思いうかばなかった自分を恥じているが，実際うまく

いったのでしょうがない．それはさておき9月10日の〆切には一部を除き全員が論文を提出できたが，次の仕上げの作業が大変であった．ゼミ生の間で読みまわして各自の論文に誤りがないか，市中に出して問題ないかどうか等チェックするのだが，誤字・脱字に始まり接続詞が多すぎる等文法上の問題，一部だが格調高き政治学論争まであり，完了するのに2週間かかった．ちなみに私の論文も体言止めや話し言葉が多いと槍玉にあがった．結局，国会議員データ等の附録を含め，原稿を全て出し終えたのは11月半ばである．

この1年を通し我々が実感し学んだことは，ものを完成させる大変さとか時間通りに運ばないとどうなるか，といったこともあるだろう．しかし最も大きな収穫は，楽しんでやれば何でもできてしまうということを実証したことではないだろうか．ふと後ろを振り返ると，これを本当に自分たちで登ったのかと驚くぐらいの風景が広がっていた，そんな感じである．

このゼミが成功したのは，独特で多様な人材が集ったからに他ならない．将来の官僚や裁判官，新聞記者が，学者志望者などと協働するゼミなどほかにないだろう．論文チェック担当の御園生は，政治思想を畑としており，言葉に対する敏感さは貴重であった．近代日本政治史専攻の小宮は，その大柄な体型に似合わない執拗なまでの細かさで貢献した．

ゼミ生の選考方法については，紙飛行機，関数，目隠しなどさまざまなうわさが流れた．しかしその手段が何であったにせよ，結果から言えば最高の20人を選んだのではないか．もちろんこれは，ともに知性とユーモアを兼ね備えた，蒲島・吉田両先生のご指導があったからこその結果である．全ゼミ生を代表して両先生にお礼を述べたい．また，この本を手にとって下さった方々全員に感謝したい．我々の分析やデータが，新たな地平を開拓するかどうかはわからないが，どうか暖かく厳しい目で見守っていただきたい．

先日ふとあの壁を見たら，真新しい新人のポスターが貼ってあった．名前にふりがなを入れ，やや笑顔のポスターが，やはり2枚並べて．

1999年12月1日　菅原　琢

執筆者紹介（アルファベット順）

馬場　俊宏（ばば　としひろ）
1976年　佐賀県生まれ
1994年　私立開成高校卒業
1999年　東京大学法学部第1類（私法コース）卒業
現在，司法修習生
［一言］政治学の講義など聞いたことがない1類（私法コース）の門外漢が気まぐれにゼミに応募してからもうすぐ1年になります．思い返せば，卒業証書をもらうためにだけ入学したような大学生活において，学問らしいことをしたのは蒲島ゼミにいるときだけだったと思います．このような場を設けて下さった蒲島先生，吉田先生に感謝すると共に，ゼミ生のみんなに出会えたことを幸せに思います．特に，人使いの荒いゼミ長，働き者の日高君と，ゼミ長の部屋でしこしこ働いたことは忘れられません．「政治改革」「行政改革」に代わって「司法改革」が流行っている今日この頃，蒲島ゼミでの経験を畑違いの司法の場でどう生かせるかが今後の課題なのかなと思っています．

原田　朱美（はらだ　あけみ）
1977年　長崎県生まれ
1996年　長崎県立佐世保南高校卒業
現在，東京大学法学部第3類（政治コース）4年在学
［一言］社会の中に雑然と置いてあるものを選び，拾い，組み立てる．このゼミは，そういうものだったと思う．そして，それらは放っておけば永遠に意味をなさぬままそこに置かれ続けていたと思う．例えて言うなら，鉄塊から刀を作り出すようなもの．今まで誰かが拾って組み立てたものしか見ていなかったことに気付いた．やってみると，大変な労力を要する作業だとわかった．まずこの機会を与えてくださった蒲島・吉田両先生に心から感謝したい．そして次に，素敵な先生・仲間に会えた幸運を喜びたい．そして最後に，私の心の支えである両親と姉と親友達に，「ありがとう・愛してるよん」．

日高　孝一（ひだか　こういち）
1975年　鹿児島県生まれ
1994年　鹿児島県立加治木高校卒業
1999年　東京大学法学部第2類（公法コース）卒業
現在，衆議院事務局勤務
［一言］このゼミを通じて学んだこと．自分の役割を果たす責任感，義務感．他の仲間の仕事に対する信頼感．ここに本という形で出版されたものは，ゼミの発足から本の出版までにかかった1年と数ヶ月の間に学び，考えてきたものの成果であり，本の中には反映されずに終わってしまったものも多い．それらも含めて大学生活最後を飾ったのがこのゼミであっ

たことを，蒲島先生，吉田先生をはじめとするみんなに感謝したい気持ちでいっぱいです．

飯間　敏弘（いいま　としひろ）
1972年　香川県生まれ
1992年　大学入学資格検定試験合格
現在，東京大学法学部第3類（政治コース）4年在学
［一言］とにかく大変でしたの一言です．このゼミは，いろんな意味で私の人生を変えてくれたゼミだと思います．いつの日か当時を思い返して，「いやー，あの頃はよかった」としみじみ思えるような日が来ることを願ってやみません．

今井　亮佑（いまい　りょうすけ）
1977年　京都府生まれ
1996年　私立洛星高校卒業
現在，東京大学法学部第3類（政治コース）4年在学
［一言］1年以上続いた98年蒲島ゼミもいよいよ終わりを迎えようとしています．頭と体を酷使する割には2単位しかもらえない，ゼミ長にこき使われる，等々不満を感じたこともありますが，振りかえってみるとそれも良い経験だったと思います．だから，そのような苦労の結晶として出来上がったこの〝作品〟には非常に満足しています．あとは，できる限り多くの人に見ていただきたいと思うばかりです．
最後になりましたがこのような貴重な経験の機会を提供して下さった蒲島先生に心より感謝申し上げます．また，このわがままな僕と1年間作業を共にしてくれたゼミ生のみんなにお詫びすると同時にありがとうと言いたいです．

石高　晴奈（いしたか　はるな）
1975年　山口県生まれ
1993年　国立広島大学付属高校卒業
1999年　東京大学法学部第2類（公法コース）卒業
現在，東京大学法学部助手
［一言］1年前，私は政治家という職業に興味を持ち，有能な政治家になるには官僚経験が必要かなどと考え，官僚を目指していた．その私の人生を180度変えてしまったのがこのゼミである．いや，正確に言うと，このゼミで度々催される，蒲島先生御贔屓のチムニーという居酒屋でのゼミコンパである．その頃，ちょうど将来に対して迷い始めていた私に，先生は酔っ払って「研究者はいいよー．君，助手になったらー．」と楽しそうに声をかけて下さったのである．もちろん，次の日にお会いしたときには先生はそのことを全く覚えておられなかったけれど…．現在，助手になってまだ半年．訳も分からずただ頑張っている毎日だが，このゼミで得た様々なものは，研究においても，研究以外の場面においても，将来きっと役に立つと確信している．先生とゼミ生のみんなに会えたことを感謝しています．

木村　敬（きむら　たかし）
1974年　東京都生まれ
1993年　私立武蔵高校卒業
1999年　東京大学法学部第3類（政治コース）卒業
現在，自治省（岡山県庁）勤務
［一言］去年，第1期のゼミ長をやってた「昔の名前で出ています」野郎です．第1期の成功の灯がこの第2期にどうつながるのか心配で参加したのですが，それは無用の話でした．すぐにゼミ長はリーダーシップを発揮し，馬場君・日高君の年寄りがしっかりサポート．僕らが卒業した後には，さらに新4年生諸君が第1期のようにしっかり仕事をまとめ上げてくれました．これもまた，先生に感謝あるのみ．中央官僚から地方公務員になり，現場の視点から日本政治の実態を見るにつけ，この国が政治の実権を握る中央省庁レベルでは政治の統制の効かない「真空国家」であることがよく分かります．そんなことを瞬間的に思えるのも，この研究室での成果なのでしょうね．

小宮　京（こみや　ひとし）
1976年　福岡県生まれ
1995年　私立鹿児島ラ・サール高校卒業
現在，東京大学法学部第3類（政治コース）5年在学
［一言］法学部に進学して様々なゼミに参加してきたが，このゼミほどハードなものはなかった．半年の予定が伸びていったために担当者が減り，最初はデータを集めるだけだった私が，資料解題篇を担当することになった．おかげでパソコンも持たず，Excelの使い方も分からなかった人間が使えるようになった，とはよく蒲島教授に言われることである．休日はなかったようなものだが，非常に充実した一年半であった．

御園生　敦（みそのう　あつし）
1978年　東京都生まれ
1996年　私立攻玉社高校卒業
現在，東京大学法学部第3類（政治コース）4年在学
［一言］去年の10月から始まったこのゼミもようやく終わりが近づいてきた．思えば締め切りに追われる日々の続いた一年間だった．その間何度パソコンの画面を眺めながら日の出を拝んだことか．何度Excelの不正な処理による強制終了に泣かされたことか．本当にハードで，しかし充実していた一年間だった．そんな一年を僕にくれた蒲島先生はじめゼミの方々に本当に感謝したい．

長岡　紘史（ながおか　ひろし）
1977年　岐阜県生まれ
1995年　私立東海高校卒業
現在，東京大学法学部第2類（公法コース）4年在学

［一言］今回のゼミは私にとって非常に貴重な経験となりました．国会図書館通いなど学生らしく（？）足で稼いだデータを元に慣れないパソコンとにらめっこする日々．最初は元来ヒマなはずの大学生活が暗転したか？と思ったこともありましたが，最後は結構その気になっていました．ただ，年々前倒しされる就職活動とゼミ活動が重なってしまい，作業が中断してゼミの皆さんには迷惑をかけてしまいました．この場を借りてお詫びします．ゼミと就職．来年以降のゼミ生もこのどちらも待ったなしの状況に置かれるのだろうな．

中條　美和（なかじょう　みわ）
1976年　東京都生まれ
1995年　私立女子学院高校卒業
現在，東京大学法学部第3類（政治コース）4年在学
［一言］ハイレベルな同級生と偉大な先輩に囲まれ，本当に刺激的なゼミでした．また，ゼミ外においても諸先輩に大変お世話になり，ここで感謝の意を記したいと思います．そして，何よりも蒲島先生・吉田先生に感謝します．このゼミにおいて，私は初めて「自分で創りあげる」ということを体験しました．技術的な面では，パソコン・プリンタの購入から使い方について，近所の方・親戚・とある宝石商・K君，統計学の初歩について根気よく教えてくれたY君など，様々な方にご迷惑をおかけしました．本当に有難うございました．

野澤　泰志（のざわ　やすし）
1977年　栃木県生まれ
1996年　栃木県立宇都宮高校卒業
現在，東京大学法学部第3類（政治コース）4年在学
［一言］今回は参議院の所属会派を主に担当させていただきました．一口に所属会派といっても，国会法にはその定義が載っていない．会派についての専門的な研究が非常に少ないなどの理由でなかなか一般の人にとって認知度が低いのが現状ではないでしょうか．今回収集したデータをもとに政党と会派の異同について更なる研究がなされるとすれば幸いです．さらに，今回の取材で参議院事務局の方々，特に蒲島ゼミOGにあたる藤原貴子さんに大いにご協力いただきました．この場を借りて感謝の意を表したいと思います．

沖本　尚紀（おきもと　たかのり）
1977年　広島県生まれ
1996年　私立広島学院高校卒業
現在，東京大学法学部第3類（政治コース）4年在学
［一言］これまでは座学ばかりでしたが，このゼミの作業で始めて，データ収集の実際に触れることができました．データを扱うことの大変さを経験できました．あまり役に立てませんでしたが，自分では，今まで漠然としたイメージしか持てていなかった「政治学」研究の一端を垣間見られた気がします．それだけでも私にとっては大きな収穫です．このゼミに費やしたものすべてと得られた貴重な経験とを，今後に還元していくつもりです．このような

機会を与えてくださった先生方と，私的な相談ごとにも乗ってくださった先輩方，友人に感謝します．ありがとうございました．

尾野　嘉邦（おの　よしくに）
1975年　福井県生まれ
1994年　福井県立高志高校卒業
1999年　東京大学法学部第3類（政治コース）卒業
現在，東京大学大学院法学政治学研究科修士課程（研究者養成コース）在学
［一言］山登りにたとえれば高さのわからない山を登り続けるという終わりのない作業が続き，気づいたらここまで来ていたという感じです．長い一年でした．高さがわからないゆえにここまで登り切ることができたということもいえるでしょう．ゼミ長として全体の状況を把握しながらスケジュールを立ててゼミを進めるという作業は大変ではありましたが，良い経験でもありました．高い目標を掲げてゼミ運営を行ってきましたが，ゼミ生もよくついてきてくれたと感謝しています．このゼミでは頭を使うだけではなく，手と足を使うことで，日本政治についてより深く考えることができました．こうした機会を設けてくださった蒲島先生・吉田先生および最大のスポンサーである両親に心から感謝します．

小澤　京子（おざわ　きょうこ）
1999年　東京大学法学部第2類（公法コース）卒業
現在，第一勧業銀行勤務
［ゼミ生からのコメント］小澤さんは政党役職等を担当し，その精密な作業に定評が有りました．社会人になってもその細やかさを発揮して活躍されることを望みます．ご苦労様でした．

下村　哲也（しもむら　てつや）
1975年　鹿児島県生まれ
1994年　私立鹿児島ラ・サール高校卒業
現在，東京大学法学部第3類（政治コース）5年在学
［一言］蒲島ゼミに参加して一年，その性，怠惰にして楽天家たる私にとってかなりの負担ではありましたが，こうして成果がひとつの形となりつつあるのを見て，やって良かったなとしみじみ思います．主に自宅で作業や論文執筆を行い，研究室にあまり姿を見せなかったため，「謎の人物」と他の方々からは思われておりましたが（笑），それも良い思い出です．また，個人的に以前から強い興味を抱いていた日本の社民系政党について調べることができたのは私にとって大きな収穫でした．あと，やはり努力勉励することは重要であるなと言うことを痛感した一年でした．このような機会を与えてくださった蒲島ゼミに深く感謝するとともにご迷惑をおかけしました蒲島ゼミ関係者の方々に深くお詫びと感謝を申し上げたいと思います．ありがとうございました．
1999年10月20日，自宅にて「Horizon」（國府田マリ子）を聞きながら．

菅原　琢（すがわら　たく）

1976年　東京都生まれ
1995年　私立開成高校卒業
現在，東京大学法学部第3類（政治コース）4年在学
［一言］研究室を抜け出た膨大な紙の山が部屋を占拠し，我が家の居間にも侵攻を開始した．政治学に革命をもたらすような貴重な資料は一つもないが，これがなかなか捨てられない．資料解題の原案や，ゼミ生の支離滅裂で誤字だらけの論文．この本を作るためにゼミ生が注いだ情熱が，怨念のようにこびりついていて，捨てると呪われるのではという気になる．このような「濃い」経験と時間を与えてくれた仲間と両先生には深く感謝したい．と同時に，タイヤをパンクさせながらも部屋で半年間埃と紙の山に耐え続けた我がロード・レーサーに深く謝罪するとともに敬意を表したい．

田村　一郎（たむら　いちろう）

1976年　山梨県生まれ
1995年　国立筑波大学付属駒場高校卒業
現在，東京大学法学部第2類（公法コース）4年在学
［一言］まず何よりも，この本を作るにあたって協力して下さった皆様ならびに，多くの指導をしていただいた蒲島教授に感謝します．さて，私は今回の調査をする前まで，国会議員の方々は大したことをしていないと思っていました．ところが調査が進むにつれて，経歴は錚々たるものであり，彼らがこの国の在り方について斯くも重要な決定をしてきたということに気づかされました．また，実際に彼らに会ってみて，何万という人々の支持を受けて活動してきたという自負に圧倒されることもしばしばありました．私はこれまでこれらのことに気づかなかったのが不思議でなりません．

梅田　道生（うめだ　みちお）

1977年　静岡県生まれ
1996年　静岡県立富士高校卒業
現在，東京大学法学部第3類（政治コース）4年在学
［一言］このゼミは人を殺します．みんなが提出したデータの記録時刻は「4：34」とか「5：06」などなど．この前後輩に，「10月のあたまになったら休みが取れそうだから」といったら，「休みって取らなきゃならないんですか．大学生なのに」といわれてしまった．確かにそのとおりだ．大学そのものは休みなんだから……．いずれにせよ"勉強"になったことは確かであり，この場を借りて蒲島先生その他の先生方，あるいはゼミの仲間にお礼を述べたい．しかしはやく「梅田君，今ひまぁ〜？仕事しない？」とゼミ長が電話で呼びかけてくる悪夢から解放されたいものである．

Wood, Ian（イアン ウッド）
1975年　オーストラリア生まれ
1994年　私立 The Armidale School 卒業
現在，東京大学法学部第3類（政治コース）4年在学
[一言] 私はこのゼミに参加して最も痛感したのは，「研究は単純労働が多いな」ということです．選挙データを担当していたので，随分と日本人の名前に詳しくなったのです．自分の研究分野は「政治家」と言うよりも「選挙」であったので，本全体とあまり馴染まないものになってしまった．その結果，論文は載らないことになったのだが，私はこのゼミを通して，得たものが多く，これからも日本の政治を研究する意欲を与えてくれた．

指導教授紹介

蒲島郁夫（かばしま いくお）

1947年 熊本県生れ／1979年 ハーバード大学 Ph.D.（政治経済学）取得／現在 東京大学法学部教授／著書『政権交代と有権者の態度変容』木鐸社、1998年、『現代日本人のイデオロギー』（共著）東京大学出版会、1996年、『政治参加』東京大学出版会、1988年。

吉田慎一（よしだ しんいち）

1950年 群馬県生れ／1974年 3月 東京大学法学部卒業／現在 朝日新聞編集委員／受賞歴 1978年度日本新聞協会賞、1978年度日本ジャーナリスト会議賞、1995年度日本新聞協会賞／著書 『木村王国の崩壊』1978年、『開かれた政府を』1981年（共著）、『田中支配』1985年（共著）

現代日本の政治家像　第Ⅰ巻

2000年2月25日第一版印刷発行　©

編者との了解により検印省略	編　者　東大法・蒲島郁夫ゼミ 発行者　能　島　　豊 発行所　㈲　木　鐸　社 印刷　㈱アテネ社　製本　関山製本社 〒112-0002　東京都文京区小石川5-11-15-302 電話・ファックス (03) 3814-4195番　振替 00100-5-126746番

乱丁・落丁本はお取替え致します

ISBN4-8332-7292-X　C3031

東大法・蒲島郁夫ゼミ編

「新党」全記録（全3巻）

日本新党・新党さきがけ・新生党・新進党・太陽党

1992年の日本新党の結党以来，実に多くの新党が生まれ，そして消えていった。それら新党の綱領や結党の経過など貴重な資料が散逸してしまう前に，本格的な資料の収集を計ったもの。混迷する政党・政界再編の時代を記録する。

第Ⅰ巻　政治状況と政党

第Ⅰ巻は，第Ⅰ部「政治状況」として，政党単位で全体を包含するその党にまつわる政治状況について時系列的にとりあげ，第2部「政府の中の政党」で連立政権時代の到来を受け，各党が政権との関係で何を志向し，何をなしたかを焦点に資料を収集。

A5判488頁　価8000円

第Ⅱ巻　政党組織

第Ⅱ巻は，第3部「政党組織」として，短期間に生成・消滅した各「新党」の実態を，その組織形態から跡づける。いまだ体系的に整理されていない所属議員の変遷や，政党助成金の関連から見た党の財政状況等についても重点的に調査した。

A5判440頁　価8000円

第Ⅲ巻　有権者の中の政党

第Ⅲ巻は，第4部「有権者の中の政党」で，新党が国民の中で受入れられた過程と，その広がりを，支持率のみならず，選挙区での支持基盤と地方選挙への対応にも焦点を当て，多角的に調査したデータを加える。

A5判420頁　価8000円

木鐸社　東京都文京区小石川5-11-15-302
　　　　電話・ファクス（03）3814-4195